百年电力
人物与史话

邓颖 著

西南大学出版社
国家一级出版社 全国百佳图书出版单位

图书在版编目(CIP)数据

百年电力人物与史话/邓颖著. -- 重庆：西南大学出版社，2022.4
ISBN 978-7-5697-1356-5

Ⅰ.①百… Ⅱ.①邓… Ⅲ.①电力工业—工业史—史料—重庆 Ⅳ.①F426.61

中国版本图书馆CIP数据核字(2022)第056072号

百年电力人物与史话
BAINIAN DIANLI RENWU YU SHIHUA

邓　颖　著

责任编辑：	于诗琦
责任校对：	张　丽
装帧设计：	观止堂_未氓
排　　版：	吴秀琴
出版发行：	西南大学出版社（原西南师范大学出版社）
	地址：重庆市北碚区天生路2号
	邮编：400715
印　　刷：	重庆升光电力印务有限公司
幅面尺寸：	185 mm×260 mm
印　　张：	24
插　　页：	10
字　　数：	463千字
版　　次：	2022年4月　第1版
印　　次：	2022年4月　第1次印刷
书　　号：	ISBN 978-7-5697-1356-5
定　　价：	86.00元

庆祝中国共产党成立100周年
纪念重庆有电115周年

作者简介

邓颖,男,汉族,出生于1937年2月17日,1956年3月17日加入中国共产党,1956年8月30日参加工作。历任重庆电力技校教员、讲师、专业主任、教务科长、政治处副主任、副校长,川东电业局人事教育处副处长,重庆电业局教育处处长、高级讲师;兼任全国水利电力工人技术教育学会常务理事、全国职工学习科学研究会常务理事和兼职研究员、中国电力教育协会教育改革调研组组员、全国电力生产人员培训教材编委会委员和专家组副组长、全国电力生产人员培训供电委员会副主任、《电力职工技术教育》副主编、西南电力生产人员培训委员会秘书长、重庆市职工教育研究会常务理事;退休后聘任重庆市电力公司电力史编辑室副主编、中国电力教育协会电力教育史编委会副主编、重庆市电力行业协会电力志编辑室主编、重庆市电力公司电力年鉴编辑部副主任。主编《重庆市电力工业志》《重庆市志·电力志》《重庆电业局教育志》;合编(副主编)《中华人民共和国电力工业史·教育卷》《中华人民共和国电力工业史·重庆卷》;编辑《重庆电力年鉴》13卷;主审和合编教材《直流设备的维护与检修》《变电运行岗位培训教材》《电力企业管理岗位培训教材》等6本;编选《邓均吾诗词选》《白鸥·邓均吾早期诗选》《邓均吾诗文选》《邓均吾研究资料》;发表教育、学习科学、文艺、文史等方面的论文、散文共140多篇。

前　言

《百年电力人物与史话》一书，收入了作者近20年间撰写的重庆电力历史与人物的文史作品共33篇。本书概述了重庆电力工业115年间艰苦创业，曲折发展，铸造辉煌的历史进程；记录了重庆电力职工高举工人运动大旗，英勇不屈，坚持抗争的革命斗争史实；叙述了电力英烈们不畏强暴，忠贞不渝的英雄壮举和著名企业家、优秀电力专家、全国劳模们艰苦创业，勇于创新，努力报效国家、服务人民的动人业绩。旨在为电力职工和读者提供一本发扬光荣传统，传承红色基因，汲取历史智慧的电力文史读物。

一

重庆电力工业萌芽于中华民族遭受西方列强侵略分割，灾难深重的清朝末期。清光绪三十二年（1906年）11月25日，重庆第一家100千瓦电厂对外供电，古老渝州点亮了电力文明之光，开启了西南地区商业供电的新纪元。随着重庆电力工业的艰难发展，重庆电力工人队伍不断壮大，在中国共产党的教育培育下，阶级觉悟不断提高，开展了一系列反压迫、争人权、反压榨、求生存的斗争；在国家民族危急的关头，他们挺身而出，救亡图存，形成了艰苦奋斗，勇于斗争的好传统。

早在清光绪三十四年（1908年），重庆电力工人就高举工人运动的大旗，赶走了倚仗殖民者的势力，恣意欺压、打伤中国电力职工的德国承包商李特勒。维护了民族尊严，取得了罢工斗争的胜利。这是中国电力工人第一次有组织、独立开展的罢工斗争，为工人运动史谱写了光辉篇章。

在能工巧匠中,有参加"二七"大罢工等工人运动,在解放之初挺身而出,为长寿电厂的修复与建设做出重要贡献的电机和电气设备技术能手、工人技师、首届全国劳模卢会卿;在大溪沟电厂解放前夕护厂斗争和解放后电厂修复发展中做出重要贡献的热机检修安装技术能手、工人技师、首届全国劳模杨如坤等。

三

重庆电力工业经历了旧中国和新中国两个历史时期。在旧中国,从1906年起步,艰难发展,到抗战时期,重庆作为陪都,国防和民用工业发展,人口增多,电力需求增长,重庆电力在大轰炸中发展。1946年后,国民党政府发动内战,货币贬值,经济凋敝,重庆电力工业负债累累,面临倒闭。重庆解放前夕在国民党疯狂破坏下,长寿水电厂及5家兵工厂的自备电厂全部被炸毁,鹅公岩电厂一台锅炉被炸,共炸毁发电设备2.1016万千瓦,占全市发电装机容量的49.2%,全市发电机组仅剩2.17万千瓦。

1949年11月30日,重庆解放后,重庆市电力工业获得新生。重庆电力职工发扬英勇顽强、艰苦奋斗的光荣传统,以工人阶级当家作主的高度责任感,日夜抢修,7天修复桃花溪电站的1台机组,4个月修复鹅公岩电厂。1951年起,相继建成西南第一座自动化的火电厂——重庆电厂和我国第一个全流域梯级开发的长寿水电厂;1950年起开始重庆电网的整治、改造和升级,先后建成西南地区第一条35千伏、第一条110千伏输变电工程,谱写了建国初期电力发展的辉煌篇章。此后在"全民办电"和"文革"时期,重庆电力工业遭到失误、挫折和干扰破坏,重庆电力职工仍坚持按照党和政府的方针、指示,纠正失误,顶住干扰破坏,完成了电力工业调整和三线建设任务。

改革开放后,尤其是党的十八大后,重庆电力工业迎来了蓬勃、健康、快速发展的新时期,取得了辉煌的成就。

电源建设不断升级转型,优化结构,向清洁、低碳、高效智慧电源迈进。电源规模不断发展壮大,从重庆解放初装机容量2.17万千瓦,增至2020年9月的2589.65万千瓦,增长1192.4倍。全市年发电量从解放初的7459万千瓦·时增至

2019年底的844.4亿千瓦·时，增长1131.1倍。电源结构不断优化，到2020年9月，水电、风电、光电等清洁、可再生能源的装机容量已占全部电源装机容量的35%，正向清洁低碳、高效智慧电源发展。电厂装备技术水平不断提升，火电单机容量从4500千瓦及以下的小机组，发展到单机容量最大达105万千瓦的大型现代化机组，百万千瓦以上的大型火电厂已达到5个；水电机组从1550千瓦以下的小机组，发展到单机容量最大达35万千瓦，电厂总容量达175万千瓦的大型水电厂。火电厂治污减排取得显著成就，烟尘脱硫走在全国前列，粉煤灰和脱硫石膏的综合利用率达到100%，脱硝、超低排放治理不断深化，环保产业快速发展。为全国环保治理，实现碳中和、碳达峰的目标做出贡献。

电网建设跨越发展，构建坚强智能电网，向能源互联网企业迈进。供电量不断增长，全市年售电量从重庆解放初的4553万千瓦·时，增至2020年底的916.2亿千瓦·时，增长2011.3倍。电网电压等级从重庆解放初的13.8千伏及以下的小电网，不断升级到35千伏、110千伏、220千伏、500千伏电网，并有3条±800千伏特高压输电线路跨越重庆。电网规模不断扩展，从孤立分散的电网，建成覆盖全市区县，服务3000多万人口的全市统一大电网，实现与全国联网。电网自动化程度、信息化和智能化水平大为提升。无人值班变电站改造、变电站集中控制、智能变电站、智能调度控制支持系统、智能线路系统、智能配电和智能用电信息系统、变电站多站融合建设等不断推进发展。为重庆安全稳定的能源供应、产业升级、物联网建设及乡村振兴、生态绿色发展，提供了有力支撑，做出了贡献。

四

115年来，重庆电力职工的光荣革命传统，电力英烈们的英雄壮举，电力企业家、电力专家和广大电力职工艰苦创业的动人业绩，以及电力工业取得的辉煌成就和积累的历史经验，是重庆电力职工引以为荣的光辉篇章和宝贵精神财富。由于种种原因，重庆电力文史的搜集、编撰工作较为薄弱；改革开放后编撰的重庆《电力史》《电力志》，主要反映新中国成立后的电力史实。为使这些宝贵的精神财富不致埋没，我从1999年起，在编撰《中华人民共和国电力工业史·重庆卷》

《重庆市电力工业志》《重庆市志·电力志》的同时，就注意广泛搜集资料，撰写成文，先后编成《重庆电力革命斗争史话及人物》《重庆电力史话》两本内刊本，并在报刊上发表了数十篇有关重庆电力历史和人物的文章。2020年我对已发表的文章逐一进行校改，选编了《百年电力人物与史话》一书。

  本书分为人物篇、史话篇两篇。其中人物篇包括革命烈士、电力企业家、电力专家和全国劳模4部分；史话篇包括沧桑巨变、英勇抗争、改革大潮3部分。

  本书的编辑出版得到了重庆市电力公司、重庆市电力行业协会和重庆市作协副主席、重庆市文学院院长邓毅先生的支持帮助，重庆市书法家协会顾问、重庆市文史研究馆馆员缪经纶先生为本书题写书名，西南大学出版社编辑做了精心编校，谨此一并致谢。我对文史作品撰写缺乏经验，水平有限，书中难免有错漏，不当之处请读者批评指正。

  2021年7月1日是伟大的中国共产党诞生100周年的盛大节日，此书是对亲爱的党的献礼！2021年11月25日是重庆有电115周年，此书也是对重庆电力115周年的献礼！

1963年8月全家合影。前排右起父亲邓均吾,子邓林旭,母亲周静方,妻陈玉凤,子邓林杰,后排右起妹邓宪彤,弟邓立群,邓颖,弟邓季方,妹邓宪云

2007年6月,在重庆市人民礼堂参加重庆电力公司成立10周年纪念晚会

2010年3月4日,参加《湖南电力志》评审会时,在毛主席青年石雕像前留影

2020年12月10日全家合影,右起媳刘颖婷,子邓林杰,妻陈玉凤,邓颖,孙邓小婷,孙婿王思鞿

2000年5月20日，邓颖（前排左2）参加《中国电业史·四川卷、贵州卷》评议会

2000年12月7日《中国电业史·教育卷》编写人员在北京合影。前排右1为邓颖，前排右4为主编许英才

2001年6月,在浙江天目山召开的中国电力教育史及教育改革研讨会,前排左3为邓颖、左4为中国电力教育协会常务副会长许英才

2002年5月14日,在广州召开电业史编纂工作会,前排左2为邓颖

2003年9月22日在北京召开的《中国电力工业史·重庆卷》审稿会,前排中为中国电业史主编张绍贤,后排中为邓颖

2010年3月11日,邓颖(前排左1)参加《湖南省电力志》评审会

主编的两本电力志

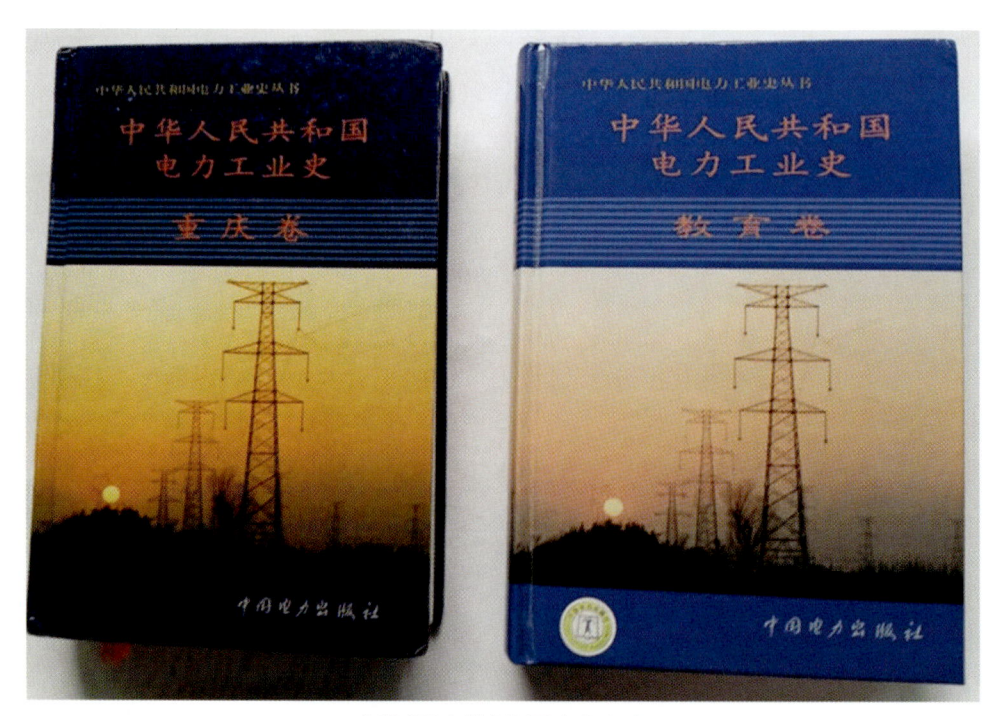

合编（副主编）的两本电力史

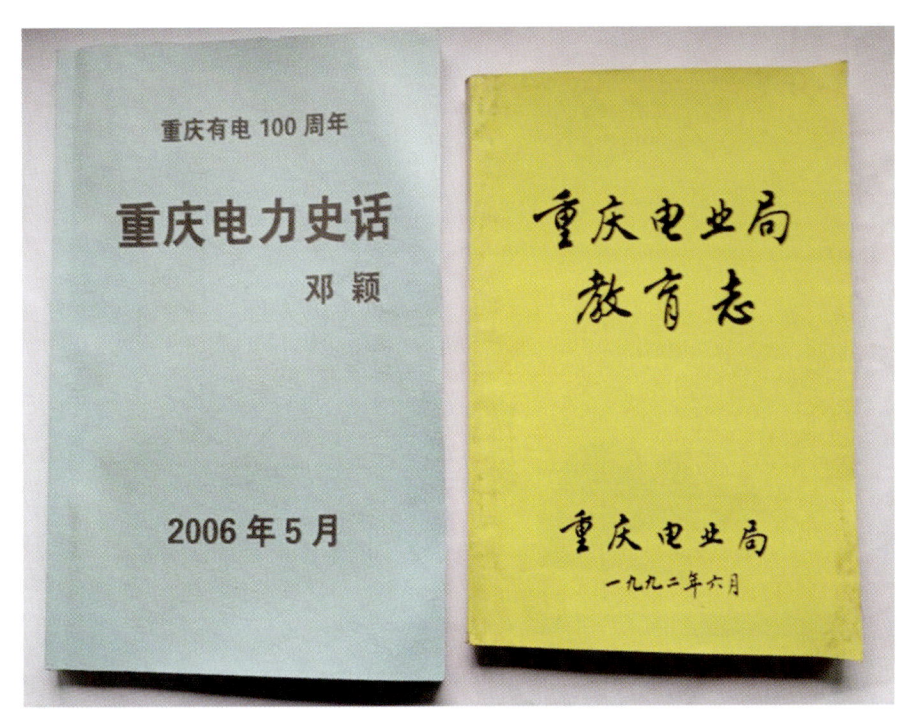

编写的两本电力史志内刊本

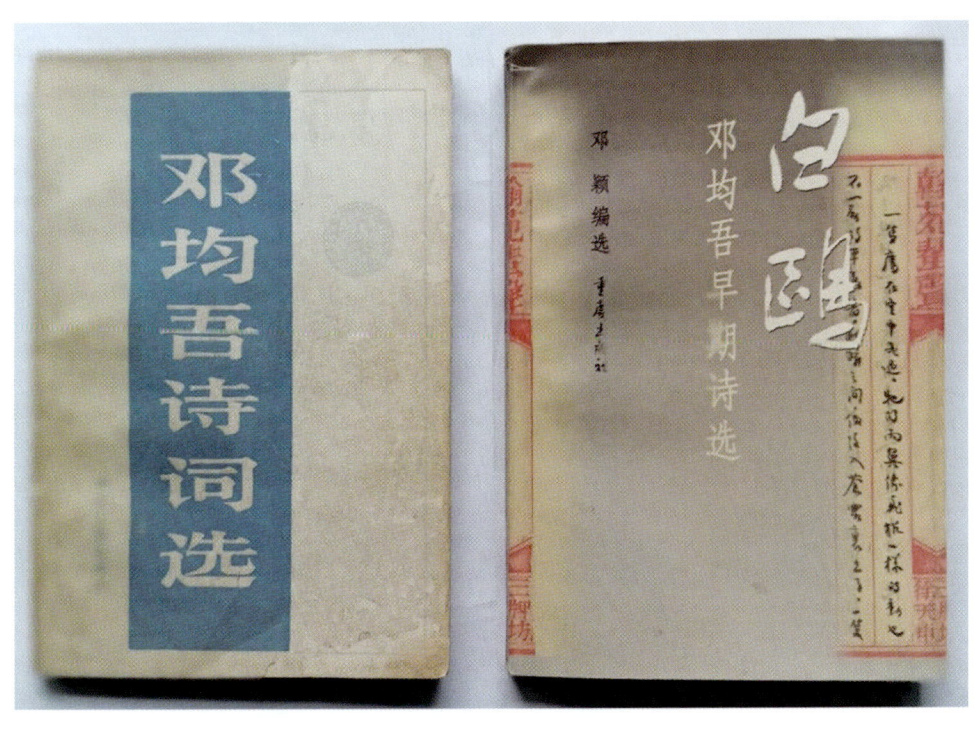

编选的父亲的两本诗选

编选的父亲诗文选和研究资料

主审和合编的部分教材

目 录

人物篇

革命烈士

许建业与电力公司地下党支部……………………………………………3
坚贞不屈的党支部书记刘德惠……………………………………………13
英勇坚强的游击队支队政委邓兴丰………………………………………16
铁窗诗人何敬平……………………………………………………………19
机智勇敢的地下党联络员周显涛…………………………………………28
利诱威逼不动摇的优秀革命青年刘祖春…………………………………31
黎明前的护厂斗争和殉难烈士……………………………………………33

电力企业家

开创重庆电力的三个民族企业家…………………………………………49
傅友周：重庆现代城市建设的开拓者、电力企业家……………………58
船王卢作孚与电力发展……………………………………………………74
刘航琛：战时重庆的财经专家、电力企业家……………………………80
胡子昂与电力建设…………………………………………………………90

电力专家

吴玉章之子吴震寰——杰出的电力和电机工程专家……………………95
从重庆走向全国的水电专家黄育贤………………………………………106
吴锡瀛：对重庆早期电力建设奉献突出的电力专家……………………116

余克稷与怒吼剧社 ……………………………………………………………………… 130
从重庆起步的著名水利水电工程学家张光斗 …………………………………… 146
李鄂鼎：从龙溪河起步的大坝专家 ………………………………………………… 159

全国劳模
黎明前护厂斗争功臣杨如坤 ……………………………………………………… 173
修复被炸电厂功臣卢会卿 ………………………………………………………… 183
奉献不息的老劳模刘超群 ………………………………………………………… 193

史话篇

沧桑巨变
百年电力　沧桑巨变——纪念重庆有电100周年 ……………………………… 203
水电明珠耀巴渝——重庆水电70年 ……………………………………………… 225
山城电力铸辉煌——庆祝新中国成立60周年 …………………………………… 239

英勇抗争
壮丽的史诗——百年电力革命斗争片断 ………………………………………… 260
抗日烽火中的重庆电力人——英勇反轰炸，供电创奇迹 ……………………… 280
日军大封锁中的重庆电力人——粉碎封锁，独立建电厂 ……………………… 290
抗日救亡运动中的重庆电力人——动员民众，抗战救国 ……………………… 297
震撼全国的反特抗暴运动——"胡世合运动" …………………………………… 307

改革大潮
改革大潮中奋进的重庆电力——直辖20年的重庆电力工业之一 …………… 317
电网建设跨越发展　构建坚强智能电网——直辖20年的重庆电力工业之二 … 329
重庆电力：40年助推乡村振兴 …………………………………………………… 345
优化结构，建设清洁低碳、高效智慧电源——改革开放以来的重庆电源建设 … 354

人物篇

革命烈士

许建业与电力公司地下党支部

许建业是中共重庆市委委员、工运负责人，中美合作所壮烈牺牲的革命烈士，小说《红岩》中许云峰烈士的原型。他以重庆电力公司地下党支部举办的至诚实业公司为据点，在全市重点产业、企业中发展党员，建立、健全党组织，组建了全市工运系统，有力推动了全市工人运动的发展。1948年4月，因叛徒出卖被捕。国民党特务头子徐远举，连续酷刑逼供，用尽刑法，反复折磨，许建业始终英勇无畏，坚贞不屈，不吐露党的一点机密。同年7月21日，作为重要政治犯被公开枪杀于大坪肖家湾刑场。许建业宁死不屈，坚持斗争，在被押去刑场的途中，慷慨高歌《国际歌》，高呼革命口号，愤怒声讨敌人，从容就义。消息传到狱中，也极大地鼓舞了狱中200多位同志的革命斗志。中华人民共和国成立后，他的英雄形象通过小说《红岩》和其他媒体的传播，极大地感染、教育了一代代中国人。

中共重庆市委委员许建业烈士遗像

积极投身工人运动

许建业（1920—1948），又名许明德、许明义、许立德，化名杨清、杨绍武。四

川邻水县人,邻水中学毕业。1938年加入中国共产党。先后任中共邻水县特支组织委员、特支书记,在邻水县组织开展地下革命斗争。

1938年11月,许建业调至上级党委——中共北碚中心县委担任工运工作。他先后任中心县委直属中共煤矿区委委员、书记。为便于开展工作,他以当时北碚最大的工矿企业——天府煤矿的白庙子绞车站管理员的社会职务为掩护,组织矿工学习文化,开展政治宣传教育,培养工人运动骨干,发展党员,组织地下革命斗争。

许建业领导的"五一"罢工斗争的白庙子运煤火车

1939年4月中旬,北碚中心县委指示许建业利用"五一"劳动节的机会组织一次不露声势的罢工斗争,争取工人应有的权益,开启北碚工人运动的新局面。许建业利用晚间给工人上文化课的机会,宣传"五一"国际劳动节的由来及全世界工人争取权益的斗争,发动、组织工人以自动放假过节的形式,开展争取工人权益的罢工斗争,迫使资本家同意"五一"上班增发一天工资,取得了斗争的胜利。从此天府煤矿工人就争取到了"五一"放假一天或补发一天工资的权利,大家十分高兴,受到鼓舞,对许建业更加信任和拥护,矿区工人运动由此打开了局面,迅速发展。矿区区委所属地下党支部增至6个、党员60多人,成为当时重庆市委党员人数较多的区委之一。

1941年,许建业调中共川东特委直属的海员工作委员会从事工运工作。他深入民生公司的几十条轮船,组织建立多个专业海员工会,发展党员,组织开展抗日救亡运动和工人运动。

1944年,许建业调中共巴县中心县委,以朝天门沙湾仓库会计的身份为掩护,从事工人运动,在几个区县发展了一批党员,建立了一些工会组织。他还担任中心县委书记肖泽宽的交通员,负责中心县委向中共中央南方局的请示汇报工作。外地来渝向南方局汇报请示的同志也由他负责联系护送。据中共泸县中心县委书记廖林生回忆,1945年8月,他到重庆向南方局请示汇报时,就是先找到肖泽宽,由肖指示许建业护送他去八路军驻渝办事处的。

1947年10月,根据中共中央上海局的决定,成立中共川东临时工作委员会,撤销中共巴县中心县委,改组中共重庆市委,新组建的重庆市委由刘国定任书记,冉益智任副书记,许建业从巴县中心县委调任市委委员负责全市工运工作。按照周恩来同志的指示:"党员要在社会生根,在职业中巩固",即"社会化、职业化、合法化"的要求,为便于许建业隐蔽开展全市工运工作,新市委要求当时党组织力量较强、群众基础较好的中共重庆电力公司党支部安排许建业在电力公司任职。

隐蔽在电力公司工作

重庆电力公司成立于1935年1月,是由官僚、军阀、银行资本家投资建设的民营股份制企业,是当时西南、西北地区和重庆市最大的电力企业。抗战后进一步扩建,跃居全国一等电力事业,共辖3个电厂、3个供电办事处,担负重庆市主城及近郊的电力供应,对重庆市国防、工业生产和人民生活均有重大影响。中共重庆市委对这个重要企业十分重视,先后在公司发展党员,建立党支部,组织开展了一系列革命活动。

1937年9月15日,重庆电力公司爱国工程师余克稷和华西兴业公司电力部职员、中共党员陈叔亮,发起成立以这两家企业为主体的抗日进步剧团——怒吼剧社,开展抗日戏剧演出和抗日救亡活动。陈叔亮和重庆各界抗日救国会会长、中共重庆市工委书记漆鲁鱼接上了党组织关系。此后,重庆市工委便指派党员对剧社加强领导。次年7月,漆鲁鱼主持成立了中共怒吼剧社党支部,党支部在这个爱国进步剧社中大力发展党员,仅

中共重庆市工委书记漆鲁鱼

在重庆电力公司参加剧社活动的职工中,就先后发展张治源等5人为中共党员。1939年1月,中共中央南方局在重庆成立后,南方局青年组进一步加强了对公司革命活动的领导,派出周力行等党员到电力公司工作。从1939年到1945年,先后发展了刘德惠、邓兴丰、何敬平等人入党。1946年2月,中共重庆电力公司党

支部成立,周力行(周公正)任支部书记,刘德惠任经济委员和生产据点(公司生产单位)小组长,何敬平组织委员,余造邦任联络员,张治源任秘书。同年4月30日,周力行调任中共四川省委民运部青运组长,上级党委指定刘德惠代理支部书记。

1947年夏天,重庆电力公司党支部为筹集党的活动资金,并建立党的活动据点,筹建"至诚实业公司"。为便于掩护,特邀请电力公司会计科长黄大庸任董事长,聘请公司进步青年刘祖春兼任会计,以民营企业身份,经营猪鬃、棉花、煤炭等货物贸易。刘德惠担任专务董事,负责财务稽核,便于掌控财务,吸收游资,供给党的经费需要。至诚公司成立后,为党支部和上级党委筹集了经费,也为党组织提供了一个合法、隐蔽的活动据点。

电力公司党支部接到重庆市委要求在电力公司安排许建业职务的指示后,认为至诚实业公司新成立,人员较单纯,又完全由支部掌控,便于隐蔽和开展活动。决定"聘请"许建业担任至诚公司会计主任。

许建业担任至诚公司会计主任后,有了公开合法的身份,又一个人住在公司,十分安全隐蔽。他以杨清的化名组织开展全市的工人运动。按照川东临委"放手发展党员"的指示,他在工人运动积极分子中发展了一批新党员,在重庆兵工、纺织、公路运输、航运等重点产业中建立、健全了党的组织和工会,到1948年春,全市工运系统就全部建立、健全起来,工人运动有了新的发展。

至诚公司也成为市委的一个重要联络点,当时市委书记刘国定、副书记冉益智都到至诚公司与许建业研究党的工作。川东临委秘书长肖泽宽也常到至诚公司与许建业商议支援川东农村武装斗争的人员和物资转运工作。许建业积极动员重庆市工运干部20多人到川东农村,支援开展军事斗争,在工运系统中积极筹集武器、电台支援川东游击队。

许建业利用在至诚公司工作的便利条件,加强对电力公司党支部的直接领导,有力推动了电力公司的地下革命斗争。和他同在至诚公司从事会计工作的电力公司进步青年刘祖春,在他的潜移默化的教育影响下,进步很快,主动投身革命,积极为党筹措经费,传递和散发《挺进报》,掩护党的活动,成为发展新党员的重点对象。

英勇的斗争 血与泪的教训

1948年4月1日,在许建业领导下从事工运工作的中共党员任达哉被捕后叛变,供出他的上级领导"老扬"(杨清,即许建业)。4月4日任达哉带领特务在约定的接头地点——磁器街嘉阳茶馆,将许建业逮捕。特务头子徐远举先以高官厚禄利诱招降,许建业一身正气,不为所动,怒目以对,义正词严予以痛斥。徐远举恼羞成怒,对许建业连续酷刑逼供,5次刑讯,用尽酷刑,打得许皮开肉绽,筋断骨折,多次昏厥。许建业不畏强暴,坚贞不屈,决心以生命保守党的机密,未向敌人吐露任何线索。徐远举大声威胁:"我们有24套刑具,你受得了?"许建业怒目回答:"就是48套,共产党人也不畏惧!"徐敬业无奈,只得命令将许建业押至中美合作所白公馆单间牢房监管。

当夜许建业在牢房不仅饱受全身创伤带来的剧烈疼痛的折磨,更令他心急如焚的是他存放在至诚公司住所内的党内文件和自传可能被敌人搜查到,那将给党造成极大的损失。必须尽快通知狱外同志转移、烧毁。

这时狱中只有专门监管他的管狱班长陈远德一人。许建业抱着唯一的希望,试探着和他交谈,进行宣传教育。陈远德是一个外表和善稳重,实则十分奸诈的特务,过去也曾给狱中同志向外送过信,收取好处费。他假装自己是被抓壮丁的穷苦百姓,对许建业表

"白公馆"监狱外广场的许建业烈士遗像

示同情、崇敬,主动表示愿为许建业效劳,但要得到报酬。许建业在急于处理党内机密文件、保护党和同志们安全的十分危急的情况下,来不及认真分析判断,就轻信了特务,做出了错误的决定。他将身上的4千万法币全部给陈远德,托陈送一封信给中正路(今新华路)91号至诚公司的刘德惠,要刘将宿舍皮箱内的东西处理掉。同时,许建业还给深爱的母亲写了一封信:"亲爱的母亲,我被疯狗咬着了,我决心以死殉党,我死是光荣的,你不要惦记我。"要陈远德一并送出。还告诉陈,信送到后,收信人还会给他酬劳,并介绍安排职业。

狡诈的特务陈远德当场满口答应，出狱后就立即向徐远举报告，徐万分欣喜，立即派特务包围至诚公司，从许建业住所床下的皮箱内搜出自传和党内机密文件，按照其中单位、人名等信息在全市搜捕电力公司等单位的革命者。

4月5日，至诚公司专务董事、电力公司会计科簿记股股长、电力公司地下党支部代理书记刘德惠和至诚公司董事、电力公司簿记股职员、电力公司地下党支部组织委员何敬平，在早上上班途中同时被捕，关押于渣滓洞监狱。

4月6日早晨，不知许建业已被捕的重庆市委书记刘国定，在去至诚公司找许建业商议工作时，被监守的特务逮捕，4月8日在特务残酷刑具的威逼下，刘供出了华蓥山起义后撤退回重庆的李忠良、余天二人。特务立即在南岸海棠溪永生钱庄逮捕了李、余二人。审讯中，余天不向敌人低头，不吐露一点党的机密；李忠良立即叛变，出卖了起义领导人邓照明、王敏等数十人，当面指认余天是达县"虎南二月暴动"的领导人邓兴丰（重庆电力公司职员），邓当晚即被关押于渣滓洞监狱。

4月7日，与许建业同在至诚公司任会计的电力公司进步青年刘祖春，在去重庆电力公司沙坪坝供电办事处工作时被逮捕，关押于渣滓洞监狱。

5月15日，电力公司地下党交通联络员，鹅公岩电厂煤场管理员周显涛在去电厂上班途中被特务逮捕，关押于渣滓洞监狱。

至此，重庆电力公司地下党支部的主要党员骨干相继被捕，党支部组织遭到破坏，不得不停止活动。此外尚有其他工运系统共8人被捕，给党组织和革命事业带来巨大损失。

"中美合作所"烈士纪念馆陈列的许建业烈士雕像

许建业在狱中得知由于自己对凶残的敌人认识不足，轻信误判，被特务蒙骗上当，给党带来不可弥补的重大损失后，内心万分悔恨，强烈自责，决心用自己的生命向党和同志们谢罪，一头撞向墙壁，满面鲜血，先后三次自杀，均被特务阻止未成。此后，不论敌人如何残酷刑讯，他都怒目痛斥，不吐一字。敌人没法，于同年7月21日，将许建业和川东游击队军械修理厂负责人李大荣一起作为重要政治犯公开杀害于大坪肖家湾刑场。在去刑场途中他们慷慨高唱《国际歌》，高呼革命口号，愤怒声讨敌人，为革命做最后一点奉献。路边群众对此磅礴正气，高风亮节，英雄本色，无不深为感动，无比崇敬。

许建业在残暴的敌人面前英勇斗争，慷慨就义的英雄壮举，有力地鼓舞了狱中同志的革命斗志。同被关在白公馆监狱的重庆市新市区区委书记许晓轩当即以无比悲愤和崇敬的心情抒写《吊许建业同志》一诗："噩耗传来入禁宫，悲伤切齿众心同。文山大节垂千古，叶挺孤忠有古风。十次苦刑犹骂贼，从容就义气如虹。临危慷慨高歌日，争睹英雄万巷空。"1949年7月21日是许建业、李大荣烈士牺牲周年祭日，被关押在渣滓洞监狱的"铁窗诗人"蔡梦慰写下了新诗《祭》，怀念和颂扬两位英烈："你们站在利禄诱惑前，像一座巍峨的山，连敌人的头也低低地垂了下来！""你们熬受着毒刑，保障了千百个同志的安全，像铁锤击落在钢上，迸显出意志的火星！敌人愈残酷呀！愈显出你们坚毅！""像一片大旗，感召着后继者不息的战斗，感召着我们二百多人，在敌人面前永远不屈！"

电力英烈的狱中斗争

被捕入狱的电力公司中共党员和革命青年，在残暴的特务面前始终坚贞不屈，英勇斗争，不泄露党的一点机密，先后被敌人杀害。

邓兴丰是川东游击队十三支队政委、三县联合纵队队长，属"重要政治犯"，特务们更加残暴，这位刚毅不阿的游击队英雄，始终怒目痛斥敌人，不吐一字，敌人无奈，将其从渣滓洞监狱转移至关押重要政治犯的白公馆监狱。1949年10月1日，中华人民共和国成立，喜讯传到狱中，他和狱中同志连夜赶制了一面五星红旗，在狱中庆祝，同年10月28日，王朴、陈然等15位中共党员被国民政府枪杀于大坪刑场，邓兴丰义愤填膺，和狱中战友绝食三天，抗议特务暴行。同年11月14日黄昏，邓兴丰和江竹筠等30位革命志士被特务杀害于中美合作所电台岚垭。

川东游击队十三支队政委、重庆电力公司职员邓兴丰烈士遗像

刘德惠是电力公司党支部代理书记,特务严刑逼供,要他交代支部党员名单,他不向敌人低头,坚决保护党的机密和支部党员的安全。在狱中他十分关心同志、难友,家中送来物品他都分送大家共享。1949年夏天,狱中卫生条件恶劣,流行痢疾,他想法让家人送来药品为战友治疗,身处险境仍关心同志的安危。

中共重庆电力公司党支部代理书记刘德惠烈士遗像

何敬平作为电力公司党支部组织委员,掌握着支部党员和党外积极分子的信息,在敌人残暴刑讯中,他始终不吐一字,更不向敌人"自白"。他在狱中坚持革命乐观主义精神和不息的战斗精神。他和刘振美等20位同志,于1949年旧历正月初一在狱中成立铁窗诗社,用战斗的诗篇相互激烈鼓舞,和敌人做坚决的斗争。他写了著名的战斗诗篇《把牢底坐穿》:"为了免除下一代的苦难,我们愿——愿把这牢底坐穿!我们是天生的叛逆者,我们要把这颠倒的乾坤扭转!我们要把这不合理的

中共重庆电力公司党支部组织委员何敬平烈士遗像

一切打翻!今天,我们坐牢了,坐牢又有什么稀罕?为了免除下一代的苦难,我们愿——愿把这牢底坐穿!"这首气势磅礴,壮怀激烈,饱含革命热情和坚强革命意志的战斗诗篇,经难友周宗楷谱曲,在狱中广为传唱,有力地鼓舞了同志们不屈不挠和敌人斗争的斗志。

周显涛是党的交通联络员,担任传递情报、文件和联络工作,掌握党的一些机密。敌人对他利诱威逼,严刑拷打,他毫不畏惧,始终没有暴露党的一点机密,也拒绝写向敌人低头的"自白书"。他在牢中受尽折磨,但并未消磨斗志,对革命前途仍充满希望。正如他在遗存的一张照片上所写的那样:"希望是属于未来,希望是人类前进的导引,让我沉默地希望吧!"

刘祖春是正在争取加入中国共产党的革命青年,被捕后,敌人认为他年轻好对付,便以金钱重利引诱他

中共重庆电力公司党支部交通联络员周显涛烈士遗像

吐露革命机密,打开缺口。他不为名利所动,不透露半点机密,特务遂施以酷刑,他被打得遍体鳞伤,仍坚决不屈服。在狱中,他十分敬佩英勇不屈的共产党员,以他们为榜样砥砺自己的革命意志,做一个坚强的革命者。他热情关心狱中难友,争做狱中的脏活、重活,难友夸他是优秀革命青年。

1949年11月27日,在国民政府的疯狂大屠杀中,刘德惠、何敬平、周显涛、刘祖春等革命志士均牺牲于中美合作所渣滓洞监狱。

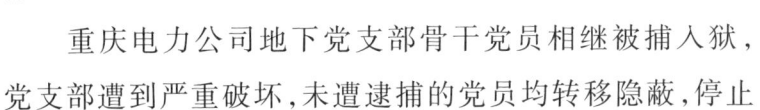

重庆电力公司进步青年刘祖春烈士遗像

重庆电力公司地下党支部骨干党员相继被捕入狱,党支部遭到严重破坏,未遭逮捕的党员均转移隐蔽,停止活动。但革命者播下的革命火种并未熄灭。1949年11月下旬,就在狱中电力英烈们与特务进行最后的英勇斗争时,重庆电力公司按照中共川东特委的指示,组建了公司总部和所属3个电厂共4个工人护厂队。许多在夜校和读书会受过教育的职工都成为护厂队的骨干。护厂队日夜操练、站岗、巡护,与前来炸厂的军警特务进行了英勇机智的斗争,完整保护了大溪沟电厂、弹子石电厂;鹅公岩电

1949年12月24日出刊的《重庆电力公司暨全体职工为本公司殉国烈士、护厂死难工友追悼大会特刊》

厂也只有一台锅炉被炸毁,主要电气设备均完好,卢树清、彭子清等6位工人被炸牺牲。解放后重庆市人民政府对电力公司护厂队的英勇护厂行为给予表彰。

重庆电力公司广大职工对在中美合作所牺牲的电力英烈和在护厂斗争中遇难的护厂烈士十分崇敬和怀念,1949年12月24日,在重庆解放不到一个月时,公司就举行庄严肃穆的"重庆电力公司殉国烈士、护厂死难工友追悼大会"。追悼重庆电力公司革命烈士刘德惠、何敬平、周显涛、刘祖春和卢树清、彭子清等6位护厂烈士。出刊了两大张《追悼特刊》,愤怒鞭挞了国民党反动派对革命烈士"先

行枪杀,继以纵火,惨绝人寰"的罪行;歌颂革命英烈"前仆后继,为人类献身"的崇高革命精神;教育公司职工"革命大业成功不易,新的中国创造维艰",要"奋发图强,努力建设新中国"。这次追悼会是重庆市第一次追悼"中美合作所"殉难烈士的追悼会,比1950年1月15日举行的全市追悼大会还早半个多月,充分体现了具有光荣革命传统的重庆电力职工的革命觉悟和爱国精神。追悼会极大地激励鼓舞公司职工奋力投身新中国的恢复建设,努力保障重庆的电力供应,为"建设人民的、生产的新重庆"做出贡献!

(初载《红岩春秋》2019年第1期;后又选入《重庆红色文化图谱》,《今日重庆》2021年第3、4期合刊)

坚贞不屈的党支部书记刘德惠

刘德惠是重庆解放前重庆电力股份有限公司（简称重庆电力公司）簿记股股长、中共重庆电力公司党支部代理书记。1939年加入中国共产党后，即按照党的指示，组织"学术励进会"、"职工夜校"和"读书会"，宣传马列主义，提高职工觉悟，培养工人运动骨干；成立"至诚实业公司"，为党筹集经费，掩护党的活动；发动和领导职工开展争生存、争温饱的经济斗争和争人权、争民主、反迫害的政治斗争。1949年4月5日，因叛徒出卖，许建业被捕，至诚公司暴露，刘德惠被捕入"中美合作所"渣滓洞监狱。他在狱中坚贞不屈，英勇斗争，1949年11月27日，壮烈牺牲于渣滓洞监狱。

中国重庆电力公司党支部代理书记刘德惠烈士

刘德惠，四川巴县（今重庆市巴南区）人，生于1917年。少年时代勤奋好学，品德优良。1933年在巴县西彭益智中学高中十八班读书时，受学校老师、共产党员危石顽、牟万宗、邓力平等的影响，积极参加巴县"反团阀"的反封建斗争和江津县"九三"兵变的活动，被接收为共产主义青年团团员。中学毕业后，由于家境败落，被迫辍学，投身社会，考入重庆公共汽车公司工作。1937年转入重庆电力公司做练习生，因工作认真负责，业务能力较强，不久被提升为会计科簿记股股长。

1939年刘德惠加入中国共产党。同年夏天，为了团结教育公司员工，他同电力公司职员张治源、章畴叙、何笃睦等人发起成立"重庆电力公司职员学术励

进会",励进会通过开办图书室、文娱室等吸引职员、工人参加活动,借以宣传马列主义,宣传中国共产党的主张。1940年春节,还组织了春节文艺演出,演出解放区的秧歌剧等节目。1940年上半年,因开展进步活动,被国民党中统特务以"赤化宣传"之名逮捕入狱。他在狱中坚守党的机密,拒不承认"赤化宣传",特务未抓住证据,被囚禁3个月后,经电力公司出面保释出狱。他出狱后继续坚定地为党工作。

1942年2月,刘德惠和周力行根据中共中央南方局青年组组长刘光的指示,由刘德惠出面倡议,在电力公司上清寺"平庐"宿舍,组织公司进步青年成立"读书会",参加读书会的有何敬平、周显涛、邓兴丰、张治源、熊静泽、马泮正等人。读书会组织大家学习《大众哲学》《唯物辩证法》等进步书籍和《新华日报》上的一些文章,开展抗日救亡宣传活动,向亲友介绍、邮寄进步书报,扩大党的政治影响。在马列主义的指导下,在周力行、刘德惠等共产党员的影响、帮助下,参加读书会学习的青年觉悟提高很快,他们中多数人均先后加入中国共产党。

1945年2月,电力公司工人胡世合执行公务时被特务无理枪杀,激起了电力公司全体职工和全市人民的义愤。中共中央南方局按照周恩来书记的指示,因势利导不失时机地组织发动了一场全市大规模的反特务、反迫害、争民主的群众运动。刘德惠积极组织发动全公司职工参加声势浩大的争民主、反迫害的斗争。他和周力行、邓兴丰组成电力公司临时指挥小组,组织发动全公司职工开展抗暴运动;他同何敬平连夜起草了代表电力公司全体职工向全市人民发出的《为惨杀重庆电力公司工友胡世合向各产业工友各界同胞们的控诉》的控诉书,印发了2000份,向全市广泛散发,揭露国民党特务的暴行;亲笔书写了"特务横行何处去,民主自由几时来"的挽联;通过工会召开全公司职工大会,组织重庆电力公司"胡世合事件申冤后援会",召开记者招待会,向国民党当局提出严正要求,开展针锋相对的斗争。在南方局正确领导下,全市各工厂、企业、民主人士、各界群众进城悼念工友,抗议特务暴行,全国各地纷纷声援。这使事件发展成为震惊全国的、有20多万人参加的群众性争民主、反迫害的政治斗争,迫使国民党政府接受了枪决行凶特务、抚恤受害者家属的正义要求,赢得了斗争的胜利,有力推动了国民政府统治区民主运动的发展。

1946年2月,中共重庆电力公司党支部成立,周力行任支部书记,刘德惠任经济委员和联系各厂、处电力工人的生产据点党小组长。同年底,周力行调去延安,上级指定刘德惠代理支部书记,负责全公司党的工作。

1947年7月,为加强党在公司职工中的宣传发动工作,党支部决定举办职工业余学校,刘德惠被推选为夜校校长,余造邦为副校长。夜校开办了两个班,通过识字、讲时事等形式,宣传马列主义,提高工人觉悟,培养工人运动骨干。

1947年夏天,党支部决定筹办一个公司,以经商为名,为党筹集活动资金,并掩护党的活动。由刘德惠、何敬平负责筹办,为便于掩护,刘德惠请电力公司会计科长黄大庸和北碚电力煤厂经理周则询出面担任董事长、经理,组织成立"至诚实业公司",经营猪鬃、棉纱、煤等商品,吸收社会上的游资。刘德惠亲任专务董事,负责财务稽核,使党组织需要活动经费时,立即就能取出,以利党的活动开展。刘德惠还安排中共重庆市委委员、工运负责人许建业在"至诚实业公司"任会计主任,掩护其领导开展全市工人革命活动。

1948年4月4日,由于叛徒出卖,许建业被捕,许急于处理放在至诚公司住所内的党内文件,被特务蒙骗。许给刘德惠写信,使刘德惠身份暴露,于4月5日再次被捕,被囚禁于"中美合作所"渣滓洞监狱。特务认为他是重犯,数次刑讯,要他交代公司其他党员,他不畏敌人酷刑折磨,坚贞不屈,保守党的机密,不向敌人低头,表现了一个共产党人的大无畏的精神和高尚的情操。他关心体贴狱中同志、难友,家中送来物品,他都要分送给难友共同享用。1949年夏天,狱中因卫生条件恶劣,流行痢疾,他想法让家人送来药品为难友治疗,身处险境,仍然关心同志的安危。

1949年11月27日,重庆解放前夕,国民党特务对"中美合作所"囚禁的革命志士进行了疯狂凶残的大屠杀,刘德惠在渣滓洞监狱不幸殉难,年仅32岁。

(原载《重庆日报》,2006年7月6日,后又做了补充修改)

英勇坚强的游击队支队政委邓兴丰

邓兴丰曾任解放前重庆电力股份有限公司（简称重庆电力公司）职员，中共党员，川东游击队第十三支队政委、三县联合纵队队长。1942年在电力公司加入中国共产党后，积极投身革命斗争。1945年2月，在"胡世合事件"中，他积极发动电力公司职工与国民党政府进行坚决的斗争，为这场斗争的胜利做了大量工作。1946年5月奉派返达县，发展党组织，创建川东游击队第十三支队任支队政委，1948年1月，任川东游击队三县联合纵队队长，组织发动了震惊国民党政府的"虎南二月暴动"。暴动失败后，因叛徒出卖被捕，先后被囚禁于"中美合作所"渣滓洞监狱、白公馆监狱。他在狱中坚持斗争，英勇不屈，于1949年11月14日壮烈牺牲。

川东游击队支队政委、重庆电力公司职员邓兴丰烈士遗像

邓兴丰，又名邓鑫丰、邓新凤，化名余天，四川达县南岳乡人，生于1917年10月。1933年考入达县中学，在中学期间，勤奋好学，成绩优良，积极参加进步活动，关心国家民族的安危，成为学校"救亡歌咏团"的骨干，投身抗日宣传救亡活动。在学校中共党员陈古椿、陈古松等老师的教育影响下，他与同学李仕仁、周显涛等发起组织"读书会"，学习进步书刊，议论时政，探寻革命真理。他们的活动引起了国民党当局的注意，欲逮捕他们，他和周显涛于1939年底被迫离开学校出走重庆，以同等学力考入重庆华西工商专科学校会计系，1941年毕业后考入重庆电力公司做职员。那时，他深感国民党政府统治下社会黑暗，人民生活痛

苦,立志要铲除不平等,改造社会,树立新风,于是曾将自己的名字改为"邓新风"。

1942年2月,他积极参加重庆电力公司地下党组织的"读书会",认真学习马列主义书籍和《新华日报》上的文章,思想认识和觉悟提高很快,同年被批准加入中国共产党。

1945年2月,重庆电力公司工人胡世合在执行公务时,被国民党特务无理杀害。在中共中央南方局的领导下,重庆市各界人民群众掀起了席卷山城,震惊全国的争民主、反迫害的群众性斗争。邓兴丰是电力公司地下党"胡世合事件"临时指挥小组成员。他的家就是指挥、联系和活动的地点。他和其他同志一道,首先发动工人中的积极分子及时起来抗争,影响带动全公司职工;利用电力公司产业工会召开公司全体职工紧急会议,组织成立电力公司"胡世合事件申冤后援会",组织发动全公司职工投入斗争;推选工会理事杨秀蓁出面向国民党政府提出惩办杀人凶手特务田凯,保障电力公司职工生命安全,优抚胡世合遗属等严正要求,为这场斗争的胜利做了大量工作。他在斗争中表现出高昂的革命热情和非凡的组织、活动能力,广大职工群众大加称赞。

1946年2月,中共中央南方局机关报《新华日报》民生路营业部和中国民主同盟机关报《民主报》营业部被国民党特务捣毁,他发动电力公司的进步青年上街为两报叫卖,与破坏新闻自由的国民党特务进行斗争。

1946年5月,中共川东地下党组织根据革命斗争形势的需要,决定派他和刘学刚、余永安等人回家乡——达县,组织开展农村武装斗争,开辟"第二战场"。邓兴丰回到达县南岳乡后,先是以大学毕业生还乡办教育为名,在南岳中心小学教书,经过一段时间活动后,担任了该校校长职务。他按照党组织的指示,以校长的身份为掩护,积极恢复和发展党组织,使原来只有几个人的党组织,迅速发展到几十个党员,并建立了南岳乡和大树乡特别党支部,他被任命为中共特支书记。他又利用地方势力和各种社会关系,竞选并当上南岳乡乡长。他以乡长的合法身份,改编了原乡警卫队,组建了民众自卫队,为建立游击队奠定了基础。此后,他变卖了自己的家产,并不顾危险卖掉南岳乡乡公所的公粮1000担,用于购置武器弹药,壮大自卫队的力量。他还组织秘密农会,培养农民运动骨干,并逐步发展到大树、黄廷等乡,活动区域不断扩大。

经过积极努力、精心的准备,并经上级批准,1947年冬,在南岳乡正式建立了川东游击队第十三支队,他被任命为支队政委。1948年1月任三县联合纵队队长。

1947年12月,中共川东临委书记王璞决定举行达县、大竹、梁平武装起义。1948年2月,他领导发动了"虎南二月暴动",震惊了南京国民政府,其派出两个团的正规军和五个保安团进行围剿。由于当时敌众我寡,暴动失败,被敌人包围。为保存革命力量,游击队决定突围,邓兴丰凭借熟悉地形的优势,在一夜之间就从敌人包围的空隙中将全部起义人员撤出到大竹县石桥乡附近。撤出人员中,当地的仍留当地分散隐蔽;重庆去的回到重庆,隐蔽在中共党员和进步人士家中。邓兴丰在大竹分批送走其他同志后,化名余天,撤回重庆。同年4月8日,他安全送走了一批离开重庆的同志,回到南岸住地,正准备休息时,不幸因叛徒出卖被捕,当晚便被押送至"中美合作所"渣滓洞监狱囚禁。

由于叛徒指认他是游击队支队政委、三县联合纵队队长,属于重犯,他在狱中受到敌人残酷的刑讯、折磨,始终坚贞不屈,不泄露党的机密,不出卖战友,英勇斗争,敌人对他无可奈何,将他转到关押重要政治犯的白公馆监狱。1949年10月1日,中华人民共和国在北京成立,喜讯传到监狱,他和同志们连夜赶制了红旗,在狱中举行庆祝活动。得知王朴、陈然等15位共产党员于1949年10月28日被国民党政府在重庆大坪枪杀后,他义愤填膺,和狱中战友集体绝食3天,抗议国民党特务的暴行。

1949年11月14日黄昏,邓兴丰和江竹筠等30位革命志士,惨遭敌人杀害于"中美合作所"电台岚垭,英勇就义时年仅32岁。

(原载《重庆日报》2006年7月6日,后又做了补充修改)

铁窗诗人何敬平

"为了免除下一代的苦难,我们愿——愿把这牢底坐穿!这是混乱的日子,黑夜被人硬当作白天,在人们的头上,狂舞的人享福了。在深沉的夜里,他们飞旋于红灯绿酒之间。呼天的人是有罪的,据说,天不应该被人呼唤,而它的位置是在他们脚底下面。牢狱果真是为善良的人们而设立的么?为什么大众的幸福被强夺霸占?我们是天生的叛逆者,我们要把这颠倒的乾坤扭转!我们要把这不合理的一切打翻!今天,我们坐牢了,坐牢又有什么稀罕?为了免除下一代的苦难,我们愿——愿把这牢底坐穿!"

1949年11月7日牺牲于中美合作所的重庆电力公司职工、中共地下党员何敬平同志遗像

这首诗是青年革命诗人何敬平烈士,1948年秋天在重庆"中美合作所"渣滓洞监狱所写的光辉诗篇——《把牢底坐穿》。诗篇气势磅礴,壮怀激烈,是把青春和生命贡献给崇高的共产主义事业的革命者的严正誓词和战斗宣言。它深刻揭露了在国民党政府统治下的旧社会,人妖混淆、乾坤颠倒、暗无天日、人民水深火热的苦难生活;充分表现了无产阶级革命者打破旧世界,推翻旧制度,解放全人类,创造新天地的崇高理想和决心;体现了这位旧制度的叛逆者,为人民解放事业,不畏强权暴力和艰难险阻,不怕坐牢和流血牺牲,义无反顾,勇往直前的坚强革命意志和高尚的革命情操;它也是这位红色诗人短暂而光辉的一生的真实写照。这首诗被选入多本烈士诗选和中小学语文课本,是一首红色经典诗歌和革命教材。

追求进步 投身革命

何敬平(1918—1949),又名何贵前,化名胡励之。四川省巴县(今重庆市巴南区)人。中共党员。他出生在巴县木洞乡的一个贫农家庭,父亲早逝,全靠母亲辛勤劳动,含辛茹苦将他抚养成人,并供他读完初中。1937年初中毕业后,因家贫辍学就业,他考入重庆公共汽车公司任材料保管员。抗日战争爆发后,他积极投身反对日本侵略中国的抗日救亡活动,成为爱国抗日团体——重庆各界救国联合会汽车公司小组成员。1938年初,何敬平与一批进步青年自筹路费奔赴革命圣地延安,途经西安时与大家失散,他随即应征入国民党政府军队开赴前线抗日。在华北、华东抗日前线转战三四年,英勇抗击日本侵略军队。由于作战有功,他被提升为上尉军官。"皖南事变"后,他认识到国民党政府假抗战,真反共的面目,便愤而离开国民党部队,于1942年返回重庆。

1943年初,经同乡、重庆电力公司职员刘德惠(中共党员)介绍,他到重庆电力公司会计科簿记股任职员。到电力公司后,他参加地下党组织的"读书会",通过学习《大众哲学》、《唯物辩证法》和《新华日报》等革命书刊,政治觉悟和思想认识水平都有很大提高。

1945年2月,发生了国民党特务公然枪杀执行公务的用电工人胡世合的惨案。在中共中央南方局的领导下,电力公司和全市工人掀起反特抗暴斗争。何敬平积极投入这场争民主、争自由的群众运动中。他同刘德惠共同起草了《为残杀重庆电力公司工友胡世合事件向各产业工友各界同胞们的控诉》的控诉书,向全市人民揭露特务的暴行;他拟定了"特务横行何处去,民主自由几时来"的挽联,由刘德惠抄写后挂在胡世合的灵台两侧,激励大家与敌人做针锋相对的斗争;他利用"怒吼剧社"与群众广泛接触的机会,大力散发"控诉书",推动了这场群众运动广泛、深入地开展。这场斗争取得全面胜利后,中共地下党组织根据他的政治觉悟和斗争中的良好表现,在同年批准他加入中国共产党。

1946年1月,国民党和共产党及民主人士在重庆召开政治协商会议。为推动政治协商取得成果,重庆各界民主人士和群众在沧白堂召开民众大会。中共代表王若飞在大会上演讲时,国民党特务数十人在会场破坏捣乱,向王若飞和主席台发动攻击。何敬平和其他群众一起勇敢地跳上讲台,用自己的身体去挡住特务掷向王若飞和主席团成员的石块、杂物,保护中共中央南方局领导和各界进步民主人士的安全。

1946年2月,中共重庆电力公司党支部成立,他当选为党支部组织委员,积极教育、培养党员,壮大组织,开展公司的地下革命斗争。

1947年,重庆大中学校学生举行抗议美军暴行的示威游行,何敬平发动电力公司职工上街慰问和支持游行学生。为了筹集党组织活动经费,他和代理支部书记刘德惠一道组建了"志诚实业公司",经营煤、棉纱等商品,作为党的经济据点,支持党的活动,中共重庆市委委员、工运负责人许建业,就以志诚公司会计主任的职务为掩护,开展党的地下活动。

以笔作枪 写战斗诗篇

何敬平爱好文艺,他积极参加以电力公司和华西兴业公司电业部等两家电力企业职工为主体的著名进步业余剧团"怒吼剧社"的演出活动,宣传抗日救亡,反对日本侵略,在剧社活动中起到骨干作用。他以笔作刀枪,向旧制度宣战,写作了许多深刻揭露在国民党政府统治下,劳动人民水深火热,民不聊生,痛苦不堪的悲惨生活;反映广大受压迫的劳动者渴望推翻旧制度、翻身求解放的迫切心情的战斗诗篇。由于他遭到敌人迫害,所写诗篇毁损、散失较多,现保存下来的仅有《肚皮饿了要吃饭》、《问牧民者》、《更夫》、《我是江河》和《把牢底坐穿》等数首。

肚皮饿了要吃饭

我们不懂啥子叫"人道",

我们不懂啥子叫"观瞻",

我们只晓得一个道理;

——肚皮饿了要吃饭!

你们当官的说,

要把我们的生活改善;

叫我们不当遭孽的车夫,

去当公司的老板。
我知道你们做官人的肠胃，
早肥得象个猪油罐罐。
你们那里晓得，
我们天天都在忙着三顿"搞干"。
跟你说：
我们是这样在拖，
吃了今天还不晓得明天。
我问你：
当老板要不要本钱？
不要本钱么？
那我马上就干，
哪个龟儿还想再摸这杆杆！
你们当官，
可以吃喝老百姓的血汗，
可以伸手向老百姓要粮要钱。
我们下力人可没得那号能干。
今天不跑腿，
今天就没得钱。
没得钱，请问：
一家大人娃儿咋个办？
你默倒我们不知道做人的尊严？
你默倒我们生成想做一辈子下力汉？
其实，
我比你们那些喝人血的还要爱脸面，
我比你们还晓得做老板的人的安然。
我们拉着车，
不恨坡陡也不恨路滥；
我们也不怨，

火毒的太阳燃得象个红炭圆。

我们只恨那些逼着我们干这行道的王八蛋，

我们更恨王八蛋今天还要想方设法的来夺掉我们的饭碗！

1946.8.20 渝

此诗用四川方言写作。诗中"搞干"，即搞顿干饭吃，三顿"搞干"，是说人力车夫每天拼命劳动都是为了一日三餐填饱肚皮。"杆杆"是指黄包车（人力车）的车把。"默倒"，是以为的意思。该诗写于1946年，那时抗战刚刚胜利，国民党政府又挑起反共反人民的内战，人民群众苦不堪言，重庆城内到处是以沿街乞讨为生的乞丐和下苦力的人力车夫。国民党政府的警察却以"有碍观瞻"为借口，到处驱赶、拘捕他们，夺去他们的"饭碗"。诗中描写了人力车夫，不顾"火毒的太阳"和"坡陡""路滥"，日夜辛劳，仍难以填饱肚皮，过着吃了上顿没下顿的悲惨生活；揭露了国民党政府官吏、军警对车夫恣意欺压，连下苦力为生的权利都要剥夺的罪行；刻画了那些"喝人血"、吸民脂的官吏们，高叫"人道"，要"吃了今天还不晓得明天"的车夫，去"当老板""改善生活"的伪善、丑恶嘴脸。诗歌通俗、生动、形象。

问牧民者

是条耕牛，

你该还留给一把干青；

是条耕牛，

你还耽心它，

冻着，饿着，

害病，死掉。

为打国战，七八年来，

生命，财产，

我们拿出来的，该也不少！

我们难道说没有："为国家尽孝，

为民族尽孝？"

这惨道的日子，算来
早该过去了。
不是么？一年前
法西斯已经打垮，
强盗们已经死了。
今天，你说！
为啥，你又要来夺去
我们一家吊命的口粮？
为啥，又要把我们的骨肉，
拉到战场上去抵挡枪炮？

1946.9.16 晨

诗中的"牧民者"，是指那些把老百姓当成牛马一样对待，骑在人民头上作威作福的统治者。"国战"，是指全国人民英勇抗击日本侵略者的抗日战争。本诗揭露了国民党政府在抗战胜利后就迫不及待地发动反人民的内战，强夺人民群众"吊命的口粮"以充军费；强拉壮丁"去抵挡枪炮"，为他们发动的内战做炮灰，使广大人民群众过着"惨道的日子"的罪行。是一首"反内战，争民主"，"反压迫，争自由"的战斗诗篇。诗中采用对比、责问的形式，通过"牧牛人"对牛尚且要喂给饲料，关心它的冻、饿、病、死；而"牧民"的统治者，却在八年浴血抗战，全国人民做出重大牺牲之后，仍不顾人民的死活，发动内战，压迫、剥削劳苦大众，人民生活苦不堪言，真是牛马不如，这一鲜明对比，揭露得非常深刻，如投枪、匕首、直刺压迫人民的统治者。

更 夫

嘶声的更锣数不尽一生哀怨，
喑哑的梆子敲出了积年的愁烦，
竹竿尖儿挑起一个小灯笼，
却照不透四周的黑暗，
压低了眉头，战颤着的破草帽

在浓重的夜雾中透露了辛酸，

草鞋在冰冷的地上发出了长叹：

——啊，人家正做着好梦呢，

在温暖的床边，

而我，却在和黑夜的道路周旋！

但，更夫你

用哀怨来歌挽逐渐消逝的黑暗，

用愁烦来报道静夜的平安，

（即使永留在昏夜里你也永不疲倦，即使被饥饿和寒冷咬伤你也永不乞求人家可怜！）

你只紧咬着撕打的牙齿向着领路的灯火，

迈着步，去追赶那个

美丽的明天……

三五·九·二六 晚

诗中的"更夫"是指旧社会打更巡夜的人，"三五"，即民国三十五年，公元1946年，诗作于1946年9月26日晚。此诗深刻、细致地刻画了更夫充满"哀怨""愁烦""长叹""辛酸"，饱受"饥饿和寒冷咬伤"的艰难、痛苦生活；表现了更夫"歌挽消逝的黑暗"，"报道静夜的平安"，夜夜"永不疲倦"地"和黑暗的道路周旋"，宁愿自己吃苦"也不乞求人家可怜"的勤劳、善良、不屈的劳动者高尚品质；而"迈着步，去追赶那美丽的明天"，则表现了劳动者对明天美好生活的期待和憧憬，也体现了作者决心打破黑暗，追求光明、自由、平等、幸福美好生活的意志和信念。

我是江河

我只是细小的溪流，

我只有轻轻的涟漪，

微弱的漩涡。

我将是汹涌的江河，

我要用原始的野性，

激荡、澎湃!
我要淹没防堵的堤坝,
我要冲毁阻碍的山岳!
我决不让我的生命窒息,
我渴望海……
我不只是细小的溪流,
我不只有轻轻的涟漪,
微弱的漩涡。
我是江河!
我是江河!

1946.11.2

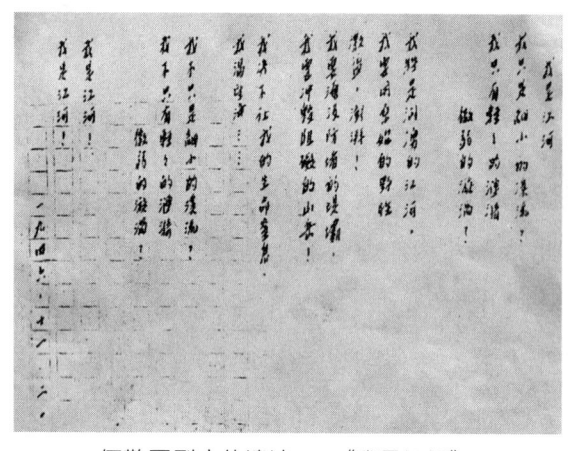

何敬平烈士的遗诗——《我是江河》

这首诗是作者的革命宣言。诗中作者把自己比作只有"轻轻的涟漪""微弱的漩涡"的"细小的溪流",作用是有限的;但只要融入革命洪流的大潮中,就将成为"汹涌的江河","激荡、澎湃",具有无穷的力量,能"淹没防堵的堤坝","冲毁阻碍的山岳",冲向汪洋大海。此诗充分表现了革命者摧枯拉朽,勇往直前,无坚不摧的大无畏革命精神和坚强的革命意志和决心。全诗句式短小,文字简洁,富有哲理,寓意深刻,很有气势,诗情浓郁。

狱中斗争 忠贞不渝

1948年4月4日,因叛徒出卖,中共重庆市委委员、工运负责人许建业被捕,他在狱中不畏刑罚,坚贞不屈,但担心自己保存的党内文件和入党申请书被敌人搜去,轻信了狱警陈远德,托其送信给志诚公司刘德惠,使志诚公司暴露被包围,文件被搜，何敬平身份暴露，他和重庆电力公司中共地下党支部代理支部书记刘德惠一起去电力公司上班途中同时被国民党特务逮捕，囚禁于"中美合作所"渣滓洞监狱。

在狱中，他受到敌人残酷的审讯和刑罚折磨，但始终坚贞不屈，保守党的机密，保持革命的气节和革命乐观主义精神。

1949年旧历正月初一，他和刘振美、杨虞裳、蔡梦慰、何雪松等20位同志在狱中成立"铁窗诗社"，用战斗的诗篇相互激励鼓舞，和敌人做坚决的斗争。

同年秋天，解放大军节节胜利，国民党眼看政权不保，监狱中的敌人更加疯狂地迫害革命志士，狱中对敌斗争更为严峻。为了鼓舞难友们的斗志，何敬平饱含革命激情地写出《把牢底坐穿》

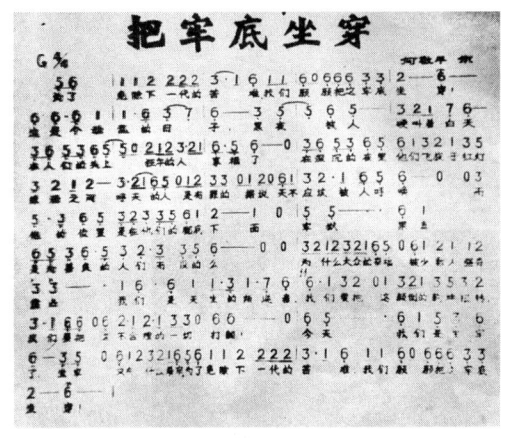

何敬平敬平烈士的遗诗——"把牢底坐穿"

一诗，慷慨高歌："为了免除下一代的苦难，我们愿——愿把这牢底坐穿！"这首诗由难友周宗楷谱曲，在狱中广为传唱，有力地鼓舞了同志们的斗志，不屈不挠地和敌人斗争。这首诗是这位革命诗人的绝笔，也是他一生最光辉的诗篇。

1949年11月27日，这位年仅31岁的革命诗人和其他同志一道集体殉难于狱中。

（初载《红岩春秋》，2012年第5期、6期合刊；后又选入《重庆红色文化图谱》，《今日重庆》2021年第3、4期合刊）

机智勇敢的地下党联络员周显涛

中共重庆电力公司党支部联络员
周显涛烈士遗像

周显涛是重庆解放前重庆电力股份有限公司（简称重庆电力公司）鹅公岩电厂煤场管理员、中共重庆电力公司党支部联络员。中学时代即参加抗日救亡活动，组织"读书会"，探寻革命真理，被国民党特务追捕。考入重庆电力公司后，他积极参加"胡世合事件"和"较场口事件"等反特抗暴斗争，帮助地下党传送、散发《挺进报》。入党后，他担任党的地下交通联络工作，出色地完成了任务。1948年5月15日，被捕囚禁于"中美合作所"渣滓洞监狱，在狱中坚贞不屈。1949年11月27日，壮烈牺牲。

周显涛1921年出生在四川省达县县城的一个没落小资产阶级家庭，5岁时进达县开明小学读书，高小毕业后，因家庭经济困难，无力升学而辍学在家。

周显涛1933年赴重庆，在一家糖果店当学徒。未及半年，因店主凶狠，不堪其虐待，愤然离店回到家乡。

1935年在众亲友的资助下，他考入省立达县中学读书。在中学期间他勤奋好学，成绩优良，关心国家大事，积极参加进步活动。"七七"卢沟桥事变爆发后，他十分关心国家民族的安危，坚决反对日本帝国主义的侵略，积极参加学校进步师生组织的"救亡歌咏团"，进行抗日宣传救亡活动，支援前线的抗战。1939年升入高中后，他在中共党员陈古椿、陈古松等老师的教育影响下，与同学李仕仁、邓兴丰等发起在学生中组织"读书会",学习进步书刊,议论时政,探寻革命真理。他们的活动引起了国民党当局的注意,当局欲逮捕他们,为避难,他和邓兴丰于1939年底被迫离开学校,出走重庆。

1940年初,他考入重庆华西工商专科学校土木系学习,半年后因经济困难,而再度辍学。

1940年秋,周显涛考入重庆电力公司,做见习生。由于工作认真负责,业绩良好,不久升任科员。1943年,调任电力公司鹅公岩电厂煤场管理员。在中共党员、同学邓兴丰的影响、帮助下,周显涛积极追求进步,热心于革命工作。他主动参加电力公司地下党组织的"读书会",努力学习马列主义和《新华日报》等进步报刊上的文章,使自己的思想认识和觉悟都有很大提高。

在1945年2月发生的国民党特务田凯无理枪杀电力公司工人胡世合事件中,他大力宣传、深刻揭露国民党特务的罪行,带动公司职工与国民党政府进行针锋相对的斗争。

1946年2月10日,重庆各界群众近万人在较场口举行有中国共产党、国民党和各民主党派代表参加的庆祝政治协商会议成功召开大会。国民党重庆市党部负责人刘野樵、吴人初率领特务,暴徒数百人对会场进行捣乱破坏,打伤郭沫若、李公朴等进步民主人士和与会群众60余人,制造了"较场口血案"。在这场血案中,周显涛不顾安危,勇敢地与特务进行斗争,努力保护在主席台上的进步民主人士。

中共地下党组织机关报《挺进报》创刊后,周显涛积极帮助地下党组织传递和散发《挺进报》,大力掩护共产党人和进步民主人士逃脱国民党特务的追捕。

1948年初,周显涛光荣地加入中国共产党,担任地下党联络员,从事党的地下交通联络工作。他机智巧妙地与特务周旋,一次次出色完成了传递情报、通知、文件、《挺进报》及其他联络、掩护同志的工作。

他在电厂工人中积极开展革命宣传教育,培养工人运动积极分子;他十分关心电厂工人,尤其是工资低、工作条件恶劣、劳动强度大的运煤工人的生活疾苦,他的工资收入除维持简单的生活必需外,剩余都用于帮助贫困工人和学生,为此,常常入不敷出,甚至举债过活;他为人正直、宽容和善,对工人十分体贴、照顾,从不苛求、责罚;他工作认真,清正廉洁,掌握收煤、管煤的权力,但他决不苟

且,坚持按原则办事,不仅毅然拒绝煤商的行贿,对有人提出集体受贿的主张,也坚决痛斥,并向电力公司建议严加管理,杜绝此类不法行为。他深受电厂广大职工的尊重、爱戴和拥护。在他的教育影响下,很多工人觉悟大为提高,在解放前夕反对特务军警破坏的护厂斗争中,大多职工都站在斗争前列,并有6个职工成为护厂烈士。

1948年4月4日,由于叛徒出卖,隐蔽在中共重庆电力公司党支部创办的至诚实业公司的中共重庆市委委员许建业被捕。特务从查获的党内文件中发现了周显涛的党员身份。1948年5月15日,他去鹅公岩电厂上班途中,被特务逮捕,被囚禁于"中美合作所"渣滓洞监狱。

被捕入狱后,他任凭敌人利诱威逼,严刑拷打,始终没有暴露党的机密,也拒绝写向敌人低头的"自白书",表现了高昂的革命气节,敌人对他无计可施。他十分关心其他难友,他母亲每次探监带给他的食物和药品,他都要分送其他难友。他在黑暗的狱中受尽痛苦折磨,但从未消磨革命斗志,对革命前途充满希望,正如他在一张照片上题写的那样:"希望是属于未来,希望是人类前进的导引,让我沉默地希望吧!"1949年11月27日,国民党政府在败逃前夕,对"中美合作所"关押的革命志士,进行了残酷的大屠杀,周显涛壮烈牺牲,年仅28岁。他为人民的解放事业献出了壮丽的青春,为中国电力工人运动史谱写了光辉的一页。

(原载《重庆日报》,2006年7月13日,后又做了补充修改)

利诱威逼不动摇的优秀革命青年刘祖春

刘祖春是重庆解放前重庆电力股份有限公司（简称重庆电力公司）会计，进步青年。到电力公司工作后，受中共党员刘德惠、何敬平和许建业等人的启迪、帮助，积极要求进步，投身革命工作。帮助地下党组织收集情报，筹集资金，传递、散发《挺进报》。1948年4月7日，在电力公司沙坪坝办事处被国民党特务逮捕。被关押后，不畏敌人利诱威逼，不吐露半点机密，被难友夸为优秀青年。1949年11月27日壮烈牺牲于"中美合作所"。

重庆电力公司会计刘祖春烈士遗像

刘祖春又名刘祖厚，四川巴县（今重庆市巴南区）人，生于1921年。自幼勤奋好学，各科成绩均好，数学尤佳，故拟攻读财经专业，遂考入重庆益商职业学校。1938年毕业后，因家庭经济困难，无力继续升学。同年，考入重庆电力公司做从业员。1947年调入电力公司会计科做会计。

刘祖春在电力公司工作期间，以乐人之乐，忧人之忧为己任，尊老扶幼，恤孤怜贫，乐于助人，别人有难无不惠资以助；好打不平，力扶弱小，常以"不患寡而患不均，不患弱而患不团结"勉励贫弱，人称善士、义士。他与中共党员、同乡刘德惠和何敬平经常接触，受到他们的启迪和影响，积极要求进步。他参加地下党组织的"读书会"，学习马列主义和进步报刊文章，思想觉悟不断提高。在1945年2月发生的"胡世合事件"中，他积极参加反对国民党特务暴行的斗争。

1947年夏天,电力公司党支部开办"至诚实业公司",支部代理书记刘德惠认为刘祖春思想进步、可信可靠,特请他在公司任会计,这样就有机会接近在公司掩护的中共重庆市委委员许建业,在许建业的教育帮助下,他决心献身革命。他积极为党组织筹集活动资金,探听、收集情报,传送和散发地下党机关报《挺进报》,掩护党的地下活动。

1948年4月4日,因叛徒出卖,许建业被捕,国民党特务从查出的资料中掌握了刘祖春的一些活动情况,于1948年4月7日趁他去电力公司沙坪坝办事处工作时,将他逮捕。

他被关押后,国民党特务认为他年轻好对付,便以金钱重利引诱他吐露革命机密,打开缺口,他不为名利所动,拒不向特务透露半点秘密。特务恼羞成怒,对他施以酷刑,打得他遍体鳞伤,他仍坚不屈服。特务无奈,只得将他投入"中美合作所"渣滓洞监狱。在狱中,他十分敬佩英勇不屈的共产党人,默默地向他们学习,砥砺自己的革命意志,坚持狱中斗争。他热情关心和帮助难友,争做倒尿桶等一类狱中的脏活、重活,深受难友们的称赞,大家都夸他是一个优秀的革命青年。

1949年11月27日,重庆解放前夕,国民党特务对"中美合作所"关押的共产党人和进步人士进行了灭绝人性的大屠杀。刘祖春被枪杀于渣滓洞监狱。殉难时年仅28岁,正是风华正茂的青年。他为人民解放事业献出了满腔热血,不愧为电力工人的优秀分子。

(原载《重庆日报》,2006年7月13日,后又做了补充修改)

黎明前的护厂斗争和殉难烈士

重庆解放前夕，面临溃败的国民党政府军警特务垂死挣扎，疯狂实施破坏城市、炸毁工厂，使重庆成为"一个烂摊子"的罪恶阴谋。针对敌人的破坏活动，中共川东特委按照中共中央南方局的指示，组织领导了一场惊心动魄的城市保卫战。全市重点工厂企业职工组织护厂队，与军警特务进行英勇机智的斗争，使多数兵工厂、电厂和水厂得到保护，取得了城市保卫战的胜利。在护厂斗争中，29兵工厂（解放后改为重庆钢铁公司）、重庆电力股份有限公司鹅公岩电厂、21兵工厂（解放后改称长安机器厂）等3个企业的25名职工，为保护工厂英勇献身，成为护厂殉难烈士。

针锋相对　领导开展护厂斗争

1949年10月1日中华人民共和国成立，中国人民解放军乘胜挺进，向西南、重庆进军。败逃到台湾的国民党政府和重庆城内的党政机关、军警特务惊慌失措，垂死挣扎。蒋介石从台湾发出"固守重庆"的指令，疯狂叫嚣："即使重庆失守，也要全城爆破，给共军留下一个烂摊子。"国民党特务机关——国防部保密局制定了"破坏、屠杀、潜伏、游击"的罪恶计划。同年11月14日，保密局局长毛人凤在重庆市区嘉陵新村（今嘉陵新路）6号召开保密局有关单位、兵工署、重庆市卫戍司令部、交警总局、重庆警察局等有关部门的军警特务头子的会议，部署"大破坏"计划，决定成立"重庆破厂办事处"（又称"破厂指挥部"）拟定破坏计划。破坏对象包括10个地区的兵工厂、发电厂、军械总库、广播电台及机场等共17个单

位,从台湾空运爆破专家杜长城及其所率"东南技术总队"来渝,实施爆破计划,预计使用黄色炸药200~300吨,破坏工作由重庆卫戍司部名义上对外实行,实际上由毛人凤组织指挥。22日,毛人凤又召集有关负责人开会,决定破坏目标500余处,委派掩护部队指挥官和各厂破坏指挥官,安排炸药搬运事宜。这个破坏计划经蒋介石批准"照办",给予破坏费用银圆券和银圆共17.91万元。各厂破坏工作随即安排就绪,只待指令执行。由于解放军进展迅速,蒋介石命令先从外围开始实施。11月28日中午,毛人凤下达命令在各厂安装炸药。11月29日中午,蒋介石在重庆市郊山洞召开海陆空三军将领参加的军事会议,决定30日晚撤出重庆,实施爆炸破坏的罪恶计划。

敌人的罪恶破坏阴谋,中共中央和各级党组织早有预判,针锋相对地做了应对安排。1949年3月,中共中央南方局(上海局)就对新组建的中共川东特委做出明确指示:大西南的解放为期不远,党的地下工作方针,要从农村转变到保护城市、迎接解放、配合接管上来;根据其他大城市的经验,敌人在溃逃前夕必将尽其所能实行屠杀、破坏,给我们留下烂摊子,我们则要护厂、护校,营救狱中战友。按照南方局指示要求,川东特委主要负责人刘兆丰于同年7月,在重庆市区临江路45号,召开特委扩大会议,传达南方局指示,重点研究了保护城市,防止特务破坏,营救狱中战友等工作,对开展全市护厂、护校斗争和营救狱中同志做了周密的安排部署。

中共川东特委1949年7月召开的护厂护校斗争会议会址(重庆市区临江路45号)

按照"七月会议"的安排,特委主要负责人刘兆丰和负责统战工作的蒋仁凤,对重庆上层进步人士开展保卫重庆的宣传统战工作。他们通过"思想上同情党,与党组织有所接触"的高允斌等中间人士的联系与工作,先后与重庆市参议会议长范众渠、重庆市商会会长蔡鹤年、重庆市参议会秘书长柯尧放等社会上层进步人士见面,他们都表示接受党的领导,为迎接重庆解放出力。经过商议,同意由他们出面组成重庆市"迎接解放筹备小组",由范众渠任组长、蔡鹤年和高允斌为副组长、柯尧放为秘书长,市参议会秘书李和甫为秘书,小组不挂牌、不集会,以个别方式联络。蒋仁凤还对"迎接解放筹备小组"的工作做出具体指示:要以商会和参议会的名义广泛联络工商企业和社会各界人士;保护工商企业,尤其是电厂、水厂;维持社会治安,防止敌特破坏抢劫。在解放军进城时做到水电不停,交通畅通,社会秩序不乱。"筹备小组"以商会、参议会的名义联络了温少鹤、康心如、汪云松等工商和社会各界代表人士,分工筹集资金和粮食等重要生活物资,安排电厂、水厂等重要企业保护工作,协助地下党策反城内国民党驻军一师起义,维持治安,晚上实行巡夜等,对阻止军警特务破坏城市起到重要作用。

同时,川东特委负责工运的卢光特与特委主要负责人刘兆丰具体研究部署了全市工运系统的护厂斗争。决定成立全市工运系统"护厂领导小组",领导小组由王尧弼、刘家彝、黄友尚等3人组成,王尧弼担任组长。统一领导全市兵工、电力、钢铁、纺织、电信、交通等企业的护厂斗争。针对当时时局紧张,有的企业已开始解雇遣散职工,广大职工害怕失业,强烈要求维持生产、保护工厂的实际情况,领导小组提出了"工厂、机器是我们的饭碗,丢了就挨饿""工厂是我们的家,保住工厂就是保住命根子"等口号,组织党员和工人积极分子在企业

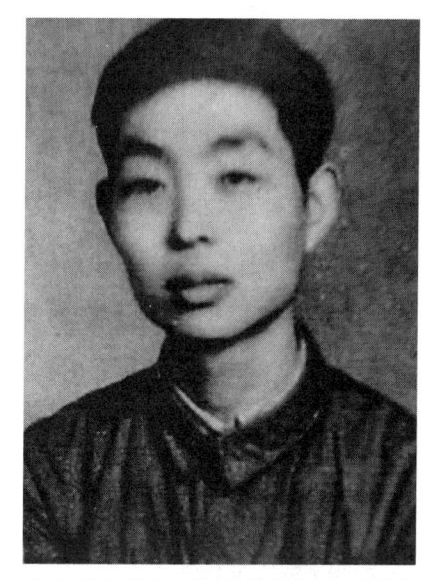

中共川东特委工运工作负责人卢光特

中广泛宣传,发动职工团结起来共同护厂。"护厂领导小组"和各厂地下党组织,还向各厂上层人士开展个别宣传工作,给各兵工厂厂长写信,寄去保护工厂的"约法八章",动员他们护厂立功;许多工厂组织工人纠察队、工人护厂队,广大工人日夜防护,与军警特务进行英勇机智的斗争,保护了大多数工矿企业和城市公共设施,粉碎了国民党政府妄图将重庆炸成"一个烂摊子""三年不能恢复生产"的罪恶阴谋,取得了"保卫城市,迎接解放"斗争的伟大胜利。

勇敢机智　奋力保护电力设备

公用电厂是国民党政府破坏的重点目标。地处市区的重庆市电力公司是重庆市最大的公用电力企业,下辖大溪沟电厂、鹅公岩电厂、弹子石电厂等三个电厂和江北、南岸、沙坪坝等三个供电办事处,担负主城及郊区的电力供应,一旦被敌人破坏,将使全市工业生产、商业贸易和社会生活瘫痪。保护电厂不受破坏,是当时护厂斗争的重要、艰巨的任务。重庆电力工人有光荣的革命斗争传统,重庆电力公司曾是革命力量较强的一个单位。1948年4月,由于叛徒出卖和许建业烈士的失误,公司党支部骨干党员相继被捕,党支部被迫停止活动。于是中共川东特委通过迎接解放筹备小组副组长、重庆市商会会长(也是电力公司董事)蔡鹤年,给重庆市电力公司总经理(也是重庆市商会理事)傅友周做工作,对他说:"电厂关系全市经济和人民生活,十分重要,一定要想办法保护好电厂,如果有事及时和我联系,需要钱来找我。"傅友周是一个爱国的工程技术专家和企业家,他立即于11月23日、24日相继召开公司各部门、电厂、供电办事处主管人员的会议和职工代表会议,研究护厂措施。决定软硬兼施:筹款,收买军警特务避免炸厂;筹枪,成立护厂队,武装保护电厂。全公司组建公司总部和三个电厂共4个护厂队,枪支除原厂警队20支外,傅友周出面向电力公司名誉董事长、他多年的老上司潘文华(后为起义将领)商借步、机枪60支,共80支,分配给大溪沟电厂50支,弹子石电厂、鹅公岩电厂和公司总部各10支;各护厂队立即组建,抓紧训练,日夜巡逻,保护电力实施;各厂周围敷设电网,加固围墙厂门,防止军警特务逾墙入厂,护厂人员由各厂自己抽调;所需费用公司出一部分,各厂筹集一部分,主要向员工借用,事后由公司归还,公司还给护厂队员最多的大溪沟电厂下拨20石大米,供护厂队员食用。

解放前的重庆电力公司旧址

大溪沟电厂许多工人都曾在工人夜校中受过革命教育,尤其是经过中共中央南方局领导的"胡世合惨案"抗暴民主运动的锻炼后,觉悟大为提高。加之当时货币贬值,物价飞涨,随时面临失业和饥饿的威胁,工人们深知电厂就是自己的衣食父母。当从厂领导那得知国民党政府军警特务要破坏电厂的消息后,个个义愤填膺,纷纷要求参加护厂队,保护电厂。紧急会议当天,全厂就组建了70多人的护厂队,分为3个班,加紧操练,日夜防护;形成了以护厂队为骨干,全厂员工积极支持的护厂队伍,严阵以待。

11月29日下午4点多钟,国民党政府警察六分局局长鲜善于带领交警队60余人,带着炸药乘车来到大溪沟电厂对面的平康茶馆旁。国民党特务机关安插在公司的特务、总务科长张庸之对傅友周进行威逼,要傅率领工人退出厂外,将电厂交给交警队接管。傅在护厂员工的大力支持下,拒绝了他

重庆解放前的大溪沟电厂为西南地区最大的火电厂

的无理要求。随后,鲜善于也进入厂内,气势汹汹地对傅威胁说:"如果你还不率领工人一齐退出电厂,我们就要打进来!限你半点钟内答复。"傅友周立即与公司总工程师吴锡赢、电厂厂务主任欧阳鉴、护厂队长胡植林等商议对策。修配技师杨如坤提出了几条机智可行的建议:立即停止发电,造成厂内一片漆黑,即使敌人进厂也难辨方向,弄不清我们护厂人员和机器设备所在,便于防守;利用厂房是钢筋水泥建筑可以抵御轻武器袭击的有利条件,如大门守不住,护厂队可退进厂房,把守门窗和周围要道,从厂门到厂房层层设防,以逸待劳;利用天黑和厂房设备管网众多的特点,布置迷魂阵,威吓、迷惑敌人,使敌人不敢轻举妄动。大家均同意他的建议,立即行动起来,将进厂家属转移到防空洞和厂子弟学校躲避;将物资集中在厂房内;加强厂内武装护卫,做好应战准备。杨如坤带领一些学工在机器设备和管道上到处写上"有电,生命危险!""有电,切勿靠近!"等标语,以威吓特务。前来炸厂的军警见厂里半天没有动静,便向厂门扑来,大叫开门,护厂队员做好战斗准备,拒绝开门,对峙了一阵。突然,国民党特务、公司总

务科科长张庸之和副科长李蓬春从厂内跑向大门,趁护厂队员不备,打开大门,军警特务就一拥而进了电厂大院。护厂队员迅速退进厂房,按照商定的对策,在房顶和晒台上架设机枪对准院中军警;在各车间加强警戒,不许军警进入,更不准放任何东西;护厂队员在厂区来回走动,借天黑难辨,做出护厂队员众多的样子,迷惑敌人;电厂事务科连钟毓等人立即带上香烟、茶水前去"慰问";在厂内花园坝子摆上几桌酒席,假装"慰劳",告诫他们:"车间到处有电,很危险,你们不要乱走!"军警们见厂内到处都有武装工人,加之天黑难辨,又怕触电,也不敢乱窜。酒席摆上后,便大吃大喝起来,一时忘了炸厂。过了一阵,傅友周见军警们仍赖着不走,唯恐生变。便给蔡鹤年打电话:"有股乱军来破坏电厂,现在电厂大院与护厂工人对峙!"蔡立即乘车赶到电厂,看到军警都是重庆地方部队,不是国民党正规军,便与带队的军官交涉:"电厂向全市人民供电,破坏了损失太大,你们都是重庆人嘛,不要做对不起父老乡亲的事!"并说:"我认识你们长官,这件事由我去给他们讲,你们不要担心!""这里有600多块银圆,让弟兄们拿去作茶水钱。"这些军警才撤到厂外的大溪沟派出所。傅友周和护厂队仍不放心,又派护厂队长胡植林去派出所与派出所所长和带队军官谈判。他义正词严地说:"如果电厂炸了,2000多人的员工和家属怎么生活!全城没有电,一片漆黑;水厂不能供水,几十万人没有水喝,只好下河挑水,你们忍心吗?""我们是铁了心的,厂在人在,厂亡人亡,你们硬是要干,我们只有拼命流血了,一旦电厂炸了,方圆20里都要炸成平地,上清寺、牛角沱都要翻个转,我们死了,你们也跑不脱!"经过护厂员工的巧妙周旋,机智斗争,军警特务们均未能进入厂房实施破坏。到了晚上10点多钟,解放军已推进市郊,密集的炮火震撼山城,奉命炸厂的军警仓皇逃命,大溪沟电厂得以完整保护。大约深夜1点钟,嘉陵江对面21兵工厂的炸药库突然爆炸,巨大的冲击波震塌了电厂的木质冷却水塔,震坏了锅炉的给水泵,不能给锅炉供水,这时电虽停了,锅炉余火仍在燃烧,气压仍很高,随时会因缺水而爆炸。厂务主任欧阳鉴立即安排工人进保安水,调节汽轮机,并派技师杨如坤迅速修复了给水泵,锅炉恢复了供水,避免了爆炸危险,杨如坤又为护厂立了一功。

鹅公岩电厂地处21兵工厂分厂(原第一兵工厂)相邻的两个山洞内,为兵工厂供电。其受到了驻兵工厂军警的严密监控,早在11月26日,军警就以护厂为名,强行在厂区内驻扎军警一个连,将厂区包围起来,职工进出都要检查,因此这个电厂的护厂斗争更为严峻。革命烈士周显涛在1948年5月被捕前,曾长期在该厂任煤场管理员(科员),在工人中大力开展革命宣传教育,千方百计资助贫困工人,深得工人的信任和爱戴,培养了一批工人积极分子,播下了革命的火种。工人们看到一批批败逃的国民党军队从厂外经过,又听说军警要炸厂,大家纷纷议论:共产党、解放军要来了,工人们不再受欺侮,出头日子要来了。国民党军队压迫了我们那么多年,打败了还要来炸我们的厂,没有厂,我们的饭碗就没有了,我们坚决不答应,要团结起来保护电厂。在厂务主任孙新传回厂传达电力公司护厂紧急会议的要求后,全厂工人积极响应,除老弱外都参加了护厂队,大家以公司调给的10支步枪和铁棒、火钎为武器,以"保电厂就是保饭碗"为口号,日夜防守,保护洞内设备。护厂队还研究了护厂斗争策略:首先是想方设法保护好电厂的全部设备,确保解放军来了后发电不停,为新中国建设服务;同时,考虑到国民党军警已进驻厂区,设备都在两个洞内,只有一个进出口,易被围困,不便防守,在迫不得已时,要尽力保护好发电机、汽轮机等关键设备,以便尽快修复发电。11月29日晚10点多钟,一支国民党军警带着炸药冲进洞内电厂,缴了站岗工人的枪,押着唐义和到锅炉车间。一个军官用枪指着他逼问说:"这个机器重要吗?是不是发电机?"唐一听心里明白,这些军警不懂电,没有找到厂里最重要的汽轮发电机车间。于是按照原定的护厂策略,机智沉着地指着庞大的锅炉哄骗那个军官说:"这个最重要!"那个军官又威吓说:"你骗我,这是个烧火的炉子,能发电吗?你说假话,我毙了你!"唐不怕威吓,坚定地回答:"我们厂里就是用这些机器发电的,我没说假话。"军警们信以为真,就把唐义和等站岗工人押到洞外坝子中间,并立即在锅炉车间安放炸药后,仓皇逃命。陈树安、唐义和想到车间内还有工人上班没出来,立即跑向洞口大叫:"炸药要炸了,快跑出来!"话音刚落,锅炉车间发生爆炸,不顾危险、坚守生产岗位的卢树清、彭子清、

重庆解放前鹅公岩洞内发电厂,装设有一座4500千瓦发电机组

高元成、蒲兴国、李小丰、彭桂林等6名工人,当场被炸,为护厂而牺牲,一台锅炉被炸毁,但电厂最复杂、最难修复的关键设备——汽轮机、发电机组得以完整保存下来,有利于尽快修复发电。

地处长江南岸一角的弹子石电厂,也按照重庆电力公司的部署,加固厂门和围墙,架设了电网;由全厂青壮工人组成护厂队,用公司拨给的10支步枪和铁棒、火钎武装起来,日夜站岗防守,终于使装有两台1000千瓦机组的电厂得到完整保护。

这样,在中共川东特委的领导下,在全公司护厂人员英勇机智的斗争下,重庆电力公司所属3个电厂的发电设备及供电设备,大都得到保护,使解放后的山城的生产、生活有充足电力供应,重庆电力公司的护厂斗争取得了胜利。

临危不惧　拆除厂内爆破炸药

重庆是国民党政府重要兵工生产基地,兵工企业是敌人破坏的重点,斗争也最为激烈。

地处市郊大渡口的29兵工厂,主要生产钢铁和武器配件,是国民党政府在重庆的大兵工厂之一,是敌人破坏的主要目标。该厂副工程师、中共党员刘家彝是中共川东特委工运系统"护厂领导小组"成员之一,他按照川东特委的指示,在厂内组织党员和党外积极分子大力开展护厂活动。厂长兼总工程师王怀琛是留学德国的冶金技术专家,国民党政府多次强迫他去台湾,经过刘家彝等人的多方劝说,他终于顶住压力,留在厂内,解放后继续担任厂领导并当选为人民代表、政协委员,为新中国的冶金工业做出贡献。刘家彝以战乱期间保护饭碗就必须护厂为由,努力说服厂内部分中上层职员出面共同要求厂方采取护厂措施。经多方工作,厂方同意成立由全厂各部门负责人组

中共川东特委护厂领导小组成员、29兵工厂副工程师刘家彝烈士

成的"应变委员会"。刘争取参加应变委员会,在"应变委员会"内大力推动全厂各所(分厂)成立护厂队,护厂队员们以钢钎、铁锤为武器,日夜巡逻防护。

29厂一所的发电厂装设有两台1500千瓦的发电机组,担负全厂兵工生产和生活用电的供应。这是敌人破坏的主要目标,也是护厂的重点单位。发电厂负责人、副工程师简国治,是一个爱国爱厂、工作勤奋认真的技术人员,刘和他联系,要求发电厂加强戒备防护,他立即组建了发电厂护厂队,由张金山任队长,提出"护厂保饭碗"的口号,划分防护区域,日夜防护;组织工人积极分子在发电厂周围架设了电网,防止敌人入厂破坏。

全厂职工的护厂行动引起了厂里特务的恐慌,特务加紧镇压工人。火砖部工人、中国民主同盟盟员胥良,积极发动工人护厂,被厂里"反共救国团"盯上,于11月26日深夜被密捕,28日晨被杀害于大渡口双山,成为该厂护厂斗争中牺牲的第一个烈士。

11月28日下午,国民党政府国防部派驻大渡口爆破指挥官陈海初等人进厂,向厂长王怀琛宣布国防部训令,要求全厂立即停产,所有员工一律回家;解散工人护厂队,撤出厂房,由重庆卫戍司令部派兵保护工厂。到29日上午,全厂员工均被强迫离厂,仅有一所的发电厂和供水车间值班人员被允许继续值班,供应水、电。当日下午4时,一队武装军人进入一所,强令所长黄国安停止水、电生产,并将值班人员简国治、古传贤等10多人武装押送出厂。在停止发电机组时,简国治示意操作工人按操作规程正常停机,不要强迫停机而损坏机组,以备将来恢复生产使用。此后,全厂断水停电,晚上一片漆黑。同时,两只登陆艇运来TNT黄色炸药和技术爆破队,强拉百余名工人将炸药运进厂内。当晚技术爆破队和军警将10余吨炸药分别安装在一所发电厂的发电机组旁,二所的炼铁炉、炼钢炉旁。这时人民解放军已抵近南岸,这伙军警来不及引爆,便仓皇逃命。

29日晚上,29厂广大职工焦急地关注着厂房周边的动静。简国治和技术员黎勋文心系电厂的安危,就相约在简国治家中观察,他们从面向厂区的窗户看到多支电筒光在发电厂和炼铁车间一带不停地晃动,接着又听到公路上有杂乱不停的脚步声。简国治欣喜地说:"国民党军警在逃跑了,解放军要到了。""现在最重要的是保护好电厂,以后生产要用电。"说着迅速向电厂跑去,黎和其他工人也跟着跑去。这时已是11月30日凌晨3时,有人在公路上高喊:"国民党军队跑

了,没人站岗了!"许多工人闻声纷纷跑进各自单位保护机器设备。简、黎二人跑进发电厂时,看到汽轮发电机房、锅炉房都堆满了炸药,并接上雷管,随时有爆炸的危险。简镇静地对大家说:"不要怕!搬走炸药就无危险了!"同来的工人们立即紧张地搬运炸药。简见在场仅有10余人,短时间内搬不完这么多炸药,后果十分严重,便叫电话员陈廷甫赶快通知各所来人搬运。但各所无人接电话,直到6时,才有曹仲良、刘明全等几人赶到。简见人手还是太少,迅即跑去找王怀琛厂长,请他组织人员抢运电厂炸药,王答应马上研究解决。不久,王国安带领20余人赶到,大家排成长龙,争分夺秒将一箱箱炸药传送到离厂房较远的空地。抢运完锅炉房的炸药后,接着搬运汽轮发电机房的炸药。简、黎等人在炸药堆里寻找引爆器,排除险情。这时刘家彝在厂部得知后,迅速赶到现场,见到炸药才运走三分之一,引爆器又未找到,险情仍然严重,认为必须增派人员,加快搬运进度。简又叫陈去打电话通知来人支援。陈刚走到电话总机室门口,忽听一声巨响,炸药引爆了。发电厂厂房、两部1500千瓦发电机组被炸毁,冒着生命危险抢运炸药、保护电厂的简国治、刘家彝、黎勋文、古传贤、曹仲良、应文宇、田玉清、任安炳、陈建铭、董定盛、柳传、张金山、王昌、张国梁、罗万忠、吕治平、王吉之等17名爱国职工,为护厂而壮烈牺牲。

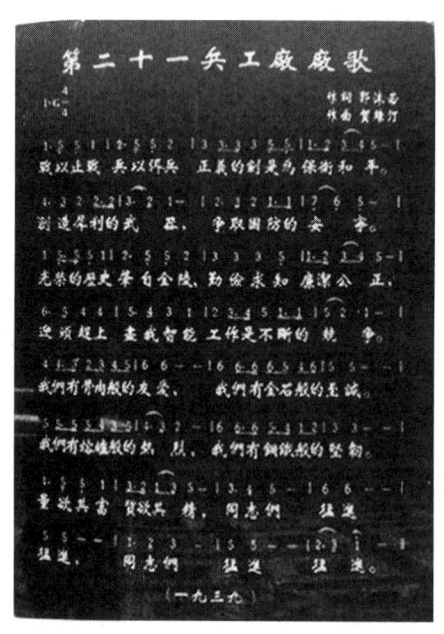

郭沫若作词,贺绿汀谱曲的《第二十一兵工厂厂歌》

地处江北的21兵工厂,是抗战时期中国规模最大的兵工厂,在重庆解放前夕也是重庆最大的兵工厂,共有11个所(分厂),职工1万多人,具有20多种武器弹药的生产能力,是军警特务破坏的重点目标。这个厂的职工具有爱国传统,抗战时期广大工人日夜加班,生产了大批各式武器,有力支持了前方军队抗战,由于业绩突出,曾受到国民政府多次嘉奖。当年,厂长李承干曾邀请郭沫若等爱国进步人士到厂参观,郭沫若为工人们的爱国热情所深深感动,当场挥笔题词:"战以止战,兵以弭兵,正义的剑是为保卫和平,创造犀利的武器,争取国防的安宁……"。该厂以题词作歌词,邀请著名作曲家贺绿汀谱曲,作成《第二十一兵工厂厂歌》,这首歌,有力鼓舞了工人们为支援前方抗战而努力多造枪、造好枪的爱国热情。该厂中共党员较多,成立了地下党支部,党支部组织党员在职工中广泛开展护厂宣传发动工作。工厂附设有一所技工学校,为兵工厂培养技术工人,党员蒋金士、谢廷良通过学校积极宣传鼓励学生和青年工人参加护厂活动。党员赖宗瑜在厂内发起成立"职工联谊会",在职工和工人中开展护厂宣传活动。赖宗瑜通过技校校长与厂长余灈之联系。余曾是21兵工厂老厂长、著名兵工专家李承干的秘书主任,二人关系密切。李承干在党的政策的感召下,拥护中国共产党,1949年10月去北京,成为中国人民政治协商会议第一届全国委员会委员,投身新中国建设。赖宗瑜就用李承干的事例,启发教育余灈之,余表示愿意为护厂出力,但表示见到共产党的代表才放心。厂党支部向川东特委"护厂领导小组"请示汇报,决定由"护厂领导小组"成员黄友尚作为代表到余的公馆谈判,并向余提出三条要求:要求余本人不离开工厂,并号召职工严守岗位;必要时打开仓库,把枪支发给工人自卫队,保护工厂;命令工厂警卫队倒戈护厂。余同意前两条照办,第三条他办不到。以后,赖宗瑜又通过其他关系将厂警卫队策反过来,由青年工人和技校学生组成的200多人的工人自卫队,日夜巡防,保护工厂。

11月29日早晨6点,国民党军警一个营和爆破队包围21兵工厂,利用当天工厂休假,工人不上班,突然袭击,把厂里值班的少量职工、工人自卫队员和厂警卫队全部赶出工厂,全厂戒严,封锁嘉陵江面,扼守交通要道,军警特务纷纷出动,将炸药从江边船上运进工厂,安装在步枪所、机器所、工具所、发电所和刘家台弹药库,形势十分危急。赖宗瑜立即主持召开有全体党员和进步群众参加的职工联谊会,研究采取紧急措施,通过厂长余灈之批准,从库房领取步枪50支,加上修枪所的枪支,组织武装护厂队,保护工厂;派党员到周边观察、了解敌人动向,研究对策;为确保工人群众的安全,组织住在厂区周围的群众疏散;大力争取敌特反正。广大职工积极行动起来,坚守岗位,保护工厂,涌现了许多英勇护厂的英雄模范,万东康、吴坤山就是其中两位典型代表。

万东康是21兵工厂修机所的一位工作勤奋认真的优秀工人,当军警特务围厂,准备爆破时,他奉命守护修机所,敌人强令他离开,他忠于职责,坚持岗位不走;敌人令他抬炸药进厂,他毅然拒绝,决不做破坏工厂之事。敌人恼羞成怒,用

枪托乱打，将他打成重伤，他抢救无效，为保护工厂而牺牲，成为护厂烈士。

64岁的吴坤山是21厂步枪所的老师傅，他在护厂中贡献突出。步枪所是该厂最大的生产部门，有大量贵重的机器设备，是敌人破坏的重点目标。29日下午4时，住在厂内的吴坤山到步枪所收拾行李，看见稽查处特务杨剑指挥一些人往厂房内堆放TNT黄色烈性炸药。吴大吃一惊，心想这么多炸药不是要把整个工厂都炸毁了吗！这位受过党的教育，爱国爱厂的老工人决心把工厂设备保护下来。他多方劝说杨："人总要讲点天理良心，你们把厂炸了，要毁多少人啊！"，"这种事干不得，不能太狠心了！"吴听说杨一天都未吃饭，马上取来酒菜，和他同吃，想法把他缠住，拖延时间。杨不听劝说，饭后又匆匆出厂，带人扛着炸药回来。吴见状便哄骗他："刚才看见秦稽查、高稽查都坐上宝福轮走了，许多当官的都争先恐后往船上挤……"，杨剑一听吓得大惊失色，加上南岸解放军的炮声一阵紧似一阵，越来越近，他更是丧魂失魄，便草草放好炸药箱，慌忙逃走。黄昏时候，又有6个军人押着扛炸药的民工来到步枪所，为首的军官把吴坤山误认为特务杨剑，喊声："老杨！147箱炸药都运齐了，你点个数！"吴马虎点过后，便把他们打发走了。吴随即关上步枪所的大门，发现还有守门和送开水的两个工人未走，立即拿来枪支，要他们守住大门，不要放人进来。吴又去厂内查看，发现一箱箱炸药堆放在厂区中心地带，有半人多高，电线已接好，但还没有安装雷

解放前重庆21兵工厂厂房

解放前重庆21兵工厂炮弹所厂房

管。他马上用重物顶死大门,使之难以打开,又转到后门,坐守耳门外边,要两个工人躲在耳门的小房内,告诉说敌人可能还要来安雷管,你们见我的眼色行事。果然,晚上九十点钟两个国民党军骑马来到厂房,自称是"奉蒋总统之命来检查的!",大叫开门。吴觉察到他们就是来安装雷管的。便挺身而出,机智地回答:"我们也是奉蒋总统之命来守门的!"并说:"一切都安装好了,无须检查!要检查也要蒋总统亲手批的条子。"敌人被吴一身军官打扮和威武的气势吓住了,不知吴是个什么人物。便盘问是哪部分的,有多少人。吴骗称是"指挥部的,有60多人",并示意两个工人在屋内弄出响声,虚张声势。两个敌军摸不清虚实,怕吃眼前亏,赶紧掉转马头跑了。厂房内的炸药未被敌人安上雷管,步枪所被吴坤山保护下来。深夜一点多钟,远离工厂中心区的江北刘家台一带传来几次天崩地裂的爆炸声,21兵工厂的弹药库、发电所被敌人炸毁,炸掉了半边山,周边大片地区房屋被毁,死伤职工和普通民众140多人。

30日早晨,职工联谊会组织上千人的护厂队,在厂区巡逻,保护工厂;防止残敌破坏,做好被炸房屋职工、家属的安置工作;清除尚未爆炸的炸药,消除隐患。步枪所尚未引爆的炸药最多,敌人在炸药箱子上写着"不许动"三个字,恐吓大家。步枪所所长召开职工会议动员大家把炸药搬走,由于害怕炸药箱内装有定时炸弹,搬动时引起爆炸,大家都迟疑不敢搬运。紧急关头,吴坤山毅然上前说:"我来搬,大家都拖儿带女地有顾虑,我一个60多岁的老头子不怕!"接着脱掉棉衣,卷起衣袖,立定脚跟,忽地抱起40多斤的一箱炸药箱,并没有发生爆炸,平安无事!吴大喊:"弟兄们,不要怕,这是特务耍的鬼把戏,快来把它们搬到嘉陵江喂鱼去!"大家被他不顾危险,不怕牺牲,英勇护厂的高贵品质深深感动,一拥而上,很快就把147箱炸药全部清除了。这胜利的消息迅速传遍全厂,鼓舞了大家,安装在其他生产车间的炸药,也在两小时内被全部清除干净。在21兵工厂职工的英勇护厂斗争下,国民党军警运来的2000多箱炸药,只有600多箱被引爆,其余都被清除、缴押,工厂的大部分厂房、设备被保护下来,护厂斗争粉碎了敌人妄图将全厂夷为一片废墟的罪恶阴谋。

继承遗志　建设人民的新重庆

重庆解放后,电力和兵工企业的英勇护厂斗争得到了党和人民政府的称赞和表彰。各工厂企业沉痛悼念护厂烈士,学习护厂烈士和护厂模范奋不顾身、英勇护厂的崇高精神,继承烈士们的遗志,努力恢复和发展生产,"建设人民的、生产的新重庆"!

1949年12月24日出刊的《重庆电力公司暨全体职工为本公司殉国烈士、护厂死难工友追悼大会特刊》

重庆电力公司在重庆解放不久,就隆重召开护厂斗争庆功会,给各单位护厂有功人员颁发了"护厂有功"奖章和奖金。西南军政委员会有关部门,在大溪沟电厂召开庆功会,隆重表彰护厂队员们的英勇行为。1949年12月24日,公司召开了庄严肃穆的追悼大会。沉痛悼念在"中美合作所"英勇牺牲的刘德惠、何敬平、周显涛、刘祖春等4名电力英烈和在鹅公岩电厂护厂斗争中殉难的卢树清、彭子清、高元成、蒲兴国、李小丰、彭桂林等6名护厂烈士。追悼大会还出刊了两大张《追悼特刊》,热情歌颂烈士们"前仆后继,为人类献身"的崇高革命精神;教育公司职工"革命大业成功不易,新的中国创造维艰";激励职工"奋发图强,努力建设新中国"。

29兵工厂的广大职工对解放前夕因开展护厂斗争而被国民党特务秘密杀害的胥良烈士;为保护工厂,冒险拆除敌人炸药,而不幸被炸殉难的简国治、刘家彝等17位烈士十分崇敬,无限怀念。在重庆解放后不久,就召开了庄严的全厂追悼大会,各所(分厂)和部门职工代表、家属代表和驻厂解放军代表,沉痛悼念18位护厂烈士。挽联挂满墙壁,花圈摆满会场内外。"爱党爱国""忠勇可风""永垂不朽""不顾粉身碎骨为了护厂"等挽词充分表达了大家对烈士们衷心的爱戴、尊崇和沉痛悼念,未能参加追悼会的职工也陆续前去灵堂悼念。全厂职工决心学习烈士们热爱祖国,不怕牺牲,英勇护厂的崇高精神,尽快修复被炸的发电厂和钢铁生产设备,投身新中国的建设。

21兵工厂职工英勇拆除敌人的破坏炸药,保护大部分兵工生产设备的爱国行为受到党和人民政府的表彰。为了保护工厂而被军警当场用枪托击伤致死的万东康烈士,为全厂职工所尊敬、怀念和沉痛悼念,他的英勇不屈的精神,鼓舞了全厂职工奋力投身兵工生产建设。在护厂斗争中做了重要贡献的老护厂英雄吴坤山得到了广大职工的尊敬和信任,被选为厂工会首任主席、人民代表和首届全国劳动模范,出席第一次全国劳动模范代表大会,受到毛主席和党中央其他领导同志的接见。

29兵工厂护厂烈士追悼会

1950年1月15日,重庆市召开全市烈士追悼大会,沉痛悼念在"中美合作所"被特务秘密杀害的杨虎城将军、英勇牺牲的283位革命烈士和护厂斗争中殉难的25位护厂烈士。邓小平、刘伯承因有要事外出,提前到会场悼念,慰问烈士家属。西南、重庆、川东党政军领导张际春、陈锡联、张霖之、曹荻秋、张子意、阎红彦和各界人民代表1000多人参加追悼大会。西南军区副政委、重庆市军管会主任张际春、重庆市人民政府市长陈锡联致悼词,人民解放军和各界代表致词。他们饱含热泪,悲愤沉痛地悼念杨虎城将军和殉难烈士。他们痛斥国民党反动派的残暴罪行,歌颂烈士们爱国爱民,坚持真

歌乐山烈士陵园

理,坚持斗争,坚贞不屈,不怕流血牺牲的崇高品质和高尚气节,决心继承烈士们的遗志,解放全中国,消灭反动派,努力建设人民的新中国,告慰烈士们在天之灵!杨虎城将军、罗世文烈士、王朴烈士、余祖胜烈士的家属和29兵工厂护厂烈士简国治的夫人程其峰等在会上悲痛地致答词。程其峰泣不成声地说:"工人阶级在蒋匪炸毁工厂时,为了抢救新中国的资产而殉难,他们死得其所,死而无愧,我们遗族一定要化悲痛为力量,继承先烈遗志,继续为新中国服好务!"全市人民均纷纷前往悼念,告别英灵。追悼大会的青年馆大礼堂和礼堂所在的整整一条青年路祭栅内挂、立着各界群众送来的悼念挽联、花圈。成千上万的重庆市民排着长队在祭栅内默默哀思,沉痛悼念先烈,直到晚间。

歌乐山烈士陵园英名录上的护厂烈士名录

新中国成立后,重庆市人民政府修建"歌乐山烈士陵园","中美合作所"牺牲的283位革命烈士和护厂斗争中牺牲的25位护厂烈士均安葬在陵园中。陵园烈士英名录记载着烈士们的英名,永远为人民所瞻仰、崇敬、怀念!

(初载《红岩春秋》2019年第11期;后又选入《重庆红色文化图谱》,《今日重庆》2021年第3、4期合刊)

电力企业家

开创重庆电力的三个民族企业家

重庆主城位于长江与嘉陵江两江环抱的半岛上,是有名的山城、江城和有3000年历史的文化名城。自古借舟楫之便,商贸繁荣。早在唐宋时期,重庆就是年征商业税最多的八大城市之一。清朝乾隆年间重庆已成为西南地区最大的商业城市。1890年重庆被开辟为对外通商口岸后,现代工商业逐步发展,对电力有了需求,现代电力工业应运而生。

1906年11月25日,重庆第一个100千瓦发电厂首次对外照明供电,现代文明之光初照渝州古城。1908年,重庆第一家民营电力公司——烛川电灯公司成立,次年9月4日,容量400千瓦的新电厂投运发电,向重庆繁华市区供电,开启了西南地区商业供电的新纪元。

重庆首个电厂和首个电灯公司的建成发电,是晚清时期众多民族企业家和重庆商务总会为振兴重庆工商实业,繁荣市场商贸,发展社会公益事业,而共同努力的成果。其中贡献最大的是刘沛膏、李耀庭、赵资生等三个爱国企业家。今天,重庆电力已走过了110年的历程,在我们欢庆重庆电力工业辉煌成就的时候,应铭记当年电力先驱们敢为人先,勇于开拓,艰苦创业的不朽业绩和重大贡献。

毁家办电的爱国企业家刘沛膏

刘沛膏是重庆爱国企业家，重庆电力工业的开创者。他不惜变卖自己的全部田产，倾其所有创办了重庆第一个电厂；他大力倡导，组织集资，创建了重庆第一家民营电力公司——烛川电灯公司，他是对重庆电力工业开创贡献最大的民族企业家。

刘沛膏，晚清重庆府巴县人，生卒年月不详。出身绅商人家。因见清朝政府腐败，列强侵略，民族经济薄弱，受到洋人盘剥，他在中学读书时就立下了振兴民族经济，实业救国的志愿。1895年中学毕业后，即报考上海南洋实业学校，学习经济，以图兴办企业，实业救国。在上海学习期间，他不仅勤奋学习经济科学知识，还认真考察了上海工商经济发展和城市建设状况，他发现外商在上海兴办电灯公司，供电照明，繁荣夜间商贸，方便居民照明，备受商家和市民欢迎，于是萌发了自办民营电力企业的志向，并在上海了解电厂所需的经费、设备采购及建设运营等有关事宜，为今后办厂预做准备。1899年，刘沛膏从学校毕业回到重庆，立即着手筹划资金，谋办电厂。他不顾投资风险和得失，不惜变卖自己的全部田产，得银10万两，全部作为办厂的初始资本。因资金有限，他又邀约绅商尹德均投资银7万两，在重庆创办了"工商事务部筹备处"，作为举办电厂的办事机构，正式进入电厂策划、建设阶段。他亲赴上海，依靠同学、朋友与上海的有关洋行联系商谈电厂设备购置和建设工作事项。那时我国科技十分落后，民族工业薄弱，发电设备全靠进口，不仅设备紧俏，而且价格昂贵。经过初步计算，刘沛膏筹集的17万银两，不足建厂之需。于是他只好回到重庆，再次筹集资金。1903年他又邀请到著名的西南工商巨擘李耀庭和著名企业家赵资生投资入股，筹足资金，向当时重庆地方政府主管部门川东劝业道呈准试办电厂。又经3年的多方努力，三下上海，终于在1906年

太平门仁和湾普安堂巷重庆首个电厂旧址

由他的同学在上海一家洋行找到100千瓦直流发电机一部。他立即赶到上海，将该机组购买运回重庆，同时约请洋行技师进行机组安装和运行维护，选定重庆城区太平门仁和湾普安堂巷集义公会地界作为建厂厂址，电厂安装建设很快完成。恰逢同年11月25日是该厂四大股东之一的李耀庭70寿辰，刘沛膏鉴于李耀庭在电厂筹建的关键时刻大力投资，贡献很大；同时，李耀庭又是重庆商务总会首任会长，西南首富，在其生日寿宴上供电照明，必然轰动，影响很大，有利于电力这一新生事物的发展，故决定将"工商事务部电灯厂"的首发日期选定在李耀庭寿诞当日，并向与电厂相距不远的太平门绣壁街云贵公所地界（今邮政局巷）的李耀庭公馆架设供电线路，在其府院、寿堂、戏台装设照明电灯50盏。11月25日寿庆时，100千瓦发电机首次正式启动，李府50盏明灯高悬，大放光彩，盛况空前，轰动山城。这是古老渝州点亮的第一束现代工业文明之光。刘沛膏从1899年毁家投资办电开始，两次集资，五下上海，历经七年的艰苦努力，终于结出丰硕之果，圆了他报效乡梓、实业救国的电力之梦。可见当时国人要举办一家电力企业是何等艰难，这也体现了刘沛膏敢为人先、坚持不懈的创业精神。

李耀庭七十寿庆足足一月，李府的50盏明灯也照明一月。"电灯"这个新奇事物，在重庆大街小巷传开。每到亮灯时分，远近百姓纷纷前往李府围观，啧啧称奇。由于对电的知识不足，当时民间将电灯称为"燃灯"（即不用灯油、火烛，自己点燃之灯）、"夷火"（即夷人、外国人、洋人传入之火、电火，可替代灯油）。一月寿庆后，电厂即向太平门附近街区商店供电照明。这是西南地区首次对外供电，重庆电力工业由此发端，从此重庆下半城的商业繁华街区，夜间有了电灯照明，这是当时重庆城市一大景观。

1906年11月25日，重庆首个电厂供电，第一盏电灯在李耀庭公馆点亮

长期寓居重庆，号称"晚清第一词人"的四川著名诗人赵熙在《渝州》一诗中描绘说："路长知水性，山转见渝州。雨意频看月，江声健入秋。巴歌云外

峡,夷火树边楼。出入停三日,中年始识愁。"诗中"夷火"即电灯;"夷火树边楼"即渝州古城的高楼已为明亮的电灯所照亮,成了一个新的夜景,可见其影响之大。

首个电厂的试办成功,在社会上产生了十分良好的反响,用电需求不断增加,100千瓦机组的发电量也满足不了用户的要求。为此,刘沛膏又于1908年约集尹德均、刘秉衡、曾光耀等商家,发起筹建民营烛川电灯公司。在重庆商务总会首任会长李耀庭和第二任会长赵资生的大力支持下,由重庆商务总会出面组织发动工商企业家认股集资,共募集资本金31万元。同年呈报清政府农工商部审核备案,批准给予该公司经营电灯事业的专利权30年。烛川电灯公司正式成立,成为重庆首家民营电力公司。按照他拟定的公司建设方案,将建200千瓦的发电机组2台,设备购置和工程建设费用即需41万元,所集资金不足建厂之需。刘沛膏等人又向重庆各商帮招募股金,资本金增至61万元。他随即向上海洋行订购德国200千瓦蒸汽直流发电机2部、兰开夏锅炉2台;请上海洋行代雇德国工程师李特勒承包电厂工程建设。新厂址仍在"工商事务部电灯厂"地界内扩建。李特勒为获高额薪金故意拖延工期,且工程质量低劣。公司工程质量监理刘明光坚持要求其返工,李特勒恼羞成怒,将刘打成重伤。现场施工工人群起抗议罢工,赶走李特勒。这是中国电力工人运动史上第一次有组织的并取得完全胜利的罢工斗争。此后,公司改聘中国工程师负责工程建设,于1909年9月4日建成发电。共架设输电线路5条,长约5千米,供电区域扩展到下半城的白象街、陕西街和上半城的都邮街等部分商业繁华街区,供500~600盏电灯的照明用电,每晚6时半到12时半为供电开灯时间,市民每到夜晚都成群结队,齐聚街头,观看"燃灯""夷火",欢呼雀跃;有的市民还相约到电灯下玩乐纸牌,弹琴咏唱。夜市随之出现,街市兴旺,商业繁荣,市民称道。这是西南地区首次对外商

1909年9月4日,重庆烛川电灯公司架设线路,向城区繁华街道供电

业供电,重庆电力工业也初具规模。

刘沛膏在烛川公司的筹建、招股集资、设备购置、工程建设的全过程中,都是策划者和实际主持者,出力最多,贡献最大。但是由于他在创办首个电厂时也耗尽家产,电厂发电两年间又因投资成本高,经营收入也不多,因而对烛川公司实际投资占股很少。烛川公司发电经营后,他既不是董事会成员,也未负责公司的经营管理工作。这显然对其不公,但他淡然处之,默默退居幕后,这种只求奉献、不计名利的高风亮节是令人敬佩的。

刘沛膏为实现多年电力梦想,服务家乡父老,勇于开拓,不顾投资风险,不计得失,毅然变卖全部田产,毁家投资办电。前后业经10年的艰苦创业,终于创办了重庆第一个电厂和第一家民营电灯公司,开创了重庆电力公益事业,促进了市场商贸和经济社会的发展。对这位无私奉献、贡献重大的爱国企业家,是应该永远铭记的。可惜在晚清和民国的重庆、巴县地方史志典籍中,对其事迹都鲜有记述,以致至今我们都不知道他的生卒年月,这实在是令人不平和遗憾的。

在家中点亮首盏电灯的西南首富李耀庭

李耀庭是清末著名金融家、企业家,西南首富,重庆商务总会首任总理(会长)。他是重庆第一个电厂和第一家民营电力公司的大股东,又是招股集资的组织发动者,为办电资金筹集发挥了关键作用。重庆首盏电灯就是在他家中点亮的,轰动重庆,影响巨大。

李耀庭(1836—1912),云南恩安(今昭通)人。自幼家贫,失学务农,习过弓马。十几岁即出外谋生,加入马帮。1856年,参加清军,因作战勇猛,升任游击、都司等军官,获得候补县官

李耀庭早年官服照

功实禄,改捐郎中,封孝义大夫。1865年弃军经商。1880年到重庆投靠"天顺号"票号老板王兴斋,任重庆分号管事。他善于理财,经营有方,重庆分号迅速发展成为"天顺祥"的业务指挥中心,推动全国业务发展,到1901年"天顺祥"的分

号就扩展到全国15个省的16个城市,成为南方票号之首,李耀庭因贡献巨大而分得巨额红利;其独资经营的"祥发公"盐号亦发展为川东最大的盐号,营利颇丰,遂发展成为西南首富。他还投资兴办石油企业、丝纺厂和川江轮船公司等众多企业,发展民族企业,促进重庆地方经济的发展。

李耀庭因经营需要常奔走各大城市,了解电力对人民生活和发展经济的好处,故对投资办电十分重视,给予大力支持和帮助。1903年,在刘沛膏筹办电厂中遇到资金困难时,他即大力投资,成为该厂四个股东之一,解了燃眉之急,给了关键性支持,1906年在他的生日宴庆上点亮了第一盏重庆电灯,有利于人们对电力这一新生事物的认识和宣传推广,促进了电力的发展。1908年在刘沛膏筹组烛川电灯公司时,他不仅带头大力投资,成为大股东,而且以重庆商务总会首任会长的身份,号召和组织广大工商企业家投资认股,使公司能筹足资金,顺利建成发电。他是开创重庆电力的重要企业家。

太平门绣壁街(今邮政局巷),李耀庭公馆旧址

李耀庭为"图谋工商业及对外贸易之发展,增进工商业公共福利",组织发动企业组建工商社团。1892年,他与云南、贵州籍绅商联名成立云贵公所,于次年在太平门绣壁街正式成立,他任会长。1904年按照清朝政府颁发的《商会简明章程》规定,重庆与上海、广州、天津、汉口、烟台等城市获准设立商务总会。同年10月,重庆商务总会正式成立,李耀庭被推选为首任总理(会长)。在他的领导下,重庆商务总会组建下属各行业商务分会;创办《重庆商会公报》;保护商人利益,协调商业活动;兴办实业,发展民族经济;提倡国货,抵制洋货;支持向外国人收回矿权的斗争等等。这对重庆工商经济的发展起到重大促进作用。

李耀庭是一个爱国企业家,早在1885年在反抗法国侵略者的谅山战役中,他就积极为爱国将领冯子材所部官兵筹办饷粮,支持冯取得谅山大捷,打击了西方列强的嚣张气焰,大长了中国人民的志气。他大力资助进步思想家宋育仁创办重庆近代第一家报纸——《渝报》,宣传新思想。他拥护和支持辛亥革命,赠送

3万银圆供同盟会作起义经费；督勉其子拥护共和,参加辛亥起义,其长子李湛阳任辛亥起义蜀军政府财政部长,次子李和阳任蜀军政府监司,负责城市建设；捐献银圆支持"肇和"号军舰起义等。孙中山对其十分赞誉,特书赠"高瞻远瞩",予以表彰。他还热心社会公益事业,对赈灾、救荒、修桥、筑路、兴学等率先倡导并捐以巨款,为世人所称道。

礼园桐轩石室(今鹅岭公园内),李耀庭晚年休养处

清朝末期,李耀庭和儿子在佛图关附近的高地鹅颈项建别墅园林,可览两江风光。该园以其一生信奉的"信而好礼"之意而命名为"礼园"。园内建筑仿江南庭园,也有西式风格,中西合璧,古朴典雅；树木花草,多彩多样,清幽优美。其中罗马式石刻建筑"桐轩"更是雕刻精美,装饰华丽,颇有特色,为李耀庭晚年居宿处。重庆解放后,李耀庭后辈将"礼园"捐献给人民政府,1958年改建为"鹅岭公园",对外开放。

大力投资电力的商会会长赵资生

赵资生是清末著名的工商企业家,重庆商务总会第二任会长。他是重庆首个电厂和第一家民营电灯公司的大股东；又是电灯公司招股集资的组织发动者,为解决资金难题,发挥了关键作用,为重庆电力工业的开创,做出了重要贡献。

赵资生(1860—1942),重庆府江北厅(县)人。出身贫苦渔家。12岁即在一家苏货商铺作学徒,满师后留店帮工。后自筹资金,经营苏货生意,先后开设棉纱字号、干菜字号等多家字号。由于他善于理财,精打细算,又讲诚信,因而赢得了信誉,经营不断发展。他文化不高,但善于搜集信息,掌握时局社情,努力使企业经营发展适应社会需要。清末重庆水运发达,运棉方便,棉纺织业日益发展,

但均系手工,难以抗衡洋布。对此,他于1906年在南岸五桂石建设机器织布厂,织布的质量与成本均可与洋布匹敌,推动了民族纺织业的发展。那时新学使用文具、教具主要依靠进口,价格高昂又受人制约,不利于教育发展,他即于1907年与人合资开办裕华仪器公司,生产文具仪器应市。他还倡议并大力促成将六家小火柴厂组合成一家火柴公司,自任经理,以求扩大规模,减少开支,降低成本,以抵制外国"洋火",保护民族工业。

赵资生熟悉国内外经济和社会发展状况,深知电力对发展工商业、满足人民需求的重要作用,大力支持创办电力事业。早在1903年刘沛膏筹备首个电厂遇到资金不足困难时,他即投资入股成为该厂四个股东之一,使该厂能在1906年建成发电。1908年,刘沛膏筹建烛川电灯公司时,他不仅带头投资;同时,在公司的两次招股集资中,他都以重庆商务总会第二任会长的身份,积极组织发动企业家投资,使建厂资金迅速筹集,公司的2台发电机组在次年建成发电,为重庆电力的初创做出重要贡献。

赵资生是一位勇于和不法外商斗争,保卫国家民族利益的爱国企业家。1904年,英商立得洋行开办的华英公司与清政府谈判,骗夺了江北厅(县)石斗沟煤矿的开采权与铁路修筑权,大肆掠夺我国煤炭资源。重庆府江北、巴县士绅,鉴于矿权、路权丧失,国家民族利益受损,纷纷起而反对,民怨沸腾。赵资生挺身而出,站在斗争前列。他于1905年与士绅杨朝杰、文化成等人集资创办江合矿务公司,开展与华英公司收回煤矿开采权和铁路修筑权的斗争。他积极向各级官府陈述反映情况,取得他们的理解和支持。同时,他向华英公司交涉,提出收回矿权、路权的严正要求。英商拒不交回利润丰厚的矿产开采权,他据理力争,寸步不让,坚决要求收回。重庆各界群众和重庆总商会等社团都坚决支持他们的斗争。当时重庆的川东道、重庆府和江北、巴县等各级政府鉴于民情激愤和江合矿务公司的强烈要求,亦表示支持收回矿权。经过赵资生等人长达5年的据理斗争,英商终迫于各方压力,于1909年7月,同意废除原矿权、路权合同,签署了《江北厅收回矿权合同》,由江合矿务公司出银22万两,购回英商开设的煤窑、工厂、设备、房屋等产权,由江合公司接管经营,取得了斗争的胜利。由于这是当时少有的涉及外商斗争的胜利,为清朝争了光,因此四川总督特奏请清朝政府为有关官吏、绅商行赏,赵资生带头斗争,出力最多,奖赏五品顶戴。

赵资生为人正直,诚心服务,为保护国家利益勇于与外商斗争,得到工商企业家的拥戴,在李耀庭任期满后,一致推选他为重庆商务总会第二任会长。他任会长后,团结全市工商企业家,开展调查研究、咨询服务、调解争议、协调发展、人员培训、介绍国内外经贸信息、反映商界要求及协助政府推行法规、加强市场管理等一系列活动,对于振兴重庆商贸,发展实业,服务市民,发挥了重要的促进作用。

(原载《红岩春秋》2016年第12期)

傅友周：重庆现代城市建设的开拓者、电力企业家

重庆历史名人——城市建设专家、电力企业家傅友周

傅友周是大学教授、城市建设专家和电力企业家。他在重庆解放前，担任重庆市政府工务局局长9年，其间规划了重庆现代城市格局，改造了旧城，扩展了新区，将城区面积扩大了一倍；他主持建设了多个现代码头和多条公路干道；兴办了城市供水、公用电话、电厂、公用照明等城市公用事业，开创了重庆现代城市建设史的多个"第一"，对重庆现代城市建设发展做出了重要贡献。重庆解放前夕，他作为重庆电力股份有限公司的总经理，按照中共川东特委的要求，组织了4个工人武装护厂队，保护了三个电厂和多个供（变）电站等电力设施，保证了重庆解放初的电力供应，是护厂斗争的功臣之一。他在重庆解放后历任重庆电力股份有限公司总经理、西南军政委员会重庆区电业管理局副局长、重庆电业局副局长和民建重庆市委、重庆市工商联协作委员会副主任委员等职，为重庆电力工业的发展做出了重要贡献。2003年经重庆市政府组织评定为"重庆历史名人"。

著名大学教授

傅友周(1886—1965),又名傅骍,1886年8月生于重庆府陕西街(今重庆市渝中区陕西路)。1904年—1906年2月在重庆府中学堂学习。1906年2月—1910年1月在上海复旦公学(复旦大学前身)学习。1910年7月,在上海参加全国第二次官费留美学生考试,以排名第23名的好成绩被录取。同年9月,与竺可桢、胡适等人同赴美国留学,入美国科罗纳多专科大学矿冶系工程学科学习。1914年毕业回国。

1915年8月—1916年7月,担任北京采金总局川康银铜矿调查委员,从事四川、西康地区矿产勘测、调查工作。

1916年9月—1918年6月任成都工业专门学校矿冶系主任兼教授,这是一所成立不久的工业专门学校。他为学校矿冶学科的建设和发展做出了开创性的贡献。

1918年8月—1920年7月,回重庆任重庆铜元局工务科科长,负责全局11个所(车间)的铜元生产和技术管理工作。

1920年9月—1922年6月,又去成都任四川省长公署(省政府)秘书兼代理实业科长,主管全省企业的规划、建设与管理,促进了四川省经济的发展。

1922年7月—1926年6月,去天津,任南开大学矿科教授,从事矿业勘测、开采工程的理论和实验教学,培养了一批矿业高等专门人才。

城市新格局的设计师

1926年6月,傅友周回到重庆。同年8月他接受重庆商埠督办公署督办潘文华之任命,担任重庆商埠督办公署工务处处长。1927年11月,重庆商埠督办公署改名为重庆市政厅,潘文华任市长,他任市政厅工务局局长。1929年2月,重庆市政府正式成立,潘文华任市长,他任市政府工务局局长。直到1935年10月辞去工务局局长职务,共担任主管全市城市规划、建设、管理和公用事业建设、经营、管理的工务局(处)长达9年。

在担任工务局(处)长期间,他遵照潘文华"革新重庆"建设现代城市的要求,

按照重庆江城、山城和半岛的特点,在充分调查研究的基础上,拟定了城市建设发展规划,把"整理旧城,规范市容""开辟新城,扩大市区""建设码头,促进航运""兴建马路(公路),发展交通"等项目,作为重庆城市改造、建设与发展的重点。

整理旧城,规范市容

1927年2月,为改变重庆旧城区脏乱落后的状况,傅友周从立法开始,先后主持制定了《重庆商埠整齐街面暂行办法》《重庆商埠整理马路经过街道规划》。这是重庆最早的城市管理法规。两个法规划定了街道的宽度,确定了公共街面,明确禁止私人占用公共街面,提出了保持街面整齐、清洁的具体要求。两个法规经潘文华督办批准颁发,在市区执行。傅友周按照上述法规要求,组织工务局和街道管理人员,逐一拆除了临街障碍物及侵占街面的建筑物;逐步拆除了妨碍交通与城市发展的旧城门、城墙。同时,加强街面清洁卫生的管理,从而使旧城区街道畅通,街面逐渐整洁,市容市貌有了明显改观,走出了现代文明城市建设的第一步。

开辟新城,扩大市区

1927年前,重庆城区仅限于临江门、通远门、南纪门等三门以内之半岛东部尖端地区,面积仅4平方千米,地区狭小,又多为山地,人口密集,交通不便,发展受限。而经过勘测,"三门"之外的西部地区,除陆地出城官道外,多为荒丘坟地,绵延六七千米,尚有大量可开发利用之地,为城市提供广阔的发展空间。对此傅友周提出了开辟新市区的规划,得到了潘文华的肯定和大力支持。但扩展新区工程浩大,困难甚多,除资金外,最大难题是如何动员市民迁走众多的荒坟。为此,他坚持以人为本,从宣传教育入手,争取市民支持。除报请市商埠督办公署(市政府)颁发迁坟通告外,他还亲自撰写了重庆市工务局《开辟重庆新市区说明》,宣传扩展

渝中区通远门,新市区的中区干道就从这里起步向西扩展

新区的好处,介绍了开辟新市区的设想。新市区从"三门"向西扩展,修筑中区干道、南区干道及北区干道等3条宽20米的公路干道及6条宽10米的支路;在干道两侧及周边建设房屋、设施,形成中区、南区、北区等3个新市区。中区从通远门外七星岗起,沿半岛山脊蜿蜒而行,经观音岩、两路口至曾家岩;南区由南纪门沿长江岸线而上,至上游的菜园坝、兜子背;北区由临江门沿嘉陵江岸线而上,至上游的大溪沟、牛角沱。据初步测量新区建成后,城区面积将扩大一倍,达到8平方千米以上,城市发展的空间将大为扩展,城市面貌将大为改观。这个说明书除印行小册子,在市民中散发外,还在1929年1月20日至1月22日的重庆《商务日报》上连载,并载《建设月刊》1929年第二期广为宣传介绍,使开辟新市区的规划逐步得到了市民理解和认可,为迁坟工作扫清了思想障碍。傅友周还拟定了详细周密的迁坟工作计划和措施,报经市政府批准,向市民公告,规定:"迁坟以坟主自迁为主,无力自迁者,由政府组织的迁坟队代迁,或给予迁费补助。"同时,迁坟工作采取渐进式的方式,从拟建新区干道开始,从点到线、到面,边迁边建,先易后难逐步延伸、扩展,减少了迁坟和建设中的困难。从1927年8月至1934年3月,7年间计迁坟43.5万多座,工程浩大,是重庆城市建设史上的空前壮举。迁坟后经过平整,形成修建公路干道、建设街道的大量可用之地,重庆西部新城逐步形成。按照傅友周拟定的开辟新市区规划,迁坟后新增的新区土地,"收归公用,由地政局(后设新市区管理局)管理经营,市民用地按价认购,所积公款用于自来水、电力、电话等重点公用项目的建设"。这样,将无用荒地化为有用之地,以地生财,既开辟了新市区,又积累了建设资金,促进了城市建设的发展。拆除城墙,开辟新市区,突破了几千年封建城区的界限,奠定了重庆近代城市的初步规模和基本格局,改变了重庆城市面貌。作为新市区的规划设计师,傅友周功不可没。同时,还应指出的是他在开辟新区时所坚持的经营管理理念和采取的措施,不仅在当时为重庆社会各界所赞许,在今天看来也是正确科学的。

建设码头,促进航运

重庆城区两江环抱,历来为川江航运枢纽,但因缺乏现代码头,不能停泊轮船,航运发展受阻。1926年,重庆商务督办公署根据工务处处长傅友周的建议,决定先行修建朝天门(长江一侧,今四、五码头)码头和嘉陵(嘉陵江一侧,今三码

头)码头。拆除朝天门等城门、城墙,扩大港口作业范围,建设码头梯道,改自然坡岸为石梯道路。工程由工务处负责建设,于1927年2月开工,7月建成,9月24日举行落成典礼。这是重庆首批现代码头。此后,每年冬季枯水季节都要进行码头建设,到1934年止,储奇门、千厮门、太平门、望龙门及江北、南岸等沿江码头相继建成,方便了较大轮船的停泊,促进了川江水运的发展。

1927年9月24日建成的朝天门码头

兴建公路,发展交通

傅友周认为,重庆旧城区依山而建,均为石板路和梯道,无一条公路;主要交通工具是轿子、滑竿、马,交通十分不便,阻碍发展,城市要发展,必须兴建公路,发展陆路交通。为此,他从1926年起就组织专业测绘队,对旧城区和拟扩展的新区进行测绘,掌握了大量资料。在此基础上,制定了"建设中区、南区、北区三大马路(公路)干线(大体东西向),并由中区干线分设若干支路(大体南北向),连接南北"的市区公路建设计划。这个计划基本形成了重庆现代城市建设的格局。计划经市政府审核,市长批准后,1927年8月,

1927年9月24日建成的嘉陵码头三洞桥

从通远门外七星岗经两路口、上清寺到曾家岩新区中干线,分三段同时动工,那时的财力、物力和施工技术均有限,加之迁坟整地,困难重重,进展缓慢,全长3.5千米的公路,到1929年8月才建成。这是重庆市第一条公路干道。公路开通不久,"鸿通""加尔登""三飞"等出租车行,就先后在该路段开通中型车和帆布篷小车等出租车20余辆,城市交通逐步活跃。此后,从1930年到1935年,又相继建成从南纪门麦子市经石板坡、燕喜洞到菜园坝,长2.87千米的新区南干线;从七星岗经民生路、都邮街、较场口、小什字到陕西街,长3.5千米的旧城区中干线;从南纪门麦子市经望龙门、道门口、莲花街到陕西街,长约4千米的旧城区南干线。

基本形成了从曾家岩、上清寺经两路口、七星岗、较场口、小什字到陕西街(后延至朝天门),全长约7千米的中区干线;从陕西街经道门口、望龙门、南纪门、石板坡到菜园坝,全长约6.87千米的南区干线。此外还建成南区干道燕喜洞上行至中区干道的南区支路和两路口至浮图关的两浮支路。原计划修建的从临江门沿嘉陵江岸,经黄花园、大溪沟、曾家岩到牛角沱的北区干线,因工程艰巨,耗资巨大,动工不久即停工。除大溪沟到曾家岩、牛角沱一段,在1932年傅友周主持修筑成渝公路时修通外,其余路段均未建,直到重庆解放后才全部建成。随着两条市区干线的建成,干线周边街道逐渐形成,人气积聚,交通畅通,商业繁荣,城市面貌改观,经济日益发展。

建设跨市公路,活跃对外交通

傅友周除担任市政府工务局长,负责城市建设外,还应聘兼任四川省公路总局工务处处长,负责成渝公路、川黔公路等跨市、跨省公路重庆段和四川段的建设。1930年7月—1935年9月,傅友周受命兼任在重庆成立的渝简(简阳)马(公)路总局(后改称四川公路总局)会办兼工务处处长。1930年7月渝简公路(后改称成渝公路)动工建设。工程采取全线统一建设计划和建设标准,各县设公路分局,按照统一计划、标准,分段施工的建设方法。傅友周作为公路总局的工务处长,负责全线的测量、制定建设计划和各项建设质量标准,并负责重庆市巴县段的建设。该段工程起自市区大溪沟,经上清寺、化龙桥、小龙坎、新桥、歌乐山、青木关进入璧山县,并建小龙坎经沙坪坝至磁器口的支路,全长60千米。其中红岩嘴保坎工程、山洞隧道工程、老鹰岩跨线桥工程和金刚坡凿岩工程等均十分艰巨。1932年8月1日,成渝公路建成通车,这是四川第一条横贯东西、连接两大城市的主干道,也是重庆市第一条对外公路干线。1935年1月,傅友周又负责川黔公路四川段的建设。该段工程于同年2月26日动工。从重庆南岸海棠溪经巴县、江津县、綦江县至贵州松坎与贵州公路衔接,全长180千米。工程十分艰巨,仅桥梁就有97座,土石方达260万立方米。工程初由工兵施工,后因国民党政府电令限期5个月内完工,又增调沿途3县民工6万多人,加紧施工,造成大量兵工、民工伤亡。1935年6月15日建成通车。这是重庆和四川第一条出省、与全国连接的公路干道,有力促进了重庆市对外交通运输和经济的发展。

公用事业的开创者

1932年前,重庆居民用水全靠人工挑运

重庆自来水公司打枪坝水塔

重庆虽早在1891年就辟为商埠,但到1927年前,重庆城市公用设施十分落后,严重影响了市民的生活和社会经济的发展。傅友周在任工务局长期间按照市政府的要求和市民的期望,大力开展城市公用设施建设。他先后组织建设了重庆第一个自来水厂,第一个公用电话所,建设了重庆当时最大的火电厂——大溪沟电厂,扩充了路灯照明,创建了城市公用服务事业。

举办水厂,服务民生

1932年前,重庆没有供水设施。居民用水,由人工直接从江中挑运,既不卫生,也不方便。1926年6月,重庆总商会负责人汪云松、赵资生发起筹组自来水公司,请傅友周设计建设方案。傅友周经过初步勘测,提出了在嘉陵江大溪沟观音梁河段设取水水源,建起水厂(一厂),用2套功率为400千瓦的立式水泵,将江水沿水管输送至通远门打枪坝附近的高岗上的制水厂(二厂)的建设方案。同年11月,他又提出了募集短期公债的自来水厂筹资办法,推动了水厂的建设。1927年春,经重庆商务督办公署督办(市长)潘文华召集会议商议,决定成立官督商办的重庆自来水公司筹备处,重庆总商会会长汪云松任筹备处处长,工务处技正(技术负责人,后称总工程师),税西恒兼任总工程师,工务处负责组织建设工作。1929年2

月动工建设,1932年1月建成,3月正式供水,在城区设售水站10处,可供数万人用水。这是四川省、重庆市第一个供水企业,极大地改善了市民的生活状况,广受市民称颂和赞誉。

创办公用电话,方便市民通信

1931年前,重庆市除军警和政府有少量专用电话外,没有公用电话,市民通信十分不便。1930年1月,工务局按照市长潘文华的指令,成立了公用电话筹备处,傅友周兼任主任,募集电话公债20万元,开始在市区建设700门共电式交换机电话设备。同年9月,电话总机安装完成,进行调试和用户接线,11月城区实现全部通话。1931年1月,重庆市第一个公用电话所——重庆电话所在城区长安寺附近隆重成立,傅友周兼任所长(直到1935年10月辞去工务局长)。应南岸、江北市民的要求,电话所成立后,立即安装联通南岸、江北的过江电话线路,成立电话分所,在南岸和江北各装设共磁式100门电话总机一台,以后又向沙坪坝架设电话线路,装设共磁式100门电话交换机一台,于1934年9月全部建成通话。由于市民申请安装电话十分踊跃,首期700门电话很快装完。为满足市民需求,傅友周报请市政府批准,启动二期电话工程建设,采用用户先交电话押金的办法筹集工程资金,向上海中国电器公司订购电话交换机6台,共720门,于1935年上半年装设通话,满足了市民的要求。重庆电话所的建成,是重庆通信史上的一个里程碑,是重庆迈向现代都市的一个重要标志。

扩充路灯,市区大放光明

重庆由于电力不足,1927年前城区仅主要商业街区有路灯,公用照明严重不足。1929年起,市区主干道相继建成。为方便市民夜行,繁荣市区商业,同年工务局就委托烛川电灯公司在公路两侧安装杉木电杆90根,各根装300瓦电灯一盏,这是重庆公路首次有了电力路灯。1932年工务局与华西兴业公司签订建设重庆电力厂(大溪沟电厂)的承包合同时,就在合同中明确规定包括500盏公用路灯的建设安装。1934年7月,电厂建成发电,同月,大溪沟、曾家岩、两路口至通远门公路两侧的路灯装竣通电,同年11月,七星岗、都邮街、较场口、陕西街、大梁子一带路灯装竣通电。前后共装路灯500余盏,使市区公路、码头、公园大放光明。

临危受命的总经理

重庆电力起步较早,早在1906年重庆绅商刘沛膏就在城区太平门仁和湾普安堂巷创建重庆市第一个100千瓦直流发电机组的电厂。1908年重庆商会招股集资建设重庆市第一家民营公用发电厂——烛川电灯公司,于1909年9月4日建成200千瓦蒸汽直流发电机组2台,架设5条线路,向城区主要街道供电;但这家电厂由于缺乏经验,经营管理不善,技术力量不足,线路损失大,事故频发,经常停电,加之又规定股东用电不交费,官僚军阀强用电不给钱,造成长期亏损,债台高筑,生产长期停滞,到1932年仍只有400千瓦机组,不仅难以满足重庆市区人民生活和经济的需求,且濒临倒闭。为了适应重庆电力的需求,1932年,重庆市政府决定收购接管烛川电灯公司,并且新建规模较大,设备较先进的电厂。同年重庆市政府成立重庆市电力厂(后改称大溪沟电厂)筹备处,市长潘文华兼任筹备处处长,川康银行总经理刘航琛为副处长,作为主管业务部门——工务局局长的傅友周任筹备委员,负责建设监督工作。1933年4月电厂动工后,傅友周应聘担任电厂总承包建设企业——华西兴业公司的工程顾问,指导电厂的建设。1934年7月20日,电厂3台1000千瓦汽轮发电机组建成发电,年发电量达398万千瓦·时,为原烛川电灯公司年发电量的10倍以上,供电区域除城区外,还包括江北地区,有力地改善了重庆的电力供应。

1935年1月,重庆市政府明令,将重庆电力厂(大溪沟电厂)筹备处与临时电力营业处合并组建商办重庆电力股份有限公司,集资2万股,资本200万元,除四川省政府官股、川康与美丰两银行企业股外,余为刘湘、潘文华等官僚、军阀的私股。傅友周又以工务局长的身份担任公司董事会董监,参与公司的生产经营管理工作。

抗日战争爆发后,重庆成为战时首都,大批企业、机关、学校内迁,人口大增,用电需求激增。为适应电力需求,又扩建大溪沟电厂,先后于1937年12月和1938年1月建成两台4500千瓦的火力发电机组,使全厂装机容量12000千瓦,成为西南、四川和重庆最大的火电厂。但在抗战期间,由于日本侵略飞机频繁轰炸,造成电厂设备严重破坏,电厂又多次迁建等多种原因,造成损失达45亿元。同时公司长期机构臃肿,人浮于事,管理落后,经营不善,煤耗率和线损率高,生产成本高;又遭官僚资本盘剥,军政机关不交电费,物价飞涨,货币贬值,造成年年亏损,负债累累。1947年公司负债已高达12.35亿元,1948年已无法维持生产经营,经公司董事会议决"报请政府接收"。1949年8月,傅友周临危受命,担任公司总经理,这时电力公司生产经营已经困难重重。全公司每月发电550万千瓦·时,但抄表电量不足250万千瓦·时,电量和电费损失超过一半;除历史欠债外,当年又欠5千吨煤款,欠借款银圆6万余元,欠公司职工2个月工资。面对困境,他首先尽力团结公司的中、高级技术人员和管理人员,共同维持公司的生产经营业务,同时采取积极有效的应对措施。认真整理公司的行政管理,清理抄表收费,

1949年前的重庆电力股份有限公司旧址（民权路63号）

保证公司收入;成立财务收支审议委员会,由他兼任主任,委员由职员3人,工人3人组成,审议财务开支,尽可能节约非生产性开支,降低成本,这在当时是一个创新之举;此外积极设法筹措资金,保证按月发放工资,并在3个月内补发完过去拖欠的工资,得到了工人们的信任和支持,从而使公司生产经营维持下来,避免了倒闭的命运,也保证了重庆的电力供应。

保护电厂的功臣

1949年11月,中国人民解放军挺进重庆,国民党政府在溃逃前夕,制定了破坏重庆城市和兵工厂、电厂等重要企业的罪恶阴谋。11月20日,国民党政府保密局局长毛人凤在重庆嘉陵新村召开紧急会议,成立"破厂办事处"实施破坏计划。中共川东(重庆)特委按中共中央南方局关于"保护城市,迎接解放"的指示,对防止特务破坏,保护城市重要设施,做了周密的研究和部署。中共川东特委负责人刘兆丰、蒋人凤,通过重庆《商务日报》总经理高允斌的联络,与重庆市参议会议长范众渠、重庆市商会会长蔡鹤年、市参议会秘书长柯尧放等上层进步人士

见面,商议由他们组成"迎接解放筹备小组"。由范众渠任组长,蔡鹤年、高允斌任副组长,柯尧仿任秘书长,对外用参议会、商会的名义联络各界人士,筹集物资,保护水电,以确保在解放军进城时,做到水电不停,社会秩序不乱。按照上述要求,蔡鹤年以重庆市商会会长、重庆电力股份有限公司董事的身份,找到也是重庆市商会常务理事的电力公司总经理傅友周,向他提出了"一定要想办法保护电厂"的要求,并说:"如果有事及时和我联系,需要钱来找我。"

傅友周按照要求,于11月23日、24日相继召开了公司各部门、三个电厂、三个供电办事处主管人员的紧急会议和员工代表会议,研究护厂的措施,决定采取两手对策:一是筹款收买国民党军警特务,避免炸厂。所需费用由公司出一部分,另一部分由各厂筹集,主要向员工借用,事后由公司归还。二是筹集枪支,武装护厂。枪支除厂警队20支外,由傅友周出面向电力公司名誉理事长、又曾是他多年上司的川军将领潘文华商借60支,共80支。并商定以设备齐全,发电量大,又存放有两套未安装的5000千瓦机组的大溪沟电厂为保护重点,兼顾其他电厂和供电设施,组建公司总部和3个电厂共4个护厂队,分配给大溪沟电厂枪支50支,公司总部和弹子石电厂、鹅公岩电厂枪支各10支。要求各护厂队立即组建,抓紧训练,日夜巡逻,保护电力设施,各厂周围一律敷设电网,加固厂门围墙,防止军警特务逾墙入厂。会议还做了护厂人事安排,护厂人员由各厂自己决定,公司还给大溪沟电厂下拨20石大米,作为护厂人员食用。

公司各单位按照上述会议要求,抓紧落实护厂工作。大溪沟电厂员工踊跃报名参加护厂,护厂队员达70人,枪支不够,部分队员就用铁棒、火钎作为武器。还在全厂员工中筹措了一些黄金、银圆,以作收买军警特务之用;储备了足够半个月食用的粮食和咸菜,以备护厂人员食用之需。形成了以护厂队为骨干,

解放前的大溪沟电厂,为当时重庆和西南地区最大的火电厂

全厂员工积极支持的护厂队伍,日夜防护,严阵以待。

11月29日,国民党政府总统蒋介石在重庆林园召开军事会议,决定30日撤离重庆,立即执行炸厂计划,形势十分紧张。傅友周和公司总工程师吴锡瀛及部分部门负责人来到大溪沟电厂和全厂员工一起,密切注视事态的发展,努力保护电厂。下午4点多钟,国民党政府警察六分局局长鲜善于带领交警队60余人,带着炸药乘车来到电厂对面的茶馆。这时国民党特务机关强迫安插在公司的特务、总务科科长张庸之立即对傅友周进行威逼,要傅友周率领工人退出厂外,将电厂交给交警队接管。傅在护厂员工的大力支持下,严词拒绝了他的无理要求,紧接着警察六分局局长鲜善于就进厂对傅友周气势汹汹地威胁说:"如果你不率领工人一齐退出电厂,那我们就要打进来,限你半点钟内答复。"紧急关头,傅友周找到电厂主任欧阳鉴和护厂骨干商议。大家都认为不能同军警特务硬拼,要采取妥善的办法。检修技师杨如坤建议:"立即紧急停止发电,造成厂内漆黑,使敌人难辨方向,弄不清人和机器设备所在,便于防守;利用厂房是钢筋水泥建筑可抵御轻武器袭击的有利条件,必要时护厂队伍可退进厂房,把守门窗和周围要道,从厂门到厂房层层设防;利用天黑,布置迷魂阵,威吓、迷惑敌人,我们在暗处,他们在明处,特务如敢进犯,他们损失更大,是可以保住安全的。况且特务知道我们有人有枪,早有戒备,我们再做这样的部署,预料敌人是不敢轻举妄动的。"傅友周和护厂骨干都认为这是人机两全的好办法,完全同意他的建议。大家立即行动起来,将进厂的家属撤到防空洞和厂子弟学校躲避,把物资集中存放在厂房内;在大门、厂房加强武装护卫,做好应战准备;杨如坤还带领一些学工在机器设备和管道上,到处写"有电,生命危险""有电,切勿靠近"等标语,用以威吓特务。

前来炸厂的军警见厂里半天没有动静,便向厂门扑来,叫喊"开门",护厂队员拒绝开门,僵持了一阵,这时,国民党特务、公司总务科科长张庸之和副科长李蓬春,突然从厂内跑向大门,趁护厂队员不备,打开厂门,军警特务就一拥而进了电厂大院,护厂队员迅速退进厂房,在房顶、晒台上架设机枪对准院中军警;在各车间加紧警戒,不许军警进入;护厂队员在厂区来回走动,借天黑难辨,做出人多的样子,迷惑军警;做好战斗准备,但除非军警有动作,否则不开枪,节约子弹。同时,电厂事务科连钟毓等人按照事先商定的对策,立即带上香烟、茶水,上前

"慰劳",在厂内花园坝子摆上几桌酒席,并"好意"告诫他们:"车间到处有电,很危险,你们不要乱走"。军警们见厂内到处都有武装工人,加之怕触电也不敢乱窜。酒席摆上后,就一拥而上,大吃大喝起来,一时忘了炸厂。

过了一阵,傅友周见军警们仍赖在电厂不走,唯恐生变。便给市商会会长、电力公司董事蔡鹤年打电话:"有股乱军来破坏电厂,现在在电厂大院与护厂工人对峙。"蔡鹤年立即乘车赶到厂内,与带队军官交涉,并送出600多块银圆的"茶水钱",这些军警才撤到厂外的大溪沟派出所。傅友周和护厂队仍不放心,又派护厂队长胡植林等人,带上电力公司筹集的黄金、银圆,到派出所与所长胡督前谈判。傅友周义正词严地警告说:"如果电厂炸了,不仅电厂2000多名员工及家属没有饭吃,而且全市几十万人没有电用,没有水吃,你们忍心吗?电厂是我们的衣食饭碗,厂在人在,厂毁人亡,你们硬要炸,我们只有拼了。电厂炸了,方圆20里都要变成平地,我们死了,你们也跑不脱。"

经过护厂员工的巧妙周旋,机智斗争,军警特务们终不敢乱动,到了晚上10点多钟,解放军已推进重庆市郊,密集的炮火震撼山城,奉命炸厂的军警仓皇逃命,大溪沟电厂得以完整保存。

1951年8月,任西南军政委员会重庆区电业管理局副局长的傅友周

此外,地处长江南岸一角的弹子石电厂,在护厂队的防守下,得到保护。地处兵工厂附近洞内的鹅公岩电厂,被强行进驻军警一个连,但在护厂员工的机智斗争下,军警们仓皇中只炸毁了一台锅炉,汽轮机、发电机等关键设备得以保下来。三个办事处的供电(变电)站等设施也得到完整保护。

这样,在4个工人护厂队的机智斗争下,重庆电力公司所属的3个电厂、3个供电办事处的主要电力设施大都得到保护,使解放后的山城有充足的电力供应,为保护城市公用设施,维护社会秩序立了大功。重庆解放后,傅友周和公司护厂队员得到西南军政委员会和重庆市人民政府的肯定和表彰。

卓有贡献的电力企业家

重庆解放后,傅友周仍继续担任重庆电力系统的领导管理工作,积极投身重庆电力的生产建设,1949年12月15日,人民政府在接收重庆电力公司的官僚资本后,重新组建的重庆电力股份有限公司成立,军代表朱广林任董事长,傅友周仍任总经理,负责公司的生产经营管理。1950年8月1日,西南军政委员会发布命令,正式接管重庆电力股份有限公司、巴县电力公司等重庆市公用电力企业,成立西南军政委员会重庆区电业管理局,朱广林任局长,傅友周任副局长,下辖大溪沟电厂、鹅公岩电厂、弹子石电厂、巴县电力公司等4个电厂和江北、南岸、沙坪坝等3个供电办事处。这是新中国成立后建立的重庆第一个省级电力管理机构。1951年2月,西南军政委员会工业部将重庆电力股份有限公司改组为公私合营重庆电力股份有限公司,军代表任董事长兼经理,傅友周任副经理。1951年5月14日,西南军政委员会工业部电业管理局成立,负责西南地区电力工业的管理。重庆区电业管理局改名重庆电业局,李浩任局长,傅友周仍任副局长。此后,他一直担任重庆电业局副局长、重庆电力股份有限公司副经理,直到退休。

1949年12月24日,重庆市电力公司为"11·27"牺牲的电力英烈举行隆重的追悼大会,此为《追悼大会特刊》

傅友周和电力公司职工对解放前夕在中美合作所牺牲的电力英烈和护厂斗争中遇难的职工十分崇敬,深情怀念。在重庆市解放不到一个月的1949年12月24日,就在公司礼堂举行了庄严肃穆的追悼大会,沉痛悼念在中美合作所牺牲的公司员工刘德惠、何敬平、周显涛、刘祖春等4位电力英烈和在鹅公岩电厂护厂

斗争中牺牲的卢树清、彭子清、高元成、蒲兴国、李小丰、彭桂林等6位烈士。还编辑出刊了《重庆电力公司暨全体职工为本公司殉国烈士、护厂死难工友追悼大会特刊》，刊登了《追悼引言》、四位电力英烈的《小传》、公司总经理傅友周及全体职工的《祭文》、何敬平烈士的遗著《囚歌》、傅友周的《题词》及职工撰写的追悼诗、文、歌曲等。在《追悼引言》中，愤怒鞭挞了国民党反动派在"崩溃加速而面向死亡""狡猾逃窜前"，对"磁器口'中美合作所'西南集中营志士"，实行"先行枪杀，继以纵火"，"惨绝人寰"，"兽行绝伦"的大规模屠杀罪行；歌颂革命烈士"昂扬奋发"，"前仆后继，再接再厉"，"为人类献身"的"史无前例的崇高的人性美"；用烈士们的革命精神和崇高品德教育和激励全公司职工："革命大业成功不易，新的中国创造维艰"，要"奋发图强"，"完成解放大业，

傅友周为追悼会特刊题词

实行新民主主义，努力建设新中国"。傅友周的亲笔题词"浩气长存"，充分表达了这位电力企业家对电力英烈们浩大刚直的革命气概的崇高敬意和深切缅怀。这次追悼会是全市第一个追悼革命先烈的追悼会，比1950年1月15日举行的全市追悼大会早半个多月，充分体现了傅友周和重庆电力公司职工的革命觉悟和爱国热情。

傅友周对企业的生产经营管理工作尽心尽责，积极协助军代表和局长严格贯彻执行党和政府的各项方针、政策、法规；认真安排、实施企业的各项生产工作计划，抓紧修复被炸毁的鹅公岩电厂锅炉设备，提高发电和供电能力；推行专责责任制、财务预决算制度、生产消耗定额制度等规章制度，提高企业的生产经营管理水平；废除了限制居民用电的分区停电办法等不合理的制度，大力抓好电费回收，每月电费回收达到95%以上，经济效益显著提高；除了保证职工工资每月按时足额照发外，年终还发给一个月工资的年终奖，调动了电力职工生产工作积极性，促进了解放初期重庆电力工业生产经营工作稳步发展。

傅友周积极投身社会活动,在20世纪50年代,担任重庆市人民代表、重庆市工商联合会常务委员;1960年8月,担任民主建国会重庆市委、重庆市工商联协作委员会副主任委员,参与全市工商界的组织领导和协调、服务工作,为社会主义革命和建设服务;1962年,他已是76岁高龄,仍积极响应重庆市政协、重庆市工商联关于搜集和撰写解放前重庆市工商史料的号召,他根据自己的亲身经历,先后撰写了《解放前的重庆电力公司》《重庆铜元局的回忆片断》及《重庆自来水事业的兴建和经营》(此文与温少鹤、税西恒合写)等多篇文章,收入《重庆工商史料》第二辑(重庆出版社出版),论述了三家企业的兴建、生产经营、发展变化和经验教训,提供了宝贵的史料。

1965年,傅友周因病去世,享年79岁。

2003年,经重庆市人民政府批准成立的重庆历史名人评审委员会的评审,傅友周因其"对社会的卓越贡献",而被评定为"重庆历史名人",并编入《历史名人典》,以纪念这位曾经为重庆现代城市建设发展和保护电力设施、发展电力工业做出过重要贡献的矿冶工程教授、城市建设专家和电力企业家。

(《红岩春秋》2016年第2期)

船王卢作孚与电力发展

卢作孚是我国著名的爱国实业家、航运家、教育家和社会活动家。他一生从革命救国、教育救国、实业救国到投身新中国建设,"为人民做过许多好事"。毛泽东主席曾高度评价他是"在中国民族工业发展过程中","不能忘记"的"四个实业界人士"之一。他不仅是西部的船王,还是一个有重要贡献的电力企业家,是合川电力工业的开创者和北碚水电开发的先驱;也是第一个在美国刊物上宣扬"三峡水电站"和长江上游水电开发建设宏伟蓝图的爱国企业家。在2006年重庆"纪念有电100周年"庆祝活动中,卢作孚被评为"百年电力十大人物"之一。

从教育救国到实业救国

爱国实业家卢作孚先生

卢作孚(1893—1952),原名卢魁先,别名卢思,1893年4月14日出生于四川省合川县(今重庆市合川区)。幼时因家境贫困,小学毕业后即辍学。为探求知识,15岁便离家,步行千里去成都补修数学及英语,勤奋自学成才。他边自学边著述,先后编著多种数学教材,因资金问题,仅《应用数题新解》于1914年由重庆中西书局出版发行。1910年在成都加入孙中山领导的中国同盟会,投身辛亥革命导火线的反清保路运动。1914年后在江安中学、合川中学、重庆第二女子师范学校等校任教,在成都《群报》《川报》任记者、编辑,参加了李大钊等组织的少年中国学会,积极投身五四运动。1921年去泸州任永宁道尹公署教育科长,并引荐恽代英任川南师范学校校长,在川南推行新文化运动,开展新教育。1924年创办成都民众通俗教育馆,任馆长。为四川、重庆的教育事业做出了重要贡献。

1926年,他在重庆创办民生实业股份有限公司,任总经理,以"服务社会,便利人群,开发产业,富强国家"为宗旨,经营嘉陵江、长江直到海洋的航运。1927年任北碚峡防局局长,肃清北碚、江北县、巴县、璧山县、合川县等峡区的匪患,保一方平安;同时整顿北碚市容,先后兴建了温泉公园、北碚体育场、北碚图书馆、中国西部科学院、兼善中学、中国西部博物馆等公益事业,把北碚建设成为大后方的模范市区。除民生轮船公司外,还举办了电灯厂、水厂、染织厂、民生机器厂、天府煤矿及钢铁厂、药厂等众多企业。抗战期间民生轮船公司轮船已达117艘,驳船31艘,并向外投资合办企业。1947年后,公司航线遍及缅甸、新加坡等东南亚国家,成为国内最大的民营航运企业。卢作孚被誉称为"中国西部的船运之王"。

他还曾担任川江航运处处长、四川省建设厅厅长、交通部次长、全国粮食局局长、全国船舶调配委员会副主任等公职,为抗战时期军需民用运输供应和建设做出了重大贡献。

点亮合川现代文明之光

卢作孚是合川电力工业的开创者。1925年8月,卢作孚从成都回到合川,筹办民生公司,从事内河航运。因见家乡夜间一片黑暗,而外地大城市均有电灯照明,决心开办电灯厂,照亮故乡。同年10月,卢作孚去上海订造轮船时,千方百计与厂方谈判,少交预订款,从带去的造船经费中挤出了5000元,购买了15匹马力卧式柴油机一台,11启罗瓦特(千瓦)直流发电机一台。1926年4月,卢作孚在合川县城齐家巷租借药王庙,创办了合川第一个电厂——民生公司合川电灯部。发电机安装好后,因当时合川县城尚无发电技术人员,发电机无法开动。卢作孚就邀请一位中学物理教师,与他共同摸索操作,终于启动了发电机,可供500盏电灯照明。安装电灯时要打孔立杆,架设电线,向用户供电。当时一部分群众思

想保守，对使用电灯照明这一新生事物持怀疑态度，担心打孔立杆破坏房檐，影响观瞻，妨碍铺面营业；架设电线后会招致雷击，发生火灾等等，因而阻碍立杆架线工作。卢作孚亲自登门，一一耐心细致、多方解释说明，并保证修好损坏房屋，保证用电安全，不发生危险，终于化解了矛盾，使输电工程顺利进行，合川城区第一次有了电灯照明，使合川成为四川最早用上电灯的县城之一。卢作孚受到各界群众欢迎，也给民生公司打响了"第一灯"，开创了新局面。

合川电灯部（厂）在卢作孚的领导下，电灯事业日益发展，用户不断增加，原发电机容量也不够需求，在卢作孚的支持下，经民生公司股东会研究，决定扩大合川电灯业务，将资本增至10万元。1928年冬，又在合川总神庙安装120匹马力锅炉、120匹马力蒸汽机、100千伏·安交流发电机的发电机组一套，可供照明电灯4000盏，使当时合川城区大多用户用上了电灯照明。1945年8月，在合川南津街马岭岩建电灯厂南厂，装设40千伏·安和22千伏·安交流发电机各一部，同时发电，满足用户增多的要求。1948年3月，又对电灯厂南厂进行扩建，新安装了320匹马力锅炉、300匹马力蒸汽机、200千伏·安（160千瓦）发电机的发电机组一套，并建高低压输电线6千米，变压器容量375千伏·安，以输送电力。城区照明又扩展4000盏，其中路灯200盏，还供给民生公司自来水厂、碾米厂及其他小手工业厂用电。

民生公司事务所移驻重庆后，卢作孚作为公司总经理事务繁忙，仍十分关怀合川电灯厂的经营发展，每年都要抽空回合川几次，检查指导电灯厂的工作，要求加强经营管理，坚持安全生产，保证居民和工商企业的可靠供电。

倡议创办北碚首个水电厂

卢作孚十分重视水电资源的开发利用，是北碚水电开发的先驱。1931年他邀请留学法国的工程师张华到北碚对嘉陵江支流——梁滩河进行踏勘，并进行水电开发规划设计。1933年张华提出了梁滩河水电开发的初步规划设计方案，由于当时公司资金紧张，难抽出资金办电厂，此方案被搁置。

抗日战争时期，北碚由于沿海迁入的学校、机关、工厂较多，用电需求大增。为此，卢作孚又找出梁滩河水电开发规划方案，在重庆发起集资办电，得到政府水利机关、三家银行和天府煤矿、重庆电力股份有限公司、川康兴业公司等单位的支持。1943年6月,成立富源水力发电公司董事会,筹建高坑岩水电厂。卢作孚是董事会成员之一。

电厂建在北碚附近的梁滩河上,由高坑岩和小坑岩两个水电站组成。1943年7月,高坑岩电站动工,由龙溪河水力发电工程处负责设计施工。电站没有设备,水电工程处工程师吴震寰负责设计240匹

1945年建成的高坑岩水电站

马力水轮机2台、160千瓦发电机2台,分别由重庆民生机器厂和华生电器厂制造。两台发电机组先后于1945年1月和5月投产发电。同时建设长12千米、6900千伏的高压输电线路和长9千米的低压配电线路、容量550千伏·安的9台配电变压器,向北碚城区用户供电。这是北碚地区第一个水电站和第一个公用电厂,年发电量106.43万千瓦·时,基本满足了当时北碚地区的用电需求。

1946年3月,又开工建设高坑岩下游的小坑岩电站,安装100千瓦发电机组一台,因故于1949年才建成发电。与高坑岩电站并网运行,全厂发电机组容量增至420千瓦,年发电量增至139.69万千瓦·时,改善了北碚的电力供应。

大力宣扬长江水电开发

卢作孚对我国长江水电资源的开发利用做过深入的调查研究,并曾在1944年5月陪同应邀到中国考察水电的美国水电专家萨凡奇,乘坐民生公司的轮船去长江三峡考察。他从萨凡奇口中了解了三峡蕴藏的巨大水电资源,对"三峡水电站"工程和长江上游水电开发的宏伟远景深感振奋和自豪,因而他除了在重庆的多次演讲中大力宣扬外,还是第一个在国外大力宣扬"三峡水电站"和长江上游水电开发宏伟远景的中国企业家。

1944年11月,卢作孚作为中国实业界的代表,出席在美国纽约召开的国际通商会议,在会上发表演讲,同时撰写了《中国中心的伟大基地——四川》一文,

载美国 Asia And the America's 杂志（1945年4月，第45卷）。他在文章中写道："这个地区最惊人的是它的水力,一个可能修建比美国著名的田纳西水利枢纽大好几倍的、世界上最大的水电站的地址,最近已在宜昌附近找到。"这个水电站的"水坝将把水面提高160米,以产生足够的水力,发电1500万千瓦。其中一半的电力即足以解决总人口约为两亿、直径为1000英里的地区内的用电问题。另外一半电力可用来生产成百万吨的化肥,除满足中国的需要外,尚可大量出口"。"这个计划最大的受益者是农业。第二个受益者是工业。如此丰富的廉价电力将给予所有需要电解的化学工业和所有需要电力的其他工业以巨大的推动力。"

从美国归来的卢作孚先生

他在文章中进一步介绍长江上游水电开发的宏伟蓝图："长江三峡水电站将是最大的一个水电站,但绝不是唯一的水电站,并且也不需要最先修建它。""宜昌上游沿江一带及其支流将会找到许多适当的地点修建比较小的水电站。一个位于灌县沿岷江上游10英里的地方,可发电82万千瓦。另一个则在大渡河与马边河之间,这两条河差不多是紧挨着并排而流,然而大渡河的标高却高得多。如果开一条隧道将两条河连接起来,将有足够的水位差发电两百万千瓦。另外,还有长江上游的主流金沙江,这条江所有沿江地带都可以修建水坝,同时解决发电和航运问题。这些水电站的总发电能力如果超过巨大的长江三峡水电站,那将是毫不足怪的。"

卢作孚怀着高度的爱国热情撰写的这篇文章,当时在国外引起高度关注和良好反响。卢作孚还专门用了3天时间参观考察美国著名的田纳西河流域管理局,同那里的水利电力专家讨论三峡水电枢纽工程建设有关问题,并曾在美国为三峡工程建设的引资、设计和技术等问题,与美国内务部、内务部垦务局的官员进行过协商,以促进"三峡水电站"工程早日动工建设。

卢作孚在66年前热情描绘的长江三峡及上游水电开发的宏伟蓝图已成为现实:世界最大的水电站——三峡水电站,已建成发电;长江上游及各支流上的水电明珠,已星罗棋布;一批容量数百万千瓦,乃至上千万千瓦的大型水电站正在金沙江、雅砻江和大渡河上加紧建设。卢作孚不愧是一个远见卓识、令人敬佩、令人怀念的爱国实业家和社会活动家。

积极投身新中国建设

中华人民共和国成立后,卢作孚欢欣鼓舞。这时民生公司有19艘轮船滞留在香港,为了保护这些轮船,他冒着风险留在香港,机智应对国民党特务的劫夺,在中国共产党的大力帮助下,滞留香港的轮船除一艘满载五金器材的"太湖"号轮被劫到台湾外,其余18艘均在1950年上半年陆续从香港驶回到祖国,投入新中国的交通运输建设。

1950年6月,应中共中央和全国政协的邀请,在周恩来总理的亲自安排下,卢作孚从香港到北京,作为特邀政协委员,参加全国政协第一届第二次会议。在此期间,他两次受到毛泽东主席的接见,周恩来总理多次与他长谈,听取他对新中国经济建设和民生公司的发展等方面的意见,并希望他留在中央工作。他因民生公司尚有重要事务需要处理,于同年7月下旬回到重庆。1950年10月,他被任命为西南军政委员会委员,还担任北碚文化事业管理委员会主任等职,积极投身新中国的政治、经济和文化建设。1952年2月8日在重庆去世。

毛泽东主席得知卢作孚去世后感叹说:"如果卢作孚还在,国家要他担任的责任总比民生公司大得多啊!"1953年5月1日,毛主席又对张澜说:"作孚先生是个人才,真可惜啊!"1955年5月,毛主席在一次会议上对张澜、黄炎培说:"在中国民族工业发展过程中,有四个实业界人士不能忘记,他们是搞重工业的张之洞,搞化学工业的范旭东,搞交通运输的卢作孚和搞纺织工业的张謇。"周恩来总理说:"卢作孚先生不仅对祖国的交通事业和工业的发展做出贡献,而且对新中国的新民主主义建设也做出了贡献。"中共四川省委评价卢作孚说:"他为人民做了许多好事,党和人民是不会忘记的。"

卢作孚先生杰出的贡献,高尚的人品,风范长存,将光照史册,永远铭记在人们心中。

(原载《红岩春秋》2013年第3期)

刘航琛：战时重庆的财经专家、电力企业家

刘航琛是战时重庆著名财经专家和电力企业家，抗战时期，他是重庆和四川最大的两家地方银行的董事长，对重庆金融业稳定发展、成为大后方金融中心，做出了重要贡献；他是重庆电力公司最大的投资者和首任总经理，组织电力员工开展反轰炸斗争，确保战时电力供应，有力支持了全民抗战；他在重庆粮食供应出现危急的关头，临危受命，很快征购、调运了大批粮食，化解了危机，保证了战时首都的安全稳定。2003年被评选为重庆市客籍历史名人，编入《重庆历史名人典》。

财经专家、电力企业家刘航琛

推动战时金融发展的金融家

刘航琛（1897—1975），名定远，四川泸县人。1922年北京大学经济系毕业，返乡任泸县中学校长。1927年起，先后任重庆铜元局事务所所长，21军财政处副处长、处长、总金库收支官和四川善后督办公署财政处长、四川省政府财政厅厅长兼四川省银行总经理。他担任财政厅厅长后，针对四川军阀长期割据、混战，各地驻军各自为政，自立财政、税务，全省财政混乱、困难的状况，提出《整理四川财务方案》，推动成立由张澜、康心如等10个四川名流、金融家组成的"四川

省财政整理委员会"，统一改进四川省的财政和税务管理；统一发行四川省银行货币，并逐步与全国货币实现统一；他改善了四川省财政状况，推动四川经济复苏发展，被称为四川军政界的"理财能手"。抗战时期，刘航琛是重庆川康平民商业银行、川盐银行的董事长和聚兴诚银行、美丰银行的常务董事，他对化解重庆金融危机，推动银行业变革开拓、稳定发展、形成大后方金融中心，发挥了重要作用。

四川省银行伍角币正面，有总经理刘航琛签名

尽心尽责，化解重庆金融危机

1937年"卢沟桥事变"后，时局日益紧张，重庆金融市场遭受打击，资金周转不灵，银行钱庄经营困难，工商业陷入停顿状态，市民产生恐慌。国民政府驻重庆行营不得不于同年8月14日、8月16日两次发出紧急命令，要求重庆和全川银行、钱庄共放假5天，直到8月20日才恢复营业。为化解此次金融危机，刘航琛作为财政厅厅长尽心尽责，多方会商反映，采取有效措施。同年7月26日，他专程到重庆，先后两次进谒国民政府驻重庆行营主任顾祝同，请示、商讨维持重庆金融市场的办法。7月27日，他参加重庆银行、钱庄业紧急大会，商议化解危机措施。他在会上首先表态，希望金融界朋友"多提办法，凡本人能力所及的当尽力去做"。他分

1937年刘航琛在重庆机场

析了重庆金融市场出现困难的原因是："公债跌价，筹码减少，头寸不够。"提出了解决困难的一些办法："电呈财政部请求援助；各银行可暂用黄金向四川省银行领换四川省银行300万元，缓解资金周转问题；电请中国银行押建债150万元；呈请行营顾祝同主任加强对交易行投机的管理"等。8月18日，他又会同重庆行营财务处长关吉玉邀请重庆金融界代表会商维持重庆金融善后办法。议定由重庆商会再次电呈财政部设法救济，并依照上海市之例，在重庆成立贴放委员会，以

抵押物换贴放资金，以利流通。同时商定全市银行、钱庄8月20日全面恢复营业。会后刘航琛和重庆行营积极向财政部反映、沟通，财政部同意请求，于8月27日，下令中央银行、中国银行、中国农民银行等三行之重庆分行，合组成立贴放委员会，"办理贴放事宜"，"以利周转"，"救济工商及金融"。重庆金融危机得以化解。

联合重组，壮大川康平民商业银行

川康平民商业银行旧址，位于今重庆市渝中区打铜街16号，重庆邮局支局

川康平商业银行票据

1929年5月，刘航琛与卢作孚、何北衡等组建重庆川康殖业银行。1937年9月22日，刘航琛多方商议谈判，将川康殖业银行、重庆平民银行、四川商业银行合并重组为川康平民商业银行，资本金总额为400万元，刘任董事长。他采用"集中人力财力，整理内部，谋求对外发展"的经营方针，在重庆成立总管理处，加强银行的集中领导，调整内部机构设置，完善规章，加强管理；在汉口、西安、昆明、重庆、成都、万县、雅安、宜宾、内江等省内外大中城市和各县市设立分、支行和办事处共28个，扩张经营地域；包揽购销粮款汇解业务，以免减汇税办法揽收政府部门存汇款，吸收盐、糖、纱布等重要货帮业务，扩充经营业务；加强对外投资，投资范围不断扩展，包括电力、机械、水泥、船运、供水、纺织等大型企业，交易、信托、保险等金融企业及报刊、书局等新闻事业，使该行经营业务不断扩大发展，经营效益不断提升。银行资本金不断扩充，从1937年组建时的400万元，增至1940年的1000万元，1943年的5000万元，位居重庆五大地方银行之首；经营效益逐年提升，银行

纯收益1940年53.5万元,1941年增至81.6万元,年增长52.52%。

变革创新,扩展川盐银行

1937年刘航琛任川盐银行代理董事长,次年春选任董事长。他上任后,以新的经营理念和经营方式,对川盐银行进行变革。改革总行制为总管理处制,内设四大部室,明确职责,完善规章,奖罚分明,提高管理效能和经营效益;改革地方银行模式,扩大经营地域,在省内扩充16个分支行,省外增设昆明、汉口、香港分行;改进盐业保险,将保险部改组为川盐产物保险公司,除盐运保险外,增设堆栈部、代理部为盐商代办存盐、买卖盐及其他货物、银行信托、押汇等业务,广受盐商欢迎,经营效益显著,连年盈利;转变资金投资途径,从盐业扩大到金融、工矿、商贸、新闻出版等领域,投资效益显著提升。通过上述变革,川盐银行发展很快,资本总金额由1937年的120万元,逐年增长至1944年的4000万元;纯收益由1937年的24万元,逐年增长至1944年的81.5万元。

重庆川盐银行旧址,今渝中区新华路47号重庆饭店;1938年7月后国民政府经济部迁渝后驻此

广泛投资社会,助推战时经济

刘航琛以川康、川盐两家银行为基础,先后联合重庆电力公司、华西实业公司等16家企业,实行大集团战略,壮大银行资本实力,加强与工商企业的联系,不断扩大对重庆经济与社会的投资,投资范围十分广泛,其中,投资电力、水泥、钢铁、煤矿、机械等工矿公用事业27家,投资金额共5.62亿元;投资中国国货公司等商业14家,投资金额10.12亿元;投资重庆、美丰、聚兴诚银行等金融保险企业17家,投资

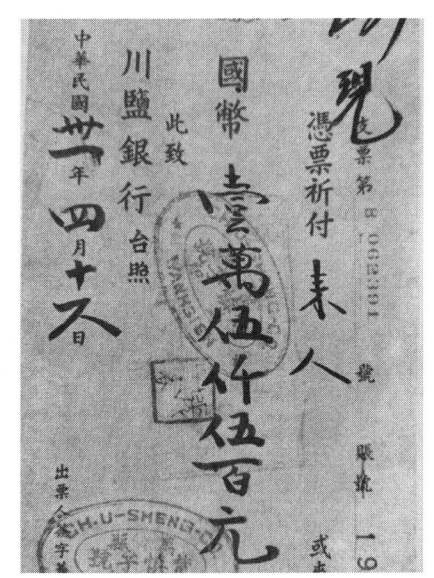

川盐银行票据

金额1135.4万元;投资《商务日报》《新民报》《新蜀报》等新闻出版单位14家,投资金额1.06亿元。抗战时期,刘航琛在重庆企事业单位担任董事长、董事、总经理等头衔达70多个。广泛投资不仅壮大了银行资本势力,提高了经营效益,而且有力推动重庆经济和社会文化事业的发展。

不畏日军轰炸,坚持银行在市区营业

1938年2月起,日本侵略军飞机对重庆狂轰滥炸,到1940年日军更加残暴,地处闹市区的各家银行成为轰炸重点,十分危急。在此关头,刘航琛坚定地向记者表示:"川盐、川康两银行决不迁移乡间。纵有遇炸全毁之一日,余亦必于断垣残区中搭盖临时行址,继续营业,绝不他迁。"(《新华日报》1940年8月30日)作为两家银行的董事长和多家银行董事的刘航琛的坚定态度,对推动重庆银行业不畏轰炸,坚持市区营业,稳定金融,繁荣经济,起到重要作用。

确保战时电力供应的电力企业家

刘航琛是战时大后方最大的火电厂——重庆大溪沟电厂的最大投资者和筹建者,又是当时全国一等电力事业——重庆电力公司的首任总经理。抗战时期,在日军大轰炸、造成电力设施严重破坏的情况下,他积极组织电力员工开展反轰炸斗争,千方百计保护和抢修电力设施,确保电力供应,供电量成倍增长,创造了二战期间敌机大轰炸下,大都市供电量不降反升的世界奇迹。这受到政府奖励和社会称赞。

持续大投资,建设发电厂

重庆原烛川电灯公司的400千瓦发电机组设备陈旧落后,又经营不善,濒临倒闭,早已不能适应重庆市工商业的需要。1932年11月,重庆市政府决定收购烛川电灯公司全部资产和专利权,成立重庆电力厂筹备处,由重庆市市长潘文华兼处长,刘航琛为副处长,筹建资金由刘航琛与美丰银行董事长康心如负责贷款100万元,其中川康银行贷款70万元,美丰银行贷款30万元。建厂工程于1933年4月动工,次年7月20日建成发电,厂名为重庆电力厂(后改称大溪沟电厂),装有3台1000千瓦发电机组,为烛川电灯公司装机容量的7.5倍,通过两条输电线路和过江输电铁塔向市区和江北供电。1935年1月,重庆市政府明令成立商办重庆电力股份有限公司(简称重庆电力公司),潘文华任董事长,刘航琛任首任总经理。电力营业从电灯扩展到电力、电热,用户由1934年的1998户增至1935年的10468户;发电量由82万千瓦·时,增至398万千瓦·时,均增长4倍以上。到1936年售电量增至489万千瓦·时,最高负荷达到2300千瓦,接近3000千瓦的最大容量。为此,电力公司决定扩建电厂。同年4月,刘航琛带队去上海,与英商英利洋行签订协议,以78万元购置4500千瓦的新型发电机组两部。为适应扩建资金需求,将股本金增至250万元,向中央银行等4家全国性银行贷款200万元。1938年1月,2台发电机装竣发电。同时,新建沙坪坝、铜元局等4个分电站(变电站);新建到沙坪坝、南岸的14千伏线路两条;电厂内新增4500千伏安、2500千伏安的升压变压器2台。全厂发电装机容量达到12000千瓦。电厂成为当时大后方最大的火电厂,电力公司售电量从1936年的489万千瓦·时,猛增至1938年1415万千瓦·时,当年就获利51万元,跃居全国第一等电气行业之列。1939年公司售电量又增至3378万千瓦·时,较上年增长1倍多,为适应用电增长的需求,公司再次决定扩建4500千瓦机组1台,1940年订购的设备运至越南海防时,被日军掠夺,电厂无法扩建。刘航琛任董事长的两家银行是重庆电力公司最大投资者。除川康银行是公司初创时的最大投资者外,1937年后川盐银行也不断加大对公司的投资。据1945年统计,重庆电力公司3000万元股本中,川盐银行544万元,为第一大股东;川康银行438.5万元,为第二大股东;二者合计982.5万元,占股本总额的32.7%,两家银行的巨额投资,推动了重庆电力公司快速发展。

1938年扩建后的大溪沟电厂是大后方最大的火电厂

靠山进洞隐蔽,力保电厂安全

1938年2月起,日军飞机对重庆实施野蛮轰炸。由于电力设施大都暴露在

外,目标明显,每次轰炸必遭毁损,损失惨重。面对轰炸,刘航琛和全体员工,高扬抗日救亡的爱国热情,机智勇敢,沉着应对,开展反轰炸、保供电的英勇斗争。就在日军对重庆轰炸最惨烈的1940年8月,刘航琛代表电力公司坚定地向社会表示:"今后无论在任何困难的环境下,国防工业与生产工业之电力供给决不辍断一日。"(《新华日报》1940年8月30日)大溪沟电厂是重庆市区唯一的电厂,经常被炸,仅1941年6月到8月就中弹16次。为保护电厂,电力公司采取分散隐蔽、靠山进洞的方法转移保护发电设备,尽量避免敌机炸毁。1939年1月—6月,在市郊弹子石新建厂房,将2台1000千瓦机组迁入,作为应急电厂;1940年8月—1942年4月,将鹅公岩两个山洞扩建为山洞厂房,将1台4500千瓦机组迁入,这是当时国内最大的山洞电厂。这两个电厂在抗战时期均安全发电。大溪沟电厂,也用钢筋水泥加固厂房,安装保护设施,尽可能减少轰炸损失,确保电厂电源不断。

为躲避日机轰炸,1942年6月建成的鹅公岩山洞电厂,是当时国内最大的山洞电厂

冒险抢修设施,尽快恢复供电

重庆电力公司在全市大轰炸防护团的安排下,组建了电力防护抢险抢修队,严阵以待,有准备、有秩序地开展大轰炸抢险抢修斗争。如1940年8月19日,重庆市区80多条街巷被炸,190多条高低电压线路毁损。轰炸警报刚除,防护抢修队全体员工立即冒着生命危险,进入烈火熊熊、烟尘遮天蔽日、房屋设施不断倒塌的

1941年6月2日,七星岗街道被炸,线路损坏,线路工人正准备上杆检修(右侧)

被炸街道,抢修炸毁的电力设施,3小时就修复数十条供电线路,使被炸街区大都恢复供电。1941年6月12日,大溪沟电厂遭日军轰炸,发电设施被炸毁。防护抢修队和该厂员工共600多人,连续奋战三天三夜,终于恢复向市区供电。

改进经营管理,适应抗战要求

由于大轰炸造成巨大损失;电厂迁建花费巨大;防护抢修队人工劳务费较多;被炸街区,人口疏散,电费减少;物价上涨,成本增加等原因,电力公司从1939年起逐年亏损,资金周转困难,生产经营陷入困境。刘航琛和公司有关部门采取有效措施,积极应对。加强财务物资管理,修旧利废,减少消耗,

1940年8月19日,上清寺被炸,倒下的电杆倚靠在树干上,电线落在地上

降低成本;购买电气线路设备保险,获取赔付,减少损失;逐日上报轰炸财产损失,向重庆市政府申请补助财产损失。1940年2月,刘航琛又签署"申请补助1940年轰炸损失200万元"的呈文。呈文说:"自去年'五三'轰炸后,收入锐减,开支浩繁,公司经济困难达于极点,欲购设备力不从心。"呈文经国民政府经济部和行政院核准后,于1941年8月和9月两次共拨付大轰炸损失补助费共200万元,缓解了公司经济困难。抗战后入渝企业、单位大多沿两江四岸向市郊延伸,郊区人口和民用电大增,对此,电力公司就不断向江北、南岸、沙坪坝扩建供电线路,满足郊区用电的需求。随着内迁入渝企业不断增多,工业用电大幅增加,据1941年统计,仅28家兵工和大型民用企业用电就达15100千瓦,加上生活用电共需19000千瓦以上,重庆电力公司所属电

1941年6月7日,七星岗街道被炸,炸坏的电杆和电线向下倾斜

87

厂的发电能力,已远不能满足用电需求,于是每年向兵工厂、造纸厂等自备电厂购电 3500 千瓦左右,尽可能满足用电需求。此后,由于外购电力后仍有缺口,电力公司按照抗战的要求,决定保证军事用电、民防用电和军工企业用电;电力不足时,对一般企业用电进行限电,居民分区轮流用电,努力克服大轰炸和电力不足造成的种种困难,不仅没有出现大面积停电,售电量还不断增长。从 1936 年的 489 万千瓦·时,增至 1944 年的 4897 万度,增长了 9 倍,创造了在日军大轰炸下大城市的供电奇迹。

英勇保电壮举,广受社会好评

重庆电力公司员工在日机大轰炸中临危不惧,迎难而上,不屈不挠,确保全市电力供应的壮举,获得多家报刊的高度评价和重庆市政府的奖励。《新华日报》在 1940 年 8 月 19 日的报道中赞扬说:"使人兴奋的是那些英勇的电力工人仍是不避艰苦,警报解除后马上出动恢复被毁线路,炸后 3 小时内电灯即已恢复。实为灾难中足以告慰国人者。"在 8 月 20 日的社论中又评论说:"前日大火之后,电线毁损,但在修理电灯的员工努力之下,三小时后,全市重见光明。这是何等的大忠大勇精神。"《国民公报》在同年 8 月 31 日的社论中颂扬"重庆军民坚韧奋发不怕轰炸的精神",强调说:"重庆公用事业如电力厂和自来水厂虽迭遭敌寇轰炸,因为一切都早准备,始终未能断绝供给。国防工业及各项生产事业的工作,因而未曾停顿;生产力不受其影响,不但未减少,反而有增加的趋势。"同年 5 月 29 日,重庆市政府决定对全市供水工人、电力工人、工人服务队等社会公用事业员工,发放"犒赏金 5 万大洋",奖励他们在大轰炸中坚持社会服务的贡献。同年 7 月 19 日,重庆市政府决定向重庆电力公司抢险抢修队队员颁发 1000 元的奖励慰劳费,以奖励他们在抢修中英勇不屈做出的贡献。作为重庆电力公司总经理的刘航琛,在组织反轰炸保供电的斗争中是做出了重要贡献的。

抗战时期的重庆电力线路工人

化解粮食危机的粮食工作专家

抗战时期,由于日军的轰炸,重庆曾出现粮食供应危机,危急关头刘航琛被任命先后担任重庆粮食供应处处长、粮食部特派员、四川省粮食储运局长等职。他上任后一个月内就筹集粮食30万担,化解了粮食供应危机。此后粮食征购工作日益好转,获国民政府嘉奖。为确保重庆和四川粮食供应,稳定抗战大后方,支持前线抗战,做出了重要贡献。

抗战爆发后,由于日军对四川、重庆的野蛮轰炸,给粮食储运工作造成困难,加之主管部门工作不力,因此粮食供应日益紧张,1941年4月,重庆出现粮食抢购现象。同年5月1日,因粮食抢购严重,重庆市政府制定《渝市粮食紧急措施办法》,以资应对。5月2日,行政院鉴于粮食工作的重要性,增设粮食部,任命徐堪为部长,专管粮食工作。7月1日,粮食部设立重庆市民食(粮食)供应处,任命刘航琛为处长,负责粮食购销、储备等管理工作。不久,又任命刘为粮食部特派员。刘认为解决粮食危机的关键是粮源问题,他上任不久,即于7月17日以粮食特派员身份,去成都与四川省政府商议,将四川田赋征收改为征粮,以增加政府储粮;同时,出巡川西北各县积极组织发动各级地方政府大力征购粮食。通过上述措施,一个月内,就筹集了粮食30万担,到12月底,全省共征购粮食1300万担,解决了粮食危机问题。1942年,刘升任四川省粮食储运局长。为解决粮食储运问题,他于同年2月24日,召开四川省粮食储运会议,为便于分片落实,会议在全省五地分片召开。刘主持重庆地区会议,商讨如何将各县征集的粮食尽快运至指定区域,以便分配供应。会后,刘还与重庆周边各县县长一一落实调运工作措施和进度,确保重庆粮食供应。3月2日,重庆市民立约购米,粮食供应问题全面解决。1942年四川粮食征购达1600万担,成绩优异。据统计,刘航琛在粮食部任职期间,共征购粮食近一亿担,为化解粮食危机,确保粮食供应,稳定大后方,支援全民族抗战,做出了贡献。

(原载《重庆电力》2019年6期)

胡子昂与电力建设

胡子昂是我国著名社会活动家、实业家,全国政协和中国民主建国会、全国工商联的领导人。他是重庆第一个电力建设总承包企业——华西兴业公司的经理。他领导建设了解放前重庆和西南地区最大的火电厂——大溪沟电厂和四川、湖北等多家电厂,是建设和发展重庆及四川电力工业的开拓者。

著名社会活动家胡子昂

1950年8月25日,重庆市人民政府第一次全体委员会部分委员及工作人员合影。前排右起第三人为副市长胡子昂,右第四人为副市长曹荻秋,右第五人为市长陈锡联

一

胡子昂(1897—1991),字鹤如,四川省巴县南坪场(今重庆市南岸区南坪)人。中学读书时,受辛亥革命影响,积极参加游行和宣传活动。1919年就读于北京农业专门学校(北京农业大学的前身),积极投身五四运动,关心国家民族的危亡,开始探索救国救民之道。1923年毕业后返乡,曾任巴县中

学校长、巴县农会会长、重庆市教育科科长、川康边务处处长。1930年,胡子昂任江西农业学院技师兼总务长、江西省农场场长。1932年后抱着"实业救国"的决心,转入实业界,先后任华西兴业公司经理、重庆自来水公司总经理、中国兴业公司总经理、川康兴业公司总经理、重庆华康银行董事长、四川省建设厅厅长、重庆市参议会议长等职,为重庆和四川的工矿企业的发展和市政建设做出了巨大的贡献。1945年起积极参加爱国民主运动,大力支持中国民主建国会,反对国民党的专制独裁,呼吁"国共合同,停止内战""和平救国",公开反对蒋介石派机轰炸已解放的济南市。1949年9月,应中共中央邀请去北京参加第一届全国政治协商会议和开国大典。重庆市解放后,胡子昂任西南军政委员会委员、重庆市副市长、重庆市政协副主席。1956年后,任第五届、第六届全国政协副主席,第二至第五届全国人大常委,全国工商联主任委员,中国民主建国会中央副主任委员、中国工商经济开发公司董事长。

  1932年9月,华西兴业公司在重庆成立,胡子昂任公司经理,负责经营管理。他提出华西公司开发计划,以重庆为基地,逐步建立电厂、机械、钢铁、自来水、电话局等企业;同时承包建设工程,逐步形成一个以从事工矿和工程技术为主的联合企业。胡子昂在管理中主张"信誉是企业的生命,人才是企业的根本"的治企理念。要求承建工程,设计适用,造价合理,注意质量,信守合同;工厂的产品要讲求质量,价格合理。针对四川、重庆经济文化落后,工程技术人员奇缺的状况,他采取"重金礼聘,从优照顾,妥善安排,发挥所长"的办法,在东北、天津、北京、上海、杭州等地延聘了一批有真才实学的工程技术人员。吴锡瀛、余克稷等电力工程师都是他从外地聘请来的。在胡子昂的卓越领导管理和精心经营下,华西公司业务日益发展,企业不断扩大,成为包括钢铁厂、机器厂、水泥厂、建材厂、铁矿、煤矿等工矿企业和金融、贸易在内的,西南地区著名的大型企业集团。

二

  华西兴业公司成立后,第一桩业务是总承包建设重庆电力厂(后称大溪沟电厂)的工程。1932年前,重庆只有一家烛川电灯公司,容量仅400千瓦,又是直流发电,设备陈旧老化,电压不稳,不能满足用电需求,市民殷切盼望改善电力供

应。1932年11月重庆市政府批准成立重庆电力厂筹备处。电厂的设计、厂址选定、机组订购、厂房建设、发电设备安装、输电线路架设等全部建设工程,均交由华西兴业公司总承包。这种总承包建设电厂的体制,在当时是十分先进的。华西兴业公司立即组织工程技术人员开展设计、厂址选定和订购设备。厂址选定在重庆市区附近、嘉陵江边、水陆交通便利的大溪沟古家石堡;向上海安利洋行订购英国茂伟公司1000千瓦汽轮发电机和拔柏葛锅炉两套,又在杭州电气公司购得美国奇异公司1000千瓦汽轮发电机及拔柏葛锅炉一套。工程于1933年4月正式动工,平整地基,修建道路。10月1日厂房正式奠基,设备器材也由船运陆续到达。华西公司电力部工程技术人员和工人,严格按照工程设计和公司的要求,认真负责,保证质量,抓紧施工。从建造厂房、安装设备到架设输电线路,进展顺利,整个工程于1934年7月竣工,容量共3000千瓦,同年8月正式向全市供电。这是当时重庆和西南地区容量最大、较新型的火电厂。其有力地改善了重庆电力供应,促进了经济的发展。工程建设工期不到一年半,工程造价合理,质量保证,这项工程的成功,使华西公司赢得了信誉,也锻炼培养了一支电力建设队伍和设备运行管理队伍。工程完工后,电厂所有设备和职工仍由华西公司代管运行发电。1935年2月,重庆电力股份有限公司正式成

1932年11月重庆市政府正式成立重庆市电力厂筹备处进行大溪沟电厂建设,图为奠基碑

1933年4月动工兴建的大溪沟电厂的厂房建设

立。同年，华西公司代管的电厂设备和职工移交重庆电力公司管理。由于全市供电区域不断扩大，工厂企业电力用户不断增加，电力供应不足。1936年重庆电力公司决定扩建重庆电力厂（大溪沟电厂），向英国英利洋行订购4500千瓦新型汽轮发电机组两套。扩建工程仍委托华

1934年7月建成投产的大溪沟电厂1000千瓦汽轮发电机组

西公司主要承包，因重庆电力公司接管原华西公司电力部代管电厂的职工后，也有一支技术队伍，决定设备由电力公司自行负责安装。华西公司负责的厂房建筑于1937年7月完成。由于运输受阻，发电设备于1937年10月才全部运到。1938年建成发电，电厂总容量扩大到12000千瓦，不仅在西南地区容量最大，在全国也属大型火电厂。

胡子昂是重庆第一家电力建设企业的创建者，重庆和西南地区第一个大型火电厂建设的领导人，也是在重庆电力首次采用工程总承包这种建设管理体制的企业家。

三

除了建设重庆电力厂（大溪沟电厂），1934年后，华西兴业公司电力部还先后承包建设了四川省内江华明电厂、灌县明明电厂、遂宁华宁电厂和江津、成都、泸州、宜宾、湖北武昌等多家电厂的新建、扩建工程及运行管理，均按期保质地完成工程建设，得到各电厂的好评，有力地支持了大后方的抗战建设。

1946年，胡子昂担任四川省政府建设厅厅长时，为满足成都地区经济与民用电的需要，经过他积极联系争取，由国民政府资源委员会与四川省政府合资，建设都江发电厂。厂址设在灌县（今都江堰市）蒲阳镇。工程于1947年7月动工，购置美国西屋公司2000千瓦快装式发电机组一套，1948年6月投产，并建设

33千伏输电线路,向成都市区供电,改善了灌县和成都地区的电力供应。为管理、经营好电厂,胡子昂还特地聘请了时任全国水力发电总处工程师的留法电力专家、无产阶级革命家吴玉章之子吴震寰担任电厂工程协理(生产副厂长),负责全厂的生产技术管理,使电厂能安全可靠发电。胡子昂为重庆、四川电力工业的建设与发展做出了重要贡献。

(原载《重庆政协报》2012年2月21日,第1875期)

电力专家

吴玉章之子吴震寰

——杰出的电力和电机工程专家

吴震寰是我国无产阶级革命家吴玉章之子,杰出的电力和电机工程专家。1919年起,两次去法国留学。曾任法国斯错斯博克水电站首席工程师、苏联国家计划局水电顾问工程师。1930年加入法国共产党。1938年随父亲回国,到重庆参加抗战建设,任长寿水电工程处工程师兼工务长,主持多个水电站的设计与建设;设计并监制了国内最大的1000匹马力水轮机组及多台水电机组,为我国电力工业和电机制造工业的发展做出了创造性的

1937年11月,吴震寰(左)与父亲吴玉章(右)摄于法国

重大贡献。他被誉为中国水电元老、中国水轮机设计第一人。2006年,被评选为重庆"百年电力十大人物"之一。2019年9月1日,是他被特务谋害70周年;12月9日,是他赴法勤工俭学100周年,我们深情怀念这位忠诚的共产主义战士和杰出的技术专家。

"五四"时期保定学生运动领袖

吴震寰(1901—1949),原名吴大瀛,字宗陵,1901年出生在四川省荣县双石桥乡。1903年2月,父亲吴玉章东渡日本留学,于1906年4月参加孙中山领导的同盟会,投身民主革命,母亲游丙莲含辛茹苦把他抚育成人。1910年,父亲从日本回国参加辛亥革命,1911年回到家乡,同年9月起相继在荣县和内江组织起义,宣布独立,建立由革命党人领导的地方政权。这时吴震寰已9岁,与父亲朝夕相处,得到父亲的亲切爱护和教育,父亲教导的"富贵不能淫,贫贱不能移,威武不能屈"和"先天下之忧而忧,后天下之乐而乐"等先贤名言他牢记在心,决心身体力行。父亲言传身教、潜移默化的教育,使他从小立下勤奋学习、报国为民的志向,养成良好的品德情操。

学生时期的吴震寰

1916年10月,吴玉章从法国回国,于次年2月在北京与蔡元培、李石曾等重建留法俭学会预备学校,组织青年到法国学习革命思想和先进科学技术,以图中国经济社会之发展。1917年5月27日,北京留法俭学会预备学校开学;保定育德中学的留法高等工艺预备班也建成并于8月招生。为使吴震寰掌握勤工俭学的知识和技能,以便出国深造,吴玉章写信要吴震寰到育德中学留法预备班学习。1917年8月,他到育德中学。在校期间,按照父亲的要求,吴震寰勤奋学习法语,了解法国国情;刻苦掌握钳工、车工、电工等基本工艺技能;关心国家大事,追求进步,积极投身学生运动,受到学生们的拥戴,成为学校和保定学生运动的主要领导。

保定育德中学高等工艺预备班旧址。1983年2月,中共中央批准在旧址建立"留法勤工俭学纪念馆"

1919年5月4日,北京爆发了五四运动,当天下午消息传到保定后,吴震寰和育德中学的进步师生首先罢课响应,上街宣传,张贴标语,散发传单,支持北京学生的正义要求和爱国行动。育德中学师生推举教师刘仙洲(后为清华大学副校长)和吴震寰作为师生代表去北京,向北京市学联表示支援,加强联系,学习经验。二人从北京回保定后,就分别组织成立了保定教师联合会和保定学生联合会,加强对运动的统一组织领导。5月22日,保定各大中学校学生代表在育德中学召开保定学生联合大会,发表了声援北京学生的宣言,选举吴震寰为将在上海举行的第一次全国学生代表大会代表。5月25日,在吴震寰为主席的保定市学联的组织领导下,全市大中学校学生举行总罢课,发表宣言,声讨日本帝国主义对我国的野蛮侵略和北洋军阀政府高官曹汝霖、陆宗舆、章宗祥的卖国行为;要求北洋军阀政府拒绝在"和约"上签字,严惩三个亲日派卖国贼,挽留北京大学校长蔡元培等爱国人士。全国轰轰烈烈的抗议,迫使北洋军阀政府罢免了曹、陆、章等3个卖国贼,拒绝在"和约"上签字,五四运动胜利结束。此间,他作为保定的学生代表还去上海出席了第一次全国学生代表大会,参与讨论研究如何推进全国学生运动的发展。

享誉法国和苏联的水电专家

1919年10月中旬,吴震寰与保定留法预备班的同学15人,从保定去上海。10月31日,吴震寰与李维汉、李富春等150位各地同学从上海乘法国"宝勒茄"号轮船去法国勤工俭学,12月9日抵法国马赛。出国前,吴震寰怀着科学救国理想,志愿报考"里昂大学机械系"。到法国后,才知道里昂大学等综合大学只设文、医、理、法等系科,而无工科。要学工科,只能报考高等专门学校。吴震寰1920年考取恩鲁布尔电科专门学校学习,同时在格勒诺布尔电机厂勤工俭学。1924年毕业后,在一家电机厂任工程师,从事电机设计工作。

1923年10月,在格勒诺布尔大学城勤工俭学学生合影,二排右五为吴震寰

1927年,蒋介石发动"4·12政变",他担心父母的安危,遂回家乡看望母亲。同年冬,他再次去法国,又就读格勒诺布尔电气专门学校的电力工程专业,仍在电机厂勤工俭学。两所学校的理论学习和长达10年的工厂生产实践使他成为精通电力和电机工程、动手能力很强的专家。1930年毕业后,他在法德边界的斯错斯博格水电站任首席工程师,负责电站生产技术工作。在法国期间,他在这个共产主义运动蓬勃发展的国度,受到教育和影响,认真学习马克思主义理论,投身革命活动,于1930年加入法国共产党。

　　1927年8月,父亲吴玉章参加南昌起义任中央革命委员会秘书长,起义失败后,于同年10月被迫流亡海外,1927年11月到苏联,先后在莫斯科中山大学等大学从事革命教育和研究著述工作。吴震寰在后来得知父亲去苏联后,立即与父亲取得联系。1934年初到莫斯科,吴震寰拟应邀到苏联国家计划局工作。但吴玉章不同意,要他去马列主义训练班学习。莫斯科职工国际东方部中共党员杨松向吴玉章劝说:"吴震寰是专家,让他多做一些研究,取得经验,以便将来回国做我们的建设人才。"吴玉章这才答应了。于是吴震寰到苏联国家计划局任水电顾问工程师,4年间参加苏联最大的第聂伯河水电站的设计与建设,为苏联社会主义建设做出了贡献,得到苏联的赞誉。他到苏联后,要求把党组织关系从法国转到苏联,由于交通和联系不便等原因,他的正式党组织关系一直未转到苏联。

　　1937年抗日战争爆发后,吴震寰于同年11月随父亲吴玉章离开苏联去法国,利用他通晓法国、英国语言和国情之长,全力协助父亲在两国大力开展反对日本帝国主义侵略的国际宣传活动。他揭露日本侵略者的罪行,呼吁各国人民支援中国的抗日战争,在欧洲各国中树立了中国人民不畏强暴、敢于斗争的形象,得到各国对中国抗日民族解放战争的广泛同情和支持,推动了抗日战争的发展。

我国首个梯级水电站的开创者

　　1938年3月,吴震寰同父亲从巴黎乘火车经马赛坐海轮归国,4月24日乘飞机到武汉。他立即向在武汉的中共中央长江局报告,要求参加党组织生活。但时任中共中央长江局书记的王明认为：吴震寰是一个工程技术人员，不正式参加组织生活更好活动一些。所以未恢复他的党组织关系。但他始终以共产党员的标准严格要求自己，默默地为党工作，为大后方的电力生产建设和电机制造工业努力做出贡献。

同年6月20日，他和父亲回故乡荣县，看望母亲和姐姐。

这时，在中国共产党的积极努力下，抗日民族统一战线已建立，国共两党实现了第二次合作。为了抗战建设的需要，经周恩来为书记的中共中央南方局同意，吴震寰应国民政府资源委员会聘请，担任四川省长寿县（今重庆市长寿区）龙溪河水力发电工程处工程师兼工务长。开发建设了我国第一个梯级水电站——龙溪河水电工程。

1938年8月，他负责长寿桃花溪水电站的建设。那时，水电设备都从国外订购。由于日本侵占了我国沿海地区，实行封锁，从美国公司进口的设备需从法国占领的

1938年3月，吴震寰（前排左一）与父亲吴玉章（前排右二）从法国马赛乘船回国

1938年6月，吴震寰（后排右）与父亲吴玉章（前排中）、母亲游丙莲（前排右）、姐吴春兰（前排左）在荣县家中合影

越南海防港转运。他主动承担了去海防港转运设备回国的任务。海防到重庆路途遥远，加之日机轰炸，要将大批笨重设备运送回国，困难重重。他充分发挥通晓法语的优势，千方百计，不辞劳苦，克服困难，将设备从越南经滇越铁路运至昆明，再用汽车经云、贵、川三省的崇山峻岭，在1940年9月运回长寿水电站工地。设备运到后，他立即指挥工程处职工抓紧安装，由于他安排科学，指挥得当，管理要求严格，只用半年时间，于1941年3月，将装机共876千瓦的3台水轮发电机组高质量地安装完毕。这是当时长寿和重庆地区最大的水电站，为长寿地区提供了急需的电力。

1939年10月，长寿县龙溪河下硐水电站正式开工建设，电站的4台720千瓦水轮发电机组是从英国和美国公司订货的，那时越南也被日本侵占，水轮发电机组滞留海防港，无法转运回国，水电站面临停建的危险。面对困难，吴震寰毅然主张自力更生制造水轮发电机组，并主动挑起水轮机组的设计、制造任务。工程处接受了他的意见，利用一台闲置的1940千伏·安变频机，改制成一台1550千瓦发电机；吴震寰亲自动手设计两台1000马力的水轮机，交由重庆民生机器厂制造，他还亲临生产现场指导、监制，以保证水轮机的制造质量；设备造好后，指挥工人抓紧安装。1943年12月，由两台1000匹马力的水轮机和1台1550千瓦的发电机组成的下硐水电站第一台卧式水轮发电机组试运行成功。这是当时我国自行设计、制造的容量最大的水轮机组。这在我国水轮机设计、制造和水电建设史上都是具有开创性的重大贡献，作为重要科技成果被记入《中国科技发展史》，他被称为"中国现代水轮机设计第一人"。

上硐水电站是龙溪河梯级水电工程的第二个梯级，原设计方案，建设1台1万千瓦水轮发电机组。吴震寰经过勘测，掌握了该梯级在洪水和枯水期间来水量变化大的特点，认为原设计方案会造成机组运行不稳，水能利用效率不高。建议将该水电站设计改为安装1台7500千瓦机组和1台3000千瓦机组；并将原设计圆筒形地下式厂房，改为椭圆形半地下式厂房，减少施工时间和工程费用。大家都赞同他的修改方案，1946年上硐工程开建时，即按他的方案施工。这是吴震寰对龙溪河梯级水电开发的又一重要贡献。

1940年，吴震寰与蔡乐毅结婚，此时，吴玉章在延安工作，不能来渝，特请南方局书记周恩来、南方局妇委书记邓颖超，主持吴震寰在重庆附近璧山县丁家坳举行的婚礼。周恩来对吴表示亲切的祝贺和关怀，并对他的工作给予鼓励和指示。

民族电机工业的开拓者

1940年5月，由张光斗主建的万县（今重庆万州）鲸鱼口、仙女洞水电站，因日军封锁外购美国设备无法运到。吴又为两个电站分别设计了220匹马力水轮机一套和160千瓦水轮发电机组一套，解决无设备可装之难，使电站顺利建成，为万县地区抗战建设做出贡献。

1943年1月,由爱国民族实业家卢作孚发起,集资建设北碚高坑岩水电站,吴震寰负责水电站的设计与施工。电站没有设备,他亲自动手设计240马力水轮机2台和160千瓦发电机2台,由重庆民生机器厂和华生电器厂制造。设备造好后,吴主持设备安装。两台机组先后于

吴震寰负责建设的桃花溪电站设备(1941年8月发电)

1945年1月和5月投产发电,满足了北碚用电需求。这是当时完全由我国自主设计和制造设备的一个水电站,容量虽不大但具有开创性意义。

1944年春,吴震寰应爱国民主人士夏仲实之请,到四川省江津县(今重庆江津区)白沙镇筹建高洞水电站。他两次到现场查勘,提出了方案。同年4月,白沙水力发电股份公司将该电站的勘测设计和施工包给龙溪河水电工程处。他负责勘测设计,缺乏设备,他设计两台150马力水轮机和两台120千瓦发电机,由龙溪河水电工程处修理所和华生电器厂制造。工程于1946年2

吴震寰设计水轮机组并负责的下硐水电站设备(1944年1月发电)

月投产,向白沙镇供电,缓解了当地用电紧张的局面。重庆《新华日报》等几家报纸报道了水电站建成的消息,到电站参观的人数众多,轰动一时,都称赞这个我国自主设计建设和制造设备的水电站。

吴震寰还被聘任为昆明中央机器厂技术顾问,主持设计了一批水轮发电机组,有力推进了我国民族电机工业的发展,促进了大后方的电力建设。

利用身份　为党工作

吴震寰主持建设的多个水电站相继建成；他设计并监制的水轮发电机组在各水电站投入运行，在我国科技落后、民族工业薄弱的历史条件下，是十分突出的创造性重大贡献。他坚持自力更生，勇于打破敌人封锁，敢于创新开拓，全心全意为抗战建设服务的精神风貌；他渊博的知识，精湛的技术，严谨认真、艰苦奋斗的工作态度和作风，受到重庆和大后方的电力同行、电机制造企业的交口称誉，得到工程技术人员和工人的信任、拥戴。吴震寰没有辜负中共中央南方局和周恩来的关怀和期待。

吴震寰设计水电机组并主持建设的高坑岩水电站厂房（1945年5月发电）

吴震寰是技术专家，又是革命者。作为长寿水电工程处的工程师，薪酬较高，但一直烟酒不沾，保持清廉，经常将省下来的钱资助生活困难的同志和老工人。他虽未参加党组织生活，仍经常摆脱特务的监视，去南方局汇报，听取党的指示，利用自己工作的有利条件，努力为党工作。1941年"皖南事变"后，南方局在安排党员转移遇到困难时，常把所转移的党员直接派去找吴震寰，他总是想方设法为他们介绍安排工作，帮助他们隐蔽下来；或者帮助他们易服改装，资助路费，由自己或妻子护送，安全转移至外地，努力保护党内同志。

吴震寰十分热爱水电事业，不仅为之辛勤奋斗一生，还经常宣传开发建设水电强国富民，以激励他人。据《李鹏回忆录：1928—1983》：1939年夏天，李鹏曾在吴玉章家与吴震寰朝夕相处，听吴"讲了许多水力发电知识"，"非常感兴趣"，以至于后来水电成为他"终身倾注的专业"。

关爱工人的好厂长

1945年5月,国民政府资源委员会在长寿组建全国水力发电工程总处(次年9月迁南京),吴震寰仍任工程师。在此期间,他对全国水电资源及水电站址等做了考察研究,积累了技术资料。但因他是中共领导人的儿子,国民政府领导对他不信任,重要工程不让他参加,他难以施展才能,十分苦闷。

1947年6月,四川省建设厅厅长、爱国民主人士胡子昂去南京国民政府资源委员会办事,胡在重庆时就和吴有过交往,十分赏识他的人品和才华。得知他的处境后,便商定以四川省建设厅的名义聘请他担任

吴震寰担任工程协理的都江电厂发电设备(1948年)

国民政府资源委员会和四川省政府合办的都江电厂工程协理(生产副厂长),负责全厂生产技术管理工作。1947年9月,他从南京回到四川灌县(今都江堰市)的都江电厂上任。都江电厂位于灌县蒲阳镇(今蒲阳街道),1947年7月动工建设,装设一台美国制造的2000千瓦机组,建33千伏输电线路送电至成都,是成都主力电厂之一。他到任时,电厂刚开工不久。他积极参与电厂建设的全过程,保证工程建设质量;同时,积极做好生产准备工作。确保电厂于1948年6月,按计划建成发电。那时,国民党政府发动内战,经济每况愈下,物价飞涨,电厂投产后电力用户和用电量日益减少,电厂生产困难重重,职工思想情绪波动。面临困境,他日夜操劳,使电厂得以维持正常生产。为了保证职工生活,他要求电厂财务部门每月收到电费后,首先留够职工薪金,不许挪用;他组织全厂工人开垦厂区内空地,种菜自用,补贴生活开支不足。

1949年3月,电厂工人为争生活的温饱,抗议厂方拖欠工资,在中共地下党组织的领导下举行罢工。罢工后厂方迟迟未予答复,工人们产生急躁情绪,准备去成都向四川省政府开展请愿斗争。他根据当时形势分析,认为解放战争已取得决定性胜利,国民党军队大举败逃,敌人灭亡前夕丧心病狂,如果工人们去成都采取激烈行动,会遭到国民党政府武力镇压,造成重大伤亡。于是满怀深情和

耐心地引导职工："东方已经发白,黑暗即将过去,斗争要讲策略……"广大职工对他十分信任,听从了他的劝告,使事态没有扩大,继续坚持厂内罢工斗争,终于在罢工半个月后取得了胜利,避免了一场流血惨案。

吴震寰还投身于岷江水电资源的开发,完成灌县白沙水电工程的设计。

在灌县期间,他十分关心国家的前途命运,密切关注解放战争的进展,深深怀念解放区的父亲。他偷偷收听解放区广播,从报纸的字里行间了解有关信息。1948年8月,华北大学在河北正定成立,吴玉章被毛泽东主席任命为校长。同年12月30日是吴玉章七十寿辰。华北大学为他举行祝寿大会,中共中央发来热情的祝贺信。吴震寰当日都沉浸在对父亲的怀念和祝福中,深夜从电波中得知父亲七十寿辰庆祝大会的消息后,更是无限激动。次日,他就告诉妻子蔡乐毅："我昨夜收听了短波,父亲现在是华北大学的校长,解放区隆重庆祝他的七十大寿。以后,如果我有什么意外,你就带着孩子奔老人家那儿去吧!"

特务谋害　英年早逝

吴震寰长期辛勤工作,积劳成疾,患有肝病,饱受折磨。1949年1月,北平(北京)解放,新中国即将成立。他欣喜若狂,希望尽快治好肝病,轻装上阵,全身心地投入新中国的经济建设,于是抓紧时间去成都诊病治疗。1949年8月,他到成都的最好医院——华西医院住院治疗。谁知却给早就蓄意谋害他的国民党特务以可乘之机,在他动手术过程中,下了毒手,于9月1日被谋害致死,未能亲眼见到他日夜盼望的新中国的成立。年仅48岁,正是壮年,令人痛惜。

吴玉章对自己的独子被敌人谋杀无限悲愤。他在1960年2月1日给孙女吴本立、孙子吴本渊的信中沉痛地写道："国民党人知道他(吴震寰)是我的儿子,久已蓄意害他。一九四九年北京解放后,他很高兴,想把他的病医好后更好地为人民政府工作,就在成都华西医院去动手术,两次开刀都延长到三四个钟头,终于把他害死了。多少人听到这种以人命为儿戏的医法,都认为是特务杀人的行为,但中了敌人的奸计,也无法追究了。"(《中共元勋家书品读》)

都江电厂广大职工对他的逝世十分悲痛,自发地组织隆重的追悼会,用大量挽联、祭文、顺口溜等多种形式,表达了全厂职工的深情哀悼和无限怀念。全厂职工还自愿捐出三天的薪金,购买铜300斤,铸造了一口直径400毫米的铜钟,钟上铸刻有"响入云霄,唤醒同仁"8个大字,这个铜钟作为电厂上下班敲钟用,钟声激发起人们对这位爱国爱民的电力专家真诚正直、洁身自好、严格认真、勤劳善良的高尚品格和全心全意为国家、为人民服务精神的无限怀念。

2006年,在重庆有电100周年纪念活动中,重庆市民和电力职工没有忘记这位在我国电力和电机制造工业中做出开创性贡献的共产主义战士和优秀电力专家,一致评选他为"百年电力十大名人"之一。

(原载《红岩春秋》2020年第6期)

从重庆走向全国的水电专家黄育贤

电力专家黄育贤

黄育贤是我国著名水电专家,一级工程师,我国水电工程建设的开创者和领导人。早年毕业于美国加利福尼亚理工学院和康奈尔大学,获硕士学位。毕业后在美国两家公司任设计工程师。1934年回国后一直从事水力发电的勘测、设计、建设和水电厂的领导管理工作。组织领导了我国首次长江上游及其支流水力资源的勘测,开创了我国第一个全流域梯级水电站——长寿龙溪河梯级水电站的建设,任长寿水电厂首任厂长。1945年5月,在长寿我国第一个全国性的水电工程建设领导机构——国民政府资源委员会全国水力发电工程总处任处长。新中国成立后,历任中央人民政府燃料工业部水电工程局局长、电力工业部和水利电力部水电建设总局总工程师等领导职务。对重庆、四川和全国的水电开发建设,做出了开创性的重大贡献。2006年,在重庆"纪念有电100周年"庆祝活动中,他被广大市民和电力职工评为"百年电力十大人物"之一。

领导勘测长江水电资源

黄育贤(1902—1990),生于1902年8月,江西崇仁县人。1916年经江西省推荐,考入清华学堂(清华大学前身)。在学期间,他勤奋好学,品学兼优,关心国家大事。1919年五四运动的第二天,他与同学梅汝璈(后来成为法学家)用红墨水在校园粉墙上书写"血书",强烈抗议日本帝国主义的野蛮侵略,坚决反对北洋军阀政府丧权辱国的卖国行径。他还几次组织同学进城游行,虽均被军警强挡在城外,但充分表现了青年学子的满腔爱国热情。

黄育贤1924年从清华学堂毕业,考取美国公费留学,入美国加利福尼亚理工学院土木工程系学习,1926年毕业。同年又入美国康奈尔大学研究院,1929年毕业,获土木工程硕士学位。1929—1933年,任美国纽约州第三工务所和波托顾问工程公司设计工程师,从事土木工程设计、建设。

1934年,为报效祖国,黄育贤从美国回国,到南京担任国民政府资源委员会专员、专门委员,开始从事水电开发建设工作。

1935年4月,资源委员会为适应四川和西南经济建设与发展的需要,委派黄育贤率领全国水力勘测队,到四川勘测长江水力发电资源。这是我国西南地区和长江上游第一次大规模的水力勘测,勘测范围包括川西、川东及西康部分地区,遍及长江上游和岷江、大渡河、青衣江、马边河、龙溪河、大洪河、桃花溪、嘉陵江等众多支流。这些河流大多在崇山峻岭、峡谷之中,交通不便,多靠骑马和步行踏勘,风餐雨露,十分辛苦。黄育贤带领队员不怕艰险,认真勘测,详细搜集记录,绘制草图。历时半年,才完成勘测任务。

黄育贤领导勘测的大渡河上水电站坝址之一

勘测后回到南京,黄育贤立即组织整理、分析技术资料,写出详尽的勘测报告。报告认为长江上游及其各支流水力资源丰富,均有开发价值,提出了在这些河流上建设水电站的初步规划。报告特别提出长寿县长江支流龙溪河水力资源丰富,且靠近全国军事重镇、西南经济中心和交通枢纽的重庆,开发效益良好,开发尤为迫切。建议在龙溪河的狮子滩建设水库,在上清渊洞(上硐)、回龙寨、下清渊洞(下硐)建设水电站,可开发水能资源5.2万马力,架50千米输电线路向重庆供电。

这次勘测所取得的第一手技术资料和初步规划,为以后长江上游及其支流,尤其是龙溪河的水力资源的开发利用,奠定了良好基础,起到了有力的促进作用。今天当长江上游和各支流上水电明珠已经星罗棋布,为我们带来巨大的绿色环保电力的时候,我们不应忘记黄育贤率领的水电勘测队所做的开创性重大贡献。

这个经资源委员会核准的勘测报告认为,对龙溪河有进一步详细勘测之必要。1937年1月,黄育贤又奉命率领龙溪河勘测队,对龙溪河水力资源进行调查勘测;同时,协调中央地质调查所委派的地质专家熊永先进行地质调查。在狮子滩袁家坪和上游高硐设水文观测站,搜集水文资料,进行地形、地质的勘测。经过半年的详细调查勘测,同年7月黄育贤提出了在龙溪河下游的狮子滩、上硐、回龙寨、下硐等处建水电站,并在狮子滩建水库的"四级水电开发方案",上报资源委员会审核。这个方案是龙溪河梯级水电工程的第一个"开发方案"。

黄育贤在这次水力勘测中,深深感到长江上游及各支流均没有水文监测站,缺乏水文资料,不仅给水电勘测、规划设计和建设带来困难,而且会严重影响水利灌溉、航运和防洪工作。为此,他特提出"拟请四川省建设厅设立水文监测站的计划书",资源委员会审核同意后,于1936年1月,函请四川省建设厅"参照办理",由此开创了上游水文站的建设和水文资料的监测工作,他又为我国水利水电事业立了大功。

除上述勘测外,1939年4月,黄育贤还应万县电厂厂长童舒培的邀请,踏勘万县的磨刀溪、瀼渡河的水力资源。勘测后写出报告,建议开发瀼渡河水力资源,建设四级水电站。该报告经资源委员会批准,于次年5月成立资源委员会瀼渡河水力发电工程处,着手瀼渡河梯级电站的开发建设,为万县的水电开发建设做出了贡献。

开发建设长寿梯级水电站

1937年7月,资源委员会审核了黄育贤提出的龙溪河"四级水电开发方案",认为该方案可行。决定成立龙溪河水力发电厂筹备处,隶属资源委员会,任命黄育贤任主任,进行水电厂的筹建工作。

1937年7月至1938年6月,筹备处进行水电厂的规划设计。拟定四级电站的装机容量为狮子滩1.5万千瓦,上硐1万千瓦,回龙寨0.6万千瓦,下硐3.3万千瓦,共6.4万千瓦;此外,桃花溪电站876千瓦。

1938年6月,资源委员会龙溪河水力发电工程处正式成立,黄育贤任处长,留美归国的水利水电工程专家张光斗任设计工程师,留法归国的电力专家吴震寰任工程师兼工务长。工程处聚集了当时国内水电专业的技术精英。工程处成立后继续进行规划、钻探,拟订全面设计方案,并聘请美国古柏公司为工程顾问,请他们派出工程师来重庆共同审查设计方案。

龙溪河水电工程处负责建设的桃花溪水电站发电设施(1941年8月发电)

由于当时正值抗战时期,建设资金和设备、材料均缺乏,龙溪河梯级水电工程一时无法动工。黄育贤建议改为先建长寿县另一长江支流桃花溪上装机容量较小、离县城最近的水电站。经资源委员会批准,1938年11月,桃花溪水电站动工兴建,工程由龙溪河水力发电工程处张光斗设计、吴震寰负责建设。那时我国尚不能制造水电机组,该电站的3套水轮发电机组,分别向美国古柏公司和西屋公司订购。由于当时日本已侵占了我国沿海地区,实行海运封锁,因此这些设备需从法国占领的越南海防港转运。面对此困难,黄育贤决定委任精通法语、熟悉法方事务、便于交涉的电力专家吴震寰去海防转运设备。吴震寰到海防办好转运手续,立即风雨兼程,不畏艰险劳苦,克服

桃花溪水电站厂房

重重困难,经过铁路、公路,穿越越南和云、贵、川三省的崇山峻岭、荒漠峡谷,终于在1940年9月将大批笨重设备完整运回水电站工地。此次设备的艰难转运,不仅展现了吴震寰这位爱国专家的爱国精神、坚毅意志和组织才能,也体现了黄育贤这位领导知人善任的品格和管理才能。设备运到后,黄育贤和工务长吴震寰立即组织设备安装,仅用半年时间,于1941年3月,将3台装机容量共876千瓦的水轮发电机组安装完毕。并架设6.6千伏的输电线路4条,共23千米,低压配电线路9千米,于1941年8月向长寿县城用户供电,用户558户,月售电量25万余千瓦·时,使长寿县城有了可靠的电源,促进了县城工商业的发展。

鉴于当时水电建设中困难较多,为使工程尽快投运,支持大后方的抗战建设,黄育贤和工程处的专家研究,本着先易后难的原则,建议改变龙溪河"四级开发"规划中从上游到下游逐级开发的建设顺序,改为先建地处下游、离县城最近、交通较方便、

龙溪河水电工程处负责建设的下硐水电站一期工程（1944年1月发电）

便于施工的下硐水电站。1939年3月,资源委员会同意他们的建议,批准兴建下硐一期工程。经过施工准备,于同年10月动工兴建,由张光斗设计,吴震寰负责工程建设。电站4台720千瓦水轮发电机组是从英国和美国公司订购的,那时越南已被日本侵占,设备滞留越南海防港,无法转运回国,水电站面临停建的危险。面对困难,黄育贤接受吴震寰自力更生制造水轮发电机组的建议,果断决定由吴震寰负责设计两台1000马力的水轮机组,交由重庆民生机器厂制作,吴还亲临现场指导、监制,以保证质量;由昆明中央机器厂工程师朱仁堪,将一台闲置的1940千伏·安变频机改制成1台1550千瓦的发电机。设备造好后,立即组织安装。1943年12月,由两台1000匹马力的水轮机和一台1550千瓦的发电机组成的下硐水电站第一台卧轴式水轮发电机组建成,1944年1月正式发电。这是当时我国自行设计、制造的容量最大的水轮机组。投运后多年的生产实践证明,机组设计、制造质量优良,在当时我国科技落后,民族工业薄弱的历史条件下,这是十分突出的创造性重大贡献。在抗日战争的艰苦岁月里,大长了中国人民的志

气,激励了全国上下抗日救亡的斗志。

下硐电站一期工程投产后,长寿两个水电站的装机容量增至2426千瓦,为当时大后方水电装机容量最大的水电厂,供电能力大增。因水电价格低廉,内地工厂纷纷迁至长寿,推动了长寿经济的迅速发展,有力地支持了抗战事业。

除上述工程外,黄育贤领导的龙溪河水力发电工程处还先后设计建成了北碚高坑岩水电站(420千瓦)、江津白沙水电站(240千瓦)等,为重庆和川东的水电开发建设做出了贡献。

为加强水电站的管理,1941年1月1日,经资源委员会批准,成立龙溪河水力发电工程处长寿分厂,管理供施工用的煤气发电站和即将投产的桃花溪水电站。黄育贤兼任分厂主任。1946年1月,长寿分厂更名为龙溪河电厂(后改名为长寿电厂),与工程处分开,独立设置,直属资源委员会,黄育贤兼任独立设置后的首任厂长。在任分厂主任和厂长期间,他健全了发电、供电等生产部门和经营管理部门,建立完善了生产技术和经营规章制度,加强人员的培训和合理调配,精心经营管理,保证了生产的安全和可靠供电。

主持全国水力发电建设

1945年5月,国民政府资源委员会将龙溪河水电工程处、瀼渡河水电工程处、大渡河水电工程处、全国水电勘测处等单位合并,在长寿成立全国水力发电工程总处(1946年9月迁至南京)。黄育贤任总处处长,美国专家柯登任总工程师,张光斗任总工程师助理,负责全国水电工程建设的领导管理。这是我国第一个全国性的水电工程领导管理机构。

全国水电工程总处成立后的首要任务是筹建"全国水电第一优先项目"——三峡水电工程。

三峡工程是中国人民的美丽梦想,早在1932年10月,国民政府建设委员会简任技正(副总工程师)恽震等5位专家,就组织开展了长江三峡第一次水电开发科学考察,并写出了《扬子江上游水电勘测报告》,所选的黄陵庙、三斗坪坝址有参考价值。

1944年5月,经张光斗建议,国民政府资源委员会邀请美国大坝专家萨凡奇

来重庆勘察西南地区水电资源。同年9月中旬,去宜昌西陵峡进行10天的勘察。回长寿龙溪河水电工程处后,写出《扬子江三峡计划初步报告》,提出在宜昌上游5~15千米处的南津关至石碑间,建225米高的混凝土重力坝,安装发电机容量共1056万千瓦。此报告经美国政府向新闻界透露后,在国际社会引起轰动,在国内也形成"三峡热"。

国民政府接受了萨凡奇的计划,成立了全国水电工程总处,作为三峡工程和全国水电工程的领导管理机构,开始三峡工程的筹建。

1945年8月,设立三峡勘测处,直属全国水电工程总处,负责三峡坝区的测量钻探工作。

1946年3月26日,萨凡奇再次应邀到重庆,商讨三峡工程的设计事宜。3月29日,到长寿全国水电工程总处访问,审阅了修改后的龙溪河梯级开发方案,对三峡工程的航空测量、地形测量、地质钻探和资料搜集提出了指导意见。4月3日,黄育贤亲自陪同萨凡奇乘重庆民生公司的"民武"号轮船赴宜昌。民生公司对此十分重视,专派二位西餐厨师随船照料,该船经理让出经理室供黄、萨二人使用。6日抵宜昌,当日下午即乘小汽轮赴南津关一带视察第四坝址地形、地质情况。4月7日,又溯江而上至石碑视察第一坝址地形、地质情况,进一步确定三峡坝址。黄育贤还将此次复勘情况,写成《陪同萨凡奇复勘三峡水力发电计划的报告》,呈报国民政府资源委员会副主任委员钱昌照。

萨凡奇二次考察后,筹建工作加快了步伐。1946年4月,国民政府资源委员会与美国国家垦务局签订合约,由中美专家合作设计三峡工程。1946年6月起开始进行三峡工程设计,由美国垦务局主持,资源委员会和水电工程总处先后派出黄育贤、张光斗等54位专家,参加水文组、泥沙组、大坝组、电力组、机械组的有关试验、研究、规划、设计工作。同时,水电工程总处指派张光斗和美国莫里森公司谈判,委托该公司负责坝址钻探工作,该公司派出20名技工和8台钻机开始三峡钻探。

同年,水电工程总处与扬子江水利委员会、国民政府经济研究所、中央地质调查所合作进行勘测调查,写出《三峡水库勘察报告》《三峡库区经济调查报告》《宜昌三峡地质报告》,为三峡水电工程开发建设提供了基础资料。

1947年5月后,因国内局势变化,金融危机爆发,国民政府决定停止三峡工程筹建工作,来华的美国专家从8月起分批回国,钻探工作也停止。已完成的部分工程计划资料和设计图纸交水电工程总处保存。重庆解放后交人民政府主管部门,为以后三峡工程建设提供了参考资料。

全国水电工程总处成立后,黄育贤先后组建了川西、云南、兰州、华中、钱塘江、渝江等水电勘测处(队)和上硐、修文、古田溪等水电工程处;组织查勘了福建、浙江的水电资源;对湖南、甘肃、四川、浙江、云南、广东的一批水电站,进行勘测,提出开发设想;修建贵州修文水电站;筹建福建古田溪水电站等,逐步扩展了水电工程建设和前期工作。

长寿龙溪河水电开发工程,继续受到黄育贤和水电工程总处的重视。1945年8月,水电工程总处委派工程师张荟煊,前往越南海防,运回因日本封锁而滞留在海防港的美国西屋公司720千瓦水轮发电机组2台,进行安装。扩建工程于1948年3月投产,使下硐电站装机容量达到2990千瓦,成为西部地区最大的水电站。1946年6月,动工建设

1948年3月扩建投产的下硐电站,容量2990千瓦,为当时我国西部最大的水电站

上硐电站,至1949年5月,因经费不足停建,3年间仅完成电站拦河坝及半地下式厂房土建工程量的30%。

1946年冬到1947年6月,黄育贤带队去吉林丰满,亲自兼任丰满水电工程处处长,研究大坝紧急抢修工作,提出检修方案,后因东北解放战争进展迅速,工程处撤走而未能实施。

1947年7月,黄育贤代表中国去伦敦,参加世界动力会议,向大会提交了一篇介绍中国水力发电资源的论文,这是中国第一次向世界公布水力资源总量的估测。文中还在地图上表述了西藏雅鲁藏布江大拐弯处,可望建设的世界最大水电站站址和发电出力的估测。

1949年南京解放前,黄育贤在其上级——国民政府经济部长兼资源委员会

主任委员孙越崎(解放后任全国政协常委,民革中央副主席)的组织领导下,拒绝去台湾,率领全国水力发电工程总处留守人员迎接解放,并将宝贵的水电资料秘密保存下来,交给人民政府,后去北京参加人民政府工作。

开创中国水电建设新局面

1949年10月后,黄育贤任燃料工业部计划司水电处处长,负责全国水电工程的计划、规划管理。1950年8月,燃料工业部水力发电工程局成立,黄育贤任局长,负责全国水电工程建设的领导管理。1953年4月,燃料工业部水力发电工程局扩大为水力发电建设总局,黄任总工程师,负责全国水电工程建设的技术领导。1955年7月、1958年2月,又相继担任电力工业部水力发电建设总局总工程师、水利电力部水利水电建设总局总工程师,直到退休。在这些水电建设领导岗位上,他认真贯彻党和国家关于电力工业建设的方针政策,尽心尽责,精细管理,坚持安全和质量第一,努力提高工程的效益,节省建设资金;先后组织领导建设了一大批水电站,为新中国电力建设做出了重大贡献。

1950年8月9日,他参与筹备组织召开了第一次全国水力发电工程会议,会议宣布正式成立了由他任局长的燃料工业部水力发电工程局,确定了全国水电工程建设的方针政策、工作任务和措施。此后,他按照会议的要求,逐步健全了全国水电工程局机关的机构;筹备组建了全国水电勘测、钻探、规划设计总队(院)及各地区、流域的水电工程局(处)、勘测设计院;与全国高校合作培训了大批电机、机械、土木工程师等技术人才;建设全国物资供应系统,统一调配全国水电建设的设备、物资材料;组织制定全国水电建设的规程、技术标准。这些开创性的工作,为以后大规模的水电建设的开展,奠定了坚实、良好的基础。

1950年,燃料工业部水电工程局协同水利部开展了第一次全国水力资源量的调查统计;1955年,电力工业部水电建设总局又组织了第二次全国水力资源量的调查统计,从而准确掌握了全国水力资源总量,为规划建设全国水力发电工程,提供了可靠的技术资料。在两次调查统计的基础上,水电建设总局制定了《水力资源普查暂行规定》,使普查工作有章可循,更加科学准确。

从1949年10月到1965年的16年间,黄育贤任领导的全国水电工程局和水电建设总局,在全国各条江河上,先后新建、扩建、改建了数十座大中型水电站,新增装机容量286.88万千瓦,为1949年水电装机容量(16.3万千瓦)的17.6倍,为新中国提供了清洁、价廉的能源。

作为从重庆起步走向全国的水电建设领导人和权威专家,黄育贤对当年亲自组织勘测、规划、设计、建设的长寿梯级水电工程建设,一直十分关注、重视。1950年8月,龙溪河梯级水电被列入《第一次全国水电工程会议决议》中的《中国水力发电第一期工程计划》;1953年又被列入《第一个国民经济发展五年计划》水电工程项目。1950年,水电工程局将上硐水电工程处、贵州修文水电工程处和川西勘测处合并,在长寿成立西南水电工程处;1954年1月,水电建设总局又将该处扩建为狮子滩水电工程局,负责龙溪河水电工程的全面开发建设。水力发电建设总局还将总局勘测处副处长李鄂鼎调任工程局总工程师,从全国各地调入大批专家、技术人员和职工,支援龙溪河水电建设。1953年,总局指派北京水电勘测设计院对工程进行全面勘测、规划、设计。在水电建设总局的领导支持和全国各地支持下,龙溪河水电开发工程于1959年5月全面建成,其中狮子滩电站4.8万千瓦,上硐电站1.05万千瓦,回龙寨电站1.6万千瓦,下硐电站3万千瓦,总计10.45万千瓦。这是我国第一个全流域梯级水电综合开发工程,具有开创性、示范性的重要作用。周恩来总理评价这个工程:"为综合利用四川水力资源,树立榜样,为全面发展四川经济开辟道路。"黄育贤为这个工程费尽了心血,功不可没。

黄育贤还先后当选为第二、第三、第四、第五届全国政协委员,中国水利学会第一、第二届常务理事,中国水力发电工程学会第一届名誉理事,中国电机工程学会第二届理事。他努力投身参政议政以及水利水电科学技术的研究、交流和科技人才的开发培训工作。

黄育贤1990年去世,终年88岁,这位爱国专家为中国的水电建设和水利、水电科学技术的发展进步默默奉献了一生。

(原载《重庆电力》2013年第1期)

吴锡瀛：对重庆早期电力建设奉献突出的电力专家

吴锡瀛是我国著名电力专家，原水利电力部技术委员会委员，西南电业管理局总工程师，二级工程师，教授，九三学社社员。从20世纪30年代直到1978年去世，一直担任重庆、四川和西南电力工业主管部门总工程师，为电力工业的建设与发展做出重要贡献。2006年，他被评选为重庆"百年电力十大名人"之一。

主建重庆首个大型电厂

爱国电力专家吴锡瀛

吴锡瀛（1904—1978），四川省岳池县人，生于1904年2月28日，自幼勤奋好学，在家乡读完中学后，以优异成绩考入上海交通大学机械工程学院学习。1929年毕业后，担任江苏无锡戚野堰电厂工程师。1932年，任四川万县电气公司主任工程师，负责公司生产技术管理。

1932年9月，华西兴业公司在重庆成立，胡子昂任公司经理，为适应企业发展的需要，他从重庆、四川和外地聘请了一批有真才实学的工程技术人员。吴锡瀛就是胡子昂派人专程到万县聘请的，担任公司工程师，负责动力设备安装技术工作。他到任后，先后完成重庆宽仁医院等多家单位柴油发电机的安装和运行维护工作。

1932年前,重庆只有一家烛川电灯公司,仅有400千瓦的直流发电设备,设备陈旧老化,电压不稳,不能满足用电需求,且经营不善,负债累累,濒临破产,市民殷切盼望建设新电厂,改善电力供应。1932年11月,重庆市政府批准成立重庆市电力厂筹备处,市长潘文华兼任处长,银行家刘航琛任副处长,负责电厂筹建工作。筹建处决定将电厂的全部建设工程均交华西公司总承包。华西公司专门成立电力部负责电厂建设,吴锡瀛任电力部工程师。厂址选在重庆市区嘉陵江边水陆交通便利的大溪沟。向英国茂伟电机制造公司和美国奇异电气公司订购1000千瓦汽轮发电机组设备3套。工程于1933年4月动工建设,1934年7月20日竣工发电。电厂安装供电线路两条,分别向市区和江北地区供电,3套1000千瓦机组年发电量398万千瓦·时,为原烛川电灯公司年发电量的10倍以上。这是当时重庆和西南地区最大的火电厂,改善了重庆的电力供应,促进了经济和社会的发展。吴锡瀛作为电力部技术负责人,参与电厂全部建设工作,电厂投运后,又负责电厂发电和供电运行技术管理工作,为大溪沟电厂的建设、投运做出了重要贡献。

1934年7月建成的大溪沟电厂1000千瓦发电机组

1935年1月,重庆市政府明令,将重庆市电力厂筹备处与临时电力营业处合并组建商办重庆电力股份有限公司,潘文华任董事长,刘航琛任总经理,吴锡瀛任公司工程师兼电务组长,负责公司发供电技术管理。

为提高电力技术业务水平,更好适应电力技术发展的需要,1935年6月,吴锡瀛去英国留学进修,到英国茂伟电机制造公司大学毕业生训练班进修,并到曼彻斯特工业大学选修电气工程。通过专业理论进修和工厂生产实践锻炼,他成为一个精通电力和机械工程,发电供电的设计、安装、检修和运行管理等方面的专业理论水平和生产技能都较高的电力专家。

1937年"七七"事变爆发后,他毅然中断留学进修,回国参加抗战建设,并将重庆电力公司向英国茂伟电机制造公司订购的两套4500千瓦发电机组,同船运

回。回到重庆后，担任公司工程师兼工务科长、厂务主任，不久升任公司总工程师。两套4500千瓦机组扩建的土建工程仍由华西兴业公司承建，设备的安装则由电力公司自己负责。吴锡瀛对两套发电设备十分熟悉，主持设备的安装工作，他亲自到安装现场指挥和示范操作，解决技术难题，工程进展迅速。1938年2月，2套发电机组建成投产发电，使大溪沟电厂装机容量达到12000千瓦，增长3倍，成为西南最大火电厂。同时，吴锡瀛又主持公司供电网络的扩建。在大溪沟电厂扩建电压5.25/13.8千伏，变电容量共7000千伏安的升压变压器2台，增大电厂向外送电能力；先后建成电压13.8千伏、5.25千伏，变电容量共2725千伏安的玛瑙溪等4座供电分站（重庆最早的变电站）；建成13.8千伏线路24.6千米，5.25千伏线路56千米，分别向市区、江北、南岸、沙坪坝地区供电。1938年底，全市供电范围40平方千米，用户16557户，售电量1415万千瓦·时，并在江北、南岸、沙坪坝设立3个供电办事处（重庆最早的基层供电管理机构），初步建成重庆首个电网。重庆电力公司一跃成为全国一等电力事业单位，为发展重庆经济，支援全国抗战事业做出了重要贡献。吴锡瀛为重庆首个大型火电厂和首个电网的建设贡献突出，功不可没！

1938年的大溪沟电厂容量12000千瓦，为西南最大的火电厂

建设中的大溪沟到沙坪坝的13.8千伏线路（1937年）

确保重庆战时电力供应

1938年2月起,日本侵略飞机对重庆实施野蛮轰炸,电力设施大都暴露在外,每次轰炸必遭毁坏。面对敌人的残暴罪行,重庆电力公司全体员工机智勇敢,沉着应对,开展反轰炸保供电的英勇斗争。

按照重庆市防空委员会的要求,重庆电力公司组建了电力防护抢险抢修队。作为公司技术主管的吴锡瀛,组织制定了电力抢险抢修工作的组织和技术措施;确定抢险抢修原则;组织应急抢修训练,掌握快速抢修技能;准备应急抢修的工具、设备、物资,做好充分准备,使大轰炸下的电力抢修工作有准备、有秩序地高效进行,取得了反轰炸、抢修保供电斗争的节节胜利。如1940年8月19日,重庆市区80多条街巷被日军轰炸,190多条高低压线路毁损。轰炸警报刚除,电力抢修队的员工立即冒着生命危险,抓紧抢修,3小时内就修复了大部分线路,市区重见光明,受到广大市民和报刊的称赞。1941年6月12日,日军飞机对大溪沟电厂实施野蛮轰炸,该厂仅留的一套4500千瓦发电机组被炸坏,造成市区停电。紧急时刻,吴锡瀛亲自到电厂坐镇指挥抢修,电力抢修队和电厂员工共600多人,连续奋战三天三夜,终于修复被炸设备,立即发电向市区供电。

1941年6月15日,林森路(今解放东路)被炸,电杆倒在地上

1941年6月2日,七星岗被炸后,2名检修工人正在抢修电力线路

1938年以来,地处市区的大溪沟电厂常遭日军轰炸。为保护电厂发电设

备，减少轰炸造成的损失，重庆电力公司按照国民政府的要求，决定将大溪沟电厂的大部分发电设备迁建郊区，靠山进洞，隐蔽发电。吴锡瀛任拆迁工程总指挥，这比新建电厂更为困难繁杂。吴锡瀛勇于担责，不辞辛苦，亲自带队跋山涉水选厂址，到现场指挥指导迁建工作，使整个迁建工作按计划有序进行，质量良好。1939年6月，将大溪沟电厂2套1000千瓦发电机组，迁建于市郊弹子石新厂房，作为"应急电厂"，厂名重庆电力公司第二发电厂，8月9日，向南岸地区供电。1940年1月，又将大溪沟电厂1套1000千瓦机组 转让给江北的21兵工厂的自备电厂，既疏散隐蔽，又保证这家重庆最大兵工厂的用电。1940年起，又拆迁大溪沟电厂的1套4500千瓦发电机组，装设于市郊鹅公岩的山洞内，此次迁建工程十分艰巨。为保证安全，首先将机组设备全部拆下打包运上嘉陵江大溪沟码头的船上，再经嘉陵江运至离市区较远的长江鸡冠石一带隐蔽；山洞厂房建好后，再运至长江黄沙溪码头上岸运至山洞。由于设备庞大，配件、零件众多，无论拆卸、包装、运输、上下船都十分繁杂，又必须十分精细，否则一旦设备损坏或零件、配件丢失，机组将难以复原装竣发电。吴锡瀛亲自到现场指挥，与工人们一起干重活、难活，激发了工人们的热情，确保拆运工作进度快、安全稳妥。山洞厂房建设工程更为艰巨。第一兵工厂让出的两个山洞容量不足以用作厂房，必须扩大3倍（长100英尺，宽35英尺，高55英尺），当时没有施工机械，只能由石工在坚硬的岩石上开凿，又慢又苦，吴锡瀛组织能工巧匠，分班日夜开凿，终于建成洞内厂房，运回设备安装，于1942年4月建成发电，历时1年又10个月，为重庆电力公司第三发电厂。以两条线路分别向化龙桥、沙坪坝和李家沱工业区供电。这是当时全国最大的山洞电厂，是抗战时期一个重要的火电建设工程，工程质量良好，持续安全发电30多年。至此，大溪沟电厂仅留有4500千瓦发电机组一台向市区供电，改名重庆电力公司第一发电厂，吴又组织该厂用钢筋水泥加固厂房，在主要设备安装危急保护装置，以减

1942年建成的鹅公岩山洞电厂，是国内最大的山洞电厂

少敌机轰炸可能造成的损失。

随着沿江内迁企业和外来人口的增加,重庆用电量大幅增加。据1941年统计,兵工和大型民用企业的工业用电即达15100千瓦,加上生活照明用电,共需19000千瓦,而重庆电力公司三个电厂仅有发电能力11000千瓦,远远不能满足用电需求。对此,吴锡瀛亲自到大型企业说服动员各企业建自备电厂,并在技术上给予指导和帮助,有力推动了企业自备电厂建设,不仅满足了这些企业自身用电需求,减少了供电缺口;又可购买自备电厂多余电力,1941年后,每年就向多家兵工和民用企业购电3000~3500千瓦,满足用电需求。针对电力不足的状况,吴还按照"抗战第一"的原则,拟定了"保证国防用电,兼顾一般用户"的调度、供电原则,尽可能满足抗战建设用电需求。

由于采取上述措施,克服了日军轰炸造成的种种困难,确保在抗战时期没有因电力公司原因而造成的大停电,全市售电量还不断增长,从1936年的489万千瓦·时,增长到1944年的4897万千瓦·时,增长9倍,其中企业动力用电量更增加20.7倍。创造了第二次世界大战期间各国大都市在敌机大轰炸下售电量不降反升的世界奇迹。

重庆电力公司员工在大轰炸中临危不惧,英勇反轰炸、保供电的壮举,获得多家报刊的好评和重庆市政府的奖励。《新华日报》在1940年8月19日、8月20日高度赞扬:"英勇的电力工人仍是不避艰苦,警报解除后马上出动恢复被毁线路,炸后3小时内电灯即已恢复","全市重见光明。这是何等的大忠大勇精神!"《国民公报》1940年8月31日大力称赞:"重庆公用事业如电力厂及自来水厂虽迭遭敌寇轰炸,因为一切都早有准备,始终未能断绝供给。国防工业及各项生产事业的工作,因而未曾停顿;生产力毫不受其影响,不但未减少,反而有增加的趋势。"1940年5月29日和7月19日重庆市政府先后向重庆电力公司员工和电力抢修队颁发奖励慰劳费,奖励他们在大轰炸抢修中英勇不屈,力保供电的贡献。作为电力抢修队的技术负责人和电厂隐

抗战时期的重庆电力线路工人

蔽迁建工程的总指挥，吴锡瀛在反轰炸保供电斗争中的贡献，是不应被忘记的。

大力支持重庆民主运动

吴锡瀛是爱国民主人士，抗战以来，他大力支持抗日救亡活动和爱国民主运动。

1937年9月，重庆电力公司工程师兼业务科副长余克稷和华西兴业公司电力部职员、中共党员陈叔亮，发起组织抗日爱国剧团——怒吼剧社，大力组织抗日戏剧演出和抗日救亡活动。吴锡瀛虽未直接参与剧社活动，但大力支持他们的活动，在剧社演出场地的借用、演出专用电线的架设等方面都给予大力支持和帮助。

1939年夏天，重庆电力公司会计科簿记股长、中共党员刘德惠等发起成立重庆电力公司职员学术励进会，组织学习进步书刊，宣传中国共产党提出的全民抗战的主张。1940年上半年，被国民党中统特务以"赤化宣传"之嫌逮捕入狱。刘德惠在狱中坚守党的机密，拒不承认"赤化宣传"。吴锡瀛在公司上层中坚持认为宣传抗日救亡，是爱国行为，不能定为"赤化宣传"，主张由公司出面保释。由于刘德惠在狱中坚贞不屈，特务们也未抓住证据，终于在被囚禁了3个月后，由电力公司出面保释出狱。

抗战初期，吴锡瀛应南京内迁至重庆的金陵大学之聘兼任电机系教授；后又受重庆大学之聘兼任电机系教授，直到解放。他除为两校师生讲课外，还亲自组织指导学生到电厂和变电站实习，为重庆和全国培养了一批电力技术人才。抗战期间，许德珩、税西恒、谢立惠等教授、学者发起组织"民主科学座谈会"，以继承五四运动的民主与科学传统为宗旨，为坚持团结抗战和争取民主而努力。1945年9月3日，为纪念抗日战争和世界反西斯战争的胜利，更名为"九三座谈会"，次年成立爱国民主党派——九三学社。受税西恒、谢立惠等重庆大学教授的影响，吴锡瀛参加了座谈会活动，以后并成为九三学社重要成员，担任九三学社成都分社主任委员。

1945年2月20日，重庆电力公司业务科用电股工人胡世合在执行公务时，被国民党特务残暴枪杀。这一惨案激起了电力职工、全市工人和人民群众的义愤,一致要求严惩凶手,保障工人的人身安全。以周恩来为主的中共中央南方局,顺应民意,因势利导,领导发动了一场震惊全国的反特抗暴、争民主、争自由的群众运动,取得了斗争的完全胜利,有力推动了重庆和国统区民主运动的高涨,谱写了我国工人运动史的光辉篇章。在这场运动中,吴锡瀛作为公司上层领导,坚定支持工人的斗争。他悲痛地说:"我们吃亏了,我们的工人兄弟死了,要为他讨回公道!"

1949年11月,重庆解放前夕,国民党特务机关疯狂实施破坏城市、炸毁工厂的罪恶活动。按照中共川东特委的部署和要求,电力公司总经理傅友周组织员工开展护厂斗争,作为傅的主要助手,吴锡瀛积极指导各厂装设护厂电网,加固护厂围墙、大门,做好护厂斗争准备。11月28日,吴锡瀛和傅友周一起带家属住进大溪沟电厂,决心和公司职工一道保护电厂,与电厂共存亡。次日,国民党军警爆破队妄图炸毁电厂,他协助傅友周组织护厂斗争,为护厂斗争的胜利做出了贡献,受到职工的称赞。

全力修复重庆电力设备

1949年11月30日,重庆解放,12月2日人民解放军进驻重庆电力公司和所属3个电厂,实行军事管制。12月15日,重庆电力公司公私合营董事会成立,军代表朱广林任董事长。吴锡瀛这位爱国电力专家得到党和政府的信任,继续任重庆电力公司总工程师。1950年8月1日,西南军政委员会发布命令,成立西南军政委员会重庆区电业管理局(后改称重庆电业局),任命军代表朱广林任局长,傅友周、吴锡瀛任副局长,下属单位除重庆电力公司外,还包括巴县电力公司。这是新中国建立的重庆市第一个省级电力管理机构。1951年2月,西南军政委员会任命军代表朱广林、吴金陆、王洁如和作为职工代表的

重庆解放后,人民解放军进驻重庆电力公司

吴锡瀛为重庆电业局、公私合营重庆电力股份有限公司公股代表。1951年5月14日,西南军政委员会工业部电业管理局在重庆成立。工业部第一副部长万里兼任局长,吴锡瀛任主任工程师,这是西南地区第一个电力管理机构。此后随着体制的改革,吴锡瀛相继担任燃料工业部西南电管局、电力工业部西南电管局和重庆电管局的总工程师,并当选重庆市人民代表和政协常委,为重庆、西南的电力建设发展和人民政权建设做出了重要贡献。

重庆解放初期,遭到敌特破坏的电厂亟待修复发电。人民政府高度重视,在百废待兴,资金十分困难的情况下,批准给予重庆电力公司5亿元人民币(旧币)的贷款,作为修复资金。电力公司成立了复建工程处,吴锡瀛兼任工程处主任。他迅速调配3个电厂的修配人员,于1949年12月7日,动工修复鹅公岩电厂被炸毁的电力设备。锅炉破坏严重,100多根工字钢梁被炸坏,84根省煤器管只有7根可用,修复十分困难。吴锡瀛亲临现场指挥、指导和示范操作,与职工共同劳动,奋力抢修设备。工字钢梁被炸弯变形,当时缺乏检修设备,大家就将工字钢梁拉到柴火堆中加热,待钢梁加热变软后,再用大锤敲打锤直。工人们日夜奋战,终于将100多根钢梁一根根锤直,架设起来,取得了锅炉修复的关键性胜利。在广大职工的积极努力下,全厂修复和大修工作,仅用了5个月时间,于1950年5月1日复建完成,恢复发电。这是重庆电力公司职工给新中国的第一份献礼,充分体现了电力职工的主人翁精神和高度责任感。

重庆解放前,重庆电力设备"不坏不修,不修不停",被动应付,设备长期失修,破旧不堪。吴锡瀛对此进行改革,从1950年起,就对全市电力设备进行第一次有计划的大修整治和改造。弹子石电厂是1933年出厂的老旧设备,设备泄漏、结垢严重,效率低,煤耗高。经过大修、改造,清除了原15毫米的水垢,消除了泄漏,减少了结焦,设备效率大为提高,煤耗率由2.4~2.5千克/千瓦·时降至1.6千克/千瓦·时,节约了大量燃煤。

吴锡瀛主持建设的南岸大佛寺至江北33千伏过江线路之60米铁塔(1952年)

电力公司所属3个电厂自发自供,自成网络,输电线路电压等级不同,互不相联,设备简陋、破旧,事故频繁,线损率高,供电安全可靠率低,很不适应重庆解放后经济发展和人民生活的需求。吴锡瀛又组织实施了解放后第一次重庆供电设施大修改造和整治。拆除、整修高低压老旧线路126条;更换、调整了配电变压器和开关43台;将3个电厂升压变压器送出线路电压统一升压、改造为33千伏;先后建成33千伏的线路6条和变电站5座。到1952年8月,使原来3个孤立运行的电厂实现了联网,建成了市区第一个33千伏统一电网,确保电力安全可靠供应。在整修、改造中,吴锡瀛都亲临现场指导,对重要工程还亲自操作。南岸大佛寺至江北的跨越长江输电线路,跨距达1200千米,铁塔高60米,当时是国内少有的大型工程,为保证工程的安全与质量,他亲自操作经纬仪测距定基准,指导高塔大跨度线路建设安全保质,如期建成。

开创重庆电力发展新局面

随着重庆经济的恢复与发展,电力需求不断增加,原有电力设备已不能满足需求。按照上级要求,重庆电力工业开启了新的建设,开创了重庆电力发展新局面。

1950年初,启动大溪沟电厂两台5000千瓦机组的扩建。燃料工业部对工程十分重视,下拨300万斤大米作为扩建补助费。机组是重庆解放前国民政府资源委员会拨给电力公司的,设备和配件分别存放在大溪沟电厂和泸州电厂,到安装时才发现设备配件残缺,规格不一,安装困难。吴锡瀛和安装队职工一道想方设法,克服困难。锅炉缺疏水器,就自制设备代用;缺橡皮伸缩节,就自制紫铜伸缩节代用;原冷水塔和水池设计钢筋水泥铺底,改为石砌加浇水泥,节约了十分紧缺的钢筋、水泥和资金。工程进展迅速,两台机组先后于1951年8月1日、1952年7月1日建成发电,使大溪沟电厂装机容量达到1.45万千瓦,初步缓解了重庆电力供应紧张的局面。

为满足重庆迅速增长的用电需求,燃料工业部决定新建重庆发电厂和龙溪河狮子滩水电站,两项工程均列入第一个五年计划的156项全国重点工程,其中重庆发电厂是苏联援建的重点工程,由西南电管局负责领导建设。1952年12月

动工。苏联先后派出40多位专家参与工程建设。吴锡瀛作为建设主管单位的总工程师,主持了电厂勘测选厂、规划设计和人员培训等全部前期工作。工程动工后,吴锡瀛深入现场指导和检查工程质量,尤其是设备安装的关键阶段,更是天天到场,力求质量优良。一次发电机在试运行中出现技术故障,众多苏联专家均未找出原因。吴锡瀛在当晚拆机检查,发现故障原因,做技术处理后,恢复运行,得到领导、苏联专家和职工的赞扬。在广大建设者的努力下,1954年4月20日,第一台容量1.2万千瓦机组装竣发电,当日西南军政委员会副主席贺龙参加隆重的庆祝大会,并为发电剪彩。同年7月,2号机组发电,全厂装机容量达到2.4万千瓦,使重庆市的发电量增长1倍多,为西南地区最大的现代火电厂。

1953年建成的重庆市首座35千伏变电站——弹子石变电站

吴锡瀛对电厂的运行管理也十分认真负责,1953年,大溪沟电厂1台汽轮机组调速器发生跳动,给水泵传动齿轮磨损严重,严重影响机组的安全运行。吴锡瀛立即和电厂副厂长杨如坤主持召开技术会议,分析故障原因,亲自动手调整调速器角度,解决了跳动问题;杨如坤拆卸传动齿轮,查出系安装质量问题,重新精心安装,解决了磨损问题,确保了机组安全运行。

1956年12月建成的重庆市首条110千伏狮子滩至盘溪输电线路

按照我国电压标准的要求,1953年起,吴锡瀛主持将原33千伏电网改制建设为35千伏电网。1953年建成大溪沟经茅溪至弹子石的第一条35千伏输电线路,长12.9千米;建成第一座35千伏弹子石变电站。此后35千伏电网不断发展,到1957年,共建成35千伏线路27条,共长172.5千米;35千伏变电站11座,容量共44500千伏安,重庆电网35千伏供电网络基本形成。重庆许多兵工、钢铁、煤矿等大型企业都有了35千伏线路供电,大大改善了供电能力和质量。

在启动重庆发电厂建设的同时,西南电管局还组织了狮子滩水电站的建设。电站于1954年8月动工,1956年10月1日,首台1.2万千瓦发电机组发电,次年3月,4台机组共4.8万千瓦全面投产发电。这是"一五"计划投产的全国最大水电工程,是西南和重庆最大的电厂。为了将廉价和清洁的水电输送到重庆,实现长寿与重庆联网,燃料工业部决定在建设狮子滩水电站的同时,配套建设长寿狮子滩至重庆盘溪的110千伏线路和变电站工程,该工程也是"一五"计划电力建设重点工程,是重庆和西南第一条110千伏线路。线路长89.2千米,由西南电管局设计处按照苏联技术标准设计,设备材料均由国内企业制造。吴锡瀛主持这项工程的建设。由于缺乏施工经验,高压铁塔的焊接和铁塔基础工程曾出现质量问题。吴组织技术人员和工人共同研究和反复试验,攻克了技术难关,

1956年12月建成的重庆市首座110千伏变电站——盘溪变电站

1965年,重庆电厂装机容量19.6万千瓦

保证了工程质量。在工程建设中开展劳动竞赛,推广平行流行作业法等先进施工方法,使线路工程进度快、质量好、节约了建设资金40%以上,得到上级肯定。线路工程和110千伏盘溪变电站,均于1956年12月竣工投运。狮子滩水电站的水电输送到重庆电网,实现了水、火电联网和统一调度,使重庆进入110千伏高压输电网络,供电范围扩大到远郊区县,工业企业得到充足供电,快速发展。

1957年9月，重庆电管局奉命迁往成都，更名为成都电管局，次年8月后改制为四川省水电厅、四川省电业管理局，吴锡瀛继续担任上述机构的总工程师。作为上级主管领导，他仍然十分重视重庆电力的建设与发展。1958年初，由于重庆市国民经济快速发展，出现严重缺电。电力工业部决定对重庆电厂进行扩建。1958年至1965年2月，持续进行5期扩建，装设6台1.2万千瓦机组和2台5万千瓦机组，使全厂装机容量达到19.6万千瓦，增长716%，为以钢铁、煤炭为中心的重庆工业提供了充足的电力。在扩建工程的各个重要阶段，他都不辞辛苦，从成都赶到重庆，亲自决策、检查、指导，确保工程质量。在电厂快速扩建的同时，输变电建设也迅速发展。尤其是110千伏电网建设步伐更快。1958年到1965年，先后建成包括大洪河水电站等3个电厂的送出工程和至各大钢厂、煤矿的110千伏变电站7座、容量34.66万千伏安，110千伏线路19条，共长365.1千米，与1957年仅有1条110千伏线路、1座110千伏变电站相比，增长很快，形成以110千伏为骨干的重庆电网。

毕生奉献电力事业

吴锡瀛从1951年5月担任西南军政委员工业部电业管理局主任工程师起，就对云、贵、川三省的电力建设与发展，做出了重要贡献。

"一五计划"期间，他组织建设了四川成都热电厂、贵州贵阳电厂、云南普坪村电厂等重点工程，不辞辛劳，从重庆长途跋涉，亲到现场，审查设计，指导建设，解决问题。

"二五计划"期间，他担任四川省水电厅总工程师，主管四川水、火电厂和输变电系统的规划、建设，先后主持建设江油、白马、成都热电厂的新建和扩建，全省发电装机容量由1957年的18.6万千瓦增至1964年的76.66万千瓦，增长312%；主持建设成都、德阳、绵阳等多条110千伏高压输变电工程的建设，形成以重庆为中心的川东电网，以成都为中心的川西电网及川南电网。四川省电力工业全面快速发展，并发展壮大了电力建设技术队伍，独立进行电力勘测、设计、施工建设。

1964年，中共中央、国务院做出了建设"大三线"的重大决策。四川是"三线"建设的重点地区,电力需求大增。为集中统一领导,加快电力建设,1965年水利电力部在成都成立西南电力指挥部,由水电部副部长张彬兼任总指挥;成立水利电力部四川电业管理局,吴锡瀛仍任总工程师,他全副身心投入四川"三线"电力建设工作。地处四川西南端、与云南省交界的渡口(后改称攀枝花市),是"三线"建设的重点地区。为确保电力供应,张彬副部长组织10多名高级电力技术人员到渡口实地调查、勘测,编制了《渡口地区电力建设规划(初稿)》。年已花甲的吴锡瀛不仅参与调查和规划制定工作,而且亲自带队,徒步在金沙江、大渡河两

1965年,吴锡瀛(左2)带队为渡口(攀枝花市)电厂勘选厂址

岸的崇山峻岭和峡谷,为渡口地区的渡口、河门口、新庄等3个火电厂和乐山地区的龚咀水电厂勘选厂址和坝址,并规划配套的220千伏高压电网建设。在踏勘河门口电厂厂址时,天气骤变,冰雹风雨大作,一阵旋风将其卷起甩出5米多远,跌到路边深沟中,幸好受伤不重。他不顾伤痛,不听同行劝阻,坚持跋涉,直到完成勘选厂址工作,大家深为感动、纷纷称赞。

吴锡瀛还担任水电部技术委员会委员、全国人大代表、四川省政协常委、九三学社成都分社主任委员、四川省电机工程学会理事长等社会职务,积极投身人民政权建设、参政议政,以及电力和电机工程科技研究、协作交流、推广应用工作,努力为国家做出自己的奉献。

"文革"中,这位为电力事业勤恳奉献一生、贡献突出、深受电力职工爱戴的爱国民主人士和优秀电力专家,被诬为"反动技术权威",被批斗和隔离审查,拨乱反正后平反,恢复名誉,1978年病逝。

(原载《重庆日报》2006年7月28日,后又做了补充、修改)

余克稷与怒吼剧社

怒吼剧社社长、爱国电力专家余克稷

余克稷(1910—1976),湖南新化县人。1930年—1934年在北平(今北京)大学工学院电机系学习,并在北平大学艺术学院选修戏剧、音乐专业。1934年7月毕业,入重庆华西兴业公司电力部任工务员,参加该公司承建的重庆首座大型火电厂——大溪沟电厂的安装和运行管理工作。1936年7月,转入重庆电力股份有限公司(简称重庆电力公司),任业务科工程师(后任业务科副科长),从事供电技术管理工作。同年兼任重庆青年会民众歌咏会音乐指导。1937年9月发起创建重庆第一个业余话剧团——怒吼剧社,任社长。1938年6月倡议成立中华全国戏剧界抗敌协会重庆分会,任理事。1939年3月,当选为中华全国戏剧界抗敌协会(简称全国剧协)理事兼秘书。1945年11月去天津冀北电力公司任工程师,倡议组建业余剧社——冀光剧艺社,被选为理事长。新中国成立后任华北电力公司天津分公司工程师。1955年加入中国共产党,同年8月任天津电业局总工程师。1956年被评为全国电业先进生产者。1958年8月13日,任新组建的内蒙古自治区水力电力厅总工程师,1959年6月任内蒙古自治区电力工业局总工程师。1976年病逝。2006年11月,在重庆市"纪念有电100周年"庆祝活动中,被评为"百年电力十大人物"之一。

余克稷不仅是一位终身从事电力技术工作,为重庆、天津和内蒙古电力工业的发展做出过重要贡献的电力专家,而且是一位进步业余戏剧家、音乐家。抗战期间,他在完成电力技术本职工作的同时,利用全部业余时间,献出自己一半以上薪金,满怀爱国热情地投身抗战戏剧、歌咏活动。倡议创建怒吼剧社,带领剧社在重庆的城市话剧舞台和市郊街道、农村,演出数十个大型抗日话剧和街头独幕剧,教唱抗日歌曲数十首,开展为抗日将士义演、义卖献金和送寒衣等活动,大力宣传抗日救亡,激发民众抗日热情,支援前线抗战。积极支持和参与组织全国、全市戏剧活动,无偿支援和帮助其他抗日戏剧、电影和音乐团体,精心培养戏剧、音乐人才,对推动大后方和重庆抗战戏剧、音乐的蓬勃发展,做出了重要贡献,受到广大民众的欢迎和戏剧界的尊重与好评。

怒吼剧社的话剧演出轰动山城,被重庆报刊评价为:开创了重庆话剧演出的"历史纪元",进入"划时代的阶段",怒吼剧社成为当时陪都重庆"六大进步剧团"中唯一的业余剧团和本土剧团。著名表演艺术家赵丹亲切称呼余克稷和怒吼剧团为"票友"。著名导演应云卫撰文,对剧社的演出活动给予肯定和鼓励。著名戏剧家张瑞芳深情地感谢余克稷对她长期"润物细无声"的"启迪",是她的"启蒙人";余克稷和怒吼剧社使她从"一个学生宣传队员过渡到成为专业话剧演员";高度评价余克稷和怒吼剧社首开重庆大型现代话剧演出先河的"拓荒精神"和"甘当无名英雄"、"乐于为戏剧奉献"的"奉献精神"。

时任中共中央南方局书记周恩来、文化工作委员会主任郭沫若和中共重庆市工委书记漆鲁鱼对余克稷和怒吼剧社开展的抗日救亡戏剧活动都十分关心,给予了大力支持帮助。周恩来还送给余克稷一支钢笔,郭沫若亲自为余克稷与张瑞芳的婚礼做证婚人。

陪都戏剧界对余克稷这位无私奉献抗战戏剧事业的业余戏剧家,给予高度评价,赞誉他是"好人"、"热心人"和"爱国工程师";抗战期间,在重庆召开的两届全国剧协年会上,他都被全国戏剧界推选为理事并兼任组织组长和秘书,负责全国剧协许多具体组织和业务工作,和郭沫若、田汉、曹禺、阳翰笙、梅兰芳、赵丹等著名文艺家、戏剧家一样受到大家的尊重和爱戴。

投身抗战音乐活动

余克稷自幼酷爱音乐,大学读书时也选修过音乐,具有较高的音乐素养,精

通乐理，擅长指挥，口琴、风琴、钢琴演奏均有较高的水平，又能作词、谱曲。抗日战争时期，他充分发挥自己的特长，指挥、教唱抗日歌曲，开展抗日宣传活动。

1936年，重庆青年会民众歌咏会成立后，他就主动担任民众歌咏会音乐指导。指挥、教唱抗日歌曲，组织开展抗日歌咏活动，宣传抗日救亡。在他精心的训练、指挥下，民众歌咏会演唱水平日益提高。1936年12月20日，在青年会礼堂举行首场合唱音乐会，检阅演唱水平；1937年5月9日，又举行"五九"国耻纪念音乐会，大唱爱国抗日歌曲，宣传不忘国耻，全民动员抵抗日本侵略；1937年7月，他带领民众歌咏会参加全市歌咏大游行；同年，在全市广播合唱竞赛中，他指挥民众歌咏会演唱，一举夺冠，蜚声山城，民众歌咏会成为山城有名的合唱团。1937年9月，民众歌咏会和怒吼歌咏团等10个市内合唱团体发起成立重庆市抗日救亡歌咏协会，推动全市抗日歌咏活动的开展。

1937年10月，怒吼剧社街村演剧队成立后，余克稷又率领演剧队，以教唱抗日歌曲为下乡宣传活动内容之一，先后教唱抗日歌曲数十首，并根据义卖献金活动的要求，亲自谱写了《义卖歌》等歌曲，提高了宣传演出的效果。

1938年7月7日，怒吼歌咏团、青年民众歌咏会等14个歌咏团体，举行"七七"一周年市民大会。《新华日报》报道："打倒日本鬼子！的口号，响遍山城"，"《大刀进行曲》《祖国进行曲》的雄壮战歌，交响成伟大的洪流，形成巨大的打击侵略者的力量"。

随着日本侵略飞机对重庆的频繁轰炸，怒吼剧社会址多次被炸毁，话剧排演困难，国民党政府又无理禁止下乡宣传演出。余克稷便组织怒吼剧社歌咏团、合唱团，积极参加城市抗日歌咏活动。先后举办过两次抗日歌咏演唱会；1941年3月21日，参加全市纪念孙中山逝世16周年的"千人大合唱"，演唱了《我们是民族的歌手》等爱国抗日歌曲；1942年3月5日—4月5日，参加全市音乐月的歌咏大会演出。

余克稷和剧社合唱团，还义务支援其他兄弟艺术团体的演出。如1938年1月10日，为四川旅外剧社吴雪等演出的抗日话剧《塞上风云》演唱主题曲；1940年在电影《火的洗礼》中演唱主题歌《我们是抗日的烈火》，这首歌排演了一通宵，电影公司和演员们对他们无私奉献的精神深为感动，特在电影开头打出字幕"特邀怒吼剧团演唱主题歌"；1942年1月31日，为中国实验歌剧团演出的歌剧

《秋子》,做幕后合唱;1943年3月1日,余克稷应邀为吴铁翼创作演出的四幕喜剧《河山春曲》部分插曲谱曲,怒吼剧社部分成员应邀参加演出;1944年6月5日,为音乐家沙梅的"作品演唱会"演唱大合唱《嘉陵江船夫曲》《祖国之恋》等抗日歌曲。

发起组建怒吼剧社

1937年"七·七"事变爆发后,余克稷的好友、重庆华西兴业公司电力部职员、中共党员陈叔亮倡议组织演出抗日话剧,余克稷十分赞成,便和陈叔亮、章功叙筹组剧社。同年"八一三"上海淞沪抗战后,余克稷买来刚出版的《保卫卢沟桥》剧本,利用业余时间进行排练。经过宣传发动,积极筹备和办理登记手续,于同年9月15日成立重庆第一个抗战业余话剧团——怒吼剧社。首批入社的有文艺、新闻、企业等不同职业的进步青年50余人,主要是重庆电力公司、华西兴业公司的职工。由于余克稷的积极宣传发动,电力公司青年职工中加入的有20多人,占整个剧社人数的一半。大家选举陈叔亮、余克稷、章功叙、梁少侯、姜公伟、赵铭彝等9人为执行委员,余克稷、陈叔亮为社长。剧社经费自筹,主要来源于剧社社员交的社费和部分捐款。社址借用炮台街8号(今沧白路)华西兴业公司宿舍。排演活动主要借用电力公司礼堂。剧社的社旗上除有"怒吼剧社"四个大字外,还绘有象征中国正在怒吼的巨人版画,抗日救亡的旗帜十分鲜明。余克稷亲自为社歌作词:"嘉陵江畔,涂山之滨,我们这年轻的一群,站在同一岗位上前进!七七的炮火,激起全民族的仇恨,我们心在燃烧,血在沸腾,紧握着戏剧这武器,配合着雄壮的歌声,认清我们的仇敌,在怒吼声中一起消灭敌人!同志们怒吼起来,快唤起全国的大众,起来做抗敌的先锋,争取中国的自由解放,完成振兴的丰功!"

这首充满高昂抗日激情的爱国社歌歌词,由著名音乐家刘雪庵谱曲后,在剧社社员和社会民众中广为传唱,激发了大家的抗日救亡的爱国热情!

抗日话剧轰动山城

怒吼剧社成立后,继续抓紧排演抗战话剧《保卫卢沟桥》,该剧共有三幕:"暴风雨的前夕""卢沟桥是我们的坟墓""全民的抗战"。这个首演剧目由余克稷和陈叔亮、赵铭彝联合导演,余克稷为总导演,演员和职员大多为剧社成员,少部分是余克稷从电力公司和民众歌咏会挑选的青年。演出经费由剧社成员捐款筹集,社长余克稷带头捐出一个月的全部薪金。衣服、道具、布景都由余克稷和陈叔亮组织制作,化妆用品由余克稷、陈叔亮亲自调制,舞台照明由余克稷设计、电力公司职工安装和掌控。排练都在业余时间进行。由于社员们抗日热情高涨,夜夜抓紧排练,有时甚至通宵赶排,剧社成立后,不到半月就排演完毕。

1937年10月1日,《保卫卢沟桥》在当年2月才建成的重庆市最好的影剧院——国泰大戏院上演。10月1日—3日连演三场后,又应观众的要求,加演一场。四场演出场场爆满,盛况空前,轰动山城。这是重庆戏剧舞台上第一次大规模的话剧演出,演出取得成功,受到社会各界的广泛好评。当时重庆有名的《新蜀报》以套红的大字为之宣传,称该剧为"民族解放的呐喊","全民抗战的先声",评论说:"重庆有真正的演剧,那是以怒吼剧社为历史纪元。"有的评价文章说:"今日怒吼剧社《保卫卢沟桥》的演出,在重庆剧坛上不能不是一个划时代

1937年10月1日,怒吼剧社第一次公演《保卫卢沟桥》的广告

《四川月报》1937年第8卷第5期刊登的《保卫卢沟桥》演出的报道

的阶段。"有的报刊在报道该剧演出盛况时描绘说:"演至悲惨处,观众为之流泪;演至紧张处,掌声几震瓦屋,尤以士兵群中情绪最为愤张。三幕终场莫不连称满意。"《四川月报》(1937年第8卷第5期)评价说"全场充满抗战情绪","每场演员均能做得恰到好处",使观众"有如身历其境,静寂无声","演毕,观众满意而散"。

余克稷还在《国民公报》出刊的《怒吼剧社第一次公演特刊》上,发表《关于〈保卫卢沟桥〉的演出》一文,扩大该剧演出的宣传效果,激励广大民众投身抗日救亡运动。

《保卫卢沟桥》成功演出后,怒吼剧社继续排演并在市内各剧院演出多个抗日话剧。仅据当时报刊上报道的演出剧目就有:

1938年1月28日,在国泰大戏院举行第二次公演,演出三幕话剧《黑地狱》,由余克稷、陈叔亮、赵铭彝、章功叙联合导演,余克稷为执行导演。该剧揭露了日本帝国主义在中国横行霸道,用海洛因毒害中国人民的罪行,演出后观众反响很大。

1938年5月22日—24日,参加全市五月抗敌宣传,在国泰大戏院上演五幕话剧《血海怒涛》;《国民公报》还为该剧的演出增出《怒吼剧社第三次公演特刊》一版,刊载曹禺、陈白尘等戏剧家的评价文章。

1938年12月16日,怒吼剧社在国泰大戏院演出《中国万岁》,演出全部收入捐助前方抗战。

1939年1月7日,在社交礼堂上演《东北之家》《打鬼子去》。

1939年4月8日,在国泰大戏院上演五幕话剧《民族万岁》,连演三天。著名导演应云卫还在《国民公报》上撰文《我对怒吼剧社的希望两点》,对这个业余剧团的演出给予肯定和鼓励。

1939年11月,怒吼剧社与怒潮剧社、东北流亡总会联合演出《为自由和平而战》。

1943年1月9日,在国泰大戏院演出三幕话剧《安魂曲》。

1943年4月5日,在抗建堂上演三幕神话剧《牛郎织女》,连演23场。

这些话剧均系主题鲜明的抗日救亡和进步话剧,对宣传抗日救亡,支援前线抗战,都有着重要作用,在抗战时期话剧史上留下光辉的一页。余克稷在这些话剧演出的组织、经费筹集、后勤保障及导演排练、布景灯光、音响效果、服装道具

等方面都亲自过问、统筹管理、细心指导,做了大量的工作,做出了重要贡献。1943年下半年,国民党政府借群众团体重新登记之机,不准怒吼剧社重新登记,怒吼剧社被迫停止活动,但余克稷和部分剧社成员仍继续参加其他剧社的演出。

深入民众宣传抗日救亡

1937年11月,怒吼剧社街村演剧队在南岸弹子石演出抗日街头剧《放下你的鞭子》

随着《保卫卢沟桥》首次演出取得巨大成功,怒吼剧社这个业余话剧团的声誉大振,除了重庆电力公司、华西兴业公司进步青年要求入社外,余克稷执教过的民众歌咏会及社会上的进步青年均纷纷要求加入剧社,参加抗日宣传,使剧社人数增加至100多人。余克稷和陈叔亮针对此情况,并按照重庆各界救国联合会(简称重庆救国会)负责人、中共重庆市工委书记漆鲁鱼提出的"扩大抗日宣传"的要求,1937年10月决定将扩大后的剧社分成舞台演剧队和街村演剧队两个队。平时两个队分头开展活动,遇有大型剧目便合并排练演出。街村演剧队由余克稷、陈叔亮直接领导,剧社成员自愿参加,以电力公司和民众歌咏会的青年为基本队员,面向市郊街道、农村的广大民众,演出以独幕剧为主,兼有歌咏、漫画、讲演等形式,并在墙上书写、张贴抗日宣传标语。演出不受舞台限制,常常在街头、院坝围个圈子就演出。

街村演剧队从成立到1939年5月的一年半时间里,先后到江北、南岸、沙坪坝、九龙坡、大坪、北碚、合川等地区的数十个街道、乡村演出50多场,先后演出《放下你的鞭子》《火中的上海》《沦亡之后》《死亡线上》《当壮丁去》《死里求生》等数十个独幕话剧;教唱抗日歌曲数十首;组织义卖献金活动及送寒衣活动,为抗战捐款、献衣,广泛开展抗日宣传救亡活动。这些充满爱国激情的演出,点燃了民众的抗日烈火,推动了重庆的抗日救亡运动。《新蜀报》在1937年11月、12月曾数次报道怒吼剧社街村演剧队的演剧活动："在海棠溪、黄桷垭、龙门浩、弹子石等地演出话剧四出,并领导大众教唱抗日救亡歌曲,观众约2000余人,成绩极佳。""该队冒雨在文峰场的一场演出,吸引了2000余观众在雨中看了两个多小时。"

在街村演剧队中,余克稷除负责组织领导外,还担任导演,用四川方言剧排演抗日独幕剧。他每周星期一至星期六晚上,到剧社排演戏剧和教歌;星期日及节假日,

1938年2月,怒吼剧社街村演剧队在重庆江北头塘演出后合影,后排左起第4人为社长余克稷

就带领演剧队自带道具、服装和日常用品、食品,举着演剧队的横幅,高唱抗战歌曲,行走数十里去市郊街村演出,工作十分勤奋辛苦。为搞好演出,他还谱写了《义卖歌》,自编了一些短小节目。

街村演剧队下乡演出,经常受到国民党政府军警的阻拦。余克稷巧妙周旋,利用社会关系打通关节,克服困难,坚持演出。一次到市郊土桥演出,正逢赶场期人多,演出刚开始,突发敌机轰炸警报,群众惊惶失措。余克稷随机应变,马上决定将演出改做防空宣传,一面讲解防空知识,一面疏导群众隐蔽。原定剧目虽未能演完,但却做了一次生动的抗日、防空宣传。

1938年春,怒吼剧社街村演剧队在重庆市郊演出后合影,右起站立者第2人为社长余克稷

无私奉献进步戏剧

余克稷在认真抓好怒吼剧社演出活动的同时,十分关心抗战戏剧事业的发展,大力支持和积极参与全国剧协的工作,无偿支援和热情帮助全国、重庆各兄

弟剧团的演出活动，成为全国和重庆抗战剧坛十分活跃的有名人物，被推选为中华全国戏剧界抗敌协会（简称全国剧协）第二届、第三届理事兼组织组长和秘书，中国戏剧节第一届、第二届演出委员会委员，和郭沫若、田汉、洪深、曹禺、张骏祥等著名戏剧家一样受到戏剧界的尊重，被戏剧界尊称为"好人"、"热心人"和"爱国工程师"。

余克稷十分关心全国和全市戏剧演出活动。在影人剧团演出《卢沟桥之战》不久，他就在1937年11月7日的《国民公报》上发表《评〈卢沟桥之战〉——影人剧团演出》的评论文章，对该剧的剧本、导演、演技、舞台装置、效果等进行全面的评价，对提高戏剧演出质量，推动抗日戏剧的发展，起到重要作用。

1937年12月，中华全国戏剧界抗敌协会在武汉成立后，为了推动重庆戏剧界抗日救亡活动，1938年2月，余克稷联合来渝戏剧人士和各剧团，发起组织中华全国戏剧界抗敌协会重庆分会。他还在1938年3月24日的《新蜀报》上撰文《为什么要成立中华全国戏剧界抗敌协会重庆分会》，大力宣传，推动全国剧协重庆分会的成立。

1938年3月26日，为募捐支援前方将士，怒吼剧社联合各剧团在国泰大戏院公演由四幕剧组成的组剧《祖国进行曲》，前三幕由拥有众多名演员的专业剧团演出，压轴的第四幕《八百壮士》，由以业余演员为主的怒吼剧社和戏剧工作社联合演出。余克稷负责此幕剧的组织领导和导演。由于业余演员演出水平难以和众多名演员相比，同台演出反差较大，为此余克稷在此幕剧的演员选择、舞台造型、舞台装置和灯光设计等方面都做了精心的设计、安排，反复排练，一丝不苟。演出时这幕压轴戏达到了全剧的高潮，形成台上台下同声高呼"打倒日本帝国主义！""收复失地！""抗战到底！"的口号，群情激昂的动人的场面。演出获得成功，受到戏剧界的称赞。著名戏剧家赵丹看后连声叫好，亲切地称赞这个业余剧团和余克稷为话剧"票友"。

1938年6月4日，中华全国戏剧界抗敌协会重庆分会正式成立，余克稷和著名戏剧家余上沅及怒吼剧社成员赵铭彝、章功叙、姜公伟等当选为理事。他带领剧社积极参加全国剧协重庆分会组织开展的活动。在市区街头开展抗日宣传，为前线战士和受难同胞募集衣被；参加全市"九·一八"纪念日的演出活动，演出了《血祭九·一八》等3个抗日救亡话剧。他还在《戏剧新闻》上撰文《九·一八重庆演剧》，报道全市抗日宣传演出的盛况。

1938年9月，全国剧协从武汉迁来重庆，得到余克稷和怒吼剧社的大力扶持，其临时办公地址就设在怒吼剧社内。

1938年10月，全国剧协决定在重庆举办全国第一届戏剧节。余克稷被推选为戏剧节演出委员会委员。他带领剧社社员积极投入演出活动。从1938年10月10日起，历时22天的戏剧节期间，怒吼剧社参加有25个演出队参演的大规模街头剧演出。在演出余克稷自编的《募寒衣》时，观众深受感动，当场捐献银钱者达七八百人，收到捐款700多元。剧社还参加"5分公演（5分钱一张剧票）"活动，在社交礼堂演出《女英锄奸》等独幕剧3个。戏剧节的压轴戏——大型话剧《全民总动员》为重庆戏剧界联合演出，200多名演职员多为专业戏剧人员。余克稷担任该剧前台主任，怒吼剧社成员包干了前台纷繁的事务工作。这个剧，每场演出4小时，4天内共演了7场，但仍有许多观众未买到票，在演出地国泰大戏院外等候。10月31日最后一场，因场外观众太多，为维持秩序，余克稷带领全社成员设置了五道维持进场秩序的防线，观众仍如潮水般涌来，挤满了剧场。一家报纸在报道演出盛况时说："观众挤破了国泰（大戏院）。"这次大公演加强了戏剧界的团结，推动了抗战戏剧运动的发展。余克稷和怒吼剧社甘做无名英雄的奉献精神，受到戏剧界同行的交口称赞。

1939年元旦，余克稷带领怒吼剧社成员参加全国剧协组织举办的盛大火炬游行表演。化装表演了《人民公敌》，与其他9个剧团的演出共同组成了声势浩大的火炬游行剧《抗敌建国进行曲》。

同年1月28日，全国剧协响应国际反侵略大会的号召，举行纪念"一·二八"事变7周年宣传大会，他带领剧社在会上演出《反侵略》一剧。

3月8日在全国剧协组织召开《如何建立戏剧演出体系》的座谈会上，他负责主持召集《农村演剧的技术问题》的讨论。

1939年3月22日，在全国剧协第一次年会上，余克稷与全国著名戏剧家田汉、洪深、赵丹、梅兰芳等当选为全国剧协第二届理事。同年4月3日，在全国剧协第一次理事、监事联席会上，他又被推举为全国剧协的组织组长，负责剧协的组织发展和联络工作。在1941年2月召开的第二次理事、监事联席会上，他又被推选为秘书，为全国戏剧运动的发展默默无闻地做了大量具体工作。

1939年4月，在渝戏剧界人士为《救亡日报》筹募办报基金，联合公演著名剧作家夏衍编剧的话剧《一年间》，余克稷担任演出委员会委员和前台主任，尽心尽责地做好前台的众多事务工作。同年9月，他将抗日歌曲《打回老家去》改编成一个游行剧目，由怒吼剧社成员排演，参加全市"九·一八"大游行的表演。10月，全国剧协举办第二届全国戏剧节，他仍被选为演出委员会委员和街头剧组组长，他认真组织怒吼剧社等14个全市民众团体，进行了历时6天的演出活动，在国泰大戏院演出《渡黄河》《冰天雪地》等多个话剧和街头剧，圆满完成了全国剧协交给他的任务。

随着日本飞机对重庆的频繁轰炸，怒吼剧社社址被炸毁，先后搬迁几个地点，已难以进行话剧排演。故从1939年5月起，剧社便主要以街头剧、歌咏和举办墙报等方式进行抗日宣传活动。以后，国民党政府加紧反共，禁止剧社下乡宣传，街村演剧队无法再开展活动。余克稷和剧社便以剧社歌咏团、合唱团的名义参加城市抗日歌咏活动。市内任何社会团体有求于剧社的都会得到剧社的义务支援。

余克稷还应邀为一些剧团担任导演、舞台监督、演出顾问、前台主任和演员，大力支持帮助其他剧团的工作。如1940年6月16日，中国万岁剧团演出独幕剧《未婚夫妻》《一出戏》时，余克稷应邀担任导演；1941年1月16日，在中宣部实验剧团演出的四幕话剧《女子公寓》中，余克稷担任舞台监督；1942年1月21日，为"留渝剧人"演出的五幕话剧《大雷雨》担任演出顾问；1942年5月，他大力支持帮助外地旅渝戏剧人士筹组成立"新中国剧社"，并担任成立大会主席。

1942年1月21日，余克稷又与郭沫若、田汉、曹禺、阳翰笙、欧阳予倩等戏剧名家一起，再次当选为全国剧协第三届理事并兼任秘书，积极为全国抗战剧坛的发展而四处奔走。他在工作中坚持全国剧协的组织原则和宗旨，又注意巧妙应付，使剧协始终按照抗日救亡的正确方向活动，不被国民党政府利用。

1943年1月，中国青年剧社排演多幕外国进步名剧《安魂曲》，受到国民党政府的无理刁难。为打破困境，该剧导演、著名戏剧家张骏祥便邀请余克稷为该剧演出者，怒吼剧社为演出单位。余克稷毅然承担重任，想方设法使该剧通过当局审查；四处奔走筹集演出巨款30万元，组织制作全部布景、道具、服装，仅制作多套外国服装，就请数十个缝纫工人制作。在他的精心组织安排下，该剧顺利演出,获得成功。著名教育家陶行知观看该剧后,十分感动,"眼泪像泉水一样涌流出来",派人送信去百里外的育才学校,要求师生们连夜徒步赶往城内,观看该剧的最后一场演出。由于国民党政府不欢迎这个外国名剧,有意刁难,限制这个戏只能在国泰大戏院电影散场之后的晚10时开演,致使一部分市郊观众无法前来观看,上座率不高,造成演出严重亏损,使余克稷和怒吼剧社负债沉重。次年,张骏祥为剧社导演的《牛郎织布》在成渝两地演出,大受观众欢迎,有了盈余,才将这笔欠债还清。

1943年怒吼剧社辞年同乐晚会部分社员合影

1945年1月14日,在文化运动委员会召开的"戏剧教育运动"座谈会上,余克稷就戏剧教育的组织推广、经费等有关问题,提出了许多积极可行的建议,大力推动了戏剧教育的发展。

余克稷和怒吼剧社热心为抗战戏剧事业服务,多方面地支持和帮助其他兄弟剧团。无论哪个剧团缺少演出的景片、灯光器材、服装,只要剧社有的都无偿借用;兄弟剧团缺少群众演员、舞台工作人员、伴唱人员,剧社都尽力抽人前去支援;各剧团要增加演出电源、推销价高的荣誉券等,无论大事小事,余克稷和怒吼剧社都有求必应,全力帮助。抗战时期,重庆电力奇缺,经常分区停电,余克稷和剧社成员中的电力职工,便想方设法为剧场接供电专线,保证了戏剧的正常演出。作为电力工程师,余克稷擅长舞台灯光的设计配制,常根据戏剧演出的实际需要,自制设备,如用"水电阻"控制灯光变换,设计制作了风雨雷电装置。这些装置效果良好,除本剧社使用外,均无偿支持其他兄弟剧社使用。戏剧界同仁为他的热心服务精神所深深感动。

怒吼剧社经费自筹,又多为义演,还常支持其他兄弟剧团的演出,因而经常入不敷出。余克稷是电力公司工程师,当时在重庆薪金较高,为保证剧社的演出经费,他经常拿出自己的薪金补贴剧社。据一些社员估计他每月至少将薪金的一半用来补贴剧社开支和生活困难的剧社成员。

精心培育艺术人才

余克稷性格内向，态度严肃，对人却极为热情，乐于助人。无论在电力技术工作，还是在业余音乐、戏剧活动中，他都十分关心人、爱护人，帮助人，热心传授知识技艺，提高大家的素养，培养了一批音乐、戏剧人才和电力技术工人。

早在大学读书期间，他就应邀为北平市第一女子中学戏剧研究会导演莫里哀的名剧《心病者》。他在导演中对一群从未演过戏剧的女中学生，耐心讲解演员如何走台、怎么表演及舞台调度、布景、灯光、化妆等基本戏剧知识，循序渐进地进行示范、训练、导演。那时在该校就读高中，并担任该剧演员的张瑞芳回忆说："余克稷在排练场上话不多，但能一语中的。他有学理工科的严谨思维，又能把握戏剧艺术的舞台规律，这真让大家佩服之至。"在余克稷的精心导演下，《心病者》在学校公演反响热烈，获得成功，受到学校师生和演员们的好评。

余克稷大学毕业到华西兴业公司和重庆电力公司工作后，又用空余时间，主动为两公司青年工人举办讲座，亲自为他们讲授电工、电器知识，帮助青年工人掌握和提高技术，深受渴望学习、又无缘学习技术的青年工人的欢迎和爱戴。这在当时是十分难能可贵的。

在青年会民众歌咏会担任音乐指导时，他除了亲自为会员讲授基本乐理、声乐知识、合唱技巧外，还邀请江定仙、刘雪庵等著名音乐家为大家讲课。通过理论知识讲授、实际训练、指导，不仅提高了歌咏会的整体演唱水平，还为重庆培育了一批抗日歌咏活动骨干。

针对怒吼剧社成员大多数都没有受过戏剧理论教育，又未参加过戏剧演出的状况，在剧社成立不久，他就亲自为大家讲授戏剧基础知识。1938年7月25日，又组织剧社全体成员参加国立戏剧专科学校举办的"暑期战时戏剧讲座"，听曹禺、余上沅、宋之的等著戏剧家讲课，每晚一讲，历时半月，比较系统地学习了戏剧理论知识，提高了戏剧理论水平。通过不断的理论知识教育，排演指导训练和演出实践锻炼，怒吼剧社的队伍素质和演出水平不断提高，培育出了张瑞芳、胡沙、黛丽莎等一批戏剧艺术人才。

对著名表演艺术家张瑞芳的启蒙和帮助，余克稷更是倾注了满腔的热情和心血。余克稷和张瑞芳在北平市立第一女子中学排演话剧相识后，就有了交往和通信。张瑞芳回忆说:余克稷和她的通信中"几乎每封信都在讲文学,讲戏剧,讲人生的感悟,讲世事的莫测,这些东西对我的启迪",是一个"润物细无声"潜移默化的帮助,她深深感谢余克稷"这个启蒙人"。1938年9月,余克稷得知张瑞芳随北平学生战地移动剧团南下演出,处境危险和困难时,十分担心,不顾危险,长途跋涉去武汉,打听移动剧团的下落,终于在河南信阳抗敌前线找到了她,将她接回重庆,参加怒吼剧社。为她联系在国立戏剧专科学校做选修生,听曹禺、黄佐临、吴祖光等戏剧家的课,继续学习戏剧理论。积极鼓励和支持张瑞芳参加怒吼剧社和其他剧团的演出。1938年10月,在戏剧界联合公演大型话剧《全民总动员》中,怒吼剧社和余克稷派她扮演小难民芳姑,与著名戏剧家曹禺、赵丹、白杨等同台演出,这是她到怒吼剧社参演的第一个剧目,也是她"演剧生涯从业余进入专业的第一个转点""是走上专业舞台的第一个台阶"。她对这个小角色十分重视认真,演得真实感人,初现才华,引起同台演员和导演的关注和称赞。不久导演应云卫又将她安排在《上海屋檐下》演出,此后,张瑞芳又在怒吼剧社和其他多个专业剧团演出20多个剧目,演艺水平日益提高,声誉日上,受到观众欢迎和戏剧界的赞誉,与白杨等成为抗战时期陪都重庆话剧"四大名旦"之一。张瑞芳对余克稷多年的热情帮助充满感激之情,最近仍深情回忆说"余克稷对我的启蒙和帮助是我此生难忘的"。

1938年2月,国立戏剧专科学校迁来重庆后,余克稷还应校长余上沅聘,在剧专担任客座教授,讲授"舞台灯光",发挥自己的专长为社会培养戏剧艺术人才。

热情支持党的工作

怒吼剧社的活动一直得到中共中央南方局和中共重庆市工委的正确领导和大力支持帮助。《保卫卢沟桥》演出后,怒吼剧社社长、中共党员陈叔亮于1937年11月与中共重庆市工委接上了关系。1938年春,漆鲁鱼派重庆救国会干部刘志刚到重庆电力公司人和湾宿舍做时事报告,提高救国会和怒吼剧社成员的政治觉悟,坚定抗日救亡的信心。1938年上半年,陈叔亮去延安后,重庆救国会负责人、中共重庆市工委书记漆鲁鱼按照党中央关于"放手发展党员,建立各级党组

织"的指示,先后在怒吼剧社吸收梁少侯、罗从修、罗炽镛、孙家新等入党。同年7月,漆鲁鱼到米花街梁少侯家召开党员会议,宣布成立中共怒吼剧社支部,由梁少侯任支部书记。此后,又发展了剧社成员张治源、李树辉、何笃睦、胡沙等入党。由余克稷邀请到剧社的张瑞芳也把党的关系转来。剧社党员最多时近20名。其中电力公司职工在剧社入党党员有罗从修、孙家新、张治源、何笃睦等。此外尚有参加剧社活动但在电力公司入党的何敬平等。党支部每周过一次组织活动,学习党的文件、文章,研究剧社工作。党支部通过党员和余克稷等党外进步人士,团结剧社全体成员,坚持剧社抗日救亡的正确方向,孤立混入剧社捣乱的少数坏人,积极开展抗战戏剧演出和宣传活动。

余克稷那时虽不是党员,但剧社内近20位党员都是他的好友,他能自觉为党员和党组织保守秘密,积极参加党组织开展的活动,大力支持和帮助党的工作。他积极支持在剧社内组织读书会,学习《大众哲学》《社会发展史》等进步书刊。国民党政府对剧社活动多方设置障碍,限制剧社活动。余克稷依靠剧社党员和进步社员,团结群众社员,巧妙与国民党政府周旋,坚持开展进步戏剧活动,党支部对社员的个别思想教育,往往通过他出面开展;党支部的工作意图,也常由他出面贯彻。中共川东特委青委书记荣高棠,为了便于开展工作,需要社会职业做掩护,他就将荣高棠安排在自己负责的重庆电力公司业务科做抄表员。重庆《新华日报》党员王拓、张楠奉命转移,他就介绍二人去成都工作并资助路费。漆鲁鱼同志要求剧社"扩大抗日宣传",他和陈叔亮就组织街村演剧队,深入民众,开展抗日宣传。1938年,重庆救国会负责人漆鲁鱼筹组川军六十七军随军宣传团赴抗日前线,怒吼剧社就选派18人参加,他亲自送他们去武汉,在途中对演出团成员进行思想教育,要求大家遵守纪律,报效国家,并指导团员在战区如何组织发动群众,开展战地宣传等。一个星期后,又前往湖北黄石抗日前线宣传演出驻地慰问,了解大家工作、生活情况。当得知他们在开展宣传活动时受到国民党军阀的故意刁难,阻碍工作,生活困难的情况后,回渝立即向漆鲁鱼汇报,漆鲁鱼通过有关渠道,调换了反动的团长,解决了他们的困难,使宣传演出团工作顺利进行。1939年1月11日,中共中央南方局机关报《新华日报》创刊一周年,他带领剧社人员到报社进行祝贺演出。

余克稷积极参加重庆电力公司党组织领导的活动。1945年2月20日,他担任副科长兼工程师的重庆电力公司业务科用电工人胡世合在执行公务——取缔"中韩文化协会餐厅"窃电时,被特务田凯开枪杀害,中共中央南方局周恩来、王若飞因势利导,领导全市工人开展了反迫害、争民主、保障人权的声势浩大的群众运动,迫使国民党政府枪毙了凶手田凯,取得了斗争的胜利。在这场斗争中,余克稷和剧社中的党员及进步青年张治源、罗从修、孙家新、章畴叙、何敬平等挺身而出,带领电力公司的怒吼剧社社员站在斗争的最前线,在民众中广泛宣传,揭露国民党特务无理枪杀电力工人的暴行,发挥了积极的作用。余克稷和张玠、章畴叙等人也因此上了特务的黑名单。1947年6月张玠、章畴叙等人被捕入狱,被关押两个星期。余克稷因已离渝去天津而得以幸免。

(原载《中国话剧的重庆岁月——纪念中国话剧百年文集》,重庆市文化广播电视局编,西南师范大学出版社,2007年6月第1版)

从重庆起步的著名
水利水电工程学家张光斗

水利水电工程学家张光斗

张光斗是我国著名的水利水电工程学家和工程教育家,中国科学院院士、中国工程院院士、清华大学原副校长。2013年6月21日在北京逝世。新华社在当日的电讯中,高度评价他是"我国水利水电事业的主要开拓者之一","在水利水电工程建设、科研和工程教育方面做出了突出的、系统的、创造性的贡献","90岁高龄还亲赴三峡工程工地现场检查工程质量",曾获"多项国际国内荣誉和奖励"。

2007年5月1日,是张光斗95岁生日,这一年也是他投身水利水电事业70周年。4月28日,中共中央总书记胡锦涛亲笔签发了给张光斗的祝寿贺信:"从1937年归国至今,70年来,先生一直胸怀祖国,热爱人民,情系山河,为我国的江河治理和水资源的开发利用栉风沐雨,殚精竭虑,为祖国的水利水电事业培养了众多的优秀人才,做出了重要贡献。先生的品德风范山高水长,令人景仰!"贺信高度评价了张光斗的功绩和品德,是党和政府对这位爱国进步的科学家和教育家的充分肯定。

张光斗从事水利水电事业是从重庆起步的。1937年"七七"事变爆发后,正在美国攻读博士学位的他,"爱国心切,报国情深",毅然放弃博士学位的攻读,回国参加抗战。他于1937年冬到重庆,投身抗战大后方的水电建设。先后参加长寿龙溪河、万县瀼渡河梯级水电开发工程的设计、建设和长江三峡水电站的前期工作。设计建设的工程实践锻炼，为他以后的发展进步奠定了良好基础；抗日战争中共同度过的艰苦岁月，培育了他对重庆人民的深厚情缘。我们深切怀念这位为中国水利水电事业辛勤奋斗一生的卓越科学家、教育家。

勤奋攻读水利　矢志"为民造福"

张光斗（1912—2013），江苏常熟县鹿苑镇人，1912年5月出生于一个贫寒家庭。1924年小学毕业后，他从家乡到上海，先后就读于上海交通大学附小、预科，于1931年升入交通大学本科土木工程专业。1934年秋毕业获学士学位。在大学期间，他积极参加中共地下党领导的交大学生抗日救国委员会的活动。两次去南京请愿，被追打押送回沪。1934年秋，他以优异成绩考取了清华大学留美公费生，学习水利工程。他选择水利专业，是认为水利"可以为民造福"。出国前，按照美国方面规定，必须到所学专业的有关单位实习半年，于

1934年张光斗在交通大学毕业获土木工程学学士

是他到长江、黄河、淮河等多个不同的水利机构和工地实习。亲眼看到当时国家贫穷，人民困苦，水利事业不兴，洪涝灾害频繁的状况，极大地激发了他"建设国家"，"为民造福"而奋发求学的决心，"选择了'工业救国'的道路"。

1935年初，他去美国加州大学学习水利工程，仅一年时间便以优异成绩获得硕士学位。但这一年间主要是学习水利灌溉工程，未涉及大坝设计，而在张光斗的心中还深藏着孙中山早年提出的建设"长江三峡水利工程"的宏伟理想，决心学习水电站的大坝设计，以便今后能够投身三峡工程的建设，为此，他请求硕士导师欧欠佛雷教授介绍他到美国国家垦务局学习大坝设计，在大坝设计大师萨凡奇博士的指导下进行了三个月的大坝设计实习。萨凡奇认为从事大坝设计必须具有较深厚的水利水电工程的科学理论基础，建议他进一步学习工程力学（土力学）。于是在萨凡奇的推荐下，1936年张光斗又去哈佛大学师从威斯托茄特教授，学习结构力学和土力学，一年后获得第二个硕士（工程力学）学位。威斯

托茄特教授对这位勤奋好学，成绩优异的学生十分赞赏。鼓励他继续攻读博士学位，并亲自为他向学校申办了高额的奖学金。这时"七七"事变爆发，面对日本帝国主义的大举侵略，国家民族危亡的关头，张光斗坚定地说："国将不国，我心何安。"婉言辞谢恩师的一再挽留，毅然放弃博士学位的攻读，回到战火中的祖国，用自己的知识才能，为全民抗战服务。

投身抗战建设　开发长寿水电

1937年冬，张光斗带着新婚的妻子钱玫荫从上海来到重庆，应聘去重庆附近的四川省长寿县（今重庆市长寿区）的偏远山沟，担任国民政府资源委员会龙溪河水电工程处工程师。工程处处长黄育贤是早年留学美国的水电专家；而担任工程师兼工务长的吴震寰是两次留学法国的电力专家。这个工程处真是精英云集，人才荟萃，可见当时

1937年回国参加抗战建设的张光斗（右）和夫人钱玫荫（左）

国民政府对这个抗战时期的重点水电工程是何等重视。

工程处的任务是开发建设龙溪河梯级水力发电工程。按照黄育贤两次勘测后提出的"龙溪河四级水电开发方案"，将在龙溪河上游建设四个梯级水电站和一个水库。

张光斗到任后，就积极参与这个水电工程的全面规划设计，拟定四级电站的装机容量为狮子滩电站1.5万千瓦，上硐电站1万千瓦，回龙寨电站0.6万千瓦，下硐电站3.3万千瓦，共6.4万千瓦，并在上游建狮子滩水库。此外还规划了在长寿县长江另一支流桃花溪上建容量876千瓦的桃花溪电站。方案

张光斗主持设计的长寿桃花溪水电站（1941年3月建成）

确定后，张光斗立即组织设计科技术人员，对5个水电站进行工程设计，编写设计书、绘制施工图纸等技术资料，做好施工前的技术准备工作。那时工程处的工作环境条件很差，工作生活均十分艰苦，加之张光斗是从美国大学毕业回国后第一次独立承担水电站的设计任务，缺乏工程经验，困难是可以想见的。他虚心学习，边学边干，兢兢业业不辞辛苦，终于按照要求，于1938年7月，完成了5个水电站的设计任务。其中，装机容量876千瓦的桃花溪水电站于1938年11月动工，1941年3月建成。下硐水电站一期工程于1939年10月动工，第一台1550千瓦发电机组于1943年12月建成发电。两个电站装机容量共2426千瓦，成为抗战时期大后方最大的水电厂，价值低廉的水电，促使内地工厂纷纷迁至长寿，推动了长寿和重庆经济的发展，有力地支持了抗战事业。张光斗主持设计的水电站结出了硕果。

张光斗主持设计的长寿下硐水电站（1943年12月第一台机组发电）

龙溪河梯级水电开发是我国第一个全流域梯级水电工程，尽管在重庆解放前只建了一个电站的少量机组，其余3个电站和水库均未建，新中国成立后，又重新进行全面设计，建设完成的。但是作为工程的最早设计者、开发者，张光斗是具有开创性的重要贡献的。张光斗在水电科技事业中迈出的第一步，就十分精彩出色。

助推后方经济　建设万县电站

四川省万县市（今重庆市万州区）地处长江上游，是川东经济中心和内河航运枢纽，也是四川省第二个对外开放商埠，解放前是仅次于重庆、成都的四川省第三大城市。抗战爆发后，随着内迁企业、学校的增加，城市人口增多，用电量大增。但在1938年前，万县电气公司仅有火电机组3台，总容量280千瓦，不仅发

电量小,且设备陈旧,安全、经济性差,不能满足用电需求。为此,四川省政府与国民政府资源委员会商议,于同年8月,正式接收万县电气公司,改组为资源委员会万县电厂。增加资本,扩充设备。1939年春,在万县钟鼓楼附近新建第二发电所,装132千瓦柴油发电机一座,初步适应用电需求。由于柴油价高,柴油发电很不经济,同时,因日军封锁,进口被阻,柴油短缺,供应困难,故电厂决定开发万县水电资源。同年4月,万县电厂厂长童舒培专程到长寿邀请黄育贤到万县,踏勘万县的两条长江支流——磨刀溪、瀼渡河的水电资源。黄勘测后认为"瀼渡河河床颇陡,水力资源较丰富,宜于开发水电"。建议开发瀼渡河,建设四级水电站。勘测报告经上报资源委员会批准,于次年5月,成立资源委员会瀼渡河水力发电工程处,张光斗被任命为工程处主任,负责瀼渡河水电建设工程的领导管理。

张光斗主持设计并建设的万县(今万州区)瀼渡水电厂厂房(1944年3月建成)

张光斗主持设计并建设的万县瀼渡水电厂仙女洞电站发电设备(1944年3月发电)

1940年5月,张光斗到万县上任,立即组织工程建设,按照原定的规划设计方案,将在瀼渡河上建设四级梯级水电站,共3017.6千瓦,其中仙女洞电站和龙洞电站各为1104千瓦,鲸鱼口电站441.6千瓦,高洞电站368千瓦。日军的大举侵略和全面封锁造成当时我国资金和设备物资十分紧缺,施工技术水平也不高,张光斗与处内技术人员商议,并报资源委员会批准,决定先开发建设仙女洞电站和鲸鱼口电站。为抢建设工期,张光斗亲自动手,抓紧对两个电站做详细设计,不到3个月的时间,就完成设计和施工前的准备。同年7月、8月,鲸鱼口电站、仙女洞电站相继动工。在电站的建设中,张光斗坚持勤俭节约,因地制宜,就地取材,尽可能节约当时十分宝贵的资金和物资。如在两个水电站的滚水拦河坝

建设中，采用条石砌坝，节约紧缺的水泥、钢材和工程费用，引水道不用钢管，而是按地形分别采用隧洞、明渠、渡槽，仅与水轮机相连部分采用钢管；引水竖井就在山岩上凿井。这样改动，比起采用钢管引水，施工工作量和施工难度都大为增加。仅引水渠道就长达1500米，其中一段明渠高达18米，引水竖井凿井深达20米。当时施工都用人工，又是在山岩上施工，其施工之艰苦可以想见。张光斗和电力员工不畏艰苦，克服困难，不仅按时完成任务，质量优良，也节约了当时十分宝贵的进口钢管。发电设备奇缺，是工程建设中的又一大难题。张光斗和处内员工，千方百计，尽力克服。鲸鱼口电站，只在国内购到一台136千瓦的西门子发电机，没有配套的水轮机。张光斗便请吴震寰设计，重庆民生机器厂制造一台220马力水轮机与之配套，于1944年3月建成发电；仙女洞电站的一套500马力（360千瓦）的水轮发电机组，系向美国订购。因那时日军侵占我国沿海和东南亚国家，对我国全面封锁，该发电机组只能空运至印度，而印度至昆明货运班机甚少，且有日军机拦阻，设备滞留印度，一时难以运到工地。为早日建成发电，张光斗果断决定，并经资源委员会同意改由国内自制，仍请吴震寰设计，由上海机器厂制造300马力水轮机一台，160千瓦发电机一台，于1944年建成发电。两个电站虽远未达到设计装机容量，但296千瓦的廉价电力，基本适应了万县地区内迁兵工和民用电力增长的需求，促进了地方经济的发展，支持了全民抗战。

万县两个水电站的建设，是张光斗回国后从事的第二个梯级水电工程，电站虽小，但他作为工程建设负责人，要担负工程设计与施工的全部工作任务，责任更重，困难更多，生活工作条件比长寿更差，工作更辛苦，但这样的艰苦工作实践锻炼，为他一生从事的水电开发建设、研究和工程教育事业，奠定了良好基础。

坚持实事求是　反对仓促开发三峡

1943年，国民政府资源委员会为适应以后建设大型水利水电工程的需要，选派了一批青年工程师赴美国学习。张光斗被选派到美国坦河流域管理局和国家垦务局任实习工程师，学习大型水利水电工程的设计和施工技术。在工地，他虚心向工程技术人员和工人学习，努力掌握设计、施工技术业务，积累工程经验，以便更好地报效祖国。

在美国方吞那水利工程的大坝工地上,他遇见了1936年在国家垦务局实习时的导师萨凡奇博士。萨凡奇告诉他,1944年将去印度顾问大坝工程。张光斗便请他顺道去中国顾问正施工的水电建设。萨凡奇表示如中国政府邀请,他愿意去。张光斗立即向资源委员会主任钱昌照报告。国民政府很快就向萨凡奇发出了到中国考察水利水电工程的邀请。1944年5月,萨凡奇乘机到重庆后立即提出考察三峡,在三峡考察10天后,在长寿河龙溪河水电工程处写出了《杨子江三峡计划初步报告》。这是长江三峡工程的第二个勘测报告。早在1932年11月5日,国民政府建设委员会副技正(副总工程师)恽震等5位专家就到三峡进行勘测,并乘船到重庆做现场视察,了解上游有关水文、水利资料。于1933年春写出《扬子江上游水力发电勘测报告》,上报国民政府国防设计委员会(资源委员会前身),并载中国工程师学会学报《工程》杂志,第八卷第三期,但报告未获当局重视。而萨凡奇的报告,却为国民政府所采纳,并请美国国家垦务局设计、建设,在当时重庆掀起开发"三峡热"。正在美国实习的张光斗得知后,深感意外。尽管他一直梦想着早日开发建设三峡水电站,但他从国家民族的利益出发,认为在当时开发建设三峡是不合适的。他认为:日本帝国主义已侵占湖北,逼近三峡,在战火中建设大型水电工程,显然是不行的;国内人力、物力、财力和技术水平均难以承担这样超大型的工程,美国的贷款也难以满足工程的全部费用,一旦资金不足,工程停工,将造成严重的损失;大后方经济总量和用电水平均有限,即使电站建成,国内也无力消费其巨大的电能,必将造成浪费、损失;三峡电站这样关系国计民生的巨大工程完全交由美国设计建设,美国将掌控我国经济,有损国权。对此,他坚持实事求是,不随波逐流,反对在当时仓促上马三峡工程,先后三次写信向国民政府资源委员会申述,一再建议暂缓建设三峡电站。当时国民政府和资源委员会主管领导,盲从美国专家的意见,听不进张光斗的正确建议,对张光斗的三封建议信一一严加驳斥,并责令他在1945年初陪同美国水电专家柯登回到重庆,参加三峡工程建设。回国后国民政府成立三峡工程委员会,由资源委员会副主任委员钱昌照任主任,柯登任总工程师,张光斗任秘书。1945年5月,全国水电工程总处在长寿成立(1946年9月迁往南京),黄育贤任处长,柯登任总工程师,张光斗任总工程师助理兼设计组长,在此期间,他参与三峡工程的规划设计,与美国一家工程公司谈判,由该公司派出20名技工和8台钻机,对三峡坝址开始进行钻探,但不久即停工;参与长寿上硐电站的建设和福建古田溪电站的筹建;对7个水电站进行开发规划、勘测、资料收集工作。

张光斗从1937年冬回国参加抗战到1946年9月迁南京,先后共有6年时间都是在长寿、万县度过的。那时正值抗战的艰苦岁月,山区水电工地生活、工作条件十分艰苦,他又是初次独立从事水电工程设计、建设,困难甚多,但在他的勤奋努力下,都一一克服。6年间,他设计、建设了多个水电站,从一个水电工程的设计人员锻炼成长为全国水电工程建设的技术负责人。在他从事水电工程事业的起步阶段,就为抗战时期的中国水电建设做出了重要贡献,是中国水电建设的开拓者之一。抗战岁月也是他人生中难忘的篇章。1946年,他在《抗战八年来之水力发电事业》一文中,回忆了抗战时期中国水电事业的艰难历程。他特别强调说:"抗战八年来之水力发电工程最具历史意义者为龙溪河之开发。"多年以后还深情回忆说:"1937年冬,到资源委员会龙溪河水电工程处,后又到瀼渡河水电工程处修建水电站,供电给兵工厂。这些虽是小型水电站,但工作条件很困难,生活艰苦,能为抗战做些工作,心情是舒畅的。"

1995年9月11日张光斗(前排左1)等18位中国科学院、中国工程院院士视察重庆电力调度中心

在离开重庆49年之后,张光斗于1995年9月11日,回到久别的重庆。他是应电力部的邀请和史绍熙、李鄂鼎、潘家铮、周孝信等17位中国科学院院士、中国工程院院士,到重庆电力系统考察的。这些中国一流的电力专家先后认真考察了重庆电业局的调度中心、管理信息系统、负荷控制系统和珞璜发

1995年9月11日张光斗(右)为重庆电业局题字

电厂。张光斗对他早年从事建设的重庆电力系统的生产建设发展和科技进步成就十分高兴,欣然提笔为重庆电业局题词,充满无限怀念和殷切期望。

全程精心把关　确保三峡工程质量

1948年底,国民党军队节节败逃,垮台在即。水电工程总处总工程师、美国人柯登即将回国。柯登对张光斗的能力和人品十分赞赏,临行前一再力邀张光斗全家去美国,并答应为他代办去美国的手续和机票,安排工作。他说:"我是中国人,应在中国工作。"婉言辞谢了柯登之约。他在台湾的几位同学,发来电函催他去台湾,并说已代为找好工作和住房。他辞谢说:"我过去没有听顾德欢(交通大学同学、地下党员)的劝说参加革命工作,现在共产党来了,我要留下来参加水电建设。"南京解放前夕,国民政府资源委员会通令水电工程总处将档案和技术资料装箱送资源委员会,转运台湾,作为技术负责人的张光斗掌控全国水电技术档案资料,他在中共地下党组织的帮助下,巧施调包计,将假的水电资料装箱送资源委员会,转运台湾,而把20大箱全国水电技术资料,秘密保存下来,在南京解放后,交给共产党和人民政府,为新中国水电建设的开展提供了十分宝贵的基础技术资料。

张光斗(右)与苏步青(中)、钱伟长(左)等著名科学家、教育家共商发展教育、科学大计

1949年3月,南京解放,同年10月1日,新中国成立。全国水电工程总处处长黄育贤和留守人员均参加中央燃料工业部及所属单位的水电建设工作。张光斗鉴于水电建设尚未全面开展,便请求去清华大学任教,为国家培养急需的水利水电建设人才。从1949年9月起,张光斗先后在清华大学担任土木工程学系教授、水工教研室主任、水利系主任、副校长。他创建了水工建筑专业,创立了水工结构和水电站学科体系,率先开设了水工结构专业课,编写了国内第一本《水工结构》中文教材,建立了国内最早的水工

实验室,开创了水工结构模型实验,写作了《水工建筑物》《专门水工建筑物》等多部学术著作,为国家培养了5000多名水利水电科技人才。他还担任国务院学位委员会副主任、国家教委直属高等院校教育研究协作组组长和国家教委世界银行第一大学发展贷款项目评议委员主任。积极组织开展工科大学教育研究和协作交流活动,发表60多篇关于发展我国高等工程教育的文章,主编出版了《中国高等工程教育》理论专作,为我国高等工程教育的改革与发展做出了重要贡献。

张光斗负责组建了中国科学院水工研究室,并任主任;担任中国科学院、水利电力部水利水电科学院院长,中国科学院学部主席团成员兼技术科学部副主任;为了大力发展工程科学,从1980年起他先后和张维、王大珩等6名科学家联名多次向党中央、国务院上书建议成立中国工程院,终于得到批准,于1994年成立中国工程院,他被聘为首批院士和主席团成员。他积极开展大中型工程弹性力学和地质力学模型试验、拱坝坝肩岩体稳定研究、大型工程结构的安全性和耐久性研究,取得重大成果;他主持了"中国可持续发展水资源战略研究",写出了多个试验研究报告;他领导的两个科研项目,均先后荣获国家科技进步奖二等奖;还荣获光华科技成就奖、水利事业功勋奖、何梁何利科技进步奖、美国加州伯克利大学哈兹国际奖等多项奖励。为我国科学事业做出重要贡献。

张光斗还担任清华大学、水电部水利水电勘测设计院院长兼总工程师,并兼任黄河水利委员会、

三峡水电工程大坝址

长江流域规划办公室技术顾问,主持黄河、长江、淮河及众多支流上的葛洲坝、丹江口、三门峡、小浪底、李家峡、龙滩、二滩等60多个水利水电工程的规划设计、审查和技术咨询,帮助解决了许多关键技术问题,为我国水利水电事业做出了卓越贡献。

张光斗对我国最大的长江三峡水利水电工程情有独钟,他是60多年来三峡工程从规划、设计、研究、论证、争论到开工建设全过程的见证人和主要技术质量

把关者,为这一空前浩大的工程倾注了满腔热情、全部心血和艰辛不懈的努力。

张光斗是三峡工程的积极支持者。他经过长期的调查研究认为:三峡工程几十年来已做了大量的勘测、规划、设计工作,有较好的前期工作基础,便于开发建设;该工程在防洪、发电、航运等方面的经济效益显著,早开发,早受益;改革开放以来,我国经济实力和科技水平已显著提高,工程建设中有关科学技术问题已基本得到解决,我们能独立完成这一浩大工程的建设;当前三峡地区人民生活比较艰苦,通过库区开发性移民之后,库区人民的生产和生活条件将得到改善。浩大的工程建设也会造成一些不良影响,但只要重视生态、环境保护,采取有效治理措施,是能够将不良影响减到最小的。为此,他多次建言献策,积极建议三峡工程早日兴建。1986—1988年,水电部多次召集张光斗、陆佑楣等412位水利水电专业技术人员,对三峡工程进行全面论证,得出结论:三峡工程在"技术上是可行的,经济上是合理的,建比不建好,早建比晚建好,建议早做决策"。1990年7月,国务院召开三峡工程论证会,张光斗等163位专家参加论证,再次确认、肯定上述论证,从而推动了三峡工程全面启动。

建设中的三峡水电工程

作为水利水电工程专家,张光斗深知三峡工程关系国计民生,安全质量是工程的生命,丝毫马虎不得,必须坚持"百年大计,质量第一"的方针,对国家、民族、子孙后代负责。因此,他在三峡工程建设中都努力充当工程质量的严格把关者。在工程的设计、施工、质量检查监督和验收的全过程中,他都认真负责,处处把关,全力保质量,使这个世界"一号工程"成为"一流精品工程",让全国人民放心。

1993年5月,张光斗被国务院三峡工程建设委员会聘任为《三峡水利枢纽初步设计报告》核心专家组组长,主持了三峡工程初步设计的审查,在汇集了10个项目专家组、126位专家审查意见的基础上,逐项认真研究,反复推敲,核定最终审查意见,力求改进设计,保证设计质量,严把工程建设质量第一关。

1994年12月14日,三峡工程开工建设后,张光斗已是80多岁的老人,仍十分关注工程的施工安全与质量。每年都要亲临工程施工现场,查看施工质量。工地人员每次都劝他不要到高空和危险地段去,他坚持说:"工人能去,我为什么不能去?"尽心尽力为工程施工质量把关。

1999年,国务院三峡工程建设委员会成立三峡枢纽工程质量检查专家组,张光斗任副组长,肩负着这个"世界一号工程"质量检查把关的神圣职责。他每年两次到工地检查工程质量。

2000年4月,张光斗在三峡工地检查工程质量,坚持下到施工舱面进行实地考察

除了查阅施工资料、数据,听取施工报告,都要头戴乳白色的塑料安全帽,脚蹬膝盖高的黑色胶靴,奔波在施工现场,爬脚手架,下基坑,仔细检查混凝土的浇筑和金属结构的安装质量,向施工人员了解情况,进行指导。2000年年末,他为考察工程导流底孔的表面平整度是否满足设计质量要求,不顾88岁高龄,硬是从基坑顺脚手架爬到55米高的底孔位置,检查底孔混凝土表面的平整度,眼睛看不清,就用手去摸孔壁,掌握第一手资料。当他用手摸到底孔表面仍有钢筋露头等凹凸不平的麻面时,立即在工程质量检验总结会上,坚持要求施工

装机容量2250万千瓦,年发电量900亿千瓦·时的世界最大水电站——长江三峡水电站

单位修补导流底孔,确保工程质量。张光斗对工程质量一丝不苟,对国家、对人民负责的敬业精神,使在场工程建设人员深深感动。三峡工程建设总公司总经理、原电力部副部长陆佑楣当场感动得流下热泪。全国政协副主席、中国工程院院长宋健称赞他是"当代李冰"。

60多年来,张光斗情系三峡工程,为这个伟大工程费尽了心血,做出了突出

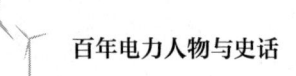

的重大贡献,是当之无愧的"功臣"。今年三峡工程已经投运13年,该工程的"防洪、通航、发电、抗旱"功能全面发挥,综合效益凸显,累计发电量达到1万亿千瓦·时以上,是全世界发电量最多的水电站。在我们为这个全世界最大的工程欢呼、点赞的时候,我们不应忘记这位为中国水利水电事业、为三峡水电工程的开发建设勤恳奋斗一生的爱国科学家、教育家。

(原载《红岩春秋》2018年第10期)

李鄂鼎：从龙溪河起步的大坝专家

李鄂鼎是我国著名水电专家，中国工程院院士、原电力工业部副部长、水力电力部总工程师、中国水力发电工程学会理事长、中国大坝委员会主席、国际大坝委员会副主席。他是新中国水电事业的开拓者之一，第一个在国际科技学术团体担任领导职务的中国科技专家。

全国劳模、水电专家、原电力部副部长李鄂鼎

新中国成立以来，李鄂鼎主持建设了大批大型水电建设工程，解决了大量技术难题，推广了一批先进施工技术，在大坝基础处理、防洪抗洪、选坝、设计、施工等方面进行了一系列科研试验和创新，是大坝技术国际权威，为我国水电建设和水电科学技术的发展做出了重要贡献。2001年12月30日，因病去世，享年83岁，为中国水电事业勤恳奉献了一生。

李鄂鼎从事水电建设，主要是从重庆长寿起步的。1946年，李鄂鼎从英国留学进修归国后，立即要求到长寿参加龙溪河梯级水电开发工程建设，担任上硐水电工程处工程师兼工务课长，建设上硐水电站。1954年李又调回长寿龙溪河梯级水电工程，担任新组建的狮子滩水电工程局总工程师，领导建设了狮子滩水电站，为新中国第一个全流域梯级开发水电工程做出了突出的贡献。1956年被评为全国先进生产者（新中国第二届全国劳模），出席全国先进生产者代表会议，受到毛主席等中央领导的亲切接见和宴请。

立志水电报国　遭遇重重挫折

李鄂鼎(1918—2001),天津人,1918年3月15日出生于北京,父亲是清华公学(清华大学前身)的国文、历史教师。他小学就是在清华附属的成志小学就读的。后随父亲回天津,在天津读中学。父亲对其家教甚严,因而他从小就勤奋好学。尤其是父亲的家训"立定脚跟做事,挺起脊骨为人"对其一生学习工作、处事为人、报效祖国都有很大的指导和激励作用,成为他一生不忘的座右铭。

李鄂鼎1936年考入清华大学土木系,"七七事变"后,学校被迫南迁,到长沙临时大学学习。1938年4月,他又参加学校的"步行团",从长沙徒步转移到昆明,辗转广东、广西,行程3500多千米,历时68天。到昆明后他进入由清华大学、北京大学、南开大学等三所内迁高校联合组办的西南联合大学(简称西南联大)工学院土木系学习。这次内迁的艰苦锻炼,对他养成"不畏艰苦,喜爱大山大水的性格"有十分重大的影响。那时国难当头,求学不易的现实,更激发了他爱国图强的决心。清华大学许多教授,在战火纷飞、学校不断转移的艰苦环境中,仍坚持不懈、谆谆教导学生、为国育人,给他树立了光辉的榜样,激励他努力学习成才。尤其是施嘉炀教授对其教育影响最大。施教授是我国第一代著名水电工程专家,曾留学美国两所著名大学,获得两个硕士学位,回国后先后任清华大学土木系教授、系主任、工学院院长和西南联大工学院院长,是李鄂鼎大学四年学习期间的主要导师,教学十分认真负责,要求学生极为严格,不许马虎。经常教育学生:我国水力资源丰富,但还未有效利用,我们要把这些水力资源开发出来,振兴国家,造福人民。这促使他在大学期间形成了"兴建水电,造福人民"的坚定志愿。

1940年在西南联大毕业后,李鄂鼎抱定参加大后方抗战建设、科学救国的志向,和校友骑车到昆明不远的螳螂川,设计建设一个只有几千瓦的小水电站,9个校友住在一个荒山破庙中,满腔热情,不畏艰苦,日夜辛劳,只用3个月时间,就完成了全部设计图纸。当他们高兴地带着图纸回到昆明,向云南省政府资源委员会汇报时,得到的回答是:"设计是可行的,但缺乏资金无法动工兴建。"他们白费了3个月的心血。以后又去腾冲设计建设一个几千瓦的小水电站,完成设计,刚动工兴建不久,日本侵略军打到腾冲,只能放弃建设,再次受挫。

1943年,李鄂鼎公派去英国留学。到英国伦敦威康哈诺工程顾问公司和大学进修,学习西方水资源利用理论和水电工程技术。3年间他不仅系统提高了水资源利用理论水平,更掌握了水电规划、设计、施工技术,为以后投身中国水电建设事业奠定了深厚的基础。

1946年学成回国后,他坚决要求到水电建设一线工作,到长寿参加正在建设中的龙溪河梯级水电开发工程。该工程筹建于1937年,包括一个大坝、水库和四级水电站。到1946年,仅建成第四级的下清渊洞的1550千瓦机组。全国水电处决定建设第二级电站上清渊洞(上硐)电站。李鄂鼎被任命担任上清渊洞水电工程处工程师兼工务课课长,负责工程建设的领导管理。该工程包括一个拦河坝、水库和一座卵圆形半地下厂房,装设7500千瓦和3000千瓦发电机组各1台,共10500千瓦。工程于1946年4月动工,由于连年内战,物价飞涨,经费紧张,工程进度缓慢。到1949年5月,最大坝高15米,坝顶长234.3米的浆砌条石重力坝的拦河坝和半地下厂房基本建成,完成土建工程的75%。由于人民解放战争进展迅速,国民党政府面临崩溃,工程资金断绝,工资都发不出去,工程被迫停工。他在回忆解放前从事水电建设几经挫折的经历时,十分感慨地说:"那个时候,作为一个志愿于水电建设的技术人员,想从事一个实际工程,发挥一些作用,为国家做点贡献,真是难得很!"上硐电站是他解放前从事建设的当时全国最大的水电厂,三年的工程实践锻炼,积累了水电建设的经验教训。尤其是在电站坝基防渗处理和厂房尾水出口施工中,由于缺乏经验,防洪措施不力,造成施工现场被洪水冲击,造成损失,不得不停工修复。这对他教训深刻,在以后水电建设中都引以为戒,未再发生类似事故。

1946年到长寿上硐水电工程处任工程师的李鄂鼎

开发梯级水电　建设示范工程

1949年5月,李鄂鼎回到南京全国水电总处,在其上级领导——国民政府经济部长兼资源委员会委员长孙越崎(解放后任全国政协常委、民革中央副主席)的组织领导下,和全国水电发电工程总处留守人员一道,拒绝去台湾,迎接解放,

参加新中国的水电建设。1949年10月1日,新中国成立后担任燃料工业部计划司水电处、水电工程局工程师,燃料工业部水电建设总局勘测处副处长,电力勘测设计总院副总工程师。创建了新中国水电勘测队伍,参与、组织了全国水电资源的调查和水电站的查勘选点工作,走遍了黄河、长江及众多支流的高山峡谷。如1952年从黄河龙羊峡到青铜峡的查勘选点,长达3个多月。先从刘家峡沿黄河向上游查勘到龙羊峡,返回兰州向下游查勘到青铜峡。黄河上游峡谷十分险峻,人迹罕至,几乎没有路。除一匹马驮行李外,全靠步行和乘羊皮筏、牛皮口袋。在穿越峡谷时,只能沿着高耸的岩壁上狭窄不平的小道,手紧抓着陡岩凸出部分或岩缝,一步步小心前进。岩下就是深深的峡谷和汹涌的黄河,十分惊险。在汹涌奔腾的黄河急流中乘坐羊皮筏和牛皮口袋,更是十分危险。李鄂鼎和查勘队的同志们,以高度的革命热情和强烈责任心,以"不入虎穴,焉得虎子"的胆识,克服重重困难,闯过个个险关,取得了查勘选点工作丰硕成果,为黄河上游的水电开发的全面规划和发电站选点,提供了基本和可靠的依据,对以后黄河上游相继建成的多个大型水电站建设做出了贡献。

1954年,李鄂鼎调任新组建的长寿狮子滩水电工程局总工程师,负责龙溪河梯级水电开发第一级——狮子滩电站建设的技术领导管理工作。

1954年到长寿狮子滩水电工程局任总工程师的李鄂鼎

新中国成立后,党和政府对这个工程十分重视。1950年8月,燃料工业部水电工程局就将龙溪河梯级水电工程列入《中国水力发电第一期工程计划》;同时,将上硐水电工程处与贵州修文水电工程处合并成立西南水电工程处,为工程建设做好准备。1952年,西南水电工程处和西南地质局对狮子滩水库坝址进行钻探,收集地质资料。1953年,狮子滩电站建设工程列入《第一个国民经济发展五年规划》,为156项全国重点工程之一;同年,燃料工业部水电建设总局指派北京水电勘测设计院对工程进行全面勘测、规划、设计。1954年1月,为适应工程建设需要,水电建设总局从丰满、古田等地抽调水电建设技术骨干和施工设备,与西南水电工程处合并、扩建为狮子滩水电工程局。为加强领导,中共重庆市委、市政府抽调时任西南铁路工程局局长的邓照明担任水电工程局长,水电建设总局抽调时任总局勘测处副处长、又熟悉龙溪河水电开发的李鄂鼎任水电工程局总工程师。

1954年8月10日,龙溪河梯级水电工程全面动工。按照新的设计,该工程仍按四级开发,但大坝和水库容量扩大,装设的发电机组增至10台,容量扩大到10.45万千瓦。其中狮子滩电站是龙溪河全流域开发的第一级、龙头工程,担负着为下游各级电站调节流量的任务,是全河开发的关键,工程最艰巨、工程量最大。主要建筑包括长1014米、高52米、底宽38米、顶宽8米的钢筋混凝土斜墙堆石大坝和3个副坝;大坝蓄水形成库容量10.27亿立方米的大型水库;长57.7米、宽13.7米,最大高度26米的三层主厂房和四层副厂房;长358米、宽106米的溢洪道;共长1843米的引水明渠、引水隧洞;装设4台1.2万千瓦发电机组,共4.8万千瓦。这是当时新中国最大的水电工程。4万名工程建设者,在邓照明、李鄂鼎的领导和苏联专家的协助下,夜以继日,忘我劳动,在纵横几十里的建设工地上艰苦奋斗。坚持开拓创新,努力克服人力物力缺乏、技术水平不高、施工设备落后、施工经验不足和地质条件复杂带来的重重困难,工程建设进展迅速。

深入工地一线,指导工程建设

李鄂鼎长期在大江大河、深山峡谷中工作,养成了深入一线指导工作的良好工作作风。在狮子滩电站建设中多数时间都在工地一线,调查研究,及时发现问题,解决问题,指导工作。尤其是重要工程、重要工序的施工,技术革新和新技术的推广应用,他都不怕艰苦,不怕安危,亲临一

浇筑大坝溢洪道

线检查督导。狮子滩电站先期工程中有一个大围堰,为保证围堰质量,必须到坝下检查,这就要经过一座独木桥才能到达。独木桥桥下是几十丈深的悬崖和江水,十分危险。李不顾同行的劝阻,坚持要到坝下检查,过独木桥时,失足落下崖下水中,如一片枯叶向瀑布一边滑去。得益于他长期坚持体育锻炼而形成的良好身体素质和从容镇定的心理品质,他搏击江水迅速游到独木桥下,敏捷地抓住

独木桥边,用引体向上加后滚翻的单杠动作,上了独木桥,完成了围堰质量检查工作。同行的职工都感到后怕,而他确镇定自若地笑了。

依靠广大职工,攻克地质难关

磨担山是介于电站大坝和溢流坝之间的一座山头。在施工中补充勘探时发现山头漏水地质缺陷,将影响两个坝连接的稳定安全,必须尽快消除这一重大隐患。当时,大坝工程已全面施工,要求大坝在汛期前修建到防汛高度,方能安全度汛,否则洪水一来大坝工程将停工,影响整个工程建设进度,情况危急。面对危机,李鄂鼎紧急组织全局设计施工技术人员研究处置方案,决定在有地质缺陷的山头加建一座截水墙,截住漏水。新建截水墙要在山岩挖一深槽,由于大坝施工人员众多,开挖不能放炮,只能由石工用长钻凿挖。为保证进度,集中全局石工能手,四小时一班,日夜不停挖凿,终于在汛期前建好截水墙,将大坝建到防洪高度,确保汛期中继续施工。取得了攻克地质难关,确保工程按计划顺利进行的关键性、决定性胜利。这对李鄂鼎是一次深刻的经验教训:地质问题必须高度重视,稍有不慎就会造成重大隐患;但只要依靠广大职工,群策群力是能够攻克难关的。他对那时广大施工人员不顾洪水危险,不怕艰苦困难,日夜抢修,与时间赛跑的爱国热情和忘我劳动的精神十分赞叹。在多年后他仍回忆说:"施工现场建设者的精神风貌至今令人留恋难忘!"

水电站隧洞施工

勇于接受教训,强化安全监管

磨担山地质缺陷难关攻克后,大坝工程进入全面大会战。建设者们热情高涨,开展劳动竞赛,争分夺秒,日夜施工,工程进度迅速。但就在这时,工地却接连发生两次重大事故。一是溢洪坝基础开挖放炮时,一块岩石炸出预定范围之外,幸未造成人员伤亡,是一次未遂重大事故;二是厂房开挖出渣时,吊石渣的吊车超载,造成翻车到岩下、当场砸死一人的重大人身伤亡事故。作为工程局技术负责人的李鄂鼎,心情十分沉痛,强烈自责,深感在大型工程建设中安全工作的重要性，不能只强调工程质量与进度而忽视安全。对此，他在全局 4 万多职工中，开展了以预防事故、消灭事故为中心的安全教育，进一步完善了各种安全规章制度，健全各级监管机构，切实加强安全管理，杜绝了重大安全责任事故，为以后水电工程建设树立了榜样，提供了可参照的经验。

建设中的大坝一角

努力变革创新，提高施工技术水平

李鄂鼎在电站建设中，大力组织工程技术人员和广大职工开展技术革新，创造和推广了一系列新技术、新工艺，不断提高施工技术水平，积累了许多工程建设经验。在狮子滩大坝——新中国第一个大型混合式大坝中，大力革新，应用填加大石块技术，大石块填加率达 26%，节约了水泥 1 万余吨；在石料开采中，打破常规，采用大爆破技术，一次出料达 3000~5000 立方米，大大提高开采效率，保证了大量石料的供应，使大坝建设工期大为提前；在引水隧洞混凝土浇灌中，改用预压灌浆新技术，克服了因隧洞场地限制，不能用常规混凝土灌浆的困难，确保了工程质量和进度。

建设中的狮子滩电站泄洪坝

强化现场培训，提高施工队伍素质

狮子滩水电站动工于建国之初，施工技术力量薄弱。3 万民工都是库区三县的农民；各级施工领导管理干部大多是军队转业干部和其他行业转业的，他们对水电施工技术和管理都很陌生；技术队伍中大专毕业生和新工人多，技术水平低，施工经验不足。对此，李鄂鼎从工程局成立之初，就认真组织职工开展

施工中的狮子滩电站拦河坝

技术业务培训。在干部中紧密结合管理工作实际,组织各类技术和管理知识培训;对农民工主要是普及工地安全生产知识;在技术工人中针对施工实际需要,干什么学什么,举办各类工人技术培训班,开展岗位技术练兵;在全局普遍组织签订师徒合同,以老带新,互助互学;经常组织总结交流施工技术、管理经验,推广新工艺、新技术、新经验,不断提高全局职工的技术和管理水平,施工队伍不断壮大。到工程完工时,全局技术工人增加3千多人,技术和管理干部增至2300多人,从工程局先后输送到三门峡、以礼河、新安江等多个水电建设工程的技术工人和干部共达6千多人;全局涌现了先进生产者和劳动模范等先进建设者共2574人,为国家培养了大批水电工程建设人才。

精心管理,降成本,提工效

严格财务收支、核算审查管理,精打细算,挖潜节支,提高资金使用效率;加强工程计划管理,确保工程进度;采用新技术、新工艺,提高施工工效,缩短工期。工程原计划投资9717万元,实际造价6939万元,节省投资2778万元,建设成本降为每千瓦1445元;工程进展迅速,1956年10月1日,全部建设工程完工,第1台12000千瓦水轮发电机组建成发电,按原工程计划提前1年零2个月;1957年3月,其余3台12000千瓦机组投产发电,电站全面建成,装机容量共4.8万千瓦,整个电站工程是一个低成本、高工效、工期短的工程。

大坝施工现场

坚持"百年大计,质量第一"方针,建设优质工程

为保证施工质量,工程局施工前就组织编制了涵盖各工种、工艺的施工质量标准和检查验收制度,严格按标准施工;健全各级检查验收机构,实行逐级检查验收,层层把好质量关;严格现场监督管理,凡属重点工程、重要工序、重要工艺施工和检查验收,各级领导都必须到现场监管,及时发现质量问题,立即督促改进或返工,努力建设一个高质量的水电工程。狮子滩电站投运时,经过蓄水8.37

亿立方米、40多米水位强大压力的考验,充分证明大坝质量良好,溢洪道不漏水,引水系统正常,发电厂厂房和各类设备安装质量合格。当时协助建设的苏联专家称赞该电站是"新中国水电建设事业中先开的一朵鲜花!"1959年一个外国代表团到电站参观,深入厂房和长523米的大坝内部走廊考察,对电站建设十分称赞,一个国家的代表赞扬说:"我曾参观过日本人设计建造的一个电站,大坝里面到处漏水,需要穿着大筒靴走,看到这个大坝的优良质量,使我非常敬佩中国人民技术的飞跃发展!"

建成的狮子滩水电站厂房

建成的狮子滩水电站发电车间,装有4台12000千瓦发电机组

狮子滩水电工程不仅是一个优质高效的建设工程,而且综合经济效益十分良好,以发电为主,兼有灌溉、防洪、航运、养殖、旅游效益。随着狮子滩电站这个关键工程的完工,下游的3个电站在1959年5月前先后建成,我国第一个全流域梯级开发电站群全部建成,4个电站装机容量共10.45万千瓦,

建成的狮子滩水电站大坝一角

为国民党政府解放前14年开发该流域电站所装机组容量的35倍,成为重庆最大的水电厂和最大的电厂,装机容量占1959年全市国电系统装机容量19.68万千瓦的53%,有力缓解了重庆电力供应紧张状况,支援了重庆工农业生产的迅速发

展；梯级水电开发带动了上游河段开发，梁平、垫江、长寿三县先后建成7座小型水电站，装机容量共6千多千瓦，促进了地方经济的发展；利用水库修建了大小水利设施75处，提灌站397处，灌溉了农田37万余亩，发展了农业生产；水库可拦蓄洪水量18.3亿立方米，可对长江中、下游进行错峰调节，减轻下游洪峰调节，在以后1981年、1998年长江特大洪水时，起到良好调节作用；库区横跨长寿、垫江的水面，有各类运输船、渔船80多条，共2030吨，年货运量9万多吨，促进了水上交通发展；水库水面9.75万亩，可供水产养殖水面上万亩，1958年年产水产品900吨，产值540万元；水库是西南地区最大的电站人工湖——长寿湖，湖内有众多小岛，从空中俯瞰部分岛屿形如繁体寿字，湖水清澈，风景优美，旅游和水上运动发展很快，带动库区经济发展。

1958年3月5日，周恩来总理和李富春、李先念两位副总理，率领苏联专家代表团考察三峡水电资源后，不顾劳累，溯流而上，专程视察了狮子滩电站和尚在建设中的下游电站，对我国第一个全流域梯级水电开发工程，尤其是我国自主设计、建设和制造设备的狮子滩电站的优质高效和水力资源综合利用产生的良好经济效益，给予高度肯定和称赞，当场欣然挥笔题词："为综合利用四川水力资源树立榜样，为全面发展四川经济开辟道路！"李富春、李先念副总理也十分高兴地题词："为长江综合开发开辟了道路，为四川国民经济的发展服务！"1960年3月和1963年4月，朱德委员长先后视察了上硐电站和狮子滩电站，尤其是仔细视察了狮子滩电站的发电车间和大坝，对我国第一个全流域梯级开发水电站的优良建设质量和综合经济效益十分称赞，欣然题诗："龙溪河上狮子滩，四级阶梯一水源。

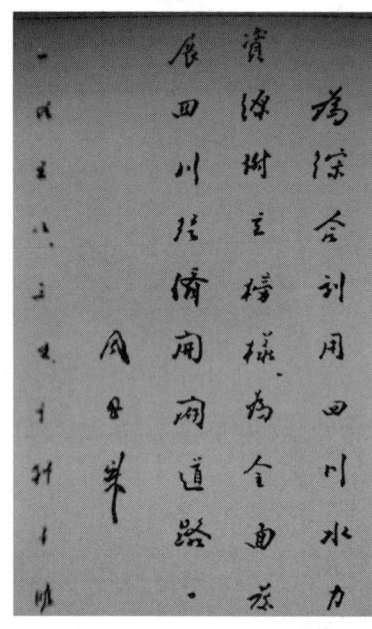

1958年3月5日周恩来总理视察狮子滩电站的题词

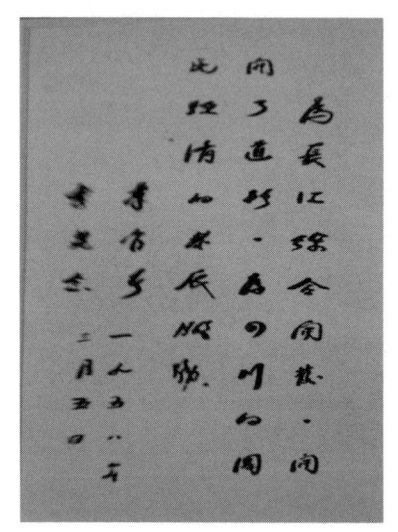

1958年3月5日李富春、李先念副总理视察狮子滩电站的题词

利用层层修电站,功成恰在跃进年。"

李鄂鼎在工程局党委和邓照明局长的领导下,在4万多工程建设者的大力支持下,为电站建设做出了突出的贡献,受到全局职工的爱戴。他先后被评为重庆市劳动模范、四川省劳动模范和全国先进生产者(第二届全国劳动模范)。

1956年4月30日—5月4日,李鄂鼎和时传祥、王崇伦、郝建秀等著名劳模及华罗庚、钱学森等知名科学家一道出席全国先进生产者代表会议,受到毛主席和中央其他领导的集体接见和宴请。这对他是极大的鼓舞、鞭策,决心为全国水电建设事业做出更大贡献。

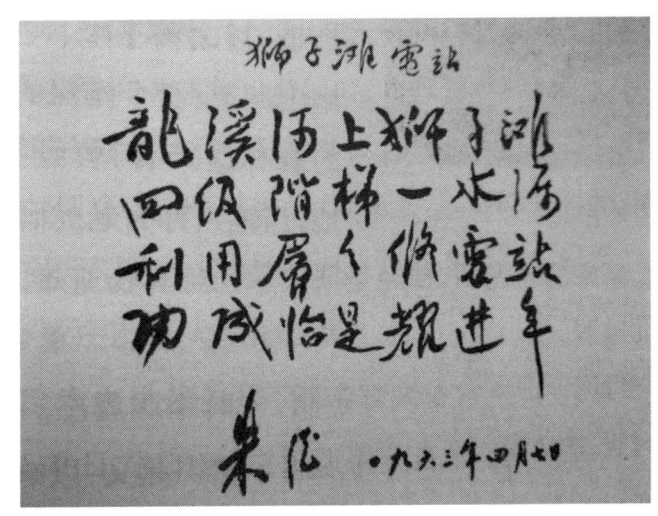

1963年4月朱德委员长视察狮子滩电站的题诗

走遍祖国江河　建成众多电站

狮子滩电站建成后,李鄂鼎被电力部调离狮子滩水电工程局,先后担任三门峡、刘家峡、映秀湾水电工程局和第九水电工程局等多个工程局的总工程师,水电部基建司总工程师和司长。主持建设长江、黄河及其支流上多个大型水电建设工程。在这些工程中,他善于和设计、施工技术人员一道,深入调查研究,组织科技攻关,创新施工工艺技术,有效地攻克了一个个重大技术难关。如盐锅峡水电站工程"枯水过三关"问题;龙羊峡水电站工程"枢纽布置和大坝防洪抗洪"问题;映秀湾水电工程"闸坝岩溶渗漏"问题;白山水电工程"导流和工程设计"问题等。当年在黄河上游修建电站进行截流,在国内尚属首次,缺乏经验,党和政府对此都十分重视,周恩来总理曾多次到工地调查指导。为了摸清黄河截流时水力学情况,以便科学截流,李鄂鼎和技术人员土法上马,进行截流模型实验,这在国内也是创举。按照模型实验制定截流技术措施,在三门峡水电工程黄河截流时,证明该截流技术实用可靠,在以后大渡河、红水河、葛洲坝等水电工程的大江

截流中都成功应用,使我国水电建设截流技术达到国际先进水平。这些水电建设中难题的解决,不仅使这些电站顺利建成优质工程,也有力促进了我国水电施工技术的发展。

1979年,李鄂鼎被国务院任命为电力工业部副部长、党组成员;1983年,水利部和电力部合并为水利电力部,李鄂鼎改任水利电力部总工程师,负责全国电力建设的领导管理。这时,他也步入老年,仍不辞辛苦,深入建设一线,一年有三分之二的时间都在工地。全国大型水电工程的新建、扩建,他都要亲临现场主持审定,在技术上严格把关,对许多水电工程的站址、坝址、坝型和枢纽布置的选定及工程设计的优化等方面都做出了正确的决策和指导,确保了这些工程建设的优质高效。他还在水电建设中推广先进技术,如隧洞采用岩塞爆破;引用碾压砼坝、面板堆石坝等新型坝型。这些先进技术的推广和创新,有力地促进我国水电建设和水电施工技术的发展。

1986年,年已68岁的李鄂鼎从水电部总工程师的领导岗位离休,却离而不休,仍担任中国水利发电工程学会理事长、中国电机工程学会副理事长、中国大坝委员会主席、国际大坝委员会副主席、中国工程院院士、能源部咨询、电力部咨询、全国政协委员、全国科协委员等。包括三峡水利枢纽工程在内的许多大型水电工程的工地上,仍经常见到他年老的身影。1993年,已是75岁高龄的李鄂鼎,到一个水电工地视察指导时,一块误爆的碎石突然飞向李和陪同人员一行,砸在李身边的一位工程师身上。在几十年艰苦水电工地多次遇险的李鄂鼎从容镇定,继续完成视察指导。

1988年3月,李鄂鼎七十大寿时欣然赋诗铭志。其一:"年已古稀志千里,身虽衰颓意不移。遥望沧海连天际,冥思扬帆未稍闲。"其二:"水电生涯五十年,驰南战北未稍闲。鸿犹建设逢盛世,思立新功心不安。"1997年的回忆文章说:"我已年近八十,但所思、所想、所用、所学仍是水电工程技术本行,仍不时到工程现场指导一些工作,了解一些新情况,学习解决一些新问题;同时,享受一下在大山大水中的快乐心情,这也许就是几十年对水电工程的深厚感情吧!"这充分体现了这位老水电专家对祖国大好河山和水电事业的无比热爱和执着敬业精神;也彰显了这位共产党员、全国劳模不忘党的宗旨,离而不休,活到老,学到老,奋斗到老,为党的事业奋斗一生的崇高品德,令人敬佩。

人物篇

情系巴渝大地　关注重庆电力

李鄂鼎一生走遍祖国的大江大河，深山峡谷，勘测、设计、建设了大批水电站，对水电事业倾注了毕生的心血，对建设的每一座电站都满怀深情，留下难忘的记忆。长寿龙溪河梯级水电站与他后来建设的多个电站相比只能算是最小的电站，但在他的水电生涯中却有特殊意义。这是他解放前留学归国后参与建设的第一个，也是当时最大的水电工程；又

风景优美的狮子滩水电站大坝和水库——长寿湖

是新中国他主持建设的第一个全国重点水电工程。尤其是狮子滩电站建设工程，是他"参加过施工建设的所有工程中，效率最高"的工程；是他"最紧张、最愉快的一场战斗"；"施工现场的风貌"使他多年后仍"留恋难忘"！

1984年是狮子滩水电站动工建设30周年，李鄂鼎没有忘记龙溪狮子滩，当年他在视察四川水电工程后，专程到重庆。视察川东电业局后，在川东电业局总工程师颜正文的陪同下，到长寿水电厂视察，看望原水电工程局留在电厂工作的老同志。30年前的老友欢聚一堂，共忆当年电站建设情景，畅谈电力工业的迅速发展；互问别后家庭和事业发展，充满深情厚意。在随后的电站视察中，看到当年建设的大坝经过多年洪水考验，仍质量优良；电厂平稳发电，水电工程的综合经济效益日益良好，深为欣慰，频频赞许。在大坝一侧的山腰上，有一座纪念碑，这是1959

狮子滩水电工程殉难周志纪念碑

年5月，狮子滩水电工程局为纪念修建梯级水电工程而牺牲的"狮子滩水电工程殉难同志纪念碑"。李鄂鼎向纪念碑鞠躬悼念，认真阅读碑文，默念烈士们的音容，怀念那些为建设电站而献身的烈士们！决心"继承他们的远大理想，为迅速实现祖国电气化而奋斗！"最后老战友们来到"六角亭"，这是为纪念1958年3月5日周恩来总理视察狮子滩水电站和水电工程局而修建的纪念亭，亭内陈设有周

总理和李富春、李先念副总理题词石碑和梯级电站开发建设的介绍碑文。李鄂鼎反复阅读、深刻领会国家领导同志题词的深刻内容。指示陪同视察的电厂领导,一定要好好学习、领会总理和两位副总理题词的重要意义,要把总理的鼓励作为前进的动力,切实按照总理的指示,进一步把电厂维护、管理好,在水利资源综合开发利用方面充分发挥示范作用,更好地为重庆、四川经济发展服务!李鄂鼎还十分高兴地和老同志们在六角亭前合影留念。照相时李鄂鼎主动站在后排,把前排留给老同志们。充分体现了这位著名水电专家、水电部领导人谦和朴实、平易近人的优良作风!

李鄂鼎(后排左四)与长寿电厂老同志在六角纪念亭合影

1995年9月11日,已是77岁高龄的李鄂鼎,作为电力部咨询和中国工程院院士,应电力部的邀请和张光斗等18位中国科学院院士、中国工程院院士一道到重庆电力系统视察指导。听取了重庆电业局关于重庆市电力工业发展情况的汇报,视察了重庆电业局调度局、负荷控制中心、信息管理中心,对重庆电业局研究开发的"电力自动化调度系统""电力负荷管理系统""静态管理信息系统"等电力科技研究成果表示肯定,并提出了进一步完善的意见。又到引进外资和外国设备建设的珞璜电厂视察,院士们对该厂在全国率先引进国外先进的烟气脱硫装置,减少烟气污染,建设绿色环保电厂的举措和已取得成果表示肯定,并提出进一步建设环保示范电厂,加强环保综合利用的意见。这是李鄂鼎第二次回重庆视察,他对重庆这个他创业起步之地的飞跃发展由衷地高兴、感慨。以后,尽管他对重庆、对狮子滩仍然是那么"留念难忘",但最终未能再回到重庆。

1995年9月李鄂鼎(右一)等18位两院院士视察重庆电力

(原载《红岩春秋》2020年第3期)

全国劳模

黎明前护厂斗争功臣杨如坤

杨如坤是新中国第一届全国劳动模范、第一届全国人民代表大会代表、是在工人中最早选拔的厂级领导干部之一。重庆解放前夕,他在大溪沟电厂护厂斗争中做出突出的贡献;解放后,又在3个电厂的修复、改造、发展中做出重要贡献。1950年9月,荣获第一届全国劳动模范称号,出席全国工农兵劳动模范代表大会,受到毛泽东主席等中央领导的集体接见和宴请。2006年,评选为重庆"百年电力十大人物"之一。

90高龄的首届全国劳模杨如坤

积极投身电厂建设

杨如坤(1890—1987),安徽省合肥人。幼年家境贫苦,无力养活子女。1901年,年仅11岁的杨如坤,就随兄外出谋生,先后在店铺、大户人家作杂工、雇工。1904年14岁时,就在一家工厂当学徒工,先后在安徽、上海的多家机器厂、电厂任钳工、修配工。抗日战争全面爆发后,杨如坤随兄辗转流

1938年的大溪沟电厂,为当时重庆和西南地区最大的火电厂

亡到重庆，于1938年进入重庆电力公司任修配技工，参加大溪沟电厂两台4500千瓦机组的安装，由于杨如坤钳工技术过硬，修配过多种机器，在锅炉和汽轮机等设备的安装中表现出色，被提拔为修配领班。

1938年起，日本飞机对重庆实施野蛮轰炸，大溪沟电厂成为重点轰炸目标。为保护电厂设备，重庆电力公司决定从1939年1月起，将大溪沟电厂的大部分发电机组迁于重庆市郊的弹子石和鹅公岩，靠山进洞另建新厂，隐蔽保护。杨如坤带领大溪沟的修配工人，参加两个电厂的拆卸、装运和安装工作。

迁建的弹子石电厂，位于长江南岸的弹子石，远离市中心区，便于隐蔽。杨如坤带领修配工人将两套1000千瓦发电机组的各类设备和零配件一一拆卸分类打包，运至嘉陵江大溪沟码头船上，再沿嘉陵江而下，进入长江运至长江下游南岸的弹子石码头，上岸运至新建厂房安装。其工作难度和工作量，比新建一个同样规模的电厂更难、更大。在杨如坤等修配工人的努力下，迁建的弹子石电厂终于在1939年6月建成发电，向南岸地区供电。由于其地处偏远，又靠山，未遭敌机轰炸，一直安全发电，为战时重庆军工和民用企业的发展做出了贡献。

1942年4月建成的鹅公岩洞内电厂是当时最大的洞内电厂

鹅公岩电厂迁建更是艰巨。厂房设在第一兵工厂让出的两个山洞内，由于山洞容量不足以做厂房，必须扩大3倍，当时没有施工机械，只能由石工在坚硬的岩石一点点开凿，既慢又苦。4500千瓦发电机组的拆卸、装运、安装，更是困难重重。发电机组设备比1000千瓦发电机设备更庞大，配件、零件众多，无论拆卸、包装、运输、上下船，每个环节都十分繁杂，又必须十分精细，否则一旦设备损坏或零件、配件丢失，机组将难以复原装竣发电。运输距离长，由于敌机频繁对大溪沟一带轰炸，设备装船后必须迅速经嘉陵江运至离市区较远的长江下游鸡冠石一带隐蔽；山洞厂房建好后，再逆江而上运至长江黄沙溪码头，上岸运至山上洞内安装。杨如坤带头干重活、难活，除认真抓好承担的设备拆卸、安装的任务外，对水、陆运输的全过程,都十分关注,尽心尽力做好迁建工作。经过迁建职工的辛勤工作,鹅公岩洞内电厂终于在1942年4月建成发电,历时1年又10个月,以两条线路向化龙桥、沙坪坝和李家沱工业区供电。这个电厂是当时国内最大的洞内电厂,工程质量良好,而且十分隐蔽,在抗战期间一直安全发电、供电,为大后方的经济发展做出贡献。

1941年6月12日,大溪沟电厂的锅炉和汽轮机设备遭日本飞机炸坏,市中心区全部停电。杨如坤立即带领正在迁建鹅公岩电厂的修配工人返回大溪沟电厂,和全厂职工、公司电力抢修队共600多人,连续奋战三天三夜,终于修复发电,立即向市区供电,市区大放光明。

杨如坤在电厂迁建和修复被日本炸毁的设备中贡献突出,技能精湛,得到职工称赞和上级信任,先后担任大溪沟电厂工务员、技师和修配股副股长。

机智勇敢保护电厂

1949年11月,国民党军队在人民解放军的进攻下,节节败退,国民党政府面临崩溃,败逃前夕,疯狂实施破坏城市的罪恶阴谋。重庆电力公司所属3个电厂是敌人破坏的重点,重庆电力公司经理傅友周按照中共川东特委的部署,于11月23日、24日先后召开公司各部门和3个电厂、3个供电办事处负责人会议和职工代表会议研究护厂措施。杨如坤作为大溪沟电厂修配技术骨干,参加了职工代表会议,积极提出建议。两个会议商定了筹钱,收买军警特务,避免炸厂;筹枪,成立护厂队,武装保护电厂的软硬两手护厂措施。

杨如坤在旧社会饱受苦难折磨,对国民党政府的反动统治切齿痛恨,期盼重庆早日解放。当得知国民党政府在败逃前又要疯狂破坏城市、破坏电厂后,十分气愤,决心要挫败敌人的罪恶阴谋,保护好电厂。他回厂后,除积极动员青壮工人参加护厂队;带领修配工人连夜加班将傅友周从公司荣誉董事长、川军将领潘文华(后为起义将领)那里借来的破旧枪支修复,供护厂队使用;加固厂门、加装围墙电网,做好保护电厂准备外,还认真思考如何应对敌人的策略。

1949年11月29日下午4点多钟,国民党政府军警60多人,携带炸药乘车来到电厂大门,妄图冲进厂区,炸毁电厂。危急关头,傅友周召开有公司总工程师

吴锡瀛、电厂厂务主任欧阳鉴、护厂队长及有关部门骨干的紧急会议商议对策。大家都认为军警人数众多，武器精良，如果和他们硬拼是抵挡不住的，应采取妥善的措施。杨如坤在会上提出了他多日研究后确定的几条机智可行的措施：立即紧急停止发电，使厂内一片漆黑，即便敌人冲进厂内，也难辨方向，弄不清护厂人员和机器设备所在，难以实施破坏行动；利用厂房是钢筋水泥建筑、比较牢固、可以抵挡轻武器的袭击、便于防守的有利条件，从厂门到厂房层层设防，如大门守不住，护厂队员可退进厂房，把守门窗和周围要道；利用天黑和厂内设备管网众多，布置迷魂阵，威吓、迷惑敌人，使其不敢轻举妄动，到厂房内肆意破坏设备。大家都认为他的建议机智有效，切实可行，立即按他的建议分头做好准备。杨如坤还带领一些学工在厂内各类机器设备、管道上，到处书写、张贴"有电，生命危险！""有电，切勿靠近！""高温高压碰不得！"等标语，以威吓敌人。此后，尽管军警在隐藏在电力公司的特务的配合下冲进电厂大门，但护厂职工按照公司商定的"软""硬"两手策略和杨如坤建议，机智勇敢，软硬兼施，巧妙周旋，使军警们始终未能进入厂房，实施爆破。到晚上10点多钟，市郊炮声隆隆，解放军已推进到南岸，奉命炸厂的军警们仓皇逃命，电厂得以完整保存。

次日凌晨1点多钟，嘉陵江对岸的21兵工厂弹药库被国民党军警引爆，巨大的爆炸冲击波震坏了电厂锅炉的给水泵，不能给锅炉供水，此时，电虽停了，但锅炉内余火仍在燃烧，气压仍很高，随时会因缺水而爆炸。电厂又面临新的危险。厂务主任欧阳鉴立即派人找来刚回家休息的杨如坤。他迅速修复锅炉给水泵，恢复锅炉供水，避免了锅炉爆炸危险，他再次为保护电厂立下大功。

重庆解放不久的1949年12月上旬，重庆电力公司召开了护厂斗争庆功会，给杨如坤等各单位护厂有功人员颁发了"护厂有功人员"奖章和奖金。西南军政发员会有关部门，在大溪沟电厂召开庆功会，隆重表彰杨如坤等英勇护厂的有功人员。

奋力修复被炸电厂

重庆解放前夕，在国民党军警特务的疯狂破坏中，重庆电力公司鹅公岩电厂的锅炉设备，遭到严重破坏。杨如坤对这个他亲自拆卸、安装的洞内电厂十分关注。在重庆解放后的第二天,他就赶到鹅公岩,察看电厂设备被炸情况,看到锅炉设备全部炸毁,汽轮机、发电机等重要设备基本完好,他心中就计划如何尽快将电厂修复发电。

重庆解放后,随着经济的恢复发展,用电需求不断增加,遭到破坏的鹅公岩电厂亟待修复发电。人民政府对电厂修复工程十分重视,在百废待兴、资金十分困难的情况下,批准给予重庆电力公司5亿元人民币(旧币)的贷款,作为修复工程资金。重庆电力公司成立了由总工程师吴锡瀛任主任的复建工程处。工程于1949年12月7日动工。这时杨尚坤已担任大溪沟电厂修配车间主任,他带领车间修配工人积极投入修复工程。杨如坤对设备十分熟悉,在修复中发挥了重要作用。

锅炉被破坏得十分严重,100多根工字钢梁被炸变形、弯曲,84根省煤器管只有7根可用。那时重庆的钢铁厂已被炸毁,无法加工新钢梁,只能将变形的钢梁矫直重用,又没有矫直设备,只能用人工。杨如坤和大家商议,决定采用加热后锤直的方法。大家把一根根钢梁拉到电厂洞外大院柴火堆中加热,待钢梁加热变软后,再用大锤敲打锤直。但这样费时费力,为缩短工期,杨将工人分为三班,日夜奋战,终于将100多根钢梁全部锤直,架设起来,取得修复锅炉的关键性胜利。接着更换77根省煤器管,修整和安装锅炉汽包、过热器及附属辅助设备、管道等设备,修复锅炉。同时,对汽轮机组、发电机组等设备进行全面检查、调整维修。全厂修复和维修工作,仅不到5个月时间,于1950年5月1日建成,恢复发电。这是重庆电力公司职工献给新中国的一份厚礼。

紧接着,杨如坤又带领大溪沟修配车间的工人,参加弹子石电厂的大修、改建工程。该厂2台1000千瓦发电机组是1933年出厂的老旧设备。锅炉过热器管经常漏裂、炉通管内水垢厚达15毫米,锅炉效率低,平均煤耗高达2.4~2.5千克/千瓦·时,有时甚至高达3千克/千瓦·时,急需大修、改造。

杨如坤等修配工人在大修改造中对锅炉设备进行重点整治改造。将过热器拆下逐一检查,破漏的管道割去,另焊接新管;将炉通管和汽包内的水垢逐一清除干净;重砌炉内拱圈和导火墙,添置水冷壁管,吸收热量,减少锅炉燃烧时的结焦,提高热量利用率,增大了蒸发量,锅炉效率大为提高,煤耗率降至1.6千克/千瓦·时,每月节约燃煤800多吨。

攻坚克难扩建电厂

杨如坤在解放前夕的护厂斗争和解放后修复、改造电厂中，都做出了突出的贡献，受到党和政府的高度评价和电力职工的赞扬。1950年9月，他被评选为新中国第一届全国劳动模范，与吴运铎、孟泰等老劳模和全国战斗英雄一起，出席1950年9月25日—10月2日召开的全国工农兵劳动模范代表会议，受到毛泽东主席等中央领导同志的集体接见和宴请。毛泽东主席代表中共中央向会议致贺词："你们是中华民族的模范人物，是推动各方面人民事业胜利前进的模范，是人民政府可靠的支柱和人民群众的桥梁。"党和政府对劳动模范的高度评价和崇高荣誉，深深地感动、教育了他，极大地鼓舞、鞭策了他。他决心更加努力的工作，为电力生产建设做出更多、更大的贡献。10月3日，燃料工业部部长陈郁和电业管理总局的领导会见了参会的杨如坤、卢会卿等19位电力劳模，举行"劳模代表座谈会"，并合影留念，合影时劳模们坐在前排，陈郁等领导们则站在后排，这再一次感动和激励了杨如坤。

1950年10月3日，燃料工业部陈郁部长举行"全国劳模代表座谈会"欢迎19位电力劳模，前排右1为卢会卿，右6为杨如坤

杨如坤从北京开会回渝后，根据上级安排和各单位邀请，先后在重庆市电力系统和重庆市多个单位做过数十次传达报告。传达了毛主席在会上的讲话和会议精神，交流各地劳动模范的先进事迹与经验，畅谈毛主席、党中央的亲切关怀和新中国一年来的巨大变化、成就，以自己的亲身经历、新旧对比，表达了工人阶

级当家作主后的无比欢欣和衷心感谢,决心以更大的努力,更多的奉献,报答党和政府的关怀、奖励,报答人民群众的支持和厚爱。他的报告语言朴实,充满真情厚意,生动感人,富有感染力,是生动的爱国主义和工人阶级主人翁教育。

1950年12月,杨如坤这位工人阶级的优秀分子,加入中国共产党,他按照党员标准,更加严格要求自己,在电力生产建设中充分发挥模范带头作用。

随着重庆市国民经济的恢复发展,重庆市电力公司所属3个电厂所发电量也不适应需求,上级主管部门决定在大溪沟电厂扩建2套5000千瓦发电机组。燃料工业部对工程十分重视,下拨300万斤大米,作为扩建工程补助费。工程由新成立的西南电力安装队负责安装。两台机组是国民党政府在解放前夕分别存放在大溪沟电厂和泸州电厂的。安装时才发现设备配件残缺不全,规格不一,给安装带来很大困难。杨如坤带领修配车间职工,主动积极配合安装工作。按工程要求加工设备、配件。锅炉缺疏水器,就制作小铁桶,装上玻璃板代用;没有橡皮伸缩节,就自制紫铜伸缩节代用;对规格不一的零配件,就重新加工配置,终于克服了困难,使安装工作顺利进行。1951年8月1日,第一套5000千瓦机组建成发电;1952年7月1日,第二套5000千瓦建成发电。大溪沟电厂装机容量增至1.45万千瓦,增长2倍以上,成为当时西南最大的火电厂,为重庆解放初期经济的恢复发展提供了更充足的电力。

忠诚履职管好电厂

1952年12月,杨如坤被任命为大溪沟电厂副厂长,这是解放后重庆最早从工人中选任的厂级干部之一。他衷心感谢党和政府的信任,决心不负期望,忠诚履职,勇于担责,尽心尽力,抓好电厂生产管理工作。

他不忘工人本色,坚持深入生产一线,与大家共同劳动,商议生产工作,调查研究,分析原因,及时发现和处理生产中的问题和故障,有时还亲自示范操作,手把手指导培养职工,确保电力生产安全运行。他坚持技术革新,不断改进、完善设备,改善设备运行状况和工人的劳动强度,提高安全水平和经济效益。他认真组织编制规程制度,严格考核、检查、落实、监察管理;完善安全两项技术措施计划项目,1954年"两措"项目19个,1956年,增至104个,努力做到电力生产制度

化、规范化、科学化,安全可靠。

1953年,电厂1台机组调速器发生跳动,水泵传动齿轮磨损严重,影响安全运行。杨如坤和重庆电力公司总工程师吴锡瀛一道主持召开技术会议,分析研究故障原因。后由吴锡瀛亲自动手调整调速器角度,解决了调速器跳动问题;杨如坤亲自动手拆卸传动齿轮,查出是安装质量问题,重新规范安装,解决磨损问题,使该机组安全运行。

该厂1套新装机组,由于设备不完善,设计考虑不周,投入运行后经常发生事故,影响安全发电。1953年,杨如坤组织技术人员和工人调查研究,分析事故原因,发现了锅炉运煤机圆橡皮带断裂、炉膛结焦和炉排横梁常发生断裂等重大故障的原因;通过改进设备中存在的11项关键问题,消除了故障,保证了机组的安全运行。此次设备改进还有良好的经济效益,仅其中两项改进,每年就可为电厂节约资金2.7亿元(旧币)。

1954年,杨如坤参加鞍钢技术革新和技术革命展览和交流会,受到很大鼓舞和启发。回厂后,立即组织由厂领导、技术人员和工人组成的"三结合"技术革新攻关小组。针对设备的薄弱环节,提出8项技术革新建议。如针对锅炉出灰用人工小推车运出,既不安全、效率又低的问题,实施机械除灰改革,减轻了工人的劳动强度,提高了效率,也确保了安全;将锅炉运煤机的轴承改为二节,中间加装靠背轮,减少了设备的振动,延长了设备的使用寿命,有良好的安全、经济效益。

杨如坤在电力生产建设中的突出贡献,得到党和政府的信任和人民群众的尊敬。1954年他当选为重庆市人民代表大会代表,并被推选为第一届全国人民代表大会代表,出席1954年9月15日至28日召开的第一届全国人民代表大会。聆听毛主席的开幕词和刘少奇、周恩来的报告,通过了《中华人民共和国宪法》等法律,选举和决定了毛泽东主席、刘少奇委员长、周恩来总理等国家领导人,确立了新中国根本政治制度。杨如坤这位11岁就当童工、历经旧社会艰苦磨难的老工人,能参加这样决定国家大事的盛会,心情十分激动,感慨万千,充满新中国人民当家作主的豪情和主人翁的责任担当,无比欣喜、鼓舞,政治觉悟大为提高,视野更为广阔,他牢牢记住会上毛主席的号召:"克服一切艰难困苦,将我国建设成为一个伟大的社会主义共和国。"他决心为实现这个伟大理想而奋斗一生!

回渝后,他满腔热情传达会上毛主席等党和国家领导人的讲话、报告,新中国第一部宪法等。他以自己的亲身经验和深切感受,大力宣传人民代表大会制度是人民当家作主的根本政治制度,进行生动的爱国主义、政权建设和主人翁教育。作为人民代表的所思、所想、所为也不仅限于电厂的建设发展,更加关注国家大事、社情民意,如何更好服务社会、服务人民群众。

大溪沟电厂的发电设备均为20世纪30、40年代的老旧设备,锅炉烟囱不到40米,均未装除尘器,浓浓黑烟和烟尘使周围居民苦不堪言,周边的西南人民大礼堂和党政机关都受到严重污染,引来社会各界的批评、投诉。作为人民代表的杨如坤经常听到人民群众的反映,深感作为人民代表、电厂主管生产的副厂长,他有责任、有义务尽快回应、解决群众的关切,保护环境,维护人民的利益。于是他多次向上级反映,提出加装除尘器的建议。终于得到重庆(西南)电管局、重庆电业局的批准,下拨技改资金,于1956年在全部锅炉上安装了多管旋风子除尘器,使锅炉烟气除尘效率达到65%~75%,去除了大多烟尘,大大减轻了烟气的污染,受到了人民群众的欢迎和赞扬。这是新中国重庆电力系统的第一次污染治理。那时正是"一五"计划时期,电力系统资金都用于新建电厂、电网建设,资金十分紧张,他仍千方百计筹措资金用于环保技改,充分体现了重庆电力系统"人民电业为人民"的宗旨意识和强烈责任感。

老当益壮奉献不息

1957年6月,杨如坤调任重庆电力技校任副校长。这所学校是电力工业部学习苏联劳动后备培训体制经验而建立的新型中等职业技术学校,其任务是培养有理想、有文化、有技术的电力技术工人。对于11岁就离家外出谋生,没有上过学的杨如坤来说,担任学校副校长,是从来没有想过的,他积极地迎接新的挑战。

杨如坤在学校分管实习工厂生产和校内生产实习教学工作。这部分工作是技工学校具有特色的重要组成部分。杨如坤深知上级领导安排他到技工学校工作,是为了发挥他长达53年所积累的生产工作经验和技术专长,做好"传、帮、带",领导管理好生产实习教学和校办工厂生产,培养高质量的电力技工。那时

他已是67岁高龄,加之多年艰苦岁月的折磨,身体日益衰弱。他仍不顾辛劳,坚持深入生产、教学一线,指导生产班组的电动机、变压器生产;检查、指导校内生产实习教学,亲自为学生和青年教师示范操作,帮助他们提高实习质量和教学质量,把劳模精神、工匠精神和精湛的技术传授给他们,尽心尽力提高教师水平,培养好学生。

成都热电厂二期扩建工程(1958年)

1958年3月,杨如坤调任成都热电厂副厂长,领导为照顾这位已经68岁的老劳模,不让他分管繁忙的生产、基建管理工作,只让他分管后勤工作。成都热电厂是西南地区首家既发电、又供热的电厂,此时正在持续扩建中,生产和基建人员众多,后勤工作并不轻松。杨如坤不顾年老体弱,坚持带领后勤部门职工,努力办好食堂、幼儿园、子弟小学,管好家属宿舍、厂房、办公楼,努力做好后勤服务工作。后勤工作涉及方方面面、广大职工,众口难调,意见众多。杨如坤不辞辛苦,经常深入各后勤部门,到厂区、家属区行走,听取大家意见,调查研究,指导工作。他态度和蔼,耐心听取群众意见,能够做到的立即解决;不能完全解决的,也尽可能改善;限于条件(如职工住房不足)一时不能解决的,耐心解释,一有可能就予以解决;在职工住房分配、调整,子女入托、入学方面,都依靠职工尽可能做到公平合理,一视同仁。受到职工和家属的好评,称他是"成厂的好管家"。他在电厂后勤领导管理岗位辛勤工作努力奉献,直到古稀之年退休。

1987年12月因病去世,享年97岁。

2006年,在重庆有电100周年纪念活动中,重庆市民和广大电力职工没有忘记这位在保护电厂、修复电厂和建设电厂中做出突出贡献的全国劳模,一致评选他为重庆"百年电力十大名人"之一,以纪念这位令人尊敬、怀念的老党员、老劳模。

(原载《重庆日报》,2006年8月10日,后又做了补充修改)

修复被炸电厂功臣卢会卿

卢会卿是中国早期工人运动的积极分子，新中国第一届全国劳动模范，是在工人中最早选拔的电厂副厂长之一，他在被国民党军队炸毁的长寿水电厂的修复重建中做出了突出的贡献。1950年9月25日，出席全国工农兵劳动模范代表大会，受到毛泽东主席等中央领导的集体接见和宴请。2006年，被评选为重庆"百年电力十大人物"之一。

第一届全国劳动模范卢会卿

早期工人运动积极分子

卢会卿（1904—1968），湖北天门县（今天门市）人，自幼家贫，无力供其读书，只读过两年私塾。1919年，年仅15岁的他就随人到100多里外的汉阳钢铁厂电机部当电工学徒。1923年京汉铁路工人"二七"大罢工中，积极参加汉阳钢铁厂工会组织的示威游行等活动。1924年转入汉口宝丰机器厂学习钳工。1925年进入汉阳商办电气公司任领班，并当选公司工会宣传委员，积极带头张贴标语，高呼口号，参加反对贪官污吏、土豪劣绅的革命活动。1926年参加工会为增加工人工资而开展的罢工斗争，这场斗争取得了胜利。但在斗争中，卢会卿在奉命押解公司资方代理人王介承途中，王谎称要上厕所，卢缺乏经验只在厕所外守候，王乘机从厕所后窗逃走，为此卢会卿在1927年受到审查，停止工会宣传委员职务，后接中共领导人、湖北省总工会副委员长项英的通知，认定卢是工作失误，恢

复了工会宣传委员职务。此后仍认真履行工会宣传委员之责,带头参加工会组织的各项活动。

1938年武汉沦陷前夕,卢会卿从武汉辗转流亡到重庆,先后在重庆民生机器厂、21兵工厂、天原电化厂做电气修理工,担任工厂电机、电气设备的安装、检修工作。由于技术拔尖,1939年10月,他被选派到长寿龙溪河水力发电工程处安装电机、电气设备,先后参加桃花溪电站、下硐电站的建设。为龙溪河梯级水电开发建设做出贡献。1941年1月,成立龙溪河水力发电工程处长寿分厂(后改称长寿水电厂),卢会卿相继任电厂电气检修领班、助理工务员。经过近30年的刻苦钻研和生产实践锻炼,卢会卿的钳工技术和电气检修水平都不断提高,不仅是电厂电气检修技术骨干,而且长寿地区各兵工、民用企业的电机、电气设备检修中的技术难题,他都去帮助解决,成为长寿工人中的技术尖子。

1938年底动工兴建的长寿桃花溪水电站蓄水闸门

主动修复电厂的全国劳模

1949年11月29日,国民党军警冲进长寿水电厂,强行炸毁桃花溪、下硐两个水电站,造成长寿地区无电可用,一片漆黑。长寿人民群众和广大电力职工对国民党政府的残暴罪行十分愤恨,期望早日修复电厂。

卢会卿这位15岁就当童工,受尽苦难,曾经参加"二七"大罢工斗争,受过党的教育的老工人,早就

1949年11月29日,国民党军警炸毁的长寿电厂桃花溪电站

盼望翻身解放。他想尽快修复电厂是长寿人民的迫切要求,也是新中国国民经济恢复发展的需要,应该尽快想法修复电厂。于是在长寿解放的第二天(1949年12月3日),在人民政府和解放军尚未接管电厂之前,他就挺身而出,约集6个和他有共同想法的工人,前往长寿县城附近的桃花溪电站,检查电站毁坏情况。检查发现:厂房全部炸毁;1号水轮发电机组的水轮机外壳略有裂痕,调速杆略有损伤,配电屏炸坏,监测表计全毁,发电机表面轻度损伤;2号水轮发电机组的水轮机及附件大部炸碎,发电机外壳及线圈均损坏严重,水管炸断;3号水轮发电机组的水轮机及附件、地基等全部炸坏,仅存转轴,发电机外壳及线圈均炸坏。

  针对电站被毁坏情况,为了早日恢复发电,卢会卿和大家商议,决定采用临时发电措施,先修复损坏较轻、较易修复的1号机组。1949年12月5日,卢会卿带领电厂职工怀着翻身解放的无比喜悦和工人阶级主人翁的高度责任感,在废墟上修复重建电站。他们努力克服困难,厂房被毁,就在1号机组顶上搭盖临时厂棚;电屏炸坏,就用木料做成临时配电屏,在其上安装油开关和监测仪表;对机电设备的损坏进行处理和修复;用钢板封死2、3号机组的进水管,使水流只通过1号机组。经过7个昼夜的连续奋战,终于在12月12日将1号机组修复发电,长寿县城重见光明,这是卢会卿等长寿电厂职工献给新中国的一份厚礼!

  1949年12月19日,西南军政委员会对龙溪河水电工程处和长寿水电厂实行军管,并于次年初成立长寿水电工程修复委员会,燃料工业部专门下拨150吨大米作为修复资金,桃花溪、下硐电站全面修复工程正式启动。

  1950年1月17日,桃花溪电站修复工程动工。由于2号、3号机组被炸毁情况十分严重,致使国内电

1950年7月26日经卢会卿等职工日夜抢修,全面恢复发电的长寿电厂桃花溪电站设备

工器材厂认为无法修复、不愿承修。对此,卢会卿主动和厂内检修经验丰富的技工和工程师研究修复方案,并向电厂领导提出由电厂自行组织修复的建议和修复方案。修复委员会采纳了他的建议:已损坏的冲击式水轮机及轴承、联轴节、

调速器配件等，请上海机器厂加工制造；炸坏的配电屏板进行整形、重新排线，表计、继电保护进行修理和重新安装；炸坏的发电机自行修复；炸断的水管重装。卢会卿和修复职工千方百计，大胆革新，克服面临的种种困难，使修复工作顺利进行。解放初期经济困难，材料、工具、器材奇缺。卢会卿带头拿出自己珍藏多年的工具和难买的高压黑凡力水等器材，献给国家使用。发电机静子线圈被炸坏，需更换，但当时厂内静子线圈备品不够半台发电机用量，远不够修复两台发电机之需，而当时国内电气工厂尚不能生产6.9千伏线圈，工程面临停工。面对难关，卢会卿大胆革新，采用烧银焊的办法将炸坏的线圈接好重用，解决线圈不足的难题；但绝缘材料也奇缺，卢会卿又采取用白绸包扎线圈作层间绝缘，在白绸上浸上清漆后再用黄蜡带包扎作统包绝缘，从而解决了修复2台发电机的主要难关。在上海加工的设备运到后，进入全面安装阶段。参加修复工程的水电厂、水电工程处职工，不计报酬，只领生活费，夜以继日，忘我劳动，工程进展迅速。1950年6月中旬，2号机组修复发电；7月26日，3号机组修复发电，桃花溪电站3套水轮发电机全部修复发电。长寿县千家万户重见光明，多数工厂恢复生产，为长寿地区经济的恢复发展和人民生活的改善做出了贡献。

1950年8月1日，长寿水电工程修复委员会召开桃花溪电站修复发电庆祝大会

1950年8月1日，长寿水电工程修复委员会召开有长寿县各单位代表参加的庆祝桃花溪电站修复发电大会。大会向中共中央和毛主席发去"报捷致敬函"。8月12日，中共中央办公厅发来复函："奉毛主席交下你会来函，知你会职工在被蒋匪炸毁的废墟上，迅速恢复发电厂，甚感欣慰！长寿水力发电厂的恢复和开发，中央极为注意，明年并拟继续开发，希望全体职工努力提高政治和技术水平，迎接明年的建设任务。"中央的复函，极大地鼓舞了长寿水电厂和龙溪河水电工程处的广大职工，决心以更加昂扬的斗志，迎接新的水电厂恢复和开发建设任务。

卢会卿在桃花溪电站修复发电中做出突出、重大的贡献，得到长寿电厂、龙溪河水电工程处职工和长寿人民的高度评价、赞扬。长寿人民称赞卢会卿为《长寿万丈光芒里的'周师傅'》。'周师傅'是东北一家工厂的工人,他在被日军炸毁的工厂修复中,贡献突出,被当地谱写歌曲《万丈光芒里的周师傅》颂扬,长寿人民改编此歌曲来颂扬他们心中的英雄卢会卿。1950年9月,全厂职工一致评选卢会卿为新中国第一届全国劳模,与吴运铎、孟泰等老劳模和全军战斗英雄一起出席1950年9月25日—10月2日召开的全国工农兵劳动模范代表会议,受到毛泽东主席等党和国家领导人的集体接见和宴请。毛主席代表中共中央向会议致贺词:"你们是全中华民族的模范人物,是推动各方面人民事业胜利前进的模范,是人民政府的可靠的支柱和人民群众的桥梁。"党和国家对劳动模范的高度评价、激励和给予的崇高荣誉,深深教育、感动了他,极大地鼓舞和鞭策了他。他决心更加努力工作,为电力生产建设做出更多、更大的贡献。

长寿电厂狮子滩发电所车间

忠诚履职的好干部

卢会卿在恢复重建电厂中出色的表现和高超的技术水平、工作能力,使他得到上级领导的肯定、信任和职工的拥戴。1950年8月,桃花溪电站修复后,他就被选任为桃花溪发电所所长,这是他首次担任电厂中层管理干部,缺乏经验;同时,又是一个刚修复的电站,工作困难更多。卢会卿依靠职工,兢兢业业,不辞辛苦,使发电所安全稳定运行发电。1951年7月后又相继任修复中

卢会卿任所长的长寿电厂桃花溪发电所厂房

187

的下硐发电所所长和生技课课长。1953年10月，他被提任为长寿水电厂副厂长，负责全厂生产技术领导管理工作。此时的长寿水电厂，正是龙溪河梯级水电工程全面开发建设时期，从1954年到1959年，上硐、狮子滩、回龙寨及下硐等新建和改建电站相继建成，装机容量共10.45万千瓦，是我国第一个全流域梯级开发的水电工程和西南地区最大的水电厂。作为主管生产技术工作的副厂长，卢会卿既要为一个个新建电站做好人员培训、机构建制和规程制度的编制等新建电站的投产工作；又要负责相距数十千米、分布在两条长江支流上的5个水电站（发电所）的安全生产运行管理工作。卢会卿深知责任大，任务繁重。他忠实履行职责，尽心尽力，严谨认真，任劳任怨，努力做好工作。他坚持深入生产实际，依靠群众。除了必要的会议和学习，他都深入生产车间，与大家共同商议，调查研究，发现问题和解决问题，有时还亲自示范操作，手把手指导培养职工。他认真组织编制电厂安全生产的各种规程、制度，严格落实规程、制度的培训、考核、检查、落实，做到各项生产工作有章可循，严格执行，使生产工作规范、科学、安全可靠。他按照电力生产的特点，坚持安全第一的方针，加强安全思想教育和培训，严格安全监察管理，强化安全技术措施，不断提高安全运行水平。事故不断减少，设备事故由1953年的71次，降至1960年的4次；安全运行天数由1953年的不足200天，逐年提高。他努力改进和提高管理效能和生产工作质量。1956年10月，他主持将检修相关部门的人员、职能合并、扩大为检修队，实行大检修体制，一条

卢会卿任所长的长寿电厂下硐发电所厂房

长寿电厂大坝及水库（长寿湖）

龙管理，专业化检修，精简了机构、人员，提高了检修质量和效益，缩短了检修工期，增加了机组发电量。他严格要求自己，尤其是1952年加入中国共产党后，更是时时、处处起好模范带头作用。对下级要求的，首先带头做好。他为人忠诚正直，朴实谦和，平易近人，一直保持着老劳模的本色，受到职工的喜爱和尊重，职工们都称赞他为工人自己的好干部。

1961年3月，卢会卿调任重庆电力技工学校副校长。这是电力工业部学习苏联劳动后备培训体制经验而建立的新型职业技术学校，其任务是培养有理想、有文化、有技术的新型电力技术工人。对于只读过两年私塾的卢会卿来说，面临新的挑战。

卢会卿在学校分管实习工厂生产和校内生产实习教学。这部分工作是技工学校具有特色的重要组成部分。卢会卿深知上级领导安排他到技工学校工作，是为了发挥他几十年电力专业生产工作经验和技术专长，在学校年轻老师和学生中做好"传、帮、带"，领导好校内生产实习教学和校办工厂的生产工作，培养出高质量的电力技工。他下定决心不负上级领导的期望，把这艰苦、繁重的任务完成好。那时他虽然才57岁，但已在多家企业工作长达42年，长期的辛苦劳累，使他的身体也日益衰弱。他仍不辞辛劳，坚持深入实习工厂生产和校内生产实习教学一线，亲自指导督促各班组搞好电动机、变压器的生产；亲自检查指导校内生产实习教学，为年轻教师和学生示范操作，帮助他们提高教学质量和实习质量，把劳模精神、工匠精神和精湛的技术传授给他们，努力培养新型电力技术工人。他经常教导年轻的教育干部，不要光坐办公室，要经常到教学一线，和教师多交流，多商议，才能把教学工作管好，把教学质量提高；要经常了解学生的思想、学习情况，有针对地教育他们、帮助他们效果才好。他常劝青年教师，要多去电力生产企业，学习电力专业技能，光有理论知识培养不出有文化、有技能的学生。

传播正能量的宣传员

卢会卿除被评选为全国劳动模范外，还先后被评为川东行政区特等工业劳动模范、重庆电业局甲等劳动模范；1950年到1955年多次应邀到京参加国庆观

礼；1958年3月5日，周恩来总理和李富春、李先念副总理到长寿水电厂视察时，亲自到卢会卿家嘘寒问暖，热情关怀，并邀请卢到电厂外宾招待所共进午餐；1950年10月3日，燃料工业部部长陈郁和电业管理总局领导，举行"全国劳模代表座谈会"，欢迎卢会卿、杨如坤等19位电力系统的全国劳模；1955年9月，作为特邀代表出席全国电力工业第一届劳动模范大会；1956年当选为重庆市总工会经济审查委员会委员，同年，特邀出席全国电力工业干部会议。党和政府、企业给予他的崇高奖励和荣誉，使他感动不已，深深感谢党和政府的关怀和培育，他把过去的成就作为新的起点，把荣誉作为前进的动力。除了尽最大的努力做好党交给自己的工作外，他在各种场合，采取多种方式，以自己的亲身经历和感受，大力开展革命传统教育、爱国主义教育。

1950年10月3日，燃料工业部陈郁部长举行"全国劳模代表座谈会"欢迎19位电力劳模，前排右1为卢会卿，右6为杨如坤

1950年10月，他参加首届全国劳模大会回重庆后，就先后在刘伯承司令员兼任校长的西南人民革命大学和重庆市、长寿县的各种会议、报告会上做过数十次传达报告，传达毛主席在会上的讲话和会议精神，交流各地劳模的先进事迹与经验，畅谈毛主席、党中央的亲切关怀、新中国一年来的伟大成就，以自己的亲身经历和新旧对比表达了工人阶级当家做主后的无比欢欣和衷心感谢，决心以更大的努力、更多更大的成绩报答党和政府的关怀和奖励，报答群众的支持和厚爱。报告语言朴实，充满真情厚意，生动感人，对听众很有感染力，受到大家的欢迎，是生动的爱国主义教育和工人阶级主人翁教育。

1951年10月，卢会卿再次去北京参加国庆观礼后，又在川东行政区劳模会等会上，宣讲观礼期间的所闻、所见，热情宣传新中国两年来的伟大成就和工人阶级、劳动人民政治地位的翻天覆地的变化，并应邀介绍了他在长寿解放的次日，主动带领工人修复电厂的初衷和经历、经验。此次宣讲感动和激励了长寿地区各工矿企业的职工，掀起了"学习卢会卿，争做先进工人"的活动，有力推动了长寿工业生产的发展。

1963年是"二七"大罢工40周年纪念,他在中共重庆市委宣传部和重庆市总工会召开的"'二七'大罢工40周年纪念座谈会"、重庆人民广播电台的专题广播和九龙坡区总工会的纪念会上,以自己的亲身见闻和经历,生动介绍了"二七"大罢工前后武汉工人的痛苦生活,工人们在中国共产党和工会的领导下开展的一系列的反抗和斗争,进行生动的革命传统教育。他的宣讲成了这次纪念活动的主旨报告。

卢会卿还先后在全国电力工业劳模大会、全国电力工会干部会、重庆电力系统各企业会议和长寿水电厂、重庆电技校职工、师生会议等数十次会上做了爱国主义、革命传统教育的报告。

卢会卿文化不高,口才不好,但他把每次报告都看作是党交给他的一次政治任务,是一个党员应尽的"宣传群众"的义务。因此,每次报告前他都精心准备,戴着老花眼镜,一字一句地写出报告的内容要点。每次报告他都满怀对党、对祖国、对领袖的深情热爱和工人阶级当家作主的豪情,坚持以亲身经历、见闻为依据,用真诚、朴实的语言,与听众交流、分享自己的认识、感知、感情,情真意切,生动感人。多年来他所做的上百次报告,都很受欢迎,他成为一个党的好宣传员、正能量的热情传播者。

在1966年的"文化大革命"中,卢会卿这位贡献突出的全国劳模,却被诬为"混进党内的工贼",而遭到批判斗争,造成悲剧。

事情源于1965年的"四清运动",这场运动要"清政治、清经济、清组织、清思想"。领导干部要自我检查,"下楼洗澡";党员中开展整党,重新登记。卢会卿在会上检查了1926年在罢工斗争中因"政治觉悟不高,警惕性不强",而"不慎放走资方代理人"的错误。中共重庆市委"四清工作总团"派到重庆电力技校的"四清工作组"审查认为:当时卢会卿还是青年工人,缺乏政治斗争经验,不慎放走资方代理人,是失职错误,同时那时上级工会已审查结论,恢复工会职务,同意审查通过。谁料在"文革"中,一个党员以卢会卿这个已经通过审查结论的历史问题为据,写出一张"卢会卿是混进党内的工贼!"的大字报,一时轰动全校。那时国家主席刘少奇正被诬为"叛徒、工贼、内奸"而遭到批判,在重庆电力技校揪出一个混进党内、当了副校长的"工贼",就成了造反派一大"战果",于是卢会卿就成为

"历史反革命",被罚打扫校内厕所,被批斗、审讯,要求交待反革命罪行。那些政治上幼稚的学生造反派头目们,更是常常挥舞手枪威逼卢会卿交待罪行。从未经历过如此政治大风暴的卢会卿,被逼得惶惶不可终日,曾多次以沉重、无助、无望的心情,对同住一个楼房的一个党员干部说:"他们拿枪指着我的头,要我交代罪行,不交代就枪毙我!我没有对党犯过什么罪,拿什么交待呀!"那位党员安慰他:"你那件事四清才做过审查结论的,全校党员都知道,都可证明。今天他们不让我们说话,我们没有办法,总有一天我们会替你说清楚的。你要相信党,每一次运动最后对每一个人都要一一甄别、弄清楚问题的,你不要怕。"经历一年多的人格尊严侮辱和精神折磨后,这位纯朴、忠厚、老实的老工人、老劳模,终于精神崩溃,含冤去世,年仅64岁。

粉碎江青反革命集团后,拨乱反正,平反冤假错案,落实干部政治,卢会卿得到平反昭雪。2006年,在"重庆有电100周年"纪念活动中,重庆市民和电力系统职工没有忘记这位在重庆电力恢复重建和发展中做出过突出贡献的老劳模,一致评选他为重庆"百年电力十大名人"之一,以纪念这位令人尊敬、怀念的老劳模。

(原载《重庆日报》,2006年8月22日,后又做了补充修改)

奉献不息的老劳模刘超群

刘超群是重庆电力系统的老党员、老劳模。1951年任线路工,1953年6月加入中国共产党。1959年11月,因在带电作业中开拓创新,贡献突出,被评为全国先进生产者,出席全国群英会。1963年起,相继担任重庆供电公司副总工程师、副经理,重庆供电局副局长。在重庆供电企业领导岗位上,忘我工作,忠实履责,勇于担当,为供电生产建设与改革做出重要贡献。1965年国庆节,他作为劳模代表参加天安门观礼,受到毛泽东主席等党和国家领导人的亲切接见。1991年退休后,仍老有所为,为小水电的建设与经营管理、退休党支部的组织工作和文化养老活动,奉献余热,服务企业和社会。

2006年,在纪念重庆有电100周年活动中,刘超群被评为"百年电力十大人物"之一,图为刘超群上台领奖

2006年,在纪念重庆有电100周年活动中,他被评为"百年电力十大人物"之一,受到表彰。在这位有63年党龄的老党员身上,充分体现了不忘初心,信念坚定,理想永存,全心全意为人民服务,为党的事业奋斗、奉献终身的崇高党性和品德。

勇于创新的好工匠

1959年1月在110千伏线路上进行带电操作

20世纪50年代,是新中国火红的建设年代。当家做主的中国人民,热情高涨,争分夺秒,奋力尽快改变祖国一穷二白的落后面貌,电力需求不断增多。而当时采用的停电检修方式,每次检修线路都要造成大批企业和民用用户停电,拖了重庆生产建设和社会发展的后腿。具有强烈主人翁责任感的刘超群和线路工人都十分心痛和焦急,他们努力探索不停电检修的方式,并在个别部件的带电更换上取得一些突破。

1958年4月12日,《人民日报》报道了鞍山电业局和沈阳中试所开创的"不停电检修线路"的重大技术革新成果。同年5月,重庆电业局按照水电部《关于推广不停电检修作业的通知》的要求,选派重庆供电所线路工程队队长王正国、检修班长刘超群和技术员景根法等5人,前往鞍山电业局学习。他们认真学习,虚心请教,半个月时间共掌握了35千伏到66千伏线路的200余种带电作业工具和操作方法。同年6月初返回重庆后,重庆电业局决定成立带电作业组,由刘超群任组长。他立即按鞍山电业局提供的图纸制作工具。但当时重庆电业局修试场生产任务重难以承担加工任务,对外也一时找不到合适的厂家。刘超群和组员商议,决定不等不靠,自己动手制作工具。他们勤学苦练,边学边作,很快就掌握了机床加工和焊、锻等制造技术,并制作了6套共200余件带电作业工具。仅当年8月到12月,就开展带电作业40次,为用户多供电40多万千瓦·时,这是西南地区首次开展带电作业,受到上级的肯定和同行称赞。

带电作业的首次成功后,他们坚持科学试验,不断改进创新,努力攀登带电作业新高峰。他们按鞍山电业局图纸制作的工具,是按当地的实际情况制作的,而重庆的地形和电线的杆形、导线均与鞍山有所不同,必须因地制宜。他们经过几次工具的使用后,就发现了这一问题。决定按照重庆的实际情况,改进带电作业工具。刘超群发动大家集思广益,研究改进。看准了就改,使用中发现问题再改,如此在实践中不断改进,使带电作业工具日益完善、灵巧方便。如换耐张瓷瓶工具,从开初按照不同杆形分别制作的笨重的多套单一工具,到研制能适用不同杆形多用途的灵巧工具,从1959年到1965年,经过50多次试用、改进,才完成,这套多用途工具不仅灵巧方便,换一套瓷瓶时间,也从一天缩短到半小时。

带电作业在高电压下工作,有触电危险,必须十分谨慎。对此,他们每次作

1960年在盘溪变电站进行带电操作

业都要做好充分准备,不打无准备之仗。对于没有把握的作业都要先行试验,没有问题再上线作业;每一件带电作业工具都要按其机械、电气安全系数3到5倍要求进行检验,合格后才使用;每次作业都要统一指挥,协调操作,做好安全监护,确保安全。

使用工具进行带电检修与停电检修相比也是突破性的进步。但由于是使用长长的工具进行操作,人体不能靠近电线,使一些检修项目无法进行。为此,1961年刘超群又带领全组开展"等电位"带电作业。他首先组织大家学习"等电位"相关理论知识,使大家懂得在"等电位"条件下进行带电检修不会触电的道理。又按照技术员景根法的建议,用一

1961年用兔子做110千伏等电位试验

只兔子进行110千伏"等电位"试验,看到兔子通电后安然无恙,才放心上线操作。此后,他们坚持不断创新,带电作业又从单项消除缺陷发展到全线路综合检修;从线路带电检修到变电带电检修。

带电作业是一种技术复杂、条件艰苦、具有风险的新操作技术,要求操作者有坚强的意志和敢冒风险、勇于创新的思想品格;有科学精神和过硬的技术;强

壮的体格、能吃苦耐劳。为此，刘超群在组内大力开展"练技术、练身体、练毅力、练机智勇敢"的学习练兵活动。他组织组内老同志和青工结对帮扶，开展政治思想教育和技术上的传帮带；在带电组院坝内设立高杆、登高软梯、举重哑铃及石锁和武术器材，每天早、晚进行练习，既练了线路检修基本功，又锻炼了身体，增强了毅力；对新进组员，先学操作规程、安全规则，再在师傅带领下练习操作技术，经考试合格后才能上线操作。就这样几年间带电作业组培训了大批带电检修人才，带电作业组也逐步扩大为带电作业班、带电作业队，带电作业规模不断扩大，从1958年8月到1965年就成功开展了6千多次，为用户增供了大量电力，促进了重庆经济与社会的发展。

1961年在110千伏线路上带电紧固瓷瓶夹头

为了推动带电作业的发展，刘超群和带电作业组采取办班培训和示范表演等形式，为西南地区培训了大批带电作业人员。1959年3月到4月，按照电力工业部的要求，重庆电业局举办西南地区带电作业培训班，为云南、贵州和四川省电力企业和部分大电力用户培训了50名带电作业人员，刘超群、景根法为学员讲课，带电作业组进行示范操作表演。1961年秋，带电作业班在盘溪变电站为在重庆召开的"三省五市供电会议"的代表表演等电位带电作业。1961年秋，带电作业班参加鞍山带电小分队在成都表演带电更换110千伏悬式绝缘子串，还创造了11分钟换绝缘子的好成绩，受到鞍山和成都电力同行的称赞。此后带电作业班还通过带电作业表演和举办培训班为四川电力企业培训了一批等电位带电作业人员。从1958年到1965年带电作业组（班）就为西南三省培训了180多名带电作业人员，推动了西南地区带电作业的全面开展。

1961年在110千伏油开关上紧固瓷瓶

忠实履责的好干部

20世纪60年代,党和政府决定从优秀工人中培训技术干部。刘超群思想先进,技术拔尖,勇于创新,在带电作业中贡献突出,因而在1963年被选拔为重庆电力系统第一个"工人工程师",并担任重庆供电公司副总工程师。以后又相继担任重庆供电公司副经理、重庆供电局副局长。职务、地位变了,全国劳模的本色不变。他继续发扬强烈的主人翁责任感和艰苦创业精神,忘我的劳动热情和无私奉献精神,精益求精、不断创新的工匠精神,投入新的工作任务。

他继续和带电作业班的工友们一起开展带电作业的创新和推广工作。1964年3月到4月,按照四川省水电厅的要求,重庆供电公司负责举办"四川电力系统推广等电位带电作业现场会。"他领导带电作业班认真做好准备工作,以110千伏双童石线作为带电检修现场,带电作业班先行上线示范表演操作,各电力企业代表再轮流上线练习操作,效果良好,促进了全川等电位带电检修工作的开展。1965年,刘超群应邀为川南供电公司等兄弟单位的带电作业培训班讲课,耐心细致地指导学员掌握带电作业操作技术。1966年5月,水电部在鞍山召开全国带电作业现场会,重庆电业局被指定为会议筹备组成员,要求重庆供电公司带电作业班在会上表演。刘超群组织带电作业班做好充分准备,在会上表演了110千伏换绝缘子串和110千伏油断路器带电加油等项目。其中带电加油是他和带电班经过多次试验,不断改进加油工具才成功的。此次表演后得到大

1965年4月刘超群(前排左二)为川南供电公司带电培训班讲课

1965年刘超群在重庆供电公司职工大会做生产工作报告

会肯定,并在各地推广应用,这是他们对全国带电作业做出的一个新贡献。

供电基建,尤其是线路建设,点多面广战线长,多在荒郊野外,崇山峻岭,工作条件艰苦,任务繁重艰巨。作为分管基建工作的副经理(副局长),仍像当年任线路工一样,不辞劳苦,经常深入施工现场和工人同吃、同住、同劳动,面对面了解和研究解决问题,指挥基建工作。供电基建高空作业多,安全隐患多,质量要求高。他把安全、质量作为领导管理工作的重点,在规章制度、质量标准、技术措施、检查验收、考核评比等各个方面、各个环节,层层把关,避免安全、质量事故。他在基建职工中大力开展增产节约活动,加强工程的预决算管理和财务管理,努力降低成本。力求工程质量高、工期短、成本低。

老有所为的好党员

1991年12月底退休后,这位老党员仍老当益壮,保持积极向上、热情服务的精神状态,坚持老有所为,继续为企业、为群众奉献余热。

1992年起,他应聘担任重庆电力企协、电力行协小水电建设和经营管理工作,直到2001年,长达10年。4个小水电站都在边远山区,交通不便,条件艰苦,他不辞辛苦,经常深入各电站了解情况,指导工作,解决问题,使各电站的基建和生产经营工作正常进行,创造了良好经济效益,促进了地方经济的发展,改善了当地农民的生活。

1993年起,他相继当选重庆电力公司机关城区退休党支部、大溪沟退休党支部的组织委员。他认真做好支部党员的党课教育和思想政治教育工作;加强对党外积极分子的培养教育,先后在退休职工中发展了两名党员;组织开展对生病和困难党员的慰问、关爱活动等。在支部党员的积极努力下,支部先后被评为重庆市电力公司和国家电力公司先进支部,他也多次被

2009年9月,在重庆市电力公司庆祝新中国成立60周年文艺晚会上,刘超群参加演出,接受中央电视台主持人朱迅的采访

评为优秀党员。由于工作出色,热心服务,得到党员拥戴,他先后选任三届退休党支部委员,时间长达9年。

  他按照习近平总书记关于离退休干部要"老有所教,老有所学,老有所乐,老有所为"的指示,积极参加重庆市电力公司离退休工作部和老年协会组织开展的多种文化养老活动,热心为老年朋友服务。尤其是1992年起他就连任重庆市电力公司机关老年门球队队长,长达20年。20年间,他认真组织老年朋友在大田湾门球场和沙坪坝大院门球场坚持锻炼、训练,使大家增强了体魄,提高了门球技艺,培养了团结协作的团队精神。他带领门球队积极参加重庆市电力(电网)系统和重庆市老年门球赛的比赛。球队每次比赛前都认真备战,积极参赛,努力赛出风格,赛出水平。20年来,共获得9次第一名、3次第二名、5次第三名,成绩显著,在重庆市众多老年门球队中名列前茅。作为业余门球队队长,他承担了门球的组织发动、活动安排、场地租借、器材准备和其他繁杂的事务工作。他任劳任怨,不辞辛苦,热情服务,持之以恒,获得了队员们的信任和喜爱,担任队长直到80岁高龄。如今已是85岁高龄的刘超群,仍活跃在集邮、合唱等文化养老活动中。他是重庆市电力公司机关老年合唱团最早参加和年龄最大的成员。他坚持参加每周合唱团的教唱和排练活动,从不缺席;合唱团的大合唱、小合唱演出和各种联欢活动,他都积极参加,认真演出、演好。用他浑厚有力的男低音,唱响主旋律,唱出精气神,唱出他对党和祖国的忠诚和热爱,唱出他对美好幸福生活的欢欣,唱出他永远跟党走,共筑中国梦的决心!

              (原载《重庆电力》2017年第2期)

史话篇

沧桑巨变

百年电力　沧桑巨变

——纪念重庆有电100周年

古老的渝州,地处浩荡的长江上游,两江交汇,自古就有舟楫之便,商贾云集,市肆繁荣,三千年文明底蕴厚重。清光绪十六年(1890年)辟为对外通商口岸后,现代工商业逐步形成,对电力有了迫切要求,现代电力应运而生。清光绪三十二年(1906年)电力文明之光初照巴渝大地。百年风雨沧桑,重庆电力发生了翻天覆地的变化。

文明之光　初照巴渝

1899年,重庆巴县绅商刘沛膏,为发展经济,实业救国,遂变卖田产,筹集资金,谋办电厂。他先后邀约绅商开德均、重庆商会会长赵资生和重庆商务总会首任总理李耀庭等集资入股。1903年向川东劝业道呈准试办电厂。又经3年的努力,于1906年11月,在重庆两江环抱的渝中半岛太平门仁和湾普安堂巷建成装有100千瓦直流发电机的重庆第一个电厂。同年11月25日,为电厂大股东李耀庭七十寿辰庆典,当夜太平门绣壁街的李家府院,50盏电灯大放光明,为庆典大增光彩。这是电厂首次对外供电,

1906年11月建成,位于重庆太平门仁和湾普安堂巷的重庆第一个100千瓦电厂旧址

古老的渝州点亮了第一束电力文明之光。稍后又向附近商店提供照明用电,开启了重庆和西南地区商业供电的新纪元。

1908年,为发展社会公益事业,振兴工商业,繁荣市场,重庆商会发起招股集资,刘沛膏、尹德均、刘秉衡等人筹建民营烛川电灯公司,报清政府立案,批准专业权30年。新建电厂仍在普安堂巷电厂原址扩建。工程由上海瑞记洋行代雇德国人李特勒承包建设。李特勒不顾工程质量,并无理打伤烛川公司的监工刘光明,激起工地上的中国电力工人罢工抗议,赶走了洋人李特勒,取得了斗争的胜利。这是中国电力工人运动史上第一次有组织、并取得完全胜利的罢工斗争。此后由中国工程师领导建设,于1909年9月4日建成有2台200千瓦的蒸汽直流发电机组的电厂,装设输电线路5条,共长5千米,向市区上半城、下半城、都邮街、陕西街等繁华闹市区供照明用电600盏,每晚6时半至12时半供电。重庆市民初看到电灯在市区繁华街道大放光明时,无不欢呼雀跃,成群结队齐聚灯下观看,蔚为奇观。随着电灯照明,出现了夜市营业,促进了商业繁荣,方便居民生活。烛川电灯公司成立董事会,机构健全,设置总务、会计、机务等部门,有职工50多人,年发电8.2万千瓦·时,是重庆市和西南地区第一家正式开办的股份制商办电力公司。

1906年11月25日,位于重庆太平门绣壁街李耀庭府院府,50盏电灯齐明,点亮了电力文明之光

1909年9月,烛川电灯公司2台200千瓦电厂建成,建5条长约5千米线路,向市区繁华街道供电

民国时期　曲折兴衰

随着重庆现代工商业的逐步发展和人口的增多,用电需求大增,重庆市各县市纷纷办电,发电企业增多,供电范围扩大,电力逐步形成工业体系。抗日战争全面爆发后,重庆成为陪都,大量机关、学校、企业内迁,人口大增,电力工业快速发展。1946年后,国民党政府发动内战,经济凋敝,电力工业日益衰败,解放前夕,重庆公用电厂和兵工自备电厂更遭到国民党政府的残暴破坏。

民国早期　初具规模

1926年4月,民族实业家卢作孚等合资创办民生公司电灯部,安装2.2千瓦内燃发电机一台,供城关照明,这是重庆第一个县城电厂;同年,铜梁王步舟创办光明电厂,装设7.5千瓦蒸汽发电机一台。

此后,南川建成装机17千瓦的明明电业公司;民生公司又扩建64千瓦的蒸汽发电机一台;装机100千瓦的万县电灯管理处和装机180千瓦的万县电气公司向万县市区供电。

烛川电灯公司设备陈旧,容量小,远不能满足重庆市区用电的需要,1932年重庆市政府成立重庆电力厂(后称大溪沟电厂)筹备处,于1934年7月20日建成装有3台1000千瓦汽轮发电机组的电厂,以3条供电线路向市区和江北、南岸地区供电,年发电量上升到398万千瓦·时,用户增至10468户,成为重庆也是当时西南地区最大的发电厂。

1926年4月卢作孚创办的合川民生公司电灯部

1934年,建设中的大溪沟电厂厂房

1934—1936年，重庆各县市还先后建成装机50千瓦的璧山电厂、装机88千瓦的江津大明电灯公司、装机28千瓦的长寿恒星水电厂、装机72千瓦的北碚溪口镇水电公司、装机11千瓦的綦江光耀电灯公司和装机172千瓦的奉节明明电灯公司等电力企业。

1935年1月，重庆电力厂筹备处和临时营业处合并组建的重庆电力股份有限公司成立。1936年12月经国民政府中央建设委员会注册立案，取得电气营业执照，核准专业营业权。

至此，重庆市区及各县（市）已有各类电力企业13家，装机容量3796.7千瓦，用户近2万户，初步形成电力工业体系。

抗战时期　发展较快

1937年抗日战争爆发后，国民政府迁都重庆，重庆成为中国战时首都（陪都），大批政府机关、学校和400家军工、民用企业相继迁到重庆，市区人口由40多万激增至120万，生产和民用电大幅增加，为适应用电的需求，重庆电力工业在抗日烽火中迎来新的发展时期。

1938年，正在施工中的大溪沟电厂至沙坪坝13.8千伏输电线路

重庆电力股份有限公司决定扩建大溪沟电厂，于1937年12月和1938年1月，先后建成4500千瓦的汽轮发电机组各1台，使该厂容量达到1.2万千瓦，仍是重庆和西南地区最大的火电厂，也是全国一等电力企业。同时，配套建成电压13.8千伏，容量4500千伏·安和2500千伏·安的升压变压器各1台；建成13.8千伏的输电线路13千米和5个变电站，供电范围扩大到40平方千米，售电量达1415万千瓦·时。

1938年后，重庆遭日机狂轰滥炸，为保安全，1939年8月将大溪沟电厂2台1000千瓦机组迁往南岸弹子石成立第二电厂；1942年4月将大溪沟电厂4500千瓦机组1台迁往鹅公岩山洞内成立第三电厂，这是当时中国最大的洞内电厂。3个电厂各自成网向外供电，用户增加，1942年售电量共计4886万千瓦·时。

1937年7月,国民政府成立龙溪河水力发电筹备处,开发长寿水电资源。1941年8月建成装机3台共876千瓦的桃花溪水电站;1944年1月建成装机1550千瓦的龙溪河下硐水电站,用6.6千伏的输电线路向长寿县供电。

1938年6月,四川省政府和国民政府资源委员会合办万县电厂,扩建132千瓦和340千瓦的柴油发电机各1台;1944年7月和8月先后建成容量为160千瓦的仙女洞水电站和容量为136千瓦的鲸鱼口水电站,架设电压33千伏、长25千米的输电线路向万县市区供电,这是重庆第一条33千伏输电线路。

1938年,线路工人正在安装变压器

为适应李家沱巴县工业区工业用电的需求,国民政府经济部建立巴县工业区电力股份有限公司,于1944年4月4日建成装机1000千瓦汽轮发电机1台的电厂,用2条共长11.33千米的输电线路向周边地区供电。

为适应北碚地区用电不断增长的要求,1943年1月由卢作孚倡议,北碚多家企业和银行集资成立富源水力发电公司,建高坑岩水电厂,于1945年1月和5月先后装设160千瓦的水轮发电机各1台,通过长12千米的6.9千伏高压输电线路向北碚地区供电。

1942年,迁建的鹅公岩洞内电厂(重庆电力公司第三电厂)发电设备

至此,重庆市区共有社会公用电厂6家,装机容量1.5746万千瓦,发电量7000多万千瓦·时,6个电厂各自成网向附近地区供电。

各县(市)地方电力和厂矿自备电厂也快速发展。万县、綦江、永川、荣昌、巴县、铜梁、大足等市县共有小水、火电厂23座,装机容量1310千瓦;29兵工厂、24兵工厂、裕华纱厂、豫丰纱厂等21家工厂建有自备电厂,装机容量20845千瓦,超过市区公用电厂的总容量,改善了重庆市的供电状况。

到1945年底,全市共有各类大小电厂50家,装机容量共3.79万千瓦,不仅在

西南地区名列前茅,在全国也是装机容量最多的大城市之一。同时,重庆电力企业还新建了6.9千伏、13.8千伏电压等级的多个小型电网,供电范围不断扩大,推动重庆经济发展,有力支援了前方抗战。这段时间是重庆电力工业在旧中国发展最快的时期。

抗战时期日军飞机对重庆实施残暴轰炸,电力设施每炸必遭毁损。面对敌人的暴行,广大电力职工,不顾危险,奋勇抢修被炸电力设施,尽快恢复供电,不仅没有出现大面积的停电,售电量还不断增长,从1936年的489万千瓦·时,增至1944年的4897万千瓦·时,创造了日本大轰炸下大城市供电的奇迹。得到《新华日报》《国民公报》等报刊的高度评价和重庆市政府的多次奖励。

1941年6月2日,重庆七星岗被炸后,2名线路工人立即上电杆抢修

解放前夕 走向衰败

抗日战争结束后,随着国民党政府发动内战的不断升级,货币贬值,物价飞涨,经济凋敝,重庆电力工业每况愈下,走向衰败。

1946年后,新建电厂很少,公用电厂仅有下硐水电站2台720千瓦机组;地方电力仅有江津、永川、丰都等5个电站,共247.5千瓦机组;自备电厂仅有21兵工厂2000千瓦机组1台和裕华纱厂2台500千瓦机组,共3000千瓦。

原有电厂设备陈旧失修,事故频发,经营管理混乱,成本大幅增加,效益年年下降,造成大批小火、水电厂倒闭,厂矿自备电厂也随企业倒闭而停产。社会公用电厂也难以维持。如当时重庆最大的电力企业——重庆电力股份有限公司,由于设备技术落后,加上国民党政府机关、军警特务强行窃电,使线损率高达40.5%,同时,物价飞涨,成本大增,企业效益大降,1946年就负债2333万元,以后逐年增加,到解放前夕也负债累累,濒临倒闭,成为有名的"烂污公司"。6个公用电厂自发自供,互不相连,供电质量和可靠性差,电压、频率波动大,随意拉闸停电,严重影响经济和生活用电,当时民谣戏称:"好个重庆城,山高路不平,夜间电灯来,好像红丝丝。"

1949年11月29日,国民党政府败逃前夕,根据蒋介石的指令,大批军警特务携带炸药,对重庆各公用电厂和兵工厂的自备电厂进行疯狂的破坏。在中共川东特委的组织领导下,各电厂工人组织武装护厂队,与军警特务进行英勇机智的斗争。在公用电厂中除长寿电厂6台机组和鹅公岩电厂的锅炉(共8366千瓦)被炸毁外,其余4个电厂均保护完好。在自备电厂中20、21、24、29、50兵工厂等5家兵工厂的自备电厂(共1.275万千瓦)全部被炸坏。总计被炸毁设备2.1116万千瓦,占全市装机容量49.32%,全市装机容量仅剩2.17万千瓦,年发电量仅7459万千瓦·时,年售电量仅4553万千瓦·时。在护厂斗争中,鹅公岩电厂卢树清、彭子清等6名工人,21、29兵工厂的自备电厂的简国治、刘家彝等19名职工为保护电厂而英勇牺牲。

1949年11月29日,被国民党军警炸毁的长寿电厂桃花溪电站发电设备

人民解放　电力新生

1949年11月30日,重庆解放,重庆电力工业翻开了新的一页。人民解放军立即对各公用电厂进行军管;人民政府接管了原属国民政府的长寿、巴县、万县电厂等电力企业;没收了重庆电力股份有限公司中的官僚资本,派出了公股代表,1949年12月15日,成立了公私合营重庆电力股份有限公司董事会;1950年8月1日,西南军政委员会重庆区电业管理局成立,负责重庆市及周边地区电力企业的领导管理,这是新中国在重庆建立的第一个省级电力管理机构。1951年5月14日,西南军政委员会工业部电业管理局(简称西南电管局)在重庆成立,负责西南地区电力管理;重庆区电业管理局改称重庆电业局,由西南电管局领导。西南电管局和重庆电业局立即组织抢修和重建被破坏的电力设备,恢复和发展重庆电力工业。

修复重建　大步迈进

面对敌人破坏留下的"烂摊子",具有光荣革命传统的重庆电力职工,发扬英勇顽强、艰苦奋斗的精神,以新中国工人阶级当家做主的高度责任感,大力开展技术革新,努力克服资金、物资、设备、技术力量不足等困难,日夜抢修。1950年5月1日,鹅公岩电厂修复发电;同年7月,长寿桃花溪水电站修复发电;1952年8月,长寿下硐水电站重建竣工发电。被破坏的两个电厂不仅全部恢复,容量还增加了50千瓦,达到8416千瓦。

1956年12月建成的狮子滩水电站至盘溪变电站的110千伏线路

新建和扩建电厂工程也快速启动。1951年8月1日和1952年7月1日,大溪沟电厂扩建的两台5000千瓦机组相继投产,使该厂容量达到1.45万千瓦,增长122%。

作为中央直辖市和西南地区最大的工商业城市,"一五"计划期间,国家在重庆安排了两个重点电源建设项目。

列入国家156项重点工程和苏联援建141项重点工程的重庆电厂一期工程,两台1.2万千瓦机组于1954年4月和7月相继投产,这个容量为2.4万千瓦的电厂,是当时西南地区最大的现代化火电厂,其容量接近重庆市区几个电厂容量的总和,为新重庆的国民经济和人民生活提供了强大的电力。1954年4月20日,时任西南军政委员会副主席贺龙亲自为该厂第一台机组发电剪彩并视察。

作为国家"一五"计划重点工程的长寿龙溪河流域梯级水电开发工程,于1953年全面启动。其中上硐水电站3000千瓦、7500千瓦两台机组;狮子滩水电站4台1.2万千瓦机组,相继在1956年和1957年全面建成,加上已建成的下硐水电站,容量共6.15万千瓦,成为当时西南地区最大的水电厂。

到1957年底,全市发电装机容量达到13.35万千瓦,与解放初相比增长11.19万千瓦,增长518%,年均增长51.6%。

电网的整治和建设也迅速开展。1950年起,对全市供电线路和设施进行大修改造,将市区3个电厂自发自供线路,改造升压为33千伏的统一电网;先后建成6条33千伏线路,共长113千米;建成5个33千伏的变电站。1953年,又将电网电压升至35千伏,并将巴县电力公司供电线路电压增至35千伏,与市区连接,形成市区统一的35千伏电网,这是西南地区第一个35千伏电网。

1956年12月,建成长寿狮子滩水电站至市区盘溪变电站110千伏线路,成为西南地区第一条110千伏输电线路,这条线路将长寿与市区电网相连,增加了市区的电力供应。1957年9月,建成盘溪变电站至北碚变电站35千伏线路,将北碚孤立电网与全市相连,形成了以35千伏为主体的全市统一电网。

长寿电厂狮子滩水电站大坝及水库(长寿湖)

到1957年底,全市共有35千伏及以上变电站13座,变电容量共8万千伏·安;35千伏及以上线路28条,总长261.7千米;售电量3.57亿千瓦·时,较1949年增加3.11万千瓦·时,增长率676%,年均增长84.5%,重庆电力在遭到国民党政府严重破坏的"烂摊子"上,获得了新生和快速发展。

"全民办电" 导致失误

1958年起,全国掀起大跃进的高潮,重庆市兴起了"全民办电"的群众运动。

重庆电厂持续扩建。电力安装队伍不足,电厂工人便以"生产包基建"的形式,投入部分机组的安装,大家群策群力,日夜苦战,加快了建设进度。从1959年5月到1960年2月,2期、3期、4期扩建工程,共6台1.2万千瓦机组相继投产。

1960年2月,2期扩建后的大溪沟电厂

创造了26个月建设安装6台1.2万千瓦机

组的高速度和新纪录。重庆电厂容量由2.4万千瓦增至9.6万千瓦,部分缓解了重庆电力紧张局面。由于缺电仍然严重,国家又决定对大溪沟电厂进行2期扩建,于1960年2月建成6000千瓦机组一台,全厂装机容量增至2.542万千瓦。新建重庆电厂东厂4台5万千瓦机组工程,1960年6月和11月两台5万千瓦机组相继投产发电,全厂装机容量达到19.66万千瓦。

水电建设继续发展。长寿水电厂回龙寨电站和下硐电站装机容量共4.6万千瓦的4台机组先后在1958年和1959年投产,使该厂总装机容量达到10.45万千瓦,成为新中国第一个全流域梯级水电开发工程,为中国水电建设积累了经验,培育了人才。

地方办电和企业办电全面开花。先后建成地方电站33座,总装机容量3.5万千瓦;新建企业自备电厂16家,总装机容量3.07万千瓦。对缓解电力严重紧张局面也起到积极作用。

电网建设相应快速发展。35千伏电网不断延伸扩展,新建35千伏线路11条,长127.8千米;35千伏变电站11座,总容量13.314万千伏·安。110千伏电网不断完善,新建110千伏线路19条,长365.1千米;110千伏变电站7座,总容量34.51万千伏·安。

但是,在"大跃进"和"全民办电"思想影响下,在电力建设工程中,盲目上马,"边设计,边准备,边施工",造成1959年动工的大洪河水电厂工程质量差,大坝滑坡;电机质量差,多次返厂修复,于1961年暂时停建。南桐矿区盲目上马的15座小水电站,因条件不具备,工程质量差,仅有5座能发电,总容量仅149千瓦。电力生产在"人有多大胆,厂有多大产"错误思想的指导下,推行"超名牌出力",重庆电厂机组超出力达40%,造成设备损坏,事故增多,发电量反而减少。

1964年10月,经过调整复建的长寿大洪河电厂

1960年9月,中共中央提出"调整、巩固、充实、提高"的方针,对在建电力建设项目进行清理、整顿、调整和"填平补齐",消除工程和设备缺陷,停建的装机容量3.5万千瓦的大洪河电厂,于1964年10月复建投产,是"大跃进"时期四川唯一建成的水电站;取消了错误的"超名牌出力",健全了管理规章制度,加强了安全生产管理,使电力生产建设工作重新走上科学发展的道路,电力生产建设又迅速发展。到1965年底,全市发电装机容量达到44.7万千瓦,较1957年增长223%,年均增长27.8%,全市35千伏及以上变电站达到25座,变电容量共55.01万千伏·安,较1957年增长239%;全市售电量达到110.01亿千瓦·时,较1957年增长210%,年均增长26.2%。

"十年动乱" 挫折严重

1966年开始的"文化大革命"给重庆电力工业带来严重的干扰和破坏。

电力企业陷入生产无计划、无管理、无检查、无质量的状态。到1976年设备完好率下降到88%;设备和人身伤亡事故大幅度增加,"文革"10年间仅恶性事故就达34起。由于武斗,数十条线路被打坏,造成停电;造成装机容量为24.6万千瓦的重庆电厂,在1968年只能有1.2万千瓦机组发电。电力建设工程受到干扰破坏,如江津五福水电站,1966年动工,因造反派夺权,工程停顿,到1975年才建成发电。

由于重庆是1965年开始的国家"三线建设"的重点地区,大批沿海军工和民用企业迁往重庆附近,中共中央、国务院为确保"三线建设"电力供应,"文革"中专门下发了两个保证电力安全生产的文件。广大电力职工怀着建设大后方基地的历史责任感,认真执行中央两个文件,抵制种种干扰破坏,克服各类困难,因而在10年"文革"中,重庆电力工业仍在曲折中前进,取得了一定成就。

重庆电厂2台5万机组于1969年6月投产发电,使该厂装机容量达到29.6万千瓦,成为当时西南地区最大的火电厂。江津、綦江、涪陵、云阳等53座地方小水火电站相继投产,装机容量共7.22万千瓦。11家厂矿企业新建了自备电厂,装机容量共1.51万千瓦。

先后建成35千伏线路39条,共长599.2千米;35千伏变电站16座,容量共8.39万千伏·安。共建成110千伏线路19条,共长496.1千米;110千伏变电站13

座,容量共25.01万千伏·安。作为水电部重点抢建工程,重庆地区第一座220千伏变电站——凉亭变电站,容量24万千伏·安,仅用3个月建成投运;重庆地区第一条220千伏线路——豆渝(豆坝至凉亭)线,长238.9千米,仅用85天建成,创造了220千伏输变电工程工期最短的新纪录。

到1976年底,全市发电装机容量达到60.7万千瓦,较1965年增长35.8%;35千伏及以上线路127条,共长2450.99千米,较1965年增长173%;35千伏及以上变电站92座,容量共142.21万千伏·安,较1965年增长156%。年发电量27.25亿千瓦·时,较1965年增长64.3%;年售电量23亿千瓦·时,较1965年增长107%。

1969年经过扩建后的重庆电厂装机容量达到29.6万千瓦,是西南最大火电厂

改革开放　注入生机

1978年12月,中共中央召开十一届三中全会后,拨乱反正,整顿企业,改革开放,国民经济迅速发展,用电需求快速增加。

但是由于电力建设投资不足,因此重庆在"五五"和"六五"计划期间电源建设严重欠账,1976—1985年的10年间,重庆国家电网不仅没有增加一台发电机组,反而由于大溪沟电厂小机组的关闭,而使全网总装机容量由1976年的46.18万千瓦降为1985年的44.68万千瓦,供需失调,重庆的缺电状况日趋严重,电力缺口经常在三分之一以上,最高达50%,给重庆国民经济发展和人民生活带来困难。

面对严重缺电的局面,重庆市电力企业积极向贵州和四川购电,尽力满足电力需求;在重庆市政府的支持帮助下,采取行政和经济技

1986年11月投产的重庆电厂第一台20万千瓦机组

术手段加大计划用电和节约用电的力度,努力扭转严重缺电的局面。

中共十二届三中全会做出《关于经济体制改革的决定》后,根据国家建设投资体制改革的精神和"集资办电"的方针,重庆市政府成立电力集资办公室,在"七五"和"八五"计划期间,大力筹集电力建设资金,拓宽电力建设资金渠道,开展集资办电、合资办电和引进外资办电,使重庆电力工业快速发展,发电装机容量大幅度增加,电网进一步扩展和完善。

重庆的主力电厂——重庆电厂又进行新一轮的大规模扩建。1986年11月和1987年12月,重庆电厂两台20万千瓦机组相继投产发电;多家合资建设的西厂技改工程20万千瓦机组,也于1995年7月投产发电,使该厂总装机容量由29.6万千瓦增至80万千瓦。

重庆市政府和华能国际电力公司合资建设,利用英国、日本和欧洲共同体贷款,引进英国和日本成套设备的江北燃机电厂,其两台燃气轮机机组分别于1989年3月和1990年6月建成并网发电,装机容量共10.86万千瓦。这是重庆市为改变电力紧张局面而兴建的短、平、快工程,也是西部地区第一座以天然气为燃料的燃气轮机发电厂。

1992年2月竣工发电的珞璜电厂一期工程,装机2台共72万千瓦

重庆市政府和华能国际电力公司合资建设,利用外资引进法国和日本成套设备的珞璜电厂一期工程,2台36万千瓦机组分别于1991年9月和1992年2月竣工发电,装机容量共72万千瓦,是重庆市又一个主力电厂。该厂在国内首次成套引进日本烟气脱硫装置,成为我国大型火电厂燃烧高硫煤烟气脱硫的示范性工程,脱硫率高达95%以上,对减少污染改善重庆市环境状况,具有重要作用。

国务院确定的电力扶贫工程——开县白鹤电厂2台5万千瓦机组和涪陵龙桥电厂2台2.5万机组分别于1992年、1991年投产,对改善万县和涪陵地区的电力供应,促进扶贫、脱贫发挥积极作用。

此外，铜梁安居水电站、合川渭沱水电站等一批地方电厂和八一六厂自备电厂、南桐矿务局自备电厂等自备电厂也相继投产，增加了电力供应。

到1996年止，重庆市装机容量达到299.31万千瓦，较1985年增长224.28万千瓦，增长率达300%，年均增长30%；年发电量达到133.16亿千瓦·时，较1985年增长100.98亿千瓦·时，增长率313.8%，年均增长31%。

电网建设快速发展。10年期间，新建和扩建35千伏变电站21座，总容量16.07万千伏·安；新建35千伏线路22条，总长206.3千米。新建和扩建110千伏变电站49座，总容量165.7万千伏·安；新建110千伏线路44条，总长度603.61千米；使35千伏和110千伏电网进一步扩展，结构更为完善。新建和扩建220千伏变电站9座，变电容量153万千伏·安；新建220千伏线路18条，总长372.8千米，建成了220千伏为骨架结构的环行电网。

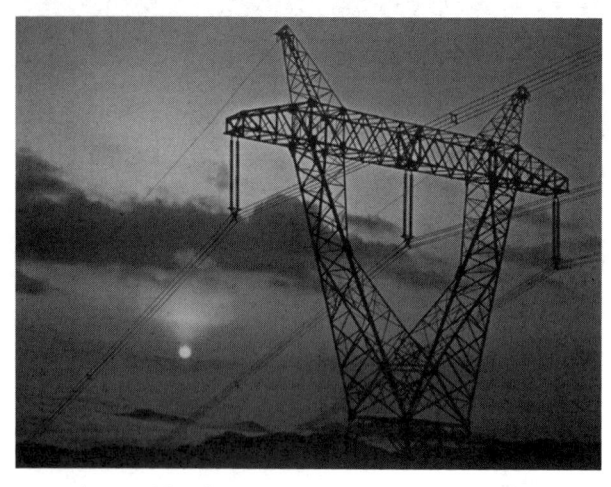

1995年5月竣工投运的重庆市第一条500千伏线路，四川自贡—重庆线

国家重点工程，投资2.01亿元，全长148.74千米的川渝电网第一条500千伏自渝（自贡—重庆）线，1995年5月竣工投运，重庆电网开始向500千伏超高压电网发展。

1996年底，重庆国家电网的年售电量达到113.82亿千瓦·时，增长68.37亿千瓦·时，增长率150.43%，年均增长15%。但电力的增长仍远远不能适应改革开放后国民经济发展的需求。重庆市电力系统，除尽力增加外购电量、加大节约用电和计划用电的管理力度外，还先后投资1500万元，在1993—1995年间，先后建成无线电负荷控制系统1~3期工程，用先进的科学技术手段控制和分配紧缺的电力资源，减少了线路拉闸的条次和时间，尽可能减少限电造成的影响，对缓解电力供需矛盾效果良好，受到政府、电力主管部门和电力用户的高度评价。

重庆直辖　电力腾飞

1997年3月14日，全国人大八届五次会议批准设立重庆直辖市。同年6月6日，电力工业部批准成立重庆市电力工业局和重庆市电力公司，重庆电网作为省级电网独立调度，直辖市的设立、三峡工程和三峡电网的建设及西部大开发，给重庆市电力工业带来前所未有的发展机遇，迎来重庆电力工业腾飞的新时期。

1997年6月6日，重庆市电力工业局、重庆市电力公司成立揭牌仪式

电源建设　快速发展

华能珞璜电厂二期工程两台36万千瓦的机组，于1998年12月17日和12月27日相继竣工，创造了25个月内建成2台36万千瓦机组的火电建设新纪录，使该厂装机容量达到144万千瓦，成为西南地区最大的现代化火电厂。2004年9月，珞璜电厂第三期扩建工程2台60万机组动工建设，预计2006年底投产后，该厂装机容量将进一步增至264万千瓦，进入国内最大火电厂行列。

1998年12月27日，珞璜电厂二期工程竣工发电，全厂装机容量达到144万千瓦

2000年12月，全国脱硫示范工程——重庆电厂20万机组烟气脱硫工程投运，大大减少了污染排放。2001年12月31日，重庆电厂4台5万千瓦污染严重机组全部关停，为市民换来一片蓝天。

装机3台10万千瓦的武隆江口水电厂，相继于2003年3月、6月和11月投产，是重庆建成的最大水电厂，不论施工工期指标和工程造价指标在同类型水电

厂中都是比较先进的。

2003年11月,江口水电厂3台10万千瓦机组建成投产,图为电站大坝

2005年3月28日建成投产的同兴垃圾发电厂,装机2台1.2万千瓦机组

开县白鹤电厂2期扩建工程,2台30万千瓦机组于2004年6月14日和2005年11月底先后建成发电,使该厂装机容量达到70万千瓦,成为三峡库区最大的火电厂。

环保和节能电厂建设有了新的突破。西南地区首座垃圾发电厂——同兴垃圾发电厂,于2005年3月28日建成投产,该厂装机容量2台1.2万千瓦,日焚烧垃圾1200吨,每年达40万吨,相当于重庆市主城区生活垃圾总量的三分之一,减少了污染,改善了环境,每年还可提供电量8000万千瓦·时。以燃烧煤矿废弃物煤矸石为主的节能环保电厂——煤矸石发电厂,在市内各大煤矿遍地开花。仅重庆市煤炭集团所属的各大煤矿就建成煤矸石电厂10余座,其中投资14亿元,装机2台15万千瓦,年发电量18亿千瓦·时的松藻煤电公司安稳电厂,已于2005年建成,这是西南地区目前最大的煤矸石电厂。这些电厂不仅有效地利用了煤矸石,节省了燃煤,也减少了煤矸石堆积造成的污染和隐患。

石板水、藤子沟、鱼剑口、建荣、方盛等地方水火电厂也相继建成发电。到2005年底,全市装机容量达到564.54万千瓦,较1996年增加265.1万千瓦,增长率88.5%,年均增长9.8%;全市年发电量251.12亿千瓦·时,较1996年增加117.96亿千瓦·时,增长率88.6%,年均增长9.9%;年售电量291.02亿千瓦·时,较1996年增长108%,年均增长12%。

为适应用电快速增长的要求,全市还有装机容量175万千瓦的彭水水电站、装机容量240万千瓦的双槐火电厂、装机容量50万千瓦的草街航电枢纽水电站等一批容量共500多万千瓦的水、火电厂正在抓紧建设。

西电东送　构建通道

1997年12月31日,重庆省级电网第一条长167千米的500千伏长(寿)万(州)线贯通。1998年1月1日零时,重庆电网正式实现独立调度。2001年5月,二滩电站和珞璜电厂送出工程竣工。重庆电网220千伏双环网形成。

作为全国第一批城网建设与改造城市,重庆电网启动了重庆历史上规模最大、投资最多的城网改造工程。1998年到2005年,共投资167亿元,相当于直辖前数十年的投资的总和,有力地改善了城网的结构,提高了安全运行水平。

1999年12月,500千伏陈家桥变电站建成投运,是重庆市第一座500千伏变电站

2001年12月,事关西电东送、全国联网和三峡送出工程的"两站一线"——500千伏陈家桥、长寿变电站和500千伏陈(家桥)长(寿)1回线路正式投运。同时,重庆电网3座500千伏变电站和3条500千伏线路全部投运,重庆电网500千伏骨干网架形成,构筑了川电东送大通道。

2001年12月,500千伏长寿变电站建成投运

2005年底,重庆市电力公司共有500千伏变电站4座,容量450万千伏·安;500千伏线路11条,共长1279.4千米;形成横贯东西的双回链形结构和东联三峡、华中,西接二滩、四川的"川电东送"中枢通道。共有220千伏变电站34座,容

量840万千伏·安；220千伏线路95条，共长3015.5千米；形成以城区为中心联系较紧密的双回环网。重庆电网正逐步建成超高压、大机组和较高自动化水平的自动化电网。

农电建设 造福农民

1998年到2002年，重庆国家电网共投资34.98亿元，实施一、二期农网建设与改造工程，共改造直供村6977个，安装一户一表225万户，改造面达96%以上。通过改造，农村"瓶颈"线路基本消除，主干网络基本形成，提高了农村电网的安全和经济性。到2002年，农村供电可靠性达到99.41%，农村电压合格率达到94.93%，较改造前都有较大提高；农村10千伏高压线损从1998年的18%下降到10.62%，低压线损从25%下降到13.56%。

2001年12月，500千伏万县变电站建成投运

2000年，江北统景片区农电体制改革启动

重庆国家电网直供农村乡镇电管站体制和电价整顿改革于2002年全面完成，规范了农电管理，加强了农电优质服务，实现了直供区范围内城乡居民用电同网同价目标。农村居民用电电价从0.632元/千瓦·时降至0.463元/千瓦·时，每年为农民减轻负担1.8亿元。农村供电量大量增长，促进了农村经济发展，改善了农民的生活。

2003年前，重庆市国家电网和多个地方电网并存，交叉供电，矛盾突出。全市40个区、市、县中，国家直管14个，与地方交叉供电7个，代管2个，趸售12个，地方独立电网5个。复杂的电力管理体制，严重影响了重庆电力资源优化配置，制约了农村经济的发展。2003年7月，重庆市政府制定了《重庆市电力体制改革意见》,要求按照"一市一网、一县一公司、厂网分开、同网同质同价"的要求,推进县级电力体制改革。到2005年,重庆市电力公司已与各区、市、县政府合资组建了24个县级供电公司,全市统一电网格局基本形成,所辖供电范围全部实现城乡居民同网同价。

忠实履职 服务社会

重庆市电网是一个典型的受端网络,除充分挖掘全市供电能力和大量外购电力,每年仍有30万至80万千瓦左右的负荷缺口。2005年盛夏,日电网最高负荷达502.40万千瓦,是直辖前的2.29倍;日最大用电量10261万千瓦·时,创历史新高;向市外购电比例高达40%以上。加之受全国缺电和电煤供应不足的双重影响,重庆电网面临新一轮缺电的考验。重庆市电力公司为满足全市用电的需求,不惜代价大量购进市外高价电,2005年市外购电90.09亿千瓦·时。

2001年,农村电网改造中

从2003年到2005年,在全国20多个省市拉闸限电的情况下,重庆电网连续三年盛夏高峰没有拉闸限电,确保了电力供应的目标,为重庆市经济建设和人民生活做出了重要贡献。2005年,重庆市人民政府授予重庆市电力公司集体一等功,华能珞璜电厂集体二等功。

2005年春节前夕,酉阳县遭遇几十年不遇的冰雪灾害,铁塔导线覆冰厚达50~70毫米。除夕当天,110千伏黔秀龙线两基铁塔因覆冰过重倒塌,该线路另两基铁塔也相继倒塌断线,造成大面积停电,电网危急。重庆市电力公司立即组织抢险抢修。广大电力职工在平均海拔1000余米的高山冰天雪地

2005年2月8日,酉阳县遭遇冰灾,重庆市电力工人在1000多米的高山冰天雪地中抢修倒塌的线路铁塔

里，连续奋战28个昼夜，于3月8日通电，酉阳地区工农业生产和人民生活用电全面恢复。

重庆电力公司坚持诚信、优质、高效服务，陆续建立一系列新的服务机制。2002年9月30日，开通全市统一的"95598"电力客户服务热线，对全市客户实行24小时电力服务，对用户进行电费、报装查询、业务咨询、行业作风举报、投诉等服务。2003年制定了《差异化服务方案》《大客户管理办法》，优化服务流程，创新服务内容，对客户进行个性化、差异化的优质服务。2003年重庆市电力公司和所属供电局均保持重庆市"行风评议优良单位"。2004年，强化对客户质量的监控，提高对客户服务的满意率，重庆市电力公司获得重庆市"消费者服务满意企业"称号。2005年5月，建成国内首家电力"客户关怀（CCS）系统"一期工程，具有客户信息、报装、联系、催收、停电、收费等功能，能有效提高营销管理水平，提高对用户的服务质量。同时，认真贯彻国家电网公司员工服务的"十个不准"、调度工作的"十项措施"、供电服务的"十项承诺"等"三个十条"，开展"阳光服务，社会公鉴"主题活动，设立200万元社会监督奖金，聘请20名社会监督员，广泛征集社会监督意见，分析服务质量，不断改进服务工作，提高服务质量。2005年公司服务承诺兑现率99.97%，回访客户满意率95.60%，营业客户增至322万户，市场占有率达到83.37%，较"九五"期间增长13.78个百分比。

2002年9月30日，重庆市电力公司开通"95598"服务热线，不间断为电力客户提供服务

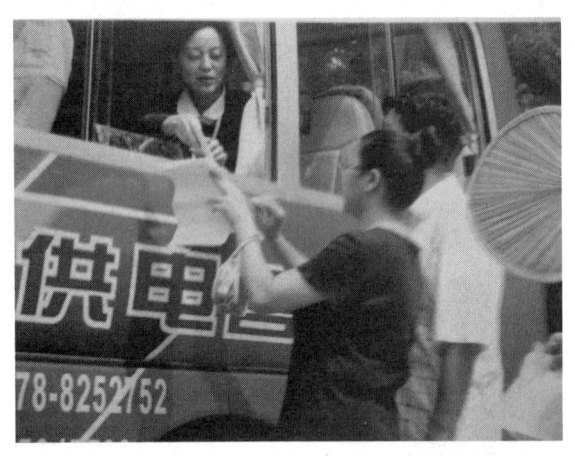

2003年，重庆电力公司流动服务车开进社区，为居民服务

努力跨越 再铸丰碑

"十一五"时期,重庆将全面实现经济社会发展"三步走"战略的第二步目标。今后5年,重庆市生产总值年均增长10%,到2010年突破5000亿元,人均达到2000美元以上,初步建成重庆"三中心、两枢纽、一基地",为2020年全面建成小康社会和长江上游经济中心夯实基础。

重庆市委、市政府对发展电力工业高度重视。2003年4月,召开了建市以来规格最高的全市电力工作会议,做出了加快全市电力发展的战略决策。2005年8月,重庆市召开重庆能源规划专题研讨会,就构建全市电力能源保障体系,提出了规划意见和要求。2006年3月,重庆市政府出台《关于加快电网建设的通知》,开辟了重庆电网建设的"绿色通道"。

按照规划要求,"十一五"时期,全市装机容量将翻一番,达到1346万千瓦,其中水电装机509.5万千瓦,火电装机836.5万千瓦。到2010年,重庆电网将形成500千伏"日字形环网",220千伏电网基本覆盖全市,建成重庆国际化大都市相适应的坚强电网。

2004年12月,装机175万千瓦的彭水水电站,进行大江截流

2005年11月,装机容量50万千瓦的草街航电水电站进行围堰施工

2006年4月18日,国家电网公司与重庆市人民政府签署《关于共同推进重庆电网"十一五"发展的会谈纪要》和《关于共同推进重庆市农村"户户通电"工程建设的会谈纪要》。国家电网公司总经理刘振亚表示:"重庆电网的发展一直是国家电网公司考虑的重点,而且会越

来越受到重视。国家电网公司将在'十一五'期间投资321亿元用于重庆电网建设,并在今年内通过国家电网的最大限度延伸,基本解决'户户通电'问题。"重庆市市长王洪举动情地说:"现在重庆市还有15万多农户没有通电,通过今天的签字,将得到电力供应,而且就在今年完成。设身处地想想,那些还在点油灯的农户该有多么高兴。多年以来的电力供应问题,也能在今天签字后得到根本解决。"按照"会谈纪要"要求和国家电网公司"新农村、新电力、新服务"农电发展战略,重庆市电力公司把"户户通电"工程作为服务新农村建设的首要任务。2006年,重庆市电力公司将投资19.1亿元,建设和完善35千伏和10千伏网络,在2006年底前,国家电网供电辖区内基本实现户户通电。

回首重庆电力工业一百年历程,世纪风雨,兴衰沉浮谱写奋斗历程;百年沧桑,曲折艰辛铸就辉煌丰碑。重庆电力将开启卓越征程的新篇章,再铸新辉煌。

(此文与何润生合写,原载《重庆日报》2006年6月12日和《中国电力报》2006年6月27日—29日)

水电明珠耀巴渝

——重庆水电70年

重庆市是中国西南重镇,长江上游中心枢纽港口,地处青藏高原与长江中下游平原的过渡地带。长江干流自西南向东北贯穿全境,境内江河纵横,水网密布。除长江及其主要支流嘉陵江、乌江之外,尚有流域面积3000平方千米以上的河流10条,流域面积30~50平方千米以上的河流436条。水资源总量年均超过5000亿立方米,水能资源理论蕴藏量2298万千瓦,可开发水能资源1214.85万千瓦,占理论蕴藏量的52.85%,较丰富的水能资源为重庆水电开发创造了良好的条件。

从1934年创办第一个28千瓦的水电站算起,重庆水电事业已经历了旧中国和新中国共70年艰苦曲折的发展历程,取得了辉煌的业绩。到2003年底全市水电装机容量已达到149万千瓦,为1934年的5.32万倍,为1949年的250倍。随着装机容量175万千瓦的乌江彭水电站、装机容量60万千瓦的银盘电站、装机容量50万千瓦的草街航电电站、装机容量120万千瓦的綦江蟠龙抽水蓄能电站等一批水电站的开发,重庆水电事业进入辉煌发展的新时期。

旧中国重庆水电的艰难起步

重庆水电开发较晚,第一个水电厂是1934年创办的长寿恒星电厂。该厂由长寿县织布商王绍吉所办,建于长寿县桃花溪,装机1台,容量28千瓦,使长寿县

城河街一带有了电灯照明。

　　1937年抗日战争爆发后,随着国民政府迁都重庆,沿海和长江中下游大批军工、民用企业内迁,用电需求猛增,国民政府开始在重庆周围开发水电。同年7月,国民政府资源委员会成立龙溪河水力发电筹备处,由黄育贤任主任,张光斗任设计工程师,吴震寰任工程师兼工务长,准备开发长寿县龙溪河上硐（上清渊洞）和下硐（下清渊洞）两个水电站。1938年5月,筹备处改组为龙溪河水力发电工程处。由于当时资金和材料缺乏,开发龙溪河上硐和下硐水电站的计划无法实现,改为先建设较易开发的长寿桃花溪水电站,并由龙溪河水力发电工程处自己设计、施工。

　　桃花溪也在长寿县境内,是长江北岸的一条小河,长约60千米,流域面积350平方千米,多年平均流量4米^3/秒,流经长寿县城郊有头洞、二洞两个瀑布,落差80多米,直线距离不到一千米,利用这一河段落差建设水电站。在头洞上游20米处建筑条石滚水坝,长78米,高2米,坝前蓄水有效容量9万立

1938年动工兴建的长寿电厂桃花溪电站蓄水闸门

方米,引水道长630米,引水量1.5米/秒,通常有效水头80米,水电站厂房建在二洞下游。工程于1938年11月开工,1941年8月建成投产发电,共装有美国古柏公司横轴蜗轮冲击式410匹马力水轮机3台,美国西屋公司292千瓦交流发电机3台,装机容量共876千瓦。这是当时重庆地区第一个由政府投资建设的社会公用水电站,为长寿县工商企业和照明用电,提供了电力,促进长寿县的经济发展。

　　1939年10月,龙溪河水力发电工程处正式开始设计、施工下硐电站。下硐位于龙溪河与长江汇合河口上游8千米处,有大瀑布高20余米,在此处建拦河坝,长210米,高2米,可蓄水24万立方米,引水渠道长1.5千米,傍山而行,经压力管引入厂房,引用流量9.2米^3/秒,水头43米。下硐电站原计划向英国和美国公司订购720千瓦的水轮发电机组4台,由于日军侵略,交通中断,设备滞留越南海防。1939年10月由昆明中央机器厂工程师朱仁堪主持,将国内闲置的1台

1940 千伏·安变频机改装为 1550 千瓦发电机,又由工程师吴震寰主持设计 2 台 1000 匹马力的水轮机,交重庆民生机器厂制造,吴亲临生产现场指挥监制,装机运行成功,这是当时由我国自主设计制造和改装的容量最大的水轮发电机组,投入运行后证明设计制造和改装均十分成功,这在当时的条件下是具有开创性的成果。1948 年 3 月,水电工程处又在下硐安装 1150 马力的水轮机 2 台,美国西层公司制造的 720 千瓦交流发电机 2 台,共 1440 千瓦,使下硐水电装机容量达 2990 千瓦,成为当时西部地区最大的水电站。

1939年10月动工修建的长寿电厂下硐电站设备

桃花溪电站和下硐电站合称为国民政府资源委员会长寿电厂,共有装机容量 3866 千瓦,是长寿县的主力电厂。1941 年发电量 31.5 万千瓦·时,1949 年增至 1301 万千瓦·时;售电量 1941 年为 30.5 万千瓦·时,1949 年增至 1151.5 万千瓦·时。

1940 年春,国民政府资源委员会成立由工程师张光斗任主任的瀼渡河水力发电工程处,决定在瀼渡河上建设仙女洞、鲸鱼口、龙洞等水电站。

仙女洞水电站。利用要坝及仙女洞瀑布发电,在要坝滩口建条石滚水坝高 8 米,长 60 米,引水道在河左岸,包括隧洞、明渠、渡槽,全长约 852 米,引水平常流量为 2.58 米^3/秒,水头 53 米。1940 年 8 月开工,先安装吴震寰设计、国内生产的 160 千瓦发电机和 300 马力卧式水轮机一套,1944 年 8 月建成,用 6.9 千伏线路向万县输电。

1940年动工建设的瀼渡水电厂

1948 年又安装美国公司生产的 500 马力水轮机、360 千瓦发电机一套,全站装机容量增至 520 千瓦。

鲸鱼口水电站。1940 年 3 月开工建设,在鲸鱼口滩建拱形条石滚水拦河坝,

高2.8米,长约45米,引水道为直径1.6米、长100米的拱石镶护隧洞,引水平常流量为3.51米³/秒,净水头约15米,装有吴震寰设计的国产220马力水轮机一台,136千瓦西门子发电机一台,于1944年8月建成发电。

龙洞水电站,1946年已建成拦河坝、进水闸,因无水轮发电机组,未建成发电。

到1948年瀼渡河水电厂两个电站共有装机容量为656千瓦,是当时万县地区最大水电厂。

1943年1月由民营企业家卢作孚发起,由重庆市北碚各实业集团及银行集资,建设高坑岩水电厂。高坑岩在梁滩河口15.1千米,梁滩河是嘉陵江的小支流,全长42千米,流域面积580平方千米。在歇马场大磨滩以下有3处比较集中的落差,大磨滩有落差2米,高坑岩有落差30余米,小坑岩有落差9米。利用这些瀑布天然落差取得水头,分别建设3个小型的蓄水拦河坝,总蓄水量为264万立方米,设计水头32米,流量1.4米/秒。工程于1943年7月动工,先后于1945年1月和5月安装民生机器厂生产的240马力水轮机2台,华生电器厂生产的160千瓦发电机2台。这两套水轮发电机组均由吴震寰设计监制。1946年3月又开工建设小坑岩水电站,电站在高坑岩下游500米处,安装昆明机器厂生产的100千瓦立式水轮发电机组一套,设计水头9.5米,流量1.4米/秒,因各种原因小坑岩电站于1949年才建成发电,与高坑岩水电站并网,向北碚供电。2个电站统称富源水力发电公司,共装机容量420千瓦,年发电量106.43万千瓦·时,售电量95.27万千瓦·时。

1943年动工建设的高坑岩水电厂

1949年11月29日,被国民党军警炸坏的长寿电厂桃花溪电站设备

此外尚有江津、綦江、巴县、丰都等地建成的一批小水电站,到1949年初全市水电装机容量共5552千瓦,占当时全市装机总容量的15%。

1949年11月29日,重庆市解放前夕,国民党政府军警和特务300余人,包围长寿水电厂,强行冲进电厂,架走该厂职工,将下硐电站3台发电机组全部炸毁,并将桃花溪电站3台机组炸坏,使这个重庆最大的水电厂全部被破坏。

新中国首个流域梯级水电厂的成功开发

1949年12月2日,长寿县解放。12月3日长寿水电厂的卢会卿等7个职工立即以主人翁的高度责任感,主动投入抢修被破坏设备的战斗。12月5日,首先抢修破坏较轻的桃花溪电站1号机组。解放之初,百废待兴,困难重重,职工们千方百计克服困难。厂房和电力设施均被破坏,职工们就采用临时措施用钢板封闭水管末端,使水只通过1号机,在水轮发电机组顶上搭盖临时厂房和配电屏,安装开关和表计来控制发电,对机电设备进行修复和处理,经过7昼夜的连续奋战,12月12日,1号机组修复发电,长寿地区重放光明。1950年1月17日,由中国人民解放军军代表主持成立长寿电厂水电工程修复委员会。120多名职工,一面重建桃花溪电站厂房,一面加紧修复2、3号发电机

1950年7月下旬全面修复发电的长寿电厂桃花溪电站设备

组。当时材料配件奇缺,职工们就开展技术革新,用代用品克服困难。修复发电机静子时,库存发电机静止线圈备品只够半台机组用量,离两台机组的需要量相差甚远,而当时国内尚不能生产6.9千伏的线圈,一时成了修复工作的主要障碍。工人卢会卿大胆革新,用烧银焊的方法将被破坏的线圈接好,使其不被电流熔化。那时绝缘材料也奇缺,卢又采用白绸包扎被破坏的线圈作层间绝缘,浸入绝缘轻漆,再用黄蜡带包扎作统包绝缘,攻克了电机修复的主要难关。配电屏经整形后,重新排线。表计和继保装置修理后重新安装。修复中职工们吃住全在工

地,不计报酬,只拿生活费,日夜忘我劳动,涌现出一批先进人物,卢会卿被评为全国劳动模范,陈坤山、李云蛟、刘道华被评为川东行政区(省级)劳动模范。1950年6月中旬,2号机修复发电;7月下旬,3号机修复发电。桃花溪电站达到876千瓦的水准,修复费用22453元。1950年8月1日,电站召开恢复发电庆祝大会,向党中央和毛主席发去报捷致敬函,8月12日,中共中央办公厅发函祝贺:"奉毛主席交下你会函,知你会职工在被蒋匪炸毁的废墟上,迅速地恢复发电厂,甚感欣慰!长寿水电厂的恢复和开发,中央极为注意,明年并拟继续开发。希望全体职工努力提高政治和技术水平迎接明年的建设任务。"

1952年8月修复发电的长寿电厂下硐电站

下硐电站厂房和4台水轮发电机组及附属设备全部被炸毁,需重建。1950年1月17日,开始修复,先安排重建厂房,并派工程师刘绍葵到上海找回1947年向英国茂伟公司订购的两套720千瓦水轮发电机组,装于原3号和4号机组位置上,于1950年底装竣发电。又向沈阳电机厂订制两套800千瓦的水轮发电机组,装于原1号和2号机组位置上,于1952年8月发电,全站4台机组容量达到3040千瓦,比炸毁前增加50千瓦,工程造价仅73.74万元。在厂房施工中,工程队大搞技术革新,采用样板一次浇筑的方法,缩短了工期18天,多发电69.12万千瓦·时,创造价值3.07万元。

1952年起,按照中央燃料工业部的安排,西南电管局和重庆市政府就启动了龙溪河水电资源的全面开发。龙溪河发源于梁平县东菩萨山麓百里槽,流经梁平、垫江、长寿三县,在长寿县境内注入长江,全长170余千米,河道蜿蜒曲折,下游河库陡险多滩,形成狮子滩、上清渊硐、回龙寨和下清渊硐等较大的瀑布,集中落差高达140余米,水力资源丰富,具有修建梯级水电站的良好条件。1952年,西南水电工程处和西南地质局对狮子滩水库的坝址进行钻探。1953年,在燃料工业部水电总局的领导下,由北京水电勘测设计院对龙溪河梯级电站进行全面查勘和分析研究,确定仍按4级梯级开发,共装水轮发电机组10套,容量10.45万千瓦。

狮子滩水电站是龙溪河梯级开发的第一级。工程于1954年8月1日开工。工程主要建筑物为钢筋混凝土斜墙堆石坝、溢洪道、引水系统及厂房；水库总容量10.27亿立方米，调节库容7.48亿立方米，为多年调节水库，另有3个副坝和升压变电站。安装4台1.2万千瓦机组，共4.8万千瓦，机组由哈尔滨电机厂制造。水电建设总局从丰满、古田等水电站抽调施工技术骨干和设备，与西南水力工程处合并组建狮子滩水电工程局，负责工程施工。由重庆市抽调原西南铁路工程局局长邓照明任水电工程局局长，北京水电勘测设计院总工程师李鹗鼎兼任水电工程局总工程师。近4万名建设者，在纵横数10里的建设工地上，夜以继日忘我劳动，工程进展十分迅速。1956年10月1日，1号机组提前一年零两个月发电，1957年3月20日，其余3台机组均投产发电，工期仅32个月，国家计划总投资9717万元，实际总造价6938万元，节省投资2779万元，每千瓦工程造价仅1445元。

1957年3月全面建成的长寿电厂狮子滩电站

上硐水电站是龙溪河开发的第二级。曾于1946年开工，到1949年5月，因经费不继而停建，仅完成大坝基础和厂房基础的开挖工作。1950年8月恢复建设。建浆砌条石重力式溢流拦河坝，水库总容量250万立方米，有效库容量80万立方米，正常调节库容40万立方米，为不完全日调节水库。设计水头26.8米，多年平均引用流量37.1米^3/秒。厂房为椭圆形、半地下式。1954年1月5日安装哈尔滨电机厂改制的3000千瓦水轮发电机组一台。工程计划投资481万元，实际造价442万元，节省投资39万元。1955年10月，又扩建2号机组，工程包括在浆砌条石前加一混凝土墙，以防渗漏；整修坝后河滩；改建控制室和升压站；增建外直径19.80米，高

1956年12月竣工的长寿电厂上硐发电站

约17米的调压井;安装哈尔滨电机厂制造的7500千瓦水轮发电机组一台,1956年12月12日竣工,工程计划投资414万元,实际造价385万元。两台机组容量共1.05万千瓦。

回龙寨水电站为龙溪河开发的第三级。1956年6月开工建设。工程包括浆砌条石重力式滚水坝、引水系统、主厂房、副厂房。水库总容量1230立方米,有效库容266万立方米,正常调节库容120万立方米,为日调节水库。安装哈尔滨电机厂制造的8000千瓦立轴式水轮发电机组二台,容量共16000千瓦,于1958年11月1日装竣发电。工程计划投资1846万元,实际造价1700万元,节省投资146万元。

1958年11月竣工发电的长寿电厂回龙寨电站

长寿电厂狮子滩大坝及水库——长寿湖

下硐水电站为龙溪河开发的第4级。1939—1948年间曾建成装机2990千瓦,于1949年11月29日被国民党政府军警破坏。1952年8月,重装机组容量3040千瓦。为充分利用龙溪河水利资源,电力工业部决定扩建下硐电站,工程于1957年8月开工。为引水隧道混合式开发,主体工程由块石混凝土重力式溢流拦河坝、引水系统和发电厂房组成。水库正常蓄水位218.15米,相应库容620万立方米,有效库容424万立方米,为日调节水库。安装15000千瓦水轮发电机组2台。1959年5月28日竣工。工程计划投资1427万元,实际造价1315万元,节省投资112万元,每千瓦造价仅438元,工期21个月,在4个电站中工期最短造价最低,与国民党政府所建的老厂比较,装机容量是老厂的10倍,工期仅为老厂的4倍。

龙溪河流域水电梯级开发经历了两个时代:从1937年到1949年的旧中国仅开发了容量2990千瓦的下硐电站,此电站还在重庆解放前夕被炸毁;新中国成立后,在百废待兴,物力、财力、技术力量都十分匮乏的条件下,立即开展了龙溪河的水电开发,从1954年8月到1959年5月,5年间先后建成狮子滩、上硐、回龙寨、下硐等4个梯级水电站,安装水轮发电机组10台,总容量10.45万千瓦,是中国第一个全流域梯级水电开发工程,也是新中国进行大规模水电建设的首批成果之一。4个水电站的勘测、设计、施工和水轮发电机组设备的制作,都是中国工程技术人员和工人在苏联专家的协助下完成的,是自力更生、艰苦奋斗的丰硕成果。工程建设者们,坚持精心设计、精心施工,大力开展技术革新,创造了混凝土墙中填加大石块新技术、预压滑料灌浆、大爆破开采石料等一系列新技术,新方法,克服了施工中的困难,使设计和施工都保证了较高的质量。面对资金和材料缺乏的困难,建设者们在保证质量和安全的前提下,精打细算,挖潜节支,仅水泥就节约1万余吨,共节约建设投资3076万元。其中下硐电站每千瓦的造价仅438元,工期仅21个月,创造了优质高效的水电建设工程。尽管由于历史的原因和客观条件的限制,还存在设计考虑不周、施工处理不当而遗留的问题,但经处理后均未造成安全事故,40多年来经过多次洪水考验。1958年3月5日,国务院总理周恩来和副总理李富春、李先念,亲临狮子滩水电站视察,对龙溪河流域梯级的成功开发和水力资源的综合利用给予高度评价。周总理十分高兴地挥笔题词:"为综合利用四川水力资源树立榜样,为全面发展四川经济开辟道路。"李富春、李先念副总理也欣然题词:"为长江综合开发开辟了道路,为四川的国民经济发展服务。"1960年3月7日和1963年4月4日,全国人大常委会朱德委员长先后视察长寿电厂,对梯级水电工程高度评价,欣然赋诗《狮子滩电站》:"龙

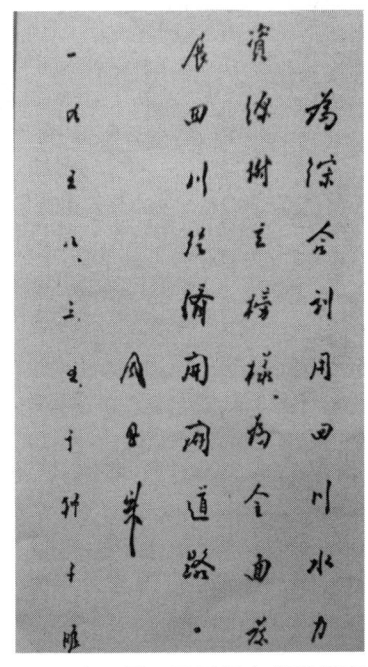

1958年3月5日周恩来总理视察长寿电厂题词

1963年4月,朱德委员长视察长寿电厂的题诗

溪河上狮子滩,四级阶梯一水源。利用层层修电站,功成恰是耀进年。"

在龙溪河梯级水电工程全面建成的同时,为适应重庆用电需求迅速增长的需要,重庆市又在长寿县境内长江另一支流——大洪河上开发建设大洪河电厂。工程于1959年1月全面动工。由于受"大跃进""全民办电"思想的影响,急于求成,盲目上马,"边勘测、边设计、边施工",造成工程质量不高,

1964年10月建成的长寿电厂大洪河电站

缺陷众多,1961年暂时停建。1964年对工程填平补齐,消除缺陷。1964年10月1日,4台机电全部投产,容量共3.50万千瓦,是"大跃进"时期四川在建水电厂中,唯一建成的中型水电厂,为重庆的钢铁、煤矿提供了更多的电力。1966年1月,该厂并入长寿水电厂,更名为长寿水电厂大洪河水电站。长寿水电厂装机容量增至13.95万千瓦。

小水电遍地开花

从20世纪50年代起,按照国家关于"尽量利用现有水工建筑物的水头试办小水电,以解决抽水动力、农村照明和其他农业用电","小型为主,社队为主,服务生产为主"的办电方针;四川省、重庆市关于水电站建设的"国家投资、地方补助、社队投资","谁建、谁有、谁管、谁受益"的"以电养电"政策,重庆市地方小水电建设逐步发展起

1992年12月建成的铜梁安居电站

来。到1976年底,地方小水电达到6.29万千瓦。粉碎江青反革命集团后,认真

贯彻"自建、自管、自用"的小水电办电方针,实行多渠道、多层次、多模式集资办电,小水电建设进一步发展,1980—1985年,全市共投入小水电建设资金5190万元。到1985年底,共有小水电站281个,装机容量达到17.84万千瓦,较1976年装机容量增长166%。1986年以后,在中央建设"中国式的农村电气化"的方针指引下,贯彻大电网对小水电要实行"扶持、让利"的政策,建设农村初级电气化县,小水电建设迅速发展,农村小水电建设投资逐年增加,每年都有一大批小水电站投产,到1996年小水电装机容量达到65.74万千瓦,较1985年装机容量增长261%。在小水电开发中,重庆市坚持因地制宜,充分利用水能资源建成多种多样的小水电站,为重庆水电事业创造和积累了丰富的经验。

发电和航运共用的水电站

如1966年2月建成的利用船闸修建的引水河床式电站——江津车滩水电站,装机容量5000千瓦。1992年12月25日建成的以发电为主,电航兼营,综合利用,采取截弯取直引水式开发的铜梁安居电站,装机容量3万千瓦。1993年1月建成的以发电为主、兼有通航效益的河床式径流电站——合川渭沱电站,装机容量3万千瓦。

1993年建成的合川渭沱电站

利用山区暗河溶洞建设的水电站

如1967年11月建成的武隆土坎电站,利用老龙洞溶洞水建设4级梯级电站,共装机1.28万千瓦。1985年建成的彭水县燕家坪电站,利用溶洞水,引水发电,装机容量6500千瓦。1991年1月建成的奉节小寨电站,利用小寨天坑暗河,筑低坝、凿无压隧洞引水发电,共装机容量1.89万千瓦。

高山小河梯级电站

如潼南高肯电站,利用琼江水能,从1961年3月到1991年11月先后建成三级电站,共装机容量5900千瓦。涪陵青烟水电站,利用龙潭河水能,采用低坝引水,1965—1989年,先后建成4级梯级电站,共装机容量2.158万千瓦。

低坝引水电站

如1967年建成的丰都观音寺电站，筑低坝引水发电，装机容量1万千瓦。1979年1月建成筑低坝，建引水渠发电，装机容量1.296万千瓦的云阳小江水电站。1986年建成的装机容量1.44万千瓦以发电为主、并建有16个提灌站的潼南三块石电站。1990年建成的黔江渔滩水电站，装机容量1.20万千瓦。1996年利用大岩洞冲沙闸兴建的装机容量共1.12万千瓦的潼南大岩洞水电站。

1990年建成的黔江渔滩电站

重庆水电开发的新篇章

1997年6月重庆市直辖后，随着重庆市电力工业局（电力公司）和重庆市水利电力局的成立，进一步加强了水电资源的勘测、设计、开发建设的力度，加大了水电建设的投资，重庆市水电生产建设迅速发展，取得了显著成就。

老电厂改造，焕发青春

狮子滩水电总厂是50年代开发的梯级水电厂，已运行40多年，设备陈旧老化，漏水增大，绝缘薄弱，调节性能差，自动元件不能自动，严重威胁生产安全。为消除隐患，改善设备运行状况，提高设备自动化水平，从1997年起先后进行了一点多址数字微波传输通信系统、综合管理信息系统（MIS）、大坝安全监测系统、电厂综合自动化系统的技术改造，大大提高了电厂的通信、信息和生产运行管理的现代化、自动

经过改造的长寿电厂下硐电站自动化中央控制室

化水平及安全生产水平。同时通过励磁系统的改造,在原励磁机位置安装副发电机(每台800千瓦约占主机容量6%),增加了机组容量,使老设备焕发了青春,继续安全可靠地发电。

地方水电快速发展

全市各区、县、市和各地方电力集团,加大水电建设的投、融资力度,充分利用水能资源,建设水电站,使地方水电装机容量大幅度增长。涪陵水资源开发有限公司开发建设的丰都石板水水电厂是龙河梯级水电站之一。电厂安装4台机组容量共11.5万千瓦,水库库容1.55亿立方米,可调节库容0.77亿立方米,年发电量5.22亿千瓦·时,是地方电力较大的水电站。电站于1992年6月开工建设,1998年5月全部建成发电。香港中贯投资开发有限公司与乌江电力(集团)公司合资建设的酉阳大河口水电站,装机3台,容量共7.50万千瓦,

1998年3月建成的酉阳大河口水电站

1998年3月建成发电。三峡水利电力(集团)公司投资建设的有:万州赶场水电厂,为磨刀溪梯级第4级电站,装机3台,容量共3.75万千瓦,1997年9月1日投产发电;万州双河水电厂,1997年10月建成,装机4台,容量共2.6万千瓦;万州鱼背山水电厂,为鱼背山梯级水电开发工程第一级,装机2台,容量共1.70万千瓦,1998年8月建成。此外,还有1998年建成投产的云阳咸顺电站,装机2台,容量共1.26万千瓦。2001年建成投产的,有南川鱼跳水电厂,装机3台,容量共4.80万千瓦;武隆木棕河二级电站,装机2台,容量共2万千瓦。2003年建成的武隆大溪河三级电站,装机2台,容量2万千瓦等。到2003年底,全市地方水电装机容量共106.2万千瓦。较1996年的76.60万千瓦增加39.2万千瓦,增长51.17%。

芙蓉江水电梯级开发成果丰硕

江口电站位于重庆市武隆县江口镇,是以发电为主兼顾旅游、防洪的综合利用工程,是芙蓉江干流梯级开发中的最后一级。水电站枢纽工程由混凝土双曲

拱坝、引水发电系统和地下厂房组成。共安装3台10万千瓦水轮发电机组,1999年3月17日破土动工。2003年3月、6月、11月3台机组相继投产发电。该电站成为重庆市统调电网的主力调峰电源之一,对提高电网的调峰能力,保证电网的安全稳定运行,提高供电质量,都有十分明显的作用。随着江口水电站的建成投产使2003年重庆市的水电装机容量达到149万千瓦,缓解了重庆市发电装机容量不足、严重缺电的状况。

2003年11月建成的江口水电站大坝

水电建设进入高速发展时期

重庆市发电装机容量严重不足(2000年统计,全市人均发电装机容量0.14千瓦/人,仅为全国人均装机容量0.252千瓦/人的55%),水电开发利用仅占可开发利用水能资源的12%,水电开发潜力很大。2002年12月29日,按照国务院关于《电力体制改革》的要求,实行厂网分开,新组建的中国电力投资集团公司、大唐电力集团公司等全国电力集团公司和重庆市进一步加大了水电开发的力度,水电建设进入大发展的新时期。龙河藤子沟水电站(装机6.6万千瓦)、龙河鱼剑口水电站(装机6.0万千瓦)、马岩洞水电站(装机6.6万千瓦)等一批水电站正在加快建设,将在2005年内相继投产。2005年起,乌江彭水水电站(装机175万千瓦)、合川草街航电枢纽电站(装机50万千瓦)、秀山石堤水电站(装机12万千瓦)、任河梯级水电站(装机17.3万千瓦)、乌江银盘水电站(装机60万千瓦)和蟠龙抽水蓄能电站(装机120万千瓦)等大中型水电站将陆续动工建设,预计到2010年将新增水电装机容量300多万千瓦,重庆市水电建设正在谱写辉煌的新篇章。

(原载《长江明珠》,华中电网有限公司等编,长江出版社2005年第一版)

山城电力铸辉煌

——庆祝新中国成立60周年

1949年10月1日,新生的中华人民共和国胜利诞生,中国人民从此站了起来,以崭新的姿态,开启了建设繁荣、富强、民主、自由、幸福新中国的伟大征程,60年风雨兼程,60年砥砺奋进,60年沧桑巨变。中华民族从一穷二白的旧中国起步,不断创造奇迹,迎来了从站起来,到富起来、强起来的伟大飞跃。

60年来,伴随着伟大祖国气壮山河的建设浪潮和波澜壮阔的改革之路,重庆电力工业也发生了翻天覆地的变化。

电源建设从破旧落后的低参数、小容量机组起步,快速发展到高参数的大中型机组为主,水电机组增至40%以上,首个风电站已投产发电,发电机组的自动化水平、节能和环保水平大为提高,能源结构不断改善,正努力建设低碳、绿色环保电力。全市发电装机容量从解放初期的2.17万千瓦,增至2008年底的1102.33万千瓦,增长506.99倍;全市发电量从解放初期的0.8亿千瓦·时,增至2008年底的401.44亿千瓦·时,增长500.8倍。

电网建设从电压仅6.9千伏~13.8千伏的6个孤立的小型电网起步,电压等级不断升级,已建成220千伏双环网和500千伏"日"字形环网骨干网架;电网不断扩层延伸,建成覆盖全市区县的全市统一电网,实现与全国联网,成为"西电东送"的重要通道;电网技术水平不断升级,自动化程度日益提高。全市变电容量,从1952年底的2.03万千伏安,增至2008年底的4284.58万千伏安,增长2110倍;输电线路总长度从1952年的43.2千米,增至2008年底的19487千米,增长450

倍。全市售电量从解放初期的0.62亿千瓦·时,增至2008年底的438.33亿千瓦·时,增长705.98倍。为重庆深化改革开放和经济社会的发展,提供安全可靠的电力保障和诚信优质的服务。

深化改革,推动电力蓬勃发展

60年来,重庆电力工业经历了从政府管电体制,到经营体制改革、政企分开、厂网分开,全市电网统一改革及市场化改革等一系列改革。"改革就是解放生产力,改革就是发展生产力。"持续深化的改革有力推动了重庆电力工业的蓬勃快速发展。

1949年12月2日,人民解放军军管了重庆电力公司大溪沟电厂

1949年11月30日,重庆解放,为重庆电力工业带来了新生。人民政府接管了长寿水电厂、巴县电力公司等原国民政府的电力企业。1949年12月15日,在接管重庆电力公司官僚资本后,成立了重庆电力股份有限公司公私合营董事会。1950年8月1日,新中国在重庆建立的第一个省级电力管理机构——西南工业部重庆区电业管理局诞生。1951年5月14日,西南工业部电业管理局(西南电管局)在重庆成立,负责西南地区的电力管理,重庆区电业管理局改称重庆电业局,由西南电管局领导。从此,由政府管电、办电、国家投资建设的电力管理体制和发电、供电、调度的安全生产体系就建立、健全、完善起来。以后,在三年国民经济恢复发展时期和一个个国民经济发展"五年计划"中,在党的领导下,重庆电力职工发扬重庆电力的光荣革命传统,怀着新中国工人阶级主人翁的豪情和强烈责任感,忘我劳动,艰苦奋斗,攻坚克难,使电力生产建设快速发展。重庆电力装机容量从1949年的2.17万千瓦增至1965年的44.70万千瓦,增长19.60倍;发电量从1949年的0.80亿千瓦·时,增至1965年的16.58亿千瓦·时,增长19.73倍。35千伏变电站从1953年的1座1.34万千伏安,增至1965年的20座、17.35万千伏安;110千伏变电站从1956年的1座3.15万千

伏安,增至1965年的8座37.66万千伏安。35千伏线路从1953年的7条76.20千米,增至1965年的41条、440千米;110千伏线路从1956年的1条,89.2千米,增至1965年的20条、454.30千米。售电量从1949年4553万千瓦·时,增长到1965年11.10亿千瓦·时,增长23.13倍。1966年开始的"文化大革命"给重庆电力工业带来严重干扰和破坏。电力企业陷入无计划、无管理、无质量的状态,设备严重损坏,事故频发,10年间仅恶性事故就达34起。由于武斗,使数十条线路被损坏,造成大面积停电;造成容量24.6万千瓦的重庆电厂只能有1.2万机组发电;发电建设工程因造反派夺权、武斗造成工程停顿。由于重庆是国家"三线建设"重点地区,中共中央、国务院为确保"三线建设"的电力供应,在"文革"中专门下发了两个保证电力安全生产的文件。广大电力职工认真执行中央两个文件,抵制种种干扰破坏,克服各类困难,重庆电力工业仍在曲折中前进,取得了一定成就。到1976年发电装机容量达到60.70万千瓦,较1965年增长35.8%;发电量27.25亿千瓦·时,较1965年增长64.3%。35千伏及以上变电站增至92座,增加64座;35千伏及以上线路增至127条,增长54条;售电量23亿千瓦·时,较1965年增长107%。

1978年12月,中共中央十一届三中全会后,重庆电力遵照中共中央、国务院的决定,进行全市电力企业的全面整顿和经济体制改革试点。初步建立各级经济责任制,试行三级核算和定期经济分析制度、专项经济奖励制度;健全岗位责任制,开展企业达标升级和企业安全、文明双达标活动;加强了企业安全、质量管理、班组建设管理。调动了企业和个人的生产建设的积极性,促进了企业的生产和经营管理,企业的生产建设、安全质量、经营效益水平都大为提高。全市发电装机容量由1978年的62.99万千瓦,增至1985年的75.03万千瓦,增长19.11%。全市35千伏~220千伏变电设备容量由1978年的188.12千伏安,增至1985年的282千伏安,增长50.24%;全市35千伏~220千伏线路总长度由1978年的2936.18千米,增至1985年的4729.24千米,增长60.06%。发电和供电企业的安全生产水平不断提高,事故率不断下降,经济效益不断向好。1977年到1981年,重庆电业局所属各发电厂、供电局共节约标煤11.7477万吨,节电8.96亿千瓦·时。

1985年前,重庆电力系统主要靠国家投资,由于投资不足,电源建设和电网建设都跟不上重庆经济和社会发展的需求,造成长期电力紧缺。1984年,中共中央做出《关于经济体制改革的决定》,开展经济体制改革,改革投融资体制。1985

年后重庆电力工业实施"多家办电""集资办电""引进外资",扩大投融资渠道。1986年—1996年间,通过集资、合资和征收建设资金共18.08亿元,先后进行了80.8万千瓦发电机组的新建、20万千瓦发电机组的技改工程、25个110千伏输变电工程的新建与扩建、5个220千伏输变电工程的新建与增容;先后引进和利用英国、日本等多国的贷款、赠款等18.61亿元外资,建成投产157.86万千瓦发电机组、6台燃煤机组的烟气脱硫装置、50座变电站、2192千米的输电线路,大大增强了重庆的发供电能力。

1997年3月重庆市直辖,同年6月6日,重庆市电力工业局(电力公司)挂牌成立

2002年电力体制改革,"厂网分开",重庆市电力公司所属电厂移交中国电力投资集团公司

1997年前,重庆电网属省属电网,重庆电力建设的规划、立项、投资、建设受到多方面因素的制约,大大减缓了电力建设步伐。1997年重庆市直辖后,电力工业部对重庆电力体制进行改革,组建了重庆市电力工业局(电力公司),重庆电网成为省级电网,制定了直辖后第一个《重庆市2000年发展规划和2020年远景规划》,加大了建设投资,重庆电力建设进入快车道。2002年2月,国务院下发《国务院关于印发电力体制改革的通知》,决定对电力工业实施"厂网分开,竞价上网,打破垄断,引入竞争"为主要内容的新一轮的电力体制改革。同年3月,按照国务院批准的方案,对原国家电力公司资产进行拆分、重组,新组建两大电网公司、五大发电集团公司、四大电力辅业集团公司。重庆市电力公司归新组建的国家电网公司管理,公司原属白鹤电厂、狮子滩水电总厂和九龙电力公司,划归新组建的中国电力投资集团公司管理。新组建的华能集团公司、中电投集团公司、大唐电力集团公司、国电集团公司等在重庆设立分支机构,加大了对重庆的电源建设投入,进一步掀起重庆电力建设的新高潮。发电装机容量从1996年

的299.31万千瓦,增至2008年底的1102.33万千瓦,增长268.29%;发电量从1996年的133.16亿千瓦·时,增至2008年底的401.44亿千瓦·时,增长201.47%。变电设备总容量由1996年的656.46万千伏安,增至2008年底的4284.58万千伏安,增长552.67%;输电线路总长度从1996年的9159.17千米,增至2008年底的19487千米,增长112.75%;售电量从1996年的113.81亿千瓦·时,增至2008年底的438.33亿千瓦·时,增长285.14%。

2003年前,重庆电网是由国家电网与多个地方小电网并存的一市多网的格局。复杂的电力管理体制,造成全市电力发展不能统一规划,电力建设各行其是,重复交叉,浪费资金和资源;全市供电不能统一调度、平衡、调节,造成有的地区缺电,有的地区又窝电,加剧了全市的缺电;全市电网结构薄弱,地方供电区域仅靠110千伏及

2003年,重庆市开展县级体制改革,图为多家县市级供电有限公司成立授牌

以下网络供电,输送距离长,电力损耗大,供电质量差;国家电网与地方电网矛盾突出,电力市场难以开拓发展,电价难以调整与统一,制约了重庆经济与社会的发展。2003年7月,重庆市政府下发了《关于电力体制改革的意见》,开展全市县级电力体制改革,建立全市统一的电网。重庆市电力公司抓住改革的机遇,与各区县政府和地方电力公司协同配合,积极推进,到2008年已成功组建了24家县级控股供电公司,基本形成全市的统一电网,有37个区县实现了城乡电网同价,全市电网基本做到统一规划、统一调度和统一管理,推动了全市电力持续、健康、快速发展。

调整结构,建设绿色环保电源

60年来,重庆电源结构不断改善,单机设备容量由小到大,设备技术水平和效率不断提高;水电和新能源等低碳、绿色电源占比不断增大,火电的环保设施不断改进发展,正在加快建设低碳绿色环保电源。

火电建设持续推进，向大型高效机组发展

重庆解放初期，重庆各火电厂都是4500千瓦及以下的低温低压的小型机组，效率低，煤耗、电耗大，污染严重，其中重庆电力公司鹅公岩电厂的一台锅炉还被国民党军警炸毁。解放后重庆电力职工日夜奋战，于1950年5月1日修复发电。1952年起，国家投资建设列入156项重点工程和苏联援建的141项重点工程——重庆电厂工程。首期工程2台1.2万千瓦机组，于1954年7月投产。这是重庆首个中温中压机组的中型电厂，设备技术水平有所提高，煤耗、电耗均有降低，发电能力较重庆全市发电能力增加1倍多。1959年起该厂持续进行2期、3期、4期扩建工程，投产6台1.2万千瓦机组，使全厂装机容量达到9.6万千瓦。

1954年7月建成的重庆电厂，经过6期扩建，到1995年9月，总容量已达到80万千瓦

1960年重庆电厂又新建东厂4台5万千瓦机组，于1969年6月全部投产，使电厂总容量达到29.6万千瓦，是当时西南地区最大的火电厂，缓解了重庆用电紧张状况。改革开放后，为适应不断增长的用电需求，1982年国家又决定对重庆电厂新建2台20万千瓦机组，于1987年12月建成投产；将8台1.2万千瓦机组技改为1台20万千瓦机组，于1995年9月投产，使重庆电厂总容量达到80万千瓦，成为重庆电网的主力电厂。这是重庆首次建设20万千瓦级的超高压发电机组。

华能集团公司和重庆市政府共同集资并利用法国政府贷款建设的珞璜电厂，是重庆市首个大型火电工程。一期工程于1988年9月1日动工，引进2台法国公司生产的36万千瓦机组，1992年2月14日投产，这是重庆首个建设的30万千瓦级的大型火电机组电厂，也是国内首次引进和采用国外烟气脱硫工艺，为国家火电厂烟气脱硫建设起到技术导向和工程示范作用。1996年12月，珞璜电厂启动二期扩建工程，工程仍建设2台法国36万千瓦机组。2台机组相继于1998年12月17日、27日建成，创造了25个月内建成2台36万千瓦机组的国内新纪录。全厂容量达到144万千瓦，成为重庆市首个百万千瓦级大型电厂，也是当时西南地区最大火电厂。2004年9月，珞璜电厂三期工程动工，建设2台国产60万千瓦燃煤汽轮发电机组和两台单元配置的国产烟气脱硫装置，于2007年1月26日建成。该厂容量达到264万千瓦，再次成为当时重庆和西南地区最大火电厂，机组的效率十分良好。为缓解重庆电力紧张局面，促进经济和社会发展做出了重要贡献。

1992年2月14日建成的华能珞璜电厂，经过先后2期扩建，到2004年9月，容量264万千瓦，为重庆最大电厂

1986年4月，国务院决定在开县新建2台5万千瓦机组的白鹤电厂，在涪陵新建2台2.5万千瓦机组的龙桥电厂，作为电力扶贫工程。白鹤电厂于1988年9月20日动工，1993年6月全部投产。以三条110千伏线路向开县、万县送电，促进贫困地区的经济发展和改善人民生活。1997年10月30日，为支持三峡库区移民开发，国家决定白鹤电厂扩建2台30万千瓦国产汽轮发电机组。扩建工程于2002年1月16日动工，2004年6月14日投产，电厂总容量达70万千瓦，成为三峡库区最大电厂。

2004年3月28日，白鹤电厂扩建2台30万千瓦机组建成发电

此外，中国电力投资集团合川双槐电厂一期工程2台30万千瓦机组、国家电力集团恒泰万盛电厂2台30万机组，相继于2006年11月、2007年5月建成发电。2008年底20万千瓦及以上机组已占全市统调火电机组总容量的83.94%，效率低、污染大的小型机组已逐步被淘汰。

水电建设快速发展，增加了清洁电源

重庆解放不久，人民政府立即组织修复了被国民党政府军警破坏的长寿水电厂，桃花溪电站和下硐电站相继于1950年7月、1952年修复发电。1952年起，

启动了龙溪河梯级水电的全面开发。梯级开发的第一级——狮子滩水电站工程，于1954年8月1日动工，1957年3月20日，包括4台1.2万千瓦机组及钢筋混凝土斜墙堆石大坝、库容量10.27亿立方米的大型水库的狮子滩电站，全面建成发电。梯级水电第二级——上硐水电站、第三级回龙寨水电站、第四级下硐水电站在1959年5月28日全面建成。4级电站共装设10台机组，总容量10.45万千瓦，是新中国第一个全流域梯级水电开发工程，也是新中国大规模水电开发的首批成果之一。该工程水资源利用效率良好，周恩来总理、朱德委员长视察后，先后题词、赋诗给予高度评价。

1959年5月建成的新中国首个全流域梯级水电工程——长寿水电厂的狮子滩大坝和水库（长寿湖）

中国电投集团江口水电站是乌江支流芙蓉江开发的最后一级，共安装3台10万千瓦水轮发电机组，年设计发电量10.71亿千瓦·时。工程于1999年3月17日动工，2003年3月、6月、11月，三台机组相继投产发电。这是重庆首个装设10万千瓦级机组的水电厂，成为当时重庆市统调电网

2003年11月建成，发电容量30万千瓦的江口水电站大坝

主力调峰电源之一，对保证电网安全稳定运行，提高供电质量，改善电源结构，都有重要作用。

大唐集团彭水水电站是国务院规划的乌江流域11级梯级水电开发之第10级水电站，装机5台35万千瓦机组，总容量175万千瓦。工程于2005年9月28日动工，2008年12月全部建成发电，创造了国内大型水电机组连续建成发电的最快速度。成为重庆市解放以来建成的最大水电站，年设计发电能力63.51亿千瓦·时，为重庆经济社会发展提供了大量清洁电源，改善了重庆电源结构，减少了

火电污染排放。电站承担重庆电网的调峰、调频和事故备用任务,是重庆电网的骨干电源。同时兼顾航运、防洪及其他综合利用,对配合三峡电站调节长江中下游防洪度汛有巨大作用。

小水电遍地开放。从20世纪50年代起,全市各区县就不断发展小水电站。到2007年底全市地方小水电发电机组容量就达151.57万千瓦。主要有装机容量11.5万千瓦的丰都石板水水电站、装机7.50万千瓦的酉阳大河口水电站、装机各6.6万千瓦的龙河藤子沟水电站与龙河马岩洞水电站、装机6万千瓦的龙河鱼剑口水电站、装机4.8万千瓦的南川鱼跳水电站,这些电站为各区县地方经济发展和乡村振兴做出了重要贡献。

2008年12月建成,装机容量175万千瓦的彭水水电站,是重庆市最大水电站

2008年全市水电装机容量已达487.93万千瓦,占全市装机容量的44.26%,大大改善了重庆的电源结构。

新能源建设,有了新突破

风力发电是清洁新能源,重庆风能资源较丰富,据2005年初步规划,拟建15个风电场,预计装机容量共50万千瓦。2008年,大唐集团重庆公司武隆四眼坪风电场动工建设,2009年5月25日,风电场首批4台850千瓦风电机组投产发电,这是西南地区第一个风电场。该风电场规划场区6.6平方千米,共装850千瓦机组58台,总容量4.93万千瓦,年均发电量1亿千瓦·时,预计2010年全部投产。

2009年5月25日,重庆市首个风电场——武隆四眼坪风电场,首批风电机组投运

节能环保电厂建设,正在发展

2005年3月28日,三峰环境产业公司北碚同兴垃圾焚烧发电厂建成发电。该厂装设1.2万千瓦发电机组2台,日焚烧垃圾12000吨,每年达40万吨,相当于

重庆市主城区生活垃圾总量的三分之一。这是西南地区首座垃圾焚烧发电厂，也是国内首座装备国产化的城市生活垃圾焚烧发电厂，不仅有效减少了垃圾的污染，而且变害为宝，每年提供发电量1.1亿千瓦·时。

重庆市煤矿较多，但煤的品质不高，含有大量煤矸石。各煤矿煤矸石大量堆积造成污染。为了减少污染，充分利用煤炭资源，重庆市永荣矿业公司（矿务局），在1975年12月率先建成国内第一座煤矸石发电厂。安装该厂自己研制的国内首台燃烧劣质煤和煤矸石的全沸腾发电锅炉，装机1.15万千瓦，1999年扩建为2.30万千瓦。1996年起又陆续建成一批煤矸石发电厂，主要有2005年3月5日建成，装机5万千瓦的方盛煤矸石电厂；2005年10月建成，装机5.5万千瓦的三汇煤矸石电厂；2006年7月建成，装机2台15.0万千瓦的重庆能源集团松藻安稳煤矸石电厂，该厂年消耗煤矸石150万吨，年发电量16亿千瓦·时，是当时西南地区最大的煤矸石电厂，具有良好节能环保效益。

2005年3月25日，北碚同兴垃圾焚烧发电厂建成发电，是重庆首个垃圾发电厂

2006年7月建成发电，容量共30万千瓦的安稳煤矸石电厂

跨越发展，构筑坚强电网

解放前重庆电网由6个自发自供的孤立电网组成，设备技术落后，电压不稳，经常停电。60年来电网不断发展，从35千伏电网发展到550千伏"日"字形环网，并进入特高压电网的新时代；电网规模不断扩展延伸，建成覆盖全市区县的统一电网，实现与全国联网；电网技术水平不断升级，自动化程度日益提升；电网装备配置能力日益坚强，各级电网协调发展，结构不断改善。重庆电网正向坚强

电网大步迈进。

35千伏电网延伸乡镇，助推农民致富、乡村振兴

1950年起，就对全市破旧的电网进行大修、改造，将市区3个自发自供的孤立小电网，改造升级为电压33千伏的市区统一电网。1953年，又将电网电压升至35千伏，并与巴县电力公司连接，形成有35千伏变电站5座、变电容量1.34万千伏安；35千伏线路7条，总长76.2千米的市区统一的35千伏电网，这是重庆和西南地区的第一个35千伏电网。到1957年，35千伏变电站增至12座，变电容量4.85万千伏安；35千伏线路增至27条，总长度172.5千米。此后，35千伏电网由市区向市郊县区扩展延伸。尤其是改革开放后，随着地方经济的发展、农村电气化建设步伐的发展和农村电网的建设、改造、升级，35千伏电网快速发展。到2008年底，35千伏变电站增至322座、变电容量298.13万千伏安，较1953年分别增长63.4倍、221.49倍；35千伏线路增至559条、总长6627.3千米，较1953年分别增长78.86倍。35千伏电网延伸至各区县中心乡镇，为乡村振兴、农民脱贫致富，提供了安全、可靠的电力供应。

1953年，建成的重庆电网第一座35千伏变电站——弹子石变电站

110千伏电网结构日益完善，成为区县骨干网

1956年12月，重庆和西南地区第一条110千伏线路——长寿电厂狮子滩水电站至市区盘溪110千伏变电站的110千伏线路建成，线路长89.2千米，变电站容量3.15万千伏安。这条线路将长寿电厂的水电输送到急需电力的重庆市

1956年建成的西南第一条110千伏线路——狮子滩至盘溪变电站线路

区,有力促进了重庆经济与社会的发展。110千伏电网开始形成,并逐步发展。1981年,鉴于市区110千伏电网结构薄弱,输送电力能力严重不足,重庆电业局对市区电网进行重点建设与改造。到1990年,110千伏变电站增至35座,容量133.2万千伏安;110千伏线路增至66条,总长1333.02千米,使市区电网由35千伏骨干网,升级为110千伏骨干网。1997年重庆市直辖后,重庆市电力公司针对重庆电网的实际情况,决定将"改善110千伏电网结构"作为公司电网建设"三大任务"之一,110千伏电网快速发展,由市区向区县扩展,到2008年,已建成110千伏变电站176座,较1956年增加175座;变电容量1431.45万千伏安,较1956年增长453.43倍。110千伏线路363条,较1956年增加362条;线路总长度6033.7千米,较1956年增长66.64倍。110千伏电网扩展到全市区县,电网结构更完善,输送能力更强;电网技术装备水平不断提升,建成一批无人值班变电站,实现集控运行。

2000年建成的长寿供电局110千伏无人值班变电站的集控室

220千伏电网快速扩展,建成全市双环网

1972年,为缓解重庆严重缺电,保障"三线建设"用电需求,水电部决定建设重庆凉亭220千伏变电站,把川西电力东送到重庆。变电站安装主变压器2台,容量24万千伏安,工程于1972年4月竣工;同时,由四川豆坝电厂至凉亭变电站的长238.9千米的220千伏线路,也于同年4月25日竣工。这是重庆第一个220千伏输变电工程,将新建豆坝电厂的电力输送到重庆电网。此后,220千伏电网逐步发展,到1987年建成220千伏变电站7座,变电容量132万千伏

1972年4月建成的重庆第一座220千伏凉亭变电站

安；220千伏线路16条，总长度757.61千米，形成对市区供电的220千伏内环骨干网，实现220千伏电网的第一次大调整。随着改革开放的深入发展，220千伏电网快速发展，电网技术装备也不断升级提高。1999年9月29日，重庆电网首座采用全密封GIS组合电气设备的220千伏大溪沟变电站建成。GIS组合电气设备，具有技术含量较高，占地面积小，运行可靠安全、维护工作量少等优势，提高了供电能力。这也是位于市中心区的首座220千伏变电站，改善了渝中半岛的供电。同时，220千伏电网从市区向周边区县扩展延伸，到2001年共建成220千伏变电站25座，220千伏线路60条，形成结构更为完善的220千伏双环网。电力供应更加安全可靠，实现了220千伏电网的第二次大调整。此后，220千伏电网进一步向渝东南、渝东北等边远县区发展，到2008年底，共有220千伏变电站42座，较1972年增加41座；变电容量共1395万千伏安，较1972年增长57.13倍。220千伏线路123条，较1972年增加122条；总长3879千米，较1972年增长15.24倍。实现全市区县均与国家电网220千伏联网，解决了远郊区县用电瓶颈，电网安全可靠性进一步提高。

1999年9月建成的220千伏大溪沟变电站的GIS组合电气设备

500千伏电网从无到有，建成"日"字形双环网

1995年，重庆就建成148.74千米自渝500千伏超高压线路，由于当时重庆未建成500千伏变电站，该线路接入220千伏陈家桥开关站运行，没有形成500千伏电网。重庆直辖后，超高压电网快速发展，到2002年底，先后建成陈家桥、长寿、万县3座500千伏变电站和6条500千伏线路，实现与华中电网联

1999年12月建成的500千伏陈家桥变电站

网,成为西电东送的中枢通道,500千伏电网初步形成。为改变500千伏"单线链形"结构薄弱状况,重庆市电力公司在2003—2008年间,相继建成石坪、隆盛等6座500千伏变电站。到2008年底500千伏变电站达到9座,变电容量1175万千伏安;建成与三峡变电站联网的三(峡)万(县)线、与华中电网联网第二通道的张(张家坝)恩(湖北恩施)线等500千伏线路28条,总长度2361.4千米。于2007年12月提前3年建成"日"字形环网,实现重庆电网骨干网架从220千伏向500千伏的升级转型。预计到2009年底,将建成围绕重庆负荷中心的东西方向两个环网的500千伏"日"字形架构,形成多端送电的格局。重庆500千伏电网结构更加完善、坚强,负荷中心供电可靠率进一步提高。

2001年12月建成的500千伏万县变电站

2007年12月,重庆电网500千伏"日"字形环网竣工投运

特高压电网建设启动,进入电网新时代

2008年12月15日,西起四川向家坝复龙变流站,东至上海奉贤变流站的向上±800千伏特高压直流线路全面动工建设。线路途经8省市,共长1891千米,年输送电量305亿千瓦·时。其中重庆段经过江津、巴南等7区县共长288.665千米,重庆市电力公司参与施工建设和维护,计划2009年10月竣工。这是当时国家电网公司自主研发、设计、建设的世界电压等级最高、输送电量最大、输送距离最远、技术最先进的特高压直流输电工程,也是第一条经过重庆的特高压线路,重庆电网由此进入"电力高速路"——特高压电网新时代。

2008年12月,向家坝至上海±800千伏特高压直流线路重庆段动工建设

忠实履职,优质高效服务社会

电力工业关系国民经济和社会发展大局,关系人民生活和社会的和谐稳定,肩负着服务党和国家工作大局、服务经济社会发展的政治责任、经济责任和社会责任。解放以来,重庆电力牢记"人民电业为人民"的宗旨,忠实履行肩负的神圣职责,不断增强服务意识,提升服务理念,创新服务方式、方法,完善服务设施,不断改进和提高服务态度、服务质量、服务效益,努力为电力用户和经济社会的发展提供诚信、优质、高效的服务;积极投身社会公益事业,在洪灾抢险、冰雪抢险、抗震救灾中,努力攻坚克难,做出奉献。得到政府和人民群众、电力用户的肯定和好评,多次被评为精神文明单位、优质服务单位和抢险救灾先进单位。

牢记"人民电业为人民"宗旨,不断提高服务质量

解放以来,重庆电力系统始终遵循"人民电业为人民"宗旨,按照不同历史时期形势,对电力职工和电力营销服务工作提出具体要求,使"人民电业为人民"成为电力职工的优良传统,电力营销服务工作也不断改进提高。改革开放后,重庆

电力系统认真贯彻水利电力部《供电部门职工服务守则》《关于供电部门提供服务质量,端正行业作风的决定》,1986年,川东电业局和所属重庆供电局做出了《纠正行业作风十不准》《端正行业作风优质服务的"八条规定"》等决定,向电力行业不正之风宣战;20世纪90年代,重庆电业局制定了《优质服务暂行条例》《供电职工优质服务行为标准》,对供电服务提出高标准、严要求和约束机制;实行用电服务"一口对外""一条龙"服务制度,开展建"文明窗口""创一流服务活动";1996年,重庆电业局所属9个供电局相继推出"社会承诺服务制度"并在《重庆日报》公布。不断改进服务工作,提高用电服务质量。

2001年重庆市电力公司开展"电力市场整顿和优质服务年"活动

2002年重庆市电力公司开通"95598"客户服务热线电话,对用户提供不间断服务

2005年重庆供电流动服务车开进社区,为居民提供用电服务

1997年重庆直辖后,重庆市电力工业局(电力公司)把电力行风建设和为用户优质服务摆上重要议事日程,在全公司开展"为人民服务,树行业新风"活动,认真查找问题;转变作风,提高了办事效率,遏制了不正之风。1999年,重庆市电力公司按重庆市政府要求,建立24小时值班服务,坚持"精心组织,抢修排障,为用户服务",受到市民欢迎。2000年,制定了《用电营业"一口对外"服务标准》,改善用电营业服务设施,方便用户,提高了服务质量。

2001年,开展"电力市场整顿和优质服务年"活动,提升了服务意识、服务水平和服务质量,展示了"电黄牛"的良好形象。2002年,建立了用电客户中心,开通了"95598"客户热线电话,对用户进行不间断服务。2003年制定《差异化服务方案》等制度,推行客户经理制,优化服务流程、创新服务内容、强化服务质量监督。提高了客户满意率,被评为重庆市"行风评议优良单位"。2004年,推出"电费短信缴费、网上缴费"等多种服务举措,荣获重庆市"消费者满意单位"称号。2005年,重庆市电力公司认真贯彻国家电网公司关于员工服务的"十个不准"、调度工作的"十项措施"、供电服务的"十项承诺",在全市开展"阳光服务,社会公鉴"活动,开展诚信、优质、阳光服务。2007年按照国家电网公司的部署,建设"和谐渝电"工程,深入开展"优质服务年",抓好服务机制建设、行风建设,创建"服务责任文化",开展上门服务、特色服务,进一步提高服务品质,受到国家电网公司和国家电监会的好评。2008年,重庆电力公司把优质服务作为企业生存发展的根本,树立"全员大服务"理念,健全优质服务领导责任制,加强优质服务体系建设,统一城乡服务规范,拓展服务能力,打造"放心、省心、知心"的"三心"服务品牌,不断提升优质服务水平。2009年7月28日,在重庆市政府新闻发布会上,重庆市电力公司向全市人民做出了建设"坚强电网、高效电网、诚信电网、绿色电网、责任电网",努力服务重庆经济社会发展的"供电服务三十条"的庄严承诺,把服务质量、服务水平提升到新的高度,彰显国家电网品牌。

承担社会责任,奋力抢险救灾

重庆电力企业广大员工秉承爱国奉献的光荣传统,忠诚履行国企的社会责任,投身社会公益事业,在各类自然灾害中,奋勇抢险救灾,奉献爱心,谱写了一曲曲动人的时代壮歌,塑造了重庆电力忠诚服务人民的良好形象。

1985年6月27日,重庆市区大溪沟罗家院下水道发生大爆炸,造成26人死亡,91人受伤。危急关头,川东电业局大溪沟电厂上百名职工立即赶到现场,不顾安危,奋勇抢救伤员,受到重庆市委、市政府通令嘉奖。

1989年夏季,重庆遭遇有水文记录以来的最大洪水,造成洪灾,人民群众的生命财产和电力设施受到严重威胁。重庆电业局和长寿电厂员工立即投身抗洪抢险第一线,抢险救灾;并实施科学调度,调节洪峰,抢修受损电力设施,保证了

电网和电厂的安全生产,对重庆市和长江防洪救灾做出了贡献,受到重庆市政府和长江防洪总指挥部表彰。

2005年2月8日,酉阳县遭遇几十年不遇的冰雪灾害,铁塔导线覆冰厚达30~70毫米。110千伏黔秀龙线两基铁塔因覆冰过重倒塌,该线路另两基铁塔也相继倒塌断线,造成大面积停电,电网危急。重庆市电力公司立即组织抢险抢修。广大职工在平均海拔1000余米的高山冰天雪地里,连续奋战28个昼夜,于3月8日通电,酉阳地区工农业生产和人民生活用电全面恢复。

2005年2月8日,酉阳县特大冰灾,铁塔倒塌,重庆电力工人在冰天雪地中奋力抢修

2007年7月,重庆遭受百年不遇的特大雷暴雨洪灾,重庆电网遭到巨大损毁,直接经济损失近3千万元,并造成停电。重庆市电力公司立即组织337个抢修队、8500台次车辆和3万人次的抢修队伍,投入2000万元的抢修物资,尽快修复被损线路,成功化解了大面积停电风险,做到"洪水退到哪里,电就送到哪里"。7月22日,中共中央总书记胡锦涛同志在重庆沙坪坝区回龙坝镇视察灾情时,亲切慰问了奋战在抗洪救灾一线的沙坪坝供电局员工,嘱咐大家:"要保持高度警惕,洪水还没退完,洪峰还可能要再来,你们要注意安全!"给正在暴雨洪灾中奋战的电力员工巨大的鼓舞和鞭策。

2008年1月12日起,重庆市出现低温雨雪天气,尤其是渝东南地区遭受特别重大冰雪灾害,重庆电网发生倒塔、倒杆2355处次,断线、受损1619条次,严重覆冰4094条次,配电变压器

2008年1月12日,重庆渝东南遭受重大冰雪灾害,重庆电力工人在高压线路上抢修

受损851台次,40万户居民因灾停电,直接经济损失8370万元。重庆市电力公司立即组织由职工14136人次和社会支援抢险人士8485人次组成的抢险队伍,连

续奋力抢修。2月15日，10千伏及以下配电系统提前半月修复，40万户居民恢复供电；2月24日，三条110千伏线路，提前一周修复；2月28日，500千伏张恩线、张长线修复贯通，抗冰抢险保电战役取得全面胜利，被国家电网公司授予"抗冰抢险先进单位"并被重庆市政府通报表彰。

2008年5月12日，四川省汶川县发生8级特大地震，波及重庆，造成重庆电网电压、频率、潮流、跨省交换功率波动，部分工业用电跳闸或紧急停用，甩负荷80万千瓦。双槐电厂、重庆电厂机组相继跳闸、减负荷；35千伏、110千伏线路各一条及10千配电线路21条相继跳闸，106473户客户停电，损失电量2万千瓦·时左右。重庆电力调度中心调度员不顾危险，坚守岗位，进行事故处理，立即命令各主力电厂和各枢纽变电站调频、调压和加强设备检查监视、特巡，做好限电准备、应急处置准备；并紧急将电网运行方式进行调整，努力保证了电网的安全运行。5月13日，重庆市电力公司即成立支援四川抗震救灾指挥部，当日即派出由16台发电车、后勤保障车、指挥车和70余名救灾人员组成的"重庆电力援川抗震救灾突击队"，连同38台变压器等首批救灾物资，于当日抵达灾区，执行应急供电任务。

2008年5月12日，汶川发生特大地震，重庆电力公司职工紧急驰援抗震救灾

这是全国第一个进入灾区的发电车队和电力物资。5月13日到17日，重庆市电力公司共运送变压器、帐篷等价值2800万元的救灾物资到灾区，支援灾区救灾。

5月18日，重庆市电力公司派出500多人的施工队伍并携带大型施工机械，赶赴灾区抢修现场。队员们顶着烈日，冒着余震不断、堰塞湖垮坝的危险，克服施工场地狭窄、多工种交叉

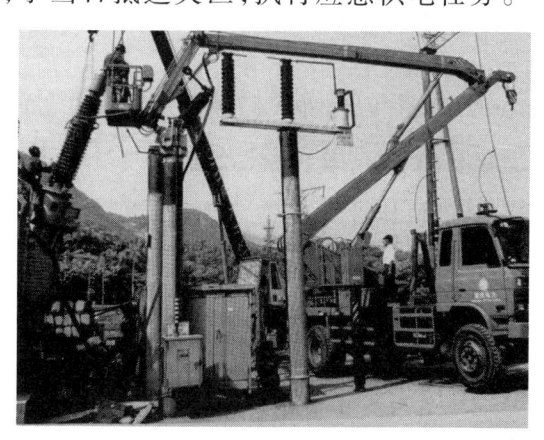

2008年5月，重庆市电力公司援建的汶川地灾灾区220千伏安县变电站

作业施工不便等困难,日夜抢修,不到10天,于5月27日将绵阳4个110千伏变电站抢修完毕恢复供电。220千伏安县变电站损坏严重,必须重建。为加快施工进度,施工队伍重新设计施工方案,采取平行作业、交叉作业等施工方法,克服余震不断、环境恶劣、疫情威胁等困难,艰苦奋战,提前一个半月完成重建,有21名队员因表现优异而火线入党。在上述救灾修复重建中,重庆市电力公司无偿援助费用共7460万元。6月20日,又援建阿坝自治州松潘县毛尔盖革命老区地方电网工程,工程于7月27日按计划提前10天竣工。共恢复重建10千伏及以下线路107千米,新建、改造10千伏配电台区21个,援建投资资金1268万元。重庆市电力公司被评为国家电网公司和重庆市抗震救灾先进单位,国务院国资委授予其"中央企业抗震救灾先进集体"称号。

汶川地震后,重庆各电力企业和广大电力职工踊跃捐款、捐物,大力支援灾区救灾、恢复重建。其中重庆电力公司共捐款445.3937万元、特殊党费226.7391万元;重庆能源集团共捐款916万元;川东电力集团共捐款60余万元;珞璜电厂共捐款120.87万元、特殊党费15.27万元;九龙电力公司捐款66.53万元、特殊党费和特殊团费18.35万

2008年7月28日,松潘县藏族老乡欢送援建松潘县地方电网的重庆市电力公司员工

元;恒泰发电公司共捐款5.928万元、特殊党费和特殊团费1.65万元。各单位还捐赠了大量衣服、棉被及其他大量救灾物资。

2009年6月5日,武隆县鸡尾山发生山体垮塌灾害。重庆市电力公司勇于承担社会责任,立即组织所属武隆县供电公司等9个单位投入抢险救灾。共投入抢险人员1397人/次,车辆325台,发电车2辆,应急发电设备22台,照明灯具150套;新建10千伏电缆线路和架空线路6.7千米,低压电缆和绝缘线8.15千米,装设配电变压器6台、容量共1330千伏安,提供抢险用电量18万千瓦·时,保证了抢险所需的电力供应。公司还设立抢险保电现场医疗点,出动医务人员45人/次,为抢险人员和受灾居民提供医疗救治860人/次。重庆能源集团组织200多人的抢险救援队,连续15天奋战在抢险救援最前线。两家电力企业奋力抢险救灾的业绩,得到重庆市委、市政府的肯定。

60年来,重庆电力,在国民党溃败时疯狂破坏的烂摊子的基础上,自力更生,攻坚克难,开拓前进,创造辉煌业绩。今天,站在新的更高起点上,重庆电力将发扬"人民电业为人民"的光荣传统,开启新征程,努力创新,追求卓越,谱写重庆电力更加辉煌的新篇章!

(此文与李炼、何润生合写,载《国家电网报》2009年10月1日)

英勇抗争

壮丽的史诗
——百年电力革命斗争片断

清光绪三十二年（1906年），第一束电力文明之光照亮渝州半岛，至今已有100年的悠久历史。百年电力职工有光荣的革命斗争传统。早在清光绪三十四年（1908年），重庆烛川电灯公司的工人就高举起工人运动的大旗，赶走了在电厂施工中故意拖延工期导致工程质量低劣、压迫工人并无理打伤中国工程监工刘光明的德国承包商李特勒。这打击了外国殖民者的嚣张气焰，维护了民族尊严，取得了斗争的完全胜利。这是中国电力工人第一次有组织的、独立开展的罢工斗争，为中国电力工人运动史谱写了光辉的第一页。

抗日战争全面爆发后，在中共中央南方局、中共重庆市工委的领导下，重庆电力职工的革命斗争更是风起云涌，声势日益壮大，推动了抗日战争和人民解放事业的胜利。

发展党员　建立党支部

1937年9月15日，重庆电力公司业务科工程师余克稷和华西兴业公司电力部职员、中共党员陈叔亮发起成立以这两家电力企业职工为主体的抗日进步剧团——怒吼剧社，开展抗日戏剧演出和抗日救亡活动。陈叔亮和重庆各界抗日救国会会长、中共重庆市工委书记漆鲁鱼接上了党组织关系。此后，中共重庆市工委便指派党员加强对剧社的领导,将剧社中的党员组织起来,并在剧社进步青年中积极发展党员。次年7月,漆鲁鱼主持成立中共怒吼剧社党支部,进一步加强对剧社工作的领导。参加剧社的重庆电力公司职工中,先后有张治源、罗从修等5人在剧社加入中国共产党,成为剧社进步演出活动的骨干和电力公司工人运动的骨干。

1939年1月,中共中央南方局在重庆成立后,南方局青年组(青委)进一步加强了对电力公司革命活动的领导,先后派出周力行等党员到电力公司工作。1939年到1945年,先后发展了刘德惠、邓兴丰、何敬平等人加入中国共产党。

中共重庆市工委书记漆鲁鱼

1946年2月,中共中央南方局和中共重庆市委批准成立中共重庆电力公司党支部,周力行(周公正)任支部书记,刘德惠任经济委员、生产据点(公司下属单位)小组长,何敬平任组织委员,余造邦任联络员,张治源任秘书。同年4月30日,周力行调任中共四川省委民运部青运组组长,上级党委指定刘德惠代理支部书记。党支部在电力公司组织开展了多种形式的革命活动。

传播真理　点燃火种

1939年夏天,为了团结教育电力公司职工,与国民党中统控制的电力公司产业工会进行合法的斗争,推动抗日救亡活动的开展。公司中共党员刘德惠与张治源、章畴叙、孙家新等发起成立电力公司职员工会,国民党重庆市党部不予批准,便改为成立电力公司职员学术励进会。创办图书室、文娱活动室,吸引和组织职工参加读书、读报,开展文娱活动。1940年春节还组织了春节文艺晚会,演出了秧歌剧等节目,通过合法的形式和多种活动,宣传抗日救亡,传播进步思想,教育培养了一批进步青年职工。

1942年2月,在中共中央南方局青年组组长、《新华日报·青年生活》主编刘光(李杏林)的领导下,由刘德惠倡议,在重庆电力公司上清寺"平庐"宿舍成立了重庆电力公司读书会。参加读书会的有张治源、邓兴丰、何敬平、周显涛等人。

"读书会"组织大家学习《大众哲学》《唯物辩证法》等进步书籍;学习《新华日报》刊载的毛泽东等人关于全民抗战和对敌斗争的文章。还组织大家参加抗日宣传救亡活动,了解周围动向,向亲友邮寄进步书报等,扩大党的影响。通过学习马列主义和进步书报,参加革命活动,教育培养了参加读书会的青年职工,他们的政治觉悟提高很快,在以后开展的公司罢工运动,尤其是1945年2月爆发的反特抗暴运动——"胡世合运动"中,他们都站在斗争的第一线,多数人先后加入中国共产党,成为重庆电力工人运动的骨干。

中共中央南方局青年组组长刘光

1945年9月,中国劳动协会指派中共党员肖真文到重庆电力公司大溪沟电厂开办工人夜校11分校。肖真文任校长兼教员,在八路军驻渝办事处许涤新的直接领导下开展工作。夜校的办学方针是:提高工人文化水平,启发工人觉悟;进行争民主、反内战的宣传;在工人中发展中国劳动协会会员。学校在讲课中,以《新华日报》的社论和时事形势为内容进行政治教育,启发工人的阶级觉悟;组织一些进步工人参加中共中央南方局领导的、由民主党派和进步团体举办的报告会、演讲会等活动,培养工人骨干。参加夜校学习的大溪沟电厂工人的文化水平和政治觉悟都有不同程度的提高。以后,在重庆发生的国民党政府特务残暴镇压进步民主活动的"沧白堂事件"和"较场口血案"中,大溪沟电厂的许多工人勇敢地与破坏会场的国民党特务进行斗争,保护了参加这两次大会的王若飞、郭沫若、李公朴等中国共产党的领导人和进步民主人士。

1946年7月,为了宣传马列主义,团结教育工人,中共重庆电力公司党支部决定举办重庆电力公司职工业余夜校,由电力公司职工福利社中的党员发起,推举中共党员刘德惠为夜校校长,中共党员佘造帮为副校长,负责夜校的经办。夜校共开办两个班。一方面教工人学习文化,一方面选择报刊上的一些进步文章,组织工人学习,教育和启发工人提高觉悟,扩大党的影响。参加夜校学习的许多职工,在1949年11月反对国民党军警特务破坏电厂的护厂斗争中,都积极投身护厂活动,英勇保护电厂,取得了电力公司护厂斗争的胜利。

工人运动　如火如荼

新中国成立以前,重庆电力工人在政治上深受帝国主义、国民党政府军警特务、地方官吏和资本家的欺凌迫害,没有自由、平等,起码的人权、劳动权都得不到保障;在经济上深受国民党政府和资本家的剥削压榨,不仅劳动条件艰苦、工作时间长,而且工薪很少,难以维持最低生活。

电力工人为维护自己的人权、生存权,被迫从自发到自觉,从零星到有组织、大规模地开展了一系列反压迫、争人权,反压榨、争温饱、求生存的斗争。

电力工人的首次罢工斗争

1906年11月25日,重庆首个电厂发电后,深受社会各界和广大市民的欢迎。为满足用电的需求,1908年,重庆商会招股集资筹建民营"烛川电灯股份有限公司"。同年冬天,公司决定在市区太平门仁和湾普安堂巷原电厂厂址,扩建新的发电厂。

工程由上海瑞记洋行代雇德国工程师李特勒承包施工。施工中李特勒故意拖延工期,以便多拿公司给的高额薪金(每月银500两)。同时工作极不负责,造成工程质量低劣,尤其是10米高的烟囱歪歪斜斜,有倒塌危险。烛川公司工程监工刘光明多次给他提出,建议拆除重建。李特勒不仅不理睬,反而对刘光明怀恨在心。工程快完工时,烛川公司见这个烟囱质量不合要求,就叫刘光明出面交涉,要求李特勒拆除重建。李特勒拒不接受,以殖民者的姿态蛮横无理,压制中国监工。刘光明据理力争,坚决要求拆除重建。李特勒认为刘光明伤了他的面子,有损他的尊严,因而恼羞成怒,凶狠地将刘光明打倒在地,致使其口吐鲜血,不省人事。

这时正在工地施工的50多名工人闻讯赶来,气愤地将李特勒团团围住,质问评理。烛川公司怕事态闹大,急忙派人出面调停。工人们早就对李特勒等外国洋人蛮横欺压中国员工的行为十分气愤,坚决不肯罢休,联络工地上的全部工人进行罢工,抗议李特勒的暴行。向公司提出四个要求:第一,立即撤销李特勒的工程负责人的职务;第二,对刘光明立即送医院医治,费用由李特勒承担;第三,刘光明如有生命危险,要李特勒偿命;第四,由公司总经理当众提笔上诉,控

告李特勒打人暴行。上述要求如不答复决不复工。烛川公司见工人态度坚决，声势浩大，如不答应收不了场，被迫向当时重庆的地方官巴县知府呈文上诉，并要求转告德国领事馆。德国领事馆见势不妙，暗地庇护李特勒逃往别处躲避。电厂工程改由中国工程师方某负责，刘光明的伤由公司负责医治痊愈，斗争取得了胜利。这场斗争，是重庆电力工人、也是中国电力工人第一次有组织的、独立开展的斗争。这次斗争打击了外国殖民者的嚣张气焰，维护了民族尊严，为中国电力工人运动史谱写了光辉的第一页。

电力工人争温饱，求生存的经济斗争

解放前重庆电力工人深受资本家的剥削压榨，工人工资很低，其中小工每天的工资更低至不足3千瓦·时电费。资本家还制定了种种惩罚工人的厂规，用罚、扣工薪等手段来剥削工人。如大溪沟电厂规定挑煤工人每天要挑上120挑煤才发一天工薪，挑煤不足这个数的只供粗劣的饭食，不发工薪；下

大溪沟电厂挑煤工人从嘉陵江边将煤挑进电厂

雨天线路工人无法上线工作，电力公司资本家却无理规定下雨天不出工就不发工薪。电力工人就连吃咸菜和霉米饭的最低生活都难以维持。为了活命，重庆电力工人被迫开展争温饱、求生存的斗争。

1939年，日本飞机大轰炸重庆后，山城物价飞涨，人民生活十分痛苦。重庆电力公司的学徒工倍受盘剥和欺凌，每天累死累活地干活，到头来少得可怜的工钱还填不饱自己的肚皮，更不用说养家糊口了。同年6月，为了争生存，学徒工32人，向电力公司请愿，要求改善学徒工待遇，增加工钱。经过前后10天的强烈要求，据理力争，公司总经理迫于压力，只好做出让步，同意将学徒工的津贴由8元增至12元，学徒工的斗争取得了胜利。

1942年10月，山城重庆的寒流来得特别早，重庆电力公司许多员工无钱添制寒衣，冷得瑟瑟发抖。线路工人在露天杆上作业，更感寒气袭人，无法抵御。

员工们纷纷要求借薪添置寒衣。10月6日,全公司近1000名员工开会商议,推举章畴叙、张博文、罗从修(中共党员)等5人为代表,向公司副总经理请愿,要求借薪两月购置寒衣抵御严寒。经过近半月的据理力争,10月20日,公司迫于压力,同意员工每人借薪半月;每个员工月薪增加20%,基本达到请愿的要求,取得了胜利。

1947年,国民党政府发动的反共反人民的内战,国统区物价飞涨,民不聊生。电力公司资方仍不顾员工死活,想方设法压榨员工血汗。到发工薪时,故意拖延不发,将资金用来购买紧缺物资,从中谋利。由于物价天天飞涨,甚至一天几变,工人拿到延发的工薪时,币值早已贬值,几升米都买不到了。有时因米铺大米被抢光,工人买不到米,只好饿着肚皮上班。这年4月,电力公司员工工薪又拖欠了半个多月,大家生活无着,怨声载道。电力公司党支部通过党员和进步员工组织发动全公司1000多名员工,向总经理要饭吃。在员工的强烈要求下,公司次日就发了拖欠半个多月的工薪。这种反对拖欠工薪的斗争还有多次,都取得胜利。

1948年,国民党统治区货币天天贬值,物价飞涨,大米成了最紧俏的东西,粮价是一日几涨,工人们生活更加困难。为了维持工人的最低生活,这年2月,电力公司地下党支部组织发动公司的500多名员工,开展了要求"以米价为准计发工资"的斗争。推选中共党员张治源和熊静泽等7人为代表,向公司总经理提出"以米价为准计发当月工资,以维持员工最低生活"的强烈要求。全公司职工团结一致,坚持斗争,经过5天的说理斗争,公司终于答应了员工的要求,使员工们不致因为米价飞涨,而难以维持最低生活。

电力工人争人权,反压迫的斗争

电力工人在旧社会深受国民党政府官吏、军警特务和电力公司资本家的压迫,连起码的人权、劳动权都得不到保障,经常被随意打骂、开除。大溪沟电厂一次掉了东西,偷东西的职员反诬小工金某所偷,厂方未经核查就将金某送派出所关押,不到3天金某就被折磨而死。电厂工人劳动时间都在12小时以上,劳动条件差。尤其是电厂锅炉工人,要在摄氏百度以上的高温下,用40多斤的掏扒去扒煤渣,造成许多工人都得了肺病、眼疾;锅炉一出事故,刚停不久即逼工人进高

温炉膛内检修，工人况绍云就在高温下修锅炉而死亡。线路工人爬杆架线没有安全劳保用具，造成每年都有线路工人触电死亡。国民党政府还强制在电力公司及所属单位建立国民党党部和"防卫组"等特务外围组织，监视、控制和迫害电力公司员工。广大电力员工为了维护自己生存权、劳动权、自由权，开展了一系列反对压迫的斗争。

1937年7月，重庆电力公司线路队工人朱炳清因母亲病重，请假回家探亲，返回时因路途交通受阻超假3天。电力公司经理不问情由立即将其开除。线路工人十分气愤，200多名工人到电力公司本部声诉，要求撤回开除决定。公司经理蛮横无理，以势压人，并通知宪兵团派兵镇压。工人们上街张贴标语，揭露丑行。公司怕事情闹大，只得撤除开除朱炳清的决定，线路工人维护劳动权的斗争取得了胜利。

1938年重庆电力公司线路队工人安装变压器

抗日战争后期国民党政府假抗日，真反共，挑起内战，不得人心，兵员匮乏，四处强抓壮丁。安置在电力公司内部的特务和保长、警察勾结，先后把上班的线路队、大溪沟电厂、鹅公岩电厂工人无理强抓壮丁，各单位工人十分气愤，群起抗议，包围警察所强烈要求放人，如不放人将罢工拉闸停电，保长、警察被迫放人。

1945年4月，电力公司线路队工人因抗议无理开除工人，与公司稽查科（特务控制）科长王松茂发生强烈争执。一名带枪特务，拔出手枪威吓工人："你们要造反啦！"工人们十分气愤，一拥而上，夺下特务的枪，将他赶出大门。不到10分钟，那特务带来重庆市卫戍司令部10多个带枪的特务，堵住大门，搜查缴枪工人。当年2月才经过反特抗暴运动——"胡世合运动"斗争锻炼的电力工人，觉悟大为提高，对特务们的淫威毫不畏惧。数十名工人手拿铁棒、扳手，几人一组，分别围住一个个特务，形成各个击破阵式。特务们见状吓得不敢动手。双方对峙一阵后，王松茂唯恐闹出人命，重演"胡世合运动"，急忙出来调解，当众宣布取消开除两个工人的建议，保证再不抓人，工人们也还了特务的手枪，特务们灰溜溜地走了。

怒吼剧社　轰动山城

抗日战争全面爆发后,华西兴业公司电力部职员、中共党员陈叔亮和重庆电力公司业务科工程师余克稷为开展抗日戏剧演出和抗日救亡活动,倡议成立抗战业余剧社——怒吼剧社。剧社于1937年9月15日诞生,陈叔亮、余克稷任社长。首批50多个成员中两家电力企业职工约占三分之二。

1937年10月1日,怒吼剧社在市中心新建的国泰大戏院隆重演出抗战话剧《保卫卢沟桥》,连演4日,场场爆满,轰动山城,受到社会各界广泛好评。《新蜀报》称该剧为"民族解放的呐喊""全民抗战的先声";评价说:"重庆有真正的演剧,那是以怒吼剧社为历史纪元。"此后,剧社又继续排练演出《血海怒涛》《打鬼子去》《中国万岁》等多个主题鲜明的抗日救亡话剧,对宣传抗日救亡,动员民众支援前线抗战,都有重要作用。剧社成为抗战时期重庆"六大著名剧团"之一,并是其中唯一的业余剧团和本土剧团,为抗战话剧史留下光辉的一页。

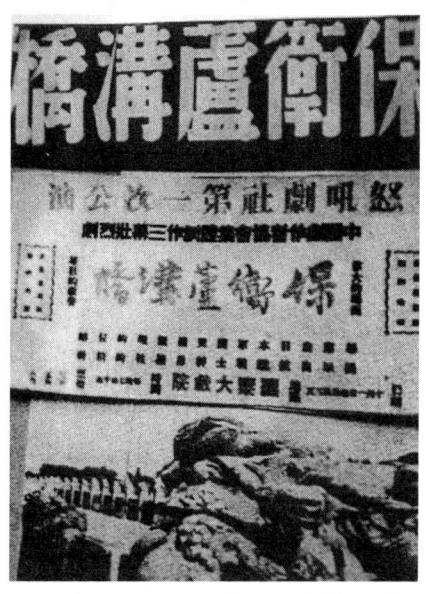

1937年10月1日,怒吼剧社首演《保卫卢沟桥》广告

1937年11月,中共重庆市工委派出党员到剧社工作,发展党员。1938年中共重庆市工委书记漆鲁鱼主持成立中共怒吼剧社党支部,进一步加强剧社的领导,推动剧社演出活动不断发展。

《保卫卢沟桥》成功演出后,怒吼剧社声誉大振,重庆电力公司及社会上的进步青年纷纷要求加入剧社,剧社人数增至100多人。剧社按照漆鲁鱼提出的"扩大抗日宣传"的要求,于1937年11月决定组织街村演剧队。演剧队先后深入市郊数十个街道、乡村,演出《放下你的鞭子》《火中的上海》《沦亡之后》等数十个独幕话剧;教唱抗日歌曲数十首;组织义卖献金及送寒衣活动,点燃了民众的爱国抗日烈火,推动了重庆抗日救亡运动。

怒吼剧社在抓好自身演出活动的同时,十分关心抗战戏剧事业的发展,大力

支持和帮助全国和重庆的戏剧活动。在全市纪念"九一八"活动、第一届全国戏剧节、第二届全国戏剧节等大型活动中都积极承担演出任务和纷繁的事务工作。怒吼剧社任劳任怨，不辞辛苦的奉献精神，受到戏剧界同行的称赞。作为本土剧团，怒吼剧社多方面支持和帮助外地来渝的兄弟剧团。兄弟剧团缺少演出器材、服装，剧社无偿借用；缺少群众演员和舞台工作人员，剧社立即派人支援；怒吼剧社歌咏团、合唱团除积极参加全市歌咏活动外，还为各兄弟音乐、电影等团体的歌剧《秋子》、电影《塞上风云》《火的洗礼》等演唱主题歌，对抗战戏剧、音乐、电影事业积极做出奉献。

1938年春，怒吼剧社街村演剧队在重庆市郊演出

奋勇反轰炸　保电抗日寇

抗日战争全面爆发后，国民政府于1937年11月20日移驻重庆，重庆成为中国战时首都，成为抗战大后方的政治、军事、经济、文化中心。日本侵略军为了实现吞并中国的罪恶野心，从1938年10月18日到1943年8月23日，先后出动飞机9513架，对重庆实施全方位、地毯式的野蛮、残暴轰炸，给重庆市人民造成惨重的人员伤亡和财产损失。

电力工业关系国计民生和国防、军工生产，成为日机轰炸重点。加之电力设施大都暴露在外，目标明显，每次轰炸均遭毁损，损失惨重。据重庆电力公司1939年1月至1943年9月的统计，因日机轰炸造成的直接损失就高达13.09亿元，居全市各大企业之首，给公司生产经营造成极大困难。

面对日机的残暴轰炸，重庆电力员工积极响应中共中央关于"建立抗日民族统一战线""实现全民族抗战"的伟大号召，在公司内中共党员和进步社团的大力推动下，公司上下全力以赴，沉着应对，机智果敢，采取多种有效措施，不屈不挠地开展反侵略、反轰炸、保供电、支援抗战建设的英勇斗争。

大溪沟电厂是市区的唯一电厂,共装机 5 套共 1.2 万千瓦,是当时大后方最大火电厂,也是日机轰炸的主要目标。仅 1941 年 6 月到 8 月间,就被炸 16 次,造成电厂电力设备、运输船及房屋损坏,工人 1 人受伤。为减少和避免电厂发电设备损坏,公司成立迁建工程处,将该厂主要发电设备迁建于市郊,靠山进洞,隐蔽安全发电。1939 年 6 月起,先后将 2 套 1000 千瓦机组迁建于市郊的南岸弹子石,新建弹子石电厂,靠山隐蔽;将 1 套 1000 千瓦机组,转让给市郊江北的 21 兵工厂自备电厂,既隐蔽,又保证兵工用电;将 1 套 4500 千瓦机组,迁建于市郊鹅公岩山洞,新建鹅公岩洞内电厂,进洞隐蔽。此迁建工程更是繁复艰巨。一是迁建路线长,既繁杂又必须十分精细。要冒着敌机轰炸危险,将机组设备全部拆卸、打包、装运上嘉陵江大溪沟码头的船上,再沿江而下进入长江,运至长江上游黄沙溪码头上岸,再运至山洞。二是厂房建设艰巨,要将原第一兵工厂的两个山洞扩大 3 倍(高 55 英尺、宽 35 英尺、长 100 英尺),当时没有施工机械,全靠人工在坚硬的岩壁上开凿。石工们分班日夜连续开凿,历时 1 年又 10 个月,于 1942 年 4 月建成发电。两个迁建电厂在抗战期间均安全隐蔽发电,为大后方抗战事业和人民生活提供了安全可靠电源。

针对日机轰炸可能造成的电力设施破坏,重庆市电力公司组织了以电力检修工人为主体的 1 千多人(当时全公司职工仅 1200 多人)的电力防护抢修队。做好充分准备,随时待命,第一时间进入应急抢修,取得了反轰炸、抢修保供电斗争的节节胜利。如 1940 年 8 月 19 日,敌机 137 架分 4 批轮番轰炸重庆,市区上清寺、中三路、较场口等 80 条街巷被炸,共有 140 条线路被炸断,50 条线路被烧毁。仅变压器、油开关就炸坏 29 台,大量电力设施、设备毁损,全市电力设施损失高达 3035.18 万元,是敌机大轰炸中损失最惨重的一天。轰炸警报刚停,电力防护抢修队的 1 千多名勇士立即冒着生命危险,进入烈火熊熊、烟尘遮天蔽日、房屋设施不断倒塌的被炸街巷和供电站,抢修被炸毁损设备,3 小时内就修复数十条

供电线路,使被炸的大部分街巷恢复供电,市区重放光明。1941年6月12日,日本飞机又对大溪沟电厂实施密集轰炸,该厂拆建后仅留的1套4500千瓦机组被炸坏,被迫停电,山城夜间一片黑暗。公司电力防护抢修队和全厂员工共600多人,立即投入抢修,经过三天三夜的连续奋战,终于修复发电设备,立即发电,向市区供电,市民无不欢呼、称赞。

1941年6月2日七星岗被炸后,街道冷冷清清,2名线路工人正准备上杆检修(图中右侧)

1941年6月15日,林森路(今解放东路)被炸。线路工人(戴白草帽者)有的拿着竹梯(左侧),有的正准备上杆(右侧)检修

由于重庆电力员工奋力抢险、抢修,力保电力供应,加之公司加强经营管理,扩大郊区供电范围,外购企业自备电厂电力,尽力满足用电需求,从而克服了日军残酷轰炸造成的巨大困难,努力保证供电,没有发生因电力公司本身的原因而造成的大停电。全市售电量没有减少,还不断增长。从1936年的489万千瓦·时,增至1944年的4897万千瓦·时,增长9倍,创造了在敌机长期、连续大轰炸下,电力供应不降反升的奇迹。

重庆电力员工在敌机大轰炸中,临危不惧,迎难而上,不屈不挠,奋勇反轰炸,努力保证电力供应,支援全民抗战事业的英勇壮举,广受社会各界、报刊和政府的称赞和奖励。

《新华日报》在1940年8月19日大轰炸的报道中赞扬说:"使人兴奋的是那些英勇的电力工人仍是不畏艰苦,警报解除后,马上出动恢复被毁线路,炸后3小时内电灯即已恢复,实为灾难中足以告慰国人者。"在8月20日的社论中,又评价说:"前日(敌机轰炸)大火之后,电线毁损,但在修理电灯(线)的员工的努力之下,三小时后,全市重见光明。这是何等的大忠大勇精神。"

《国民公报》在1940年8月31日的社论中,高度颂扬"重庆军民坚韧奋发,不怕轰炸精神",强调说:"重庆公用事业如电力厂及自来水厂虽迭遭敌寇轰炸,因为一切都早有准备,始终未能断给供给。国防工业及各项生产事业工作,因而未曾停顿;生产力毫不受其影响,不但未减少,反而有增加的趋势。"

重庆市抗日救亡团体和重庆市政府还多次给予重庆电力防护抢修队和重庆电力公司员工表彰和奖励。

"胡世合运动" 震撼全国

1945年2月20日,重庆电力公司业务科用电股工人胡世合在执行公务、依法取缔中韩文化协会餐厅非法窃电时,被国民党特务田凯枪杀,激起了重庆电力公司员工的强烈抗议和全市各界人民的义愤。中共中央南方局按照周恩来的指示,成立了以王若飞为首的指挥机构;研究制定了斗争的目标和策略。顺应民意,因势利导,不失时机地组织领导了以电力职工为主体的反特抗暴,争人权、争民主的大规模的群众运动。

重庆电力公司广大员工积极投身运动,成立了由中共党员组成的临时指挥小组,组织"胡世合惨案救援会",发表揭露惨案真相的"声明",广为散发"控诉书",举行记者招待会,提出八项严正要求,要求国民党政府捉拿、枪决凶手,抚恤遗孤,保障电力工人的劳动权利和生命安全。

1945年2月20日,被国民党特务无故杀害的电力公司工人胡世合遗像

中国共产党在国民党统治区的机关报《新华日报》和《国民公报》《大公报》《商务日报》等进步报刊纷纷发表社论、评论、报道,支持电力工人的正义斗争;全市各工厂企业数以万计工人,纷纷进城悼念被害工友,抗议特务暴行,要求严惩杀人凶手,保障工人生命安全;全国各地纷纷通电声援,抗议特务暴行,捐款抚慰胡世合老母、妻儿。形成全国上下同声声讨、反特抗暴的大规模民主运动。

中共中央南方局领导人王若飞，"胡世合运动"的指挥者

声势浩大，震撼全国的反特抗暴运动，迫使国民党政府接受电力工人的严正要求，于2月26日公开枪毙了杀人凶手田凯，当天"市民争先恐后，川流不息地前去观看杀人凶犯的下场"（《新华日报》），无不拍手称快，庆祝斗争的胜利。

2月27日起，为胡世合举行追悼会和公祭。除重庆电力公司职工外，全市各企业、学校的工人、学生高举挽联，高呼口号，冲破警察、特务的阻拦威吓，从市区和南岸、江北、沙坪坝、北碚前往灵堂祭奠。中共中央南方局领导人王若飞亲往灵堂悼念，慰问胡世合家属，给电力工人很大支持和鼓舞。郭沫若、李公朴、闻一多等进步民主人士也前往祭奠。成都等地的工人代表也远道赶来祭奠。各界市民送来的挽联、祭幛、花圈安放在灵堂及附近街道，绵延数里，仅挽联就有400多对。出现了长安寺灵堂人如潮涌、长安道上行人塞途的盛况。公祭第一天前往祭奠的群众达8万多人，浩大的声势使国民党政府大为惊慌，派出大批军警监视、弹压，下令封渡、停车，广大工人仍不畏强暴，冲破封堵，前往祭奠，第二天人数仍达6万多人。

3月1日，上万市民和成都、贵阳、昆明远道赶来的工人代表，冲破军警特务层层封锁阻拦，前往市区为工友送葬。他们高举着一幅幅祭幛、横幅，上写着："这是什么世界，人当狗屠；且看如此社会，狗把人吃"，"反压迫的榜样，能团结就胜利，岂容特务来横行；争民主的先锋，敢抗争必成功，谁说工人是弱者……"。浩浩荡荡的送葬队伍，从长安寺出发，经过市区主要街道到大溪沟。途中，不断有人加入送葬队伍；商店、公司摆设香烛、祭品，举行路祭；路边市民纷纷脱帽致敬；工厂汽笛长鸣，向受害工友沉痛哀悼。声势浩大的群众运动是对国民党政府专制统治和特务暴行的抗议声讨，是争取人权、民主自由的大示威，伸张了革命正气；灭了反动势力的威风，宣告了反特抗暴斗争胜利。

这场斗争虽仅10天，全市就有20多万人参加，影响巨大，震撼全国，有力地推动了国民党统治区工人运动、民主运动的发展，为中国工人运动史谱写了光辉篇章。

电力英烈　永载史册

重庆电力公司职工们的革命活动,引起了国民党军警特务的注意,加紧了监视和镇压。1939年夏天,电力公司职员、中共党员刘德惠发起成立电力公司职员学术励进会,吸引职员和工人参加活动,宣传马列主义和中国共产党关于抗日救亡的主张。1940年上半年,刘德惠被国民党中统特务逮捕入狱。刘在狱中坚守党的机密,拒不承认"赤化宣传",特务们未抓住证据,囚禁3个月后,经电力公司出面保释出狱。1945年2月20日发生的反特抗暴运动——"胡世合运动"中,胡世合所在的业务科科长张玠、副科长余克稷和用电股股长章畴叙,带领全科员工站在斗争的最前线,坚持斗争,3人上了特务的黑名单。1947年6月张玠、章畴叙2人被捕入狱,余克稷因已去天津而幸免。张、章2人在狱中不畏威逼,只承认本部门工友无故被杀,呼吁申冤,特务们也未掌握更多证据,关押半个月后,经电力公司保释出狱。

1947年夏天,中共重庆电力公司党支部为筹集党的活动资金,建立党的活动据点,成立"至诚实业公司",经营棉花、煤炭等货物贸易。1947年10月,新组建的中共重庆市委要求电力公司党支部安排中共重庆市委委员、工运负责人许建业在电力公司工作,以便隐蔽开展工作。于是电力公司党支部"聘请"许建业担任至诚公司会计主任。许以"杨清"的化名,隐蔽在至诚公司,组织开展全市工运工作,全市工人运动有了新的发展;同时,也加强了对电力公司党支部的直接领导,有力推动了电力公司的地下革命斗争。

1948年4月4日,由于叛徒任达哉指认,许建业在约定地点被捕。特务头子徐远举严刑逼供,先后5次刑讯,用尽酷刑,许多次昏厥。许建业怒目以对,严词痛斥,坚贞不屈,坚守党的机密,不吐露任何线索。徐远举无奈,只得命令将其押至中美合作所白公馆单间牢房监管。

当夜许建业在狱中不仅饱受全身剧烈疼痛的折磨,更令他心急如焚的是他存放在至诚公司宿舍内的党内文件和入党自传如被敌人搜查到,将给党造成极大的损失,应想法尽快通知狱外同志转移、烧毁。这时狱中只有狱警陈远德一人。许建业抱着唯一的希望,对陈进行试探和教育。陈是外表和善稳重、实则十分奸诈的特务。他假装是被抓壮丁的穷苦百姓,对许表示同情、尊敬,主动表示

愿为许效劳，但要报酬。许建业在急于处理党内文件，保护党和同志们安全的十分危急的情况下，来不及认真分析判断，就轻信了特务，做出了错误决定。他将身上的4千万法币全部给陈，要陈送一封信给中正路91号至诚公司刘德惠。狡诈的特务当场满口答应，出狱后立即向徐远举报告。特务当即从至诚公司搜出自传和文件，按照其中单位、人名搜捕革命者。

从4月5日至5月15日，至诚公司专务董事、电力公司会计科簿记股长、电力公司党支部代理书记刘德惠，至诚公司董事、电力公司簿记股职员、电力公司党支部组织委员何敬平，电力公司燃料科科员、川东游击队十三支队政委邓兴丰，电力公司会计、与许建业同在至诚公司任会计工作的进步青年刘祖春，电力公司鹅公岩电厂煤场管理员、电力公司党支部交通联络员周显涛等8人相继被捕，被关押于中美合作所渣滓洞监狱。

许建业在狱中得知由于自己对敌人的凶残狡诈认识不足，轻信误判，被特务蒙骗上当，给党造成不可弥补的重大损失，万分悔恨，强烈自责，决心以自己的生命向党和同志们谢罪，一头撞向墙壁，满面鲜血，先后三次自杀，均被特务阻止未成。此后不论敌人如何刑讯，他都怒目痛斥，不吐一字。特务没法，于同年7月21日，将许建业和川东游击队军械修理厂负责人李大荣等两个重要政治犯，公开杀害于大坪肖家湾刑场。在去刑场途中他们慷慨高唱《国际歌》，高呼革命口号，愤怒声讨敌人。路边群众对此磅礴正气，英雄本色，无不深为感动，无比崇敬。

被捕的电力公司革命者，在残暴的特务面前始终坚贞不屈，英勇斗争，不泄露党的一点机密，先后被敌人杀害。

邓兴丰，1942年加入中国共产党，川东游击队十三支队政委、三县联合纵队队长，属"重要政治犯"。特务们对其残暴刑讯，这位刚毅不阿的游击队英雄，始终怒目痛斥敌人，不吐一字，特务无奈，将其从渣滓洞监狱

中共重庆市委委员、工运负责人许建业烈士

重庆电力公司燃料科科员、川东游击队十三支队政委邓兴丰烈士

转移至关押重要政治犯的白公馆监狱监管。1949年10月1日,中华人民共和国成立,喜讯传到狱中,他和狱中同志连夜赶制了一面五星红旗,在狱中举行庆祝活动。10月28日,王朴、陈然等15位中共党员被国民党政府枪杀于大坪刑场,邓兴丰义愤填膺,和狱中战友绝食三天,抗议特务暴行。11月14日黄昏,邓兴丰和江竹筠等30位革命志士,被特务杀害于中美合作所电台岚垭。

刘德惠,1939年加入中国共产党,电力公司党支部代理支部书记。特务严刑逼供要他交待支部党员名单,他英勇不屈,坚决保护党的机密和党员的安全。在狱中他身处逆境仍十分关心同志们的安危。狱中卫生条件恶劣,流行痢疾,他想法让家人送来药品为战友治疗;家中送来食品都分送大家分享;与战友们相互激励,坚持狱中斗争。

重庆电力公司会计科簿记股股长、中共重庆电力公司支部代理书记刘德惠烈士

何敬平,1945年加入中国共产党,电力公司党支部组织委员,掌握着支部党员和党外积极分子的信息。在特务残暴刑讯中,他坚守党的机密,不吐一字。他在狱中坚持革命乐观主义精神和不息的战斗精神。和刘振美等20位同志,于1949年旧历正月初一在狱中成立铁窗诗社,用战斗诗篇相互激烈鼓舞,和敌人做坚决的斗争。他写了著名的《把牢底坐穿》:"为了免除下一代的苦难,我们愿,愿把这牢底坐穿!"这首饱含革命热情和坚强革命意志的战斗诗篇,经难友周宗楷谱曲,在狱中传唱,有力鼓舞了同志们的斗志,不屈不挠和敌人斗争。

重庆电力公司会计科簿记股股员、中共重庆电力公司支部组织委员何敬平烈士

周显涛,1948年加入中国共产党,党的交通联络员,担任传递情报、文件和联络工作,掌握着一些党的机密。特务利诱威逼,严刑逼供,他始终不吐一字。他在牢中不仅没有消磨斗志,而是对革命前途充满希望,

重庆电力公司鹅公岩电厂煤场管理员、中共重庆电力公司支部交通联络员周显涛烈士

并激励其他战友与敌人做坚决的斗争。

刘祖春是积极投身革命工作的革命青年。特务认为他年轻好对付,妄想从身上他打开缺口。特务相继施以金钱重利引诱、酷刑逼供,他坚不屈服。在狱中他以坚贞不屈的共产党员为榜样,砥砺自己的革命意志,做一个坚强的革命者。

1949年11月27日,在国民政府特务疯狂大屠杀中,刘德惠、何敬平、周显涛、刘祖春等革命战士均牺牲于中美合作所渣滓洞监狱。

重庆电力公司会计科会计、至诚公司会计、革命青年刘祖春

解放前夕　英勇护厂

1949年11月,人民解放军挺进重庆,国民党政府在溃逃前夕,制定了破坏重庆城市和厂矿企业的罪恶计划。为了粉碎敌人的罪恶阴谋,中共川东特委按照中共中央南方局(上海局)关于"保护城市,迎接解放"的指示,召开护厂护校斗争会议,约请上层进步人士成立"迎接解放筹备小组"和"临时治安委员会",成立全市工运系统"护厂领导小组"。发动全市各界群众组织护厂队,维持治安,保护厂矿企业和城市公共设施。有力地粉碎了敌人的罪恶阴谋,取得了"保护城市,迎接解放"斗争的伟大胜利。

电厂是敌人破坏的重点,重庆电力公司按照"迎接解放筹备小组"关于"电厂关系全市经济和人民生活,一定要想办法保护好电厂"的要求,召开公司本部和3个电厂、3个供电办事处的负责人和职工代表会议,商议护厂对策。决定采取软硬两手策略,保护电厂。筹集枪支80支,分别组建公司本部和3个电厂共4个护厂队,敷设电网,加固围墙厂门,加强防守,保护电力设施。

大溪沟电厂地处市区,是护厂的重点。该厂许多工人都曾在工人夜校中受过革命教育,并在"胡世合运动"中得到斗争锻炼,觉悟大为提高。得知军警特务要破坏电厂的消息后,个个义愤填膺,纷纷要求参加护厂队,当天就组建了70多人的护厂队。以50支步枪和铁棍、火纤武装起来,日夜防守,严阵以待。11月29日下午4点多钟,国民党军警60余人,携带炸药前来炸厂。电力公司和电厂领

导、护厂队长商议,决定采取"停止发电,造成一片漆黑,使军警弄不清护厂人员和设备所在,便于防守;利用厂房坚固能抵御轻武器袭击的有利条件,从厂门到厂房层层设防,以逸待劳,阻击军警;利用天黑和厂房设备管网众多的特点,布置迷魂阵,威吓、迷惑敌人,使敌人不敢轻举妄动"的斗争手段,辅以请军警吃喝,金钱收买,进行谈判,好言相劝,表示"厂在人在,厂亡人亡"的

重庆解放前的大溪沟电厂

护厂决心的两手策略。军警们先是被护厂队员阻在厂门外,对峙一阵后,在隐藏公司内特务的帮助下进了电厂大门,但见厂内到处都有武装护厂队员,加之天黑难辨,又怕触电,不敢乱窜。在大院内酒席摆上后,便大吃大喝起来,忘了炸厂。护厂队乘机与派出所所长、炸厂队军官谈判。义正词严地警告说:"如果电厂炸了,全城没有电,一片漆黑;水厂不能供水,几十万人没有水喝,只好下河挑水,你们忍心吗?""我们是铁了心的,你们硬是要干,我们只有拼命流血了!""一旦电厂炸了,方圆20里都要炸成平地,我们死了,你们也跑不脱!"经过护厂员工的巧妙周旋,机智斗争,军警特务们始终未能进入厂房实施破坏,晚上10点多钟,解放军已推进到市郊,密集的炮火震撼山城,奉命炸厂的军警仓皇逃命,大溪沟电厂得到完整保护。

地处南岸一角的弹子石电厂,按照电力公司统一安排,架设了电网,加固了厂门和围墙;由青壮工人组成护厂队,日夜站岗防守,使装有2台1000千瓦机组的电厂得到完整保护。

鹅公岩电厂地处21兵工厂分厂(原第一兵工厂)相邻的两个山洞内,为兵工厂供电。受到兵工厂军警的严密监控,早在11月26日,就以护厂为名,强行在厂区内驻扎一个连的军警,将厂区包围起来,电厂职工进出都要检查,因此这个电厂的护厂斗争更为严峻。电力英烈周显涛曾在该厂担任煤场管理员,在工人中开展革命宣传教育活动,培养了一批工人积极分子,他们带头发动全厂职工组成护厂队,以"保电厂就是保饭碗"为口号,日夜在洞外防守,保护洞内设备。大家

针对当时的具体情况,研究确定护厂斗争策略:首先,要努力保护好电厂的全部设备,确保解放军来了后发电不停,为新中国电力建设服务;其次,考虑到国民党军警已进驻厂区,发电设备都在两个洞内,只有一个进出口,易被围困,不便防守,在迫不得已时,要尽力保护好发电机、汽轮机等关键设备,以便尽快修复发电。11月29日晚10点多钟,一支国民党军警带着炸药强行冲进电厂,缴了站岗工人的枪。押着护厂队员唐义和到锅炉车间洞内。一个军官用枪指着唐逼问说:"这个机器重要吗?是不是发电机?"唐一听心里明白,这些军警不懂电,没有找到厂里最重要的汽轮发电机车间。于是按照原定的护厂策略,机智沉着地指着庞大的锅炉哄骗那个军官说:"这个最重要!"那个军官又威吓说:"你骗我,这是个烧火的炉子,能发电吗?你说假话,我毙了你!"唐义和不怕威吓,坚定地说:"我们厂里就是用这些机器发电的,我没说假话。"军警们信以为真,就把唐义和等站岗工人押到洞外坝子中间,并立即在锅炉车间安放炸药后,仓皇逃命。唐义和和另一护厂队员陈树安想到车间内还有工人上班没出来,立即跑向洞口大叫:"炸药要炸了,快跑出来!"话音刚落,锅炉车间发生爆炸,不顾危险、坚守生产岗位的卢树清、彭子清、高元成、蒲兴国、李小丰、彭桂林等6名工人,当场被炸牺牲。锅炉被炸,但电厂最复杂、最难修的关键设备——汽轮机、发电机组得以完整保护,有利于尽快修复发电。

在中共川东特委的领导下,重庆电力公司护厂队员和广大职工英勇机智进行护厂斗争,使公司所属3个电厂的发电设备及供电设备,大多都得到保护,护厂斗争取得了胜利。

重庆电力公司在重庆解放不久,就隆重召开护厂斗争庆功会,给各单位护厂有功人员颁发"护厂有功"奖章和奖金。西南军政委员会有关部门,在大溪沟电厂召开庆功会,隆重表彰护厂队员们英勇护厂的业绩。1949年12月24日,公司召开庄严肃穆的追悼大会,沉痛悼念在中美合作社英勇牺牲的电

1949年12月24日出刊的《重庆电力公司暨全体职工为本公司殉国烈士、护厂死难工友追悼大会特刊》

力英烈和在鹅公岩护厂斗争中殉难的护厂烈士,还出刊了两大张《追悼特刊》,热情歌颂烈士们"前仆后继,为人类献身"的崇高精神,教育激励公司职工"奋发图强,努力建设新中国!"

  1950年1月15日,重庆市召开全市烈士追悼大会,沉痛悼念在"中美合作所"英勇牺牲的283位革命烈士和护厂斗争中殉难的25位护厂烈士。全国解放后,重庆市人民政府修建"歌乐山烈士陵园",革命烈士和护厂烈士均安葬在陵园。陵园烈士英名录记载着包括重庆电力英烈和护厂烈士在内的全部烈士的英名,永远为人民所瞻仰、崇敬、怀念。

(原载《重庆日报》,2006年6月13日,收入时又做了修改)

抗日烽火中的重庆电力人

——英勇反轰炸，供电创奇迹

抗日战争全面爆发后，日本侵略者步步进犯。国民政府于1937年11月20日，宣布移驻重庆。重庆成为中国战时首都和陪都，成为大后方的政治、军事、经济、文化中心。日本军国主义为了实现吞并中国的罪恶野心，对重庆实施了长达六年多的野蛮、残暴、全方位的密集轰炸。给重庆人民造成了巨大的人员伤亡和财产损失。

电力工业是国家重要基础产业和社会公用事业，关系国计民生、千家万户，自然是日本飞机轰炸的重点目标，屡遭轰炸。每炸必损，损失十分惨重。仅当时重庆的主要电力企业——重庆电力股份有限公司（简称重庆电力公司）统计，大轰炸的直接财产损失就高达13.09亿元（法币），给公司的生产经营造成极大困难。

面对敌人的狂轰滥炸，重庆电力员工积极响应中共中央关于"建立抗日民族统一战线""实现全民族抗战"的伟大号召，在公司中共党员和进步职工的大力推动下，英勇不屈，不畏强暴，坚持开展反轰炸斗争。采取多种措施，确保发电不停，供电不断，从而确保了日军大轰炸下重庆的电力供应，还使供电量逐年增加，1944年与1936年相比，生活用电量增加近5倍，企业动力用电量增加20倍。适应了由于内迁企业、学校、机关和人口不断增多、用电需求不断提高的要求。创造了在敌人大轰炸下电力供应不降反升的奇迹。受到当时重庆市政府的多次奖励和多家报刊的高度评价。《新华日报》赞扬说："那些英勇的电力工人具有何等的大忠大勇精神。"

日机残暴轰炸　电力损失惨重

1938年2月起,日本飞机对重庆实施野蛮轰炸,先后出动飞机9513架次,轰炸218次。由于电力设施大都暴露在外,目标十分明显,因此每次轰炸必遭毁损,日军飞机大轰炸给重庆电力造成十分惨重的财产损失。

电厂是日军轰炸的重点目标

重庆电力公司大溪沟电厂是当时市区的唯一电厂,该厂建成于1934年7月,原只有3套1000千瓦发电机组,抗日战争爆发后电力需求不断增长,为此重庆电力公司决定向英国购买4500千瓦汽轮发电机组2套,先后于1937年12月和1938年1月建成发电。装机容量达到12000千瓦,是当时西南、西北大后方的最大火电厂。该厂有高大的厂房和烟囱,又处在市区嘉陵江畔的大溪沟,因而经常被炸,据重庆市防空委员会统计,仅1941年6月到8月间厂区就中弹16次。如1941年6月12日,日机轰炸造成该厂厂房及锅炉、汽轮发电机等主要设备损坏,停电3天。1941年8月22日,该厂江边停泊的电厂运煤船被炸沉没,损失燃煤58吨及船舶设备、用品等价值26535元;同日该厂变压器、电表等也被炸毁。1941年8月23日,该厂中弹3枚,炸伤工人一人,炸毁电厂辅助用房5间及相应设施。因厂房靠近江边,日机投弹误入江中甚多,故未造成更大损害。

1938年的大溪沟电厂是大后方最大的火电厂

除市区电厂外,当时重庆防空警备区所辖县市的电厂也屡遭轰炸。如1939年6月28日,奉节县明明电灯公司172千瓦发电机组,被全部炸毁,损失600万元,造成公司停业。1940年8月2日,璧山县城兴记电灯厂50千瓦机组被全部炸毁。1941年8月22日,内江华明电厂驻市区临江路办事处被炸,电表、线路损毁,损失15344元。此外万县、涪陵、长寿、梁平、綦江等多地电厂也被轰炸。

供电设施每次轰炸必遭毁坏

供电设施,尤其是供电线路均为高空露天架设,且遍及全市街巷、乡镇、居民住宅和机关、企事业单位,因而市内每次被日军轰炸,供电设施都要遭到不同程度的损毁。

如1939年5月3日、5月4日的连续大轰炸,重庆市区就有七星岗、会仙桥(今民族路)、都邮街(今民权路)、菜园坝、陕西街等56条街巷被炸,这些街巷的供电设施都遭到损毁。据重庆电力公司这两日的"财产损失报告"统计,被炸损坏的设备、物资就有:电表964只、变压器1台、避雷器3台、各类电线

1940年8月19日上清寺被炸,倒下的电杆倚靠在树干上,电线落在地上

90711英尺,磁瓶1832只,电线木杆81根、变压器油150加仑及其他大量金具、木器、配件,损失价值共15.85万元。

1940年8月19日,敌机137架,分四批轮番轰炸,重庆市区上清寺、中二路、中三路、磁器街、较场口等80条街巷被炸,140条供电线路被炸断,50条线路被烧毁;市区中心较场口供电分站(开关站)被炸,供电设施全部被燃烧弹烧毁。总计损毁各类变压器22台、油开关7台、电表20只、电壁柜8具、电缆350英尺、各类电线98165英尺、各类磁瓶1805只、电线木杆253根、变压器油700加仑及各类金木具、配件等,损失价值高达3035.18万元,是损失最惨重的一天。

除较场口供电分电站被全部炸毁外,市郊的4个供电分站(变电站)先后被炸,均有损毁,共损失7300万元。

1941年5月16日,两路口居民点被炸电线被炸断落地此外，地处闹市区都邮街的重庆电力公司大楼，也在1940年4月29日被炸，部分办公室、职工宿舍、库房等损坏。

日军的长期轰炸给重庆电力工业造成十分惨重的损失。据重庆市电力公司先后两任总经理刘航琛、浦心雅在1939年1月15日至1943年9月8日期间，向重庆市防空委员会、重庆市政府报送的92个《重庆市电力股份有限公司大轰炸财产损失报告》统计，因日军大轰炸造成的财产损失总计高达13.09亿元，居全市各大企业之首，重庆电力公司在日军大轰炸中，做出了重大贡献，也付出了惨重的损失。

1941年6月7日，七星岗街道被炸，炸坏的电杆和电线向下倾斜

1941年6月15日，林森路（今解放东路）被炸，被炸电杆倒在地上

不惧狂轰滥炸　力保电力供应

日本侵略飞机的残暴轰炸，不仅吓不倒重庆电力员工，反而激起了他们抗日救亡的爱国热情，增强了反轰炸的斗争意志，他们不屈不挠，机智果敢，沉着应对。采取分散隐蔽，靠山进洞的方法，转移保护电力设备，避免敌人炸毁；组织抢修队伍，做好应急准备，冒险抢修电力设施，确保电力供应。

疏散隐蔽，保护电厂设备

日机对重庆实施大轰炸后，对大溪沟电厂的轰炸日益频繁。为保护电厂设备，减少轰炸造成的损坏，重庆电力公司按照国民政府的要求，决定将大溪沟电厂的大部分发电机组，分迁于市郊各区，靠山进洞，隐蔽发电。

早在1939年1月，重庆市电力公司就在市郊南岸弹子石新建厂房，于1939年6月，将大溪沟电厂2套1000千瓦汽轮发电机组，迁建于弹子石，作为"应急电厂"，厂名为重庆电力公司第二发电厂。同年8月9日恢复发电，主要供南岸地区用电。

1940年1月，重庆电力公司又按国民政府军政部的要求，将大溪沟电厂的1套1000千瓦的汽轮发电机组转让给地处市郊江北的第21兵工厂，既疏散隐蔽，又保证了兵工企业的用电。

1940年6月，大溪沟电厂两次中弹，炸坏主变压器等设备。按国民政府指令，电力公司决定拆迁4500千瓦汽轮发电机组一套。同年8月5日，将机组设备全部拆装打包上船，运至鸡冠石一带江上隐蔽，8月10日，第一兵工厂让出鹅公岩两个山洞，作为洞内厂房之用。但山洞容量不足，必须扩大洞容量至原洞容量的3倍（高55英尺，宽35英尺，长100英尺），其中烟囱，必须穿过石层，由下而上开凿，更是费工费时，十分艰巨。到1942年4月，拆建机组才建成发电，历时一年又十个月。厂名为重庆电力公司第三电厂，是当时我国最大的山洞电厂。电厂一路以5.25千伏线路供电化龙桥、沙坪坝地区；一路经升压后，用13.8千伏线路送电至李家沱一带。

为躲避日机轰炸于1942年6月建成的鹅公岩山洞电厂

至此，大溪沟电厂仅留有4500千瓦一套，供市区用电。厂名改为重庆电力公司第一电厂。该厂还用钢筋水泥加固厂房，并安装保护设备，以减少敌机轰炸可能造成的损失。

由于采取上述疏散隐蔽保护的有效措施，使重庆电力公司第二、第三两个电厂在重庆大轰炸期间均安然无恙，稳定发电；而地处市区大溪沟的第一电厂，虽遭连续轰炸，仅有的1套机组曾遭到炸坏，但在连续三昼夜抢修后即恢复发电。

冒险抢修，尽快恢复供电

针对日军轰炸，重庆电力公司沉着应对，采取一系列防护抢修措施。在重庆市大轰炸防护团的统一领导下,组织了一支以电力检修工人为主体的1千多人的电力防护抢修大队;制定了防护抢修组织和技术措施;准备应急抢修的电力备品、备件和物资。研究决定了抢修原则:轰炸后立即抢修,尽快恢复供电;用户房屋设施完善,需用电者,立即抢修,当日恢复供电;用户房屋设施已炸毁,不需用电者,暂不抢修;供电设施严重损坏或抢修所需设备、物资短缺者,暂缓抢修。从而使大轰炸下的电力抢险、抢修工作,有准备、有秩序地高效进行,取得了反轰炸斗争的胜利。

1941年6月2日,七星岗被炸后,街道冷冷清清,2名线路工人正准备上杆检修(图中右侧)

如1940年8月19日,重庆市区两路口、较场口等80多条街巷被炸,190多条高低压线路毁损。轰炸警报刚除,重庆电力公司防护抢修大队的1千多名电力员工立即冒着生命危险,进入烈火熊熊、房屋设施不断倒塌、烟尘遮天蔽日的被炸街道,开展损坏电力设施的抢修,3小时内就修复数十条供电线路,使被炸的大部分街区恢复供电,重放光明。

1941年6月15日,林森路(今解放东路)被炸。线路工人(戴白草帽者)有的拿着竹梯(左侧),有的正准备上杆(右侧)检修

1941年6月12日,日机对重庆电力公司第一电厂(大溪沟电厂)实施野蛮轰炸,该厂仅留的一台锅炉和一台4500千瓦汽轮发电机组被炸坏,公司防护抢修队和全厂员工共600多人,连续三天三夜,奋力抢修,终于修复被炸发电设备,立即发电,向市区用户供电。

适应抗战要求　改进电力经营

抗战爆发后,重庆电力公司在生产经营管理、财务开支、供电范围、供电量、用户类型和重点等方面都面临新的变化,提出了不同的要求。重庆电力公司为适应抗战,尤其是大轰炸后的新要求,有针对性地采取了一些生产经营管理和供电营销措施,从而在敌人大轰炸下,不仅供电未中断,供电量反而逐年增加,在8年间供电量增长9倍,这样优秀的供电业绩,不仅在战时中国各大城市供电中是一个奇迹,在第二次世界大战各参战国大城市供电中也是仅有的。

加强财务管理,弥补轰炸损失

日本侵略者对重庆的野蛮轰炸和经济封锁,除了造成13.09亿元的直接财产损失外,还造成一系列额外损失和开支。如防止敌机轰炸电厂,电力公司将大溪沟电厂的三台发电机组分别迁建到郊区和山洞,花费较多的迁建资金;组建1千多人的轰炸防护抢险检修大队,公司人工劳务费用大增;市区大量街区被炸,人口疏散,电费收入减少;日军轰炸、封锁,造成物价上涨,生产经营成本逐年上升。财产损失惨重,支出增多,收入减少,使公司从1939年起亏损逐年增加,资金周转困难,生产经营几乎难以为继。

面对日机轰炸造成的巨大经济困难,重庆电力公司员工迎难而上,采取积极有效措施,努力克服困难。公司及所属单位,大力加强经营管理,提高经济效益,减少消耗,降低生产成本,减少企业亏损;对大轰炸中遭到损坏的设备和物资尽可能修复、利用,减少损失;向中央信托局购买线路设备和房屋财产的保险,获取保险赔付,减少财产损失;根据逐年物价水平,申请提高电价,抵消成本的提高。通过上述措施,缓解了亏损的困局。但由于敌机天天轰炸都要造成损失,开支不断增大,而公司自身资金补偿能力有限,只得向重庆市政府申请大轰炸财产损失补助;1940年2月,重庆电力公司向重庆市政府呈报"申请补助1940年度轰炸损失200万元"。呈文说:"自去年'五三'轰炸后,收入锐减,开支浩繁,公司经济困难达于极点,欲购设备力不从心。"该呈文经转国民政府经济部,部长翁文灏审核后认为重庆电力公司"所受轰炸确属重大",故同意转报行政院审批。行政院核准后,于1941年8月16日、1941年9月17日两次拨发给电力公司共200万元的轰炸损失补助费。这点补助费与电力公司的惨重损失相比虽然只是杯水车薪,但仍有助于电力公司缓解经济困难,维持正常的生产经营和抢修维护,保证电力的生产供应。

针对人口外迁,扩大郊区供电

1937年前,重庆电力公司供电范围仅限于主城区及江北、南岸的部分地区,用户以照明为主,企业动力用户很少,1936年仅有动力用户39家,用电量154万度,仅占全市售电量489万度的三分之一。抗战爆发后,沿海大批企业、机关、学校迁入重庆,其中仅迁入工厂就达243家,加上原有企业和新建企业,1940年工业企业就增至1690家,工人达20万人;按户籍人口统计,从1936年的44.5888万人,增至1941年的70.2387万人,还有大批流动人口和江边船户未统计。大批内迁企业、单位沿两江四岸向市郊延伸,郊区人口增加。大轰炸开始后,

抗战时期的重庆线路电工

市区人口向郊区疏散达25万人。这使得重庆郊区人口进一步增加,企业用电和居民用电需要大增。为此,重庆电力公司从1937年起就在扩建发电设备的同时,逐步扩建供电设施,1937年在扩建大溪沟电厂时,就增建电压13.8千伏的4500千伏·安和2500千伏·安升压变压器各一台,以扩大外送电力的能力。新建玛瑙溪(1500千伏·安)、沙坪坝(500千伏·安)、铜元局(225千伏·安)、龙门浩(500千伏·安)等4个供电分站,扩大供电能力。1937年新建大溪沟到沙坪坝13.8千伏高压线路,向沙坪坝地区供电;同时,延伸江北、南岸的供电线路,扩大两个地区的供电范围。1938年,继续扩建供电线路,供电区域扩充到鹅公岩、新开寺、磁器口、歌乐山、郭家沱、九龙坡、李家沱、青草坝、汪山、黄山等地,供电范围达到40平方千米,供电线路200多千米。以后又根据用户的需求,继续扩充外延,满足用电需求。

大力外购电力，尽力满足需求

随着内迁企业的增多，工业用电大幅增加，根据重庆市1941年到1945年间的统计，28家兵工企业和大型企业的工业用电负荷即达15100千瓦，加上生活照明用电，共需19000千瓦。重庆电力公司所属电厂的发电能力仅12000千瓦。1940年后，更降至11000千瓦，远远不能满足用电的需求。为此，重庆电力公司于1939年决定扩建电厂，向银行贷款，订购英国两家公司4500千瓦汽轮发电机组一套。1940年6月，设备运至越南海防时，被日军掠夺，而无法实现。只好每年都向第24兵工厂、第50兵工厂、中央造纸厂等企业自备电厂购买电力3000千瓦到3500千瓦，以弥补电力的缺口，尽力满足用电的需求。

保证国防用电，兼顾一般用户

在外购电力后，供电缺口仍达5000千瓦左右。重庆电力公司按照抗战第一的要求，决定首先保证军事用电、民防用电和兵工企业用电的需求。在电力不足时对一般企业实行限电，居民分区停电。中国兴业公司、大川实业公司等多家企业还因停电造成损失，向政府投诉，这都是日本侵略者轰炸、封锁造成的恶果。

由于采取以上有效措施，克服了日军轰炸、封锁造成的种种困难，不仅没有大停电，售电量还不断增长。从1936年的489万度，增到1944年4897万度，增长9倍；其中生活用电量从1936年的283万度增至1944年的1633万度，增长4.77倍；企业动力用电量从1936年154万度，增至1944年3263万度，增长20.7倍。在敌人狂轰滥炸和严密的封锁下，重庆电力公司的广大员工创造的这样优秀的供电业绩，确是难能可贵的奇迹。英勇不屈的电力员工为国家民族所做的巨大贡献，是应该永远铭记的。

英勇保电壮举　广受社会好评

重庆电力员工在大轰炸中临危不惧，不屈不挠，迎难而上，确保电力供应的壮举，获得多家报刊的高度评价和重庆市政府的多次奖励。

多家报刊高度评价

重庆电力员工在反轰炸斗争中的英勇行为，受到社会各界的关注，重庆多家报刊都曾报道和给予好评。

如《新华日报》在1940年8月19日的报道中赞扬说:"使人兴奋的是那些英勇的电力工人仍是不避艰苦,警报解除后马上出动恢复被毁线路,炸后3小时内电灯即已恢复,实为灾难中足以告慰国人者。"该报在8月20日的社论中又评价说:"前日大火之后,电线毁损,但在修理电灯的员工努力之下,三小时后,全市重见光明。这是何等的大忠,大勇精神。"

《国民公报》在1940年8月31日的社论《新重庆在孕育中》中,颂扬"重庆军民坚韧奋发,不怕轰炸的精神"和"重庆各界在废墟中建设新重庆的精神"。社论强调说:"重庆公用事业如电力厂及自来水厂虽迭遭敌寇轰炸,因为一切都早有准备,始终未能断绝供给。国防工业及各项生产事业的工作,因而未曾停顿;生产力毫不受其影响,不但未减少,反而有增加的趋势。由此可见各方协力一致,努力建设的收获。"

重庆市政府多次给予奖励

重庆电力员工在反轰炸斗争中的坚韧奋发精神和做出的重大贡献,也获得重庆市政府的肯定和奖励。

1940年5月29日,重庆市政府决定对全市供水工人、电力工人、工人服务队、清洁大队、工务局道班等社会公用服务事业员工,发放"犒赏金5万大洋",以奖励他们在大轰炸下坚持社会服务事业的贡献。

1940年7月19日,重庆市政府决定奖给重庆电力公司抢险抢修大队员工1000元的奖励慰劳费,以奖励他们在大轰炸抢修中英勇不屈的精神和重要贡献。抢修大队员工决定将其中的490元,捐给重庆市儿童保育院,帮助那些在日军轰炸中丧失亲人的孤儿,体现了电力员工真挚的爱心。

(原载《重庆电业》,2015年第4期)

日军大封锁中的重庆电力人

——粉碎封锁,独立建电厂

抗日战争中,日本侵略者除了军事侵略,占领中国大片领土,对大后方实施狂轰滥炸外,还采取经济封锁的罪恶手段,妄图摧毁中国人民的斗争意志,"迫使国民政府屈服"。1939年9月4日,日本法西斯政府在其发表的一个声明中提出:"迫使国民政府屈服的新的战略措施:1.设立中国派遣军总司令部,统率在华军事部队,占据广州,切断重庆南方补给线。2.切断重庆西南补给线,……。"从中国沿海到南部周边国家,对以重庆为中心的中国大后方实施全面的严密大封锁。

那时我国民族电机、电器工业十分薄弱,电机、电器、仪表和大量物资,都依靠国外进口。日军的封锁,使重庆市及周边地区的多家电厂的发电机组,被扣留、滞留在国外,影响了新建电厂的正常进行;重庆电力公司向英国公司订购一套4500千瓦汽轮发电机组,运至越南海防港时,被已侵占该港的日军掠夺,造成损失达34.32亿元(法币),使急需增加发电容量的大溪沟电厂无法扩建;封锁也使钢材、水泥等建设物资紧缺,给新建电厂工程造成巨大困难。

面对敌人封锁造成的困难,广大电力、电机工业员工,自强不息、自力更生、艰苦奋斗、勤俭建厂。没有设备,就自己设计、制造;物资材料缺乏,就采用代用品,就地取材。终于克服一个个困难,独立自主地建设了多个电厂,保证了大后方抗战建设事业的用电需求。这不仅有力地粉碎了敌人的封锁,也促进了大后方民族电机、电器工业的发展。

跨越国门　抢运滞留电机

抗战爆发后，沿海工业大量内迁重庆及周边地区，用电需求大增。为此，国民政府决定开发重庆及周边的水电资源。1937年7月成立龙溪河水电厂筹备处，1938年6月，改为龙溪河水电工程处，由留美归国的水电专家黄育贤任处长，留美归国的水利水电专家张光斗任设计工程师，留法归国的电力专家吴震寰任工程师兼工务长，负责开发建设龙溪河梯级电站和桃花溪电站。由于那时资金和物资都十分紧缺，施工条件和技术不足，决定先行建设规模较小、施工较易的桃花溪电站。1938年8月，桃花溪水电站开工建设，该站3套水轮发电机组（共876千瓦），系向美国公司订购。那时日本侵略者已经侵占了我国沿海地区，实施海运封锁，3套机组设备只好改运至法

从越南抢运设备回国建成的桃花溪水电站（1941年8月）发电

国占领的越南海防港而滞留下来，影响了电站的施工，必须尽快将设备从海防转运回来。海防到重庆2千多千米，没有直达交通路线，必须多次转运，沿途又多是山区，运输笨重设备十分困难。曾在法国、苏联担任首席工程师和顾问工程师的爱国电力专家吴震寰，毅然承担这一艰巨的出国抢运任务。他立即带领有关技术人员和物资供应人员赶赴越南海防。他发挥自己精通法语、熟悉法国有关事务的优势，向海防有关单位迅速办好转运通关手续。随即风雨兼程，经过铁路、公路和人工搬运，穿越越南和云南、贵州、四川三省的崇山峻岭，峡谷溪河，克服重重困难，历时半年多，终于在1940年9月，将三套发电设备完整运回工地。1941年8月，3套共876千瓦的桃花溪水电站正式向长寿地区民用、国防企业和居民供电。吴震寰等电力员工迎难而上，不远千里出国抢运电机的壮举，有力地反击了日军妄图用封锁扼杀中国经济的罪恶阴谋。

勇于创新　自造大型机组

1937年11月我国第一代电力专家吴震寰(左)与父亲吴玉章

安装有自主设计、制造2台1000马力水轮机组的长寿龙溪河下硐水电站(1944年11月发电)

1939年10月,长寿龙溪河下硐水电站正式开工建设,按照龙溪河四级水电开发方案,该站安装4套720千瓦水轮发电机组,共计2880千瓦。其中2套系用贷款向英国公司订购,2套系用租借法向美国公司订购。工程动工以后,英国公司的2套机组,从英国用海轮运至越南海防,被侵占越南的日本侵略军扣留掠夺,运回无望;而从美国公司订购的2套机组,又因日军侵占太平洋航道,海运交通受阻,而未能运出。水电站面临停建的危险。面对敌人封锁造成的严重困难,负责电站工程建设的工程师吴震寰主张自行设计、制造水轮发电机组。工程处处长黄育贤采纳了他的建议。经报告国民政府资源委员会批准,决定由吴震寰主持设计1000马力(736千瓦)的水轮机2台,交由重庆民生机器厂制造,吴还亲临生产现场,指导监制,以保证我国自行设计、制造和容量最大的水轮机组的质量;又由工程师朱仁堪主持,将宜宾电厂闲置的一台1940千伏·安的变频机在中央电工器材厂改制成一台1550千瓦的发电机。1943年12月,由两台1000马力的水轮机和1台1550千瓦发电机组成的卧式水轮发电机组建成并一次试运成功,1944年1月正式发电。廉价的水电有力地推动了大后方抗战建设事业的发展。抗战时期我国科技落后,民族工业薄弱,100千瓦的小型水轮发电机组都要靠进口,能够自主设计、制造1000马力的大型水轮机组,改制1550千瓦的发电机,确是一大创新,吴震寰、朱仁堪和广大电力、电机员工谱写了一曲自力更生、自强不息、粉碎日军封锁的壮丽凯歌。在抗日战争的艰苦岁月里，大长了中国人民的志气，激励了全国人民抗日救亡的意志。

克服封锁困难　艰苦建设电厂

万县市（今重庆市万州区）地处长江上游，是抗战时期川东经济中心和内河航运枢纽，是四川省第二个对外开放商埠，也是仅次于重庆、成都的四川省第三大城市。抗战爆发后，随着内迁企业、学校的增加，城市人口增多，用电需求增大。但在1938年前，万县电气公司仅有火电机组3台，容量共280千瓦，不仅发

水利水电专家张光斗（右）和夫人钱玫荫（左）

电量少，且设备陈旧，安全经济性差，不能满足用电的需求。为此，四川省政府与资源委员会商议，决定接收万县电力公司，改组为万县电厂，扩建132千瓦柴油发电机一台，增加市区供电。但柴油价高，柴油发电成本高，且因日军封锁，柴油也很短缺，故决定开发万县水电资源。1939年4月，万县电厂厂长童舒培专程到长寿邀请水电专家黄育贤到万县踏勘长江的两条支流——磨刀溪、瀼渡河的水电资源。黄勘测后认为"瀼渡河河床颇陡，水力资源较丰富，宜于开发水电"。建议开发瀼渡河，建设四级梯级水电站。黄育贤提出的勘测报告经上报资源委员会批准后，于1940年5月，成立资源委员会瀼渡河水电工程处，

自主设计配套设备，勤俭节约建成的万县（今万州区）瀼渡水电厂厂房（1944年3月发电）

任命水利水电专家张光斗为工程处主任。

按照黄育贤拟定的"瀼渡河水电工程规划设计方案"，将在瀼渡河上建设仙女洞、龙洞、鲸鱼口、高洞等四级梯级水电站，共3017.6千瓦。由于日本的侵略和

全面封锁,当时我国资金和设备、物资都十分紧缺,施工技术水平也有限。张光斗与处内技术人员商议,并报资源委员会批准,决定先开发建设施工条件较好、易于开发的仙女洞电站(设计容量1104千瓦)和鲸鱼口电站(设计容量441.6千瓦)。为加快建设进度,张光斗亲自动手,抓紧两个电站的详细设计和施工准备。不到3个月,就完成设计和施工准备。同年7月、8月,鲸鱼口电站、仙女洞电站就相继开工建设。张光斗和工程处员工在建设过程中,坚持勤俭节约,因地制宜,就地取材,千方百计节约十分宝贵的钢材、水泥等建设物资。如在两个电站的滚水拦河坝的建设中,就地取材,采用当地的条石砌成,减少了费用,也节约紧缺的水泥,钢材;引水道按地形分别采用隧洞、明渠、渡槽,仅与水轮机相连部分采用钢管,引水竖井就在山岩上凿岩而成,这样改动,比起采用钢管引水,工作量和施工难度都大大增加。仅引水渠道就长达1500米,其中一段明渠高达18米,引水竖井凿岩深达20米。当时施工机具极少,多为手工,又是在山岩上施工,其难度之大可以想见。广大水电员工不畏艰苦,按时完成任务,不仅保证了工程质量,而且节约了需要进口的钢管材料。由于日军封锁,发电设备奇缺,是当时电站建设中的一大难题。鲸鱼口水电站建设中只在国内找到一台136千瓦的德国西门子发电机,没有配套的水轮机,便请吴震寰设计,由重庆民生机器厂制造一台220马力水轮机与之配套,于1944年3月安装投产发电。仙女洞电站的一套500马力(360千瓦)水轮发电机组,系向美国公司订购。因那时日军已相继侵占我国沿海和东南亚国家,对我国全面封锁。该发电机组只能用飞机运至印度,而印度至昆明货运飞机甚少,且有日军飞机拦阻,已运至印度的设备滞留下来,一时难以运到工地。为早日发电,张光斗果断决定,并经资源委员会同意,改由国内自制。请吴震寰设计,由上海机器厂制造300马力水轮机一台,160千瓦发电机一台,于1944年7月建成发电。两个电站共296千瓦的廉价水电,基本适应了万县地区内迁兵工和民用企业的用电需求,推动了大后方经济的发展。

万县瀼渡水电厂仙女洞电站厂房内发电设备(1944年7月发电)

这是三峡地区第一个梯级水电开发工程,也是电力员工反日军大封锁斗争中取得的又一重要成果。

坚持自力更生　促进电机工业

抗战前,我国民族电机工业十分薄弱,小型水电机组都要依靠进口,日军的侵略封锁,造成进口困难,阻碍了水电建设的发展。在吴震寰和多家电机工厂员工的共同努力下,独立自主,自力更生地设计、制造了大批水电机组,安装在大后方的多个水电站上,不仅适应了水电建设的需求,粉碎了日军的封锁,也有力地促进了我国民族电机工业的发展。

自主设计制造设备和建设的北碚高坑岩水电站(1945年1月)发电

1943年1月,由爱国实业家卢作孚发起集资建设北碚高坑岩水电站。吴震寰受聘负责该站的设计与施工。因日军封锁,无法进口,国内又没有制造单位,造成电站无设备可装。吴震寰自行设计240马力水轮机和160千瓦发电机各2台,分别交重庆民生机器厂和华生电器厂制造,两套机组先后于1945年1月和5月投产发电,适应了当时学校、科研单位和文化人聚居的北碚用电的需求。

1944年春,进步民主人士夏仲实(解放后曾任重庆市副市长)等筹备开发江津白沙镇驴子溪高洞水电站。吴震寰负责勘测设计,龙溪河水电工程处负责施工。电站也

自主设计、制造设备和建设的江津高洞水电站远景(1946年2月发电)

缺发电设备。吴又设计150马力水轮机和120千瓦发电机各2台,分别由龙溪河水电工程处修理所和华生电器厂制造。两套机组均于1946年2月投产,向白沙镇供电,缓解了白沙镇由于内迁单位多、用电紧张的局面。四川、重庆、江津各界代表500多人参加了电站的发电典礼。重庆《新华日报》等多家报刊都前往采访报道。到水电站参观的人数众多,轰动一时,纷纷称赞这个完全由我国自主设计、制造设备和施工建设的水电站。

　　吴震寰还应聘担任云南省昆明中央机器厂的技术顾问,为这个厂设计了大批水轮发电机组,不仅满足了大后方多个水电站建设的需要,也使这家工厂发展成为当时最大的电机、电器制造工厂。此外按照吴震寰的设计,为前述多个水电站制造和改制设备的民生机器厂、中央电工器材厂、上海机器厂、华生电器厂、龙溪河水电工程处修理所等多家工厂,也在试制水轮发电机组中,提高了自制水平,积累了经验,从而促进了我国民族电机工业从无到有,从小到大,逐步发展。在自强不息,勇于创新的电力、电机员工面前,日军的封锁不仅没有阻碍大后方电力建设,反而促使我国电力、电机工业都相应发展壮大。

(原载《重庆电业》,2015年第5期)

抗日救亡运动中的重庆电力人

——动员民众，抗战救国

抗日战争时期，在中国共产党建立最广泛的抗日民族统一战线，动员组织民众进行全民族的抗战政策的感召下，在中共中央南方局、中共重庆市工委和重庆各界救国联合会（简称重庆救国会）的领导下，重庆电力员工积极投身抗日救亡运动。以重庆电力公司和华西兴业公司电力部青年职工为主体的抗日文艺社团——怒吼剧社、怒吼歌咏团（合唱团），冒着日军的轰炸，在全市城乡广泛开展抗日戏剧演出、抗日歌咏活动和抗日宣传活动。揭露日本侵略者的残暴罪行，动员全民抗战救国；电力员工积极投身节约献金、义卖、义演献金、献物活动，为前方将士筹集抗敌资金，捐献寒衣、物品，慰问抗敌将士，努力支援前线抗敌。重庆电力员工为大后方的进步文艺活动和抗日救亡活动做出了重要贡献，受到了报刊的好评和民众的赞扬。《新蜀报》赞扬怒吼剧社首演的抗日话剧《保卫卢沟桥》是"民族解放的呐喊""全民抗战的先声"，评论说："重庆有真正的演剧，那是以怒吼剧社为历史纪元。"怒吼剧社成为当时重庆"六大进步剧团"之一，并是其中唯一的业余剧团和本土剧团。怒吼歌咏团是全市十大合唱团之一。怒吼剧社街村演剧队，深入全市几十个街道、乡村，面向基层民众，开展抗日宣传演出活动，更是受到广大民众的欢迎，产生巨大的影响和良好效果。

抗日戏剧演出　轰动重庆

重庆电力公司工程师、怒吼剧社社长余克稷

1937年"七七"事变爆发后，重庆电力公司业务科工程师余克稷和华西兴业公司电力部职员、中共党员陈叔亮倡议组织剧社，演出抗日戏剧，宣传抗日救国。经过宣传发动、积极筹备，由余克稷以剧社负责人身份向当时国民党重庆市党部申请社团登记，批准登记许可证号为市指委会社149号，社址中一支路95号。1937年9月15日，怒吼剧社正式成立，首批社员50多人，主要是重庆电力公司和华西兴业公司电力部青年员工，其中电力公司员工就有20多人。余克稷、陈叔亮当选为社长。怒吼剧社的社旗上除有"怒吼剧社"4个大字外，还绘有象征中国正在怒吼的巨人版画，抗日救亡的旗帜十分鲜明。剧社社歌由社长余克稷亲自作词：

"嘉陵江畔，涂山之滨，我们这年轻的一群，站在同一岗位上前进！七七的炮火，激起全民族的仇恨，我们心在燃烧，血在沸腾，紧握着戏剧这武器，配合着雄壮的歌声，认清我们的仇敌，在怒吼声中一起灭敌人！同志们怒吼起来，快唤起全国的大众，起来做抗敌的先锋，争取中国的自由解放，完成振兴的丰功！"

这首充满高昂抗日激情的爱国社歌歌词，由著名音乐家刘雪庵谱曲后，在剧社社员和民众中广为传唱，激发了大家抗日救亡、振兴中华的爱国热情！

怒吼剧社成立后，立即借用电力公司礼堂，抓紧排练最新抗战话剧《保卫卢沟桥》。余克稷、陈叔亮、赵铭彝为联合导演，余克稷为总导演。演员、职员除剧社成员外，一部分是余克稷从电力公司和民众歌咏会挑选的文艺青年。演出经费由剧社成员捐款筹集，余克稷带头捐出一个月的薪金。衣服、道具、布景、化妆品都自己制作、调制；舞台灯光由余克稷设计，电力公司员工安装调控。排练都在业余时间进行。由于剧社成员抗日热情高涨，夜夜排练，有时甚至通宵赶排，不到半月就排演完毕。

1937年10月1日，《保卫卢沟桥》在当年2月才建成的重庆市最好的影剧院——国泰大戏院上演。10月1日至3日连演三场后，又应观众要求，加演一场，四场演出场场爆满,盛况空前,轰动山城。这是当时重庆第一次大规模的抗日话剧演出,演出取得完全成功,受到社会各界的广泛好评。重庆有名的《新蜀报》用套红大字为之宣传,称赞该剧为"民族解放的呐喊""全民抗战的先声",评论说:"重庆有真正的演剧,那是以怒吼剧社为历史纪元。"有的评论文章说:"今日怒吼剧社《保卫卢沟桥》的演出,不能不是一个划时代的阶段。"有的报刊描绘该剧演出盛况时说:"演至悲惨处,观众为之流泪;演至紧张处,掌声几震屋瓦,尤以士兵群众情绪最为愤张。三幕终场莫不连称满意。"《国民公报》还专门出刊《怒吼剧社第一次公演特刊》,刊载余克稷等人的文章,对该剧进行评论介绍。

1937年10月1日怒吼剧社在重庆国泰大戏院演出时的广告

《保卫卢沟桥》成功演出后,怒吼剧社继续在重庆市内各剧院演出多个抗日话剧。仅据当时报刊报道的演出剧目就有:1938年1月28日,在国泰大戏院演出《黑地狱》,该剧揭露日本帝国主义在中国横行霸道,用海洛因毒害中国人民的罪行,演出后观众反响很大。1938年5月22日至24日,参加全市5月抗敌宣传,演出《血海怒涛》揭露和声讨日本侵略者残暴屠杀中国人民的罪行;《国民公报》为该剧出刊《怒吼剧社第三次公演特刊》,刊载曹禺、陈白尘等著名戏剧家的评价文章。1938年9月,全市"九一八"纪念日演出活动中,怒吼剧社演出《血祭九一八》等3个抗日话剧;余克稷还在《戏剧新闻》上撰文《九一八重庆演剧》,报道全市抗日戏剧演出宣传活动的盛况。1939年元旦,怒吼剧社参加中华全国戏剧界抗敌协会(简称全国剧协)举办的盛大火炬表演,

1943年1月,怒吼剧社辞年同乐晚会部分社员合影

表演话剧《人民公敌》。1939年1月7日,演出抗日话剧《东北之家》《打鬼子去》。1939年1月28日,全国剧协举行纪念"一·二八"抗战宣传大会,怒吼剧社在会上演出《反侵略》一剧。1939年4月8日,上演爱国抗日话剧《民族万岁》;对此剧的演出著名戏剧和电影导演应云卫还在《国民公报》上撰文《我对怒吼剧社的希望两点》,对这个活跃的抗战业余剧团给予肯定、鼓励和指导。1939年11月,上演著名作家老舍新编的抗日讽刺剧《残雾》,揭露国统区官场中的败类。他们口口声声"为了抗战,为了国家",实际"好财、贪权、荒淫无耻"。甚至勾结汉奸,出卖情报,出卖国家利益。此剧演出后民众反响很大,但也得罪了一些权贵。此外,还有1943年1月9日演出的《安魂曲》,1943年4月5日演出的《牛郎织女》等。

　　怒吼剧社和余克稷还热心为抗战戏剧事业服务,千方百计支持和帮助其他兄弟剧团。无论哪个剧团缺少演出的景片、灯光器材、服装、道具,只要剧社有的都无偿借给;兄弟剧团演出缺少演员、舞台工作人员、伴唱人员,剧社都尽力帮助;各剧团要增加演出电源,推销价高的荣誉券及遇到经济上的困难等,剧社均全力帮助。抗战时期,电力供应紧张,经常分期停电,剧社中的电力员工便想方设法为各演出剧场架接供电专线,保证全市抗战戏剧的正常演出。余克稷还应邀为多个兄弟剧团担任导演、演出顾问、舞台监督、前台主任等,大力支持帮助兄弟剧团的演出。全国剧协和重庆戏剧界同仁对怒吼剧社和余克稷的无私奉献和热心服务精神都深为感动,大加称赞。作为剧社社长的余克稷被誉为"热心人"和"爱国工程师",在全国剧协的两次年会上都当选为理事,兼任秘书、组织组长,负责全国剧协的大量组织业务工作。怒吼剧社也和其他五个内迁的全国性专业剧团一起,成为陪都"六大进步剧团"之一。

抗日救亡战歌　唱响山城

　　1936年,重庆青年民众歌咏会成立后,重庆电力公司工程师余克稷就主动担任歌咏会音乐指导,指挥演唱抗日歌曲。同年12月20日,在青年会礼堂组织了歌咏会首场抗日歌曲演唱会;1937年5月9日,余克稷又组织歌咏会,参加全市"五九"国耻纪念音乐会,大唱爱国歌曲,宣传不忘国耻,全民动员抗日救国;1937年7月,他带领歌咏会参加全市歌咏大游行;1937年在全市广播合唱竞赛中,他带领指挥民众歌咏会演唱,一举夺冠,蜚声山城,民众歌咏会成为山城有名的合唱团。

怒吼剧社成立后,又组织怒吼歌咏团(合唱团),积极投身重庆的抗日歌咏活动。1937年9月,怒吼歌咏团、青年民众歌咏会等10个歌咏团体发起成立重庆市救亡歌咏协会。9月29日在《新蜀报》上发表歌咏协会成立《宣言》:"大众歌曲应该唱到街头巷尾,穷乡僻壤去。""要唱得全国的大众每个人热血沸腾。""救亡歌曲的使命,在以悲壮激昂的歌声刺激大众,鼓舞大众,激起民族自救的巨浪,联合成民族抗战的洪流,把敌人泥脚的阵营,予以无情的打击和摧毁。"

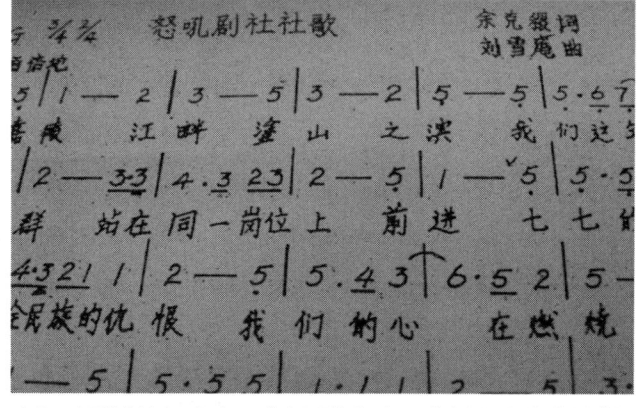

由怒吼剧社社长余克稷作词、著名音乐家刘雪庵作曲的《怒吼剧社社歌》唱响山城街道乡村

1938年7月7月,怒吼歌咏团、青年民众歌咏会等14个歌咏团体,举行纪念"七七"一周年市民大会。《新华日报》对这次大会的盛况做了详细报道:"14个歌咏宣传队布满山城大街,动人的演说,震耳的口号,各式各样的标语。""傍晚举行大游行。一里多长的行列,高擎象征光明自由的火炬。""'打倒日本鬼子!保卫大武汉!'的口号,响遍山城。""《大刀进行曲》《祖国进行曲》的雄壮战歌,交响成伟大的洪流,形成巨大的打击侵略者的力量。"

1941年3月21日,怒吼歌咏团参加全市纪念孙中山先生逝世16周年的"千人大合唱",演唱了《我们是民族的歌手》等爱国抗日歌曲。

怒吼歌咏团还积极配合全市抗日戏剧、电影和音乐团体的演出和拍摄,演唱主题歌曲、插曲。如

1937年11月,怒吼剧社街村演剧队在重庆市郊南岸弹子石演出抗日街头剧《放下你的鞭子》,教唱抗日救亡歌曲的演出现场

1938年1月10日,为戏剧家吴雪等人的四川旅外剧社演出的抗日话剧《塞上风云》演唱主题歌曲;1940年,在电影《火的洗礼》中演唱主题歌曲《我们是抗日的烈火》,这首主题歌排演了一通宵,电影公司和演员们被歌咏团无私奉献的精神深深感动,特在该电影的开头打出字幕:"特邀怒吼剧团演出主题歌。"1942年1月31日,为中国实验歌剧团演出的歌剧《秋子》,做幕后合唱;1943年3月1日,余克稷应邀为喜剧《河山春曲》的插曲谱曲,怒吼歌咏团参加插曲的演唱;1944年6月5日,为音乐家沙梅的"作品演唱会"演唱大合唱《祖国之恋》《嘉陵江船夫曲》等爱国抗日歌曲。

1937年10月,怒吼剧社街村演剧队成立后,深入全市数十个街道、乡村,教唱、演唱抗日歌曲数十首。悲壮激昂的抗日救亡战歌,唱响全市城乡,唤起民众,鼓舞民众,形成全民族抗战的巨大力量。

抗日宣传活动　深入城乡

1938年春,怒吼剧队街村演剧队在重庆市郊演出后合影,右起站立第二为社长余克稷

《保卫卢沟桥》成功演出后,怒吼剧社声誉大振,重庆电力公司、华西兴业公司电力部和社会上的进步青年纷纷要求加入剧社,剧社成员增至100多人,必须增加演出平台;同时重庆救国会负责人、中共重庆市工委书记漆鲁鱼提出"扩大抗日宣传"的要求,于是余克稷和陈叔亮商议决定,从1937年10月起将扩大后的怒吼剧社分成舞台演剧队和街村演剧队两个队。舞台演剧队仍坚持在市内各大剧院演出舞台剧,街村演剧队则面向市郊街道和农村的广大民众,进行街头、院坝露天宣传,演出。演出以独幕话剧为主,兼有歌咏、抗日宣传讲演、抗日漫画及书写、张贴抗日标语。队员以电力公司和民众歌咏会新加入的进步青年为主。社长余克稷亲自兼任队长和导演,平日晚上排练,节假日就自带道具、服装、食品及日常用品,举

着"怒吼剧社街村演剧队"的横幅，高唱抗战歌曲，步行数十里去市郊宣传演出，风雨无阻，甚至冒着敌机的轰炸，坚持不懈。

街村演剧队成立后，立即抓紧对新进队员进行训练和独幕剧、歌曲的排练，从11月初起外出宣传演出，到1939年5月的一年半时间内，先后到江北、南岸、沙坪坝、大坪、九龙坡、北碚、合川等地的数十个街道、乡村宣传演出50多场。共演出《放下你的鞭子》《火中的上海》《当壮丁去》《张家店》《死亡线上》《死里求生》《沦亡之后》《大家一条心》等数十个独幕话剧，教唱抗日歌曲数十首，及其他抗日救亡宣传活动。

街村演剧队的宣传演出活动，不仅要背负行装，长途步行，风餐雨露，十分辛苦劳累；有时还受到军警的无理干扰阻拦，遭遇日机轰炸。一次至市郊土桥演出时，正逢赶场，观看演出的农民众多，但宣传演出刚开始不久，突发敌机轰炸警报，群众惊惶失措。余克稷随机应变，决定将演出改作防空宣传。一面讲

1938年2月，怒吼剧社街村演出队到重庆市郊江北头塘演出后合影，后排左起第四人为余克稷

解防空知识，一面由宣传演出队员组织疏导群众隐蔽。原定剧目虽未能演完，但却做了一次生动实际的抗日和防空宣传。

怒吼剧社街村演剧队带头深入重庆城乡，向广大民众宣传抗日救亡的爱国壮举，得到中共中央南方局、重庆救国会的充分肯定和社会各界的好评。重庆《国民公报》《新蜀报》等报刊都密切关注和多次报道他们的演出活动。

1937年12月2日，怒吼剧社街村演剧队在重庆市郊江北街头演出抗日街头剧《放下你的鞭子》的演出现场

《国民公报》1937年11月13日报道说:"本市怒吼剧社乡村演剧队,自成立训练以来,将近半月。今晨8时,第一队20余人,冒雨到南岸出演国防戏剧,借以激发乡村民众的爱国热情,并宣传抗日救亡。首在海棠溪联保办公处举行,到观众500余人。午后1时复假黄角垭渝南餐旅社演出《张家店》,并领导大众习唱救亡歌曲,成绩极佳。"该报在同年12月2日的报道中说:"上午怒吼剧社街头演出队便出现在江北公园、刘家台、相国寺,上演他们唤起民众的救亡戏剧。这里没有灯光,不用布景;这里无须买票,这是戏剧工作——为的是鼓动民众抗敌的情绪。'杀了日本鬼子!'这是观众们看到剧中紧张情形,情不自禁喊出来的。观众们在没有看戏以前是平静的,看过了戏后却是激昂的。演出的效果是相当的好。"

《新蜀报》对怒吼剧社街村演剧队在南岸等地的演出做过多次报道。在1937年11月30日的报道中说:"本市怒吼剧社街村演剧队,本月以来,先后在龙门浩、弹子石、文峰场演出《放下你的鞭子》等话剧4出,并领导大众唱抗日救亡歌曲,观众共约2000人。""该队冒雨在文峰场的一场演出,吸引了大批观众在雨中看了两个多小时。"在1937年12月13日的报道中说:"本市怒吼剧社街村演剧队昨日赴南岸做第四次公演。先至下龙门浩菜市坝子出演《张家店》与《火中的上海》计到观众六百余人。又在弹子石谦泰街前广场,演出《大家一条心》《当壮丁去》,共到观众500余人。"

义演献金献物　支援前线抗敌

抗战时期,由于日军的侵略和经济掠夺、封锁,加之国民政府腐败无能,财政困难,造成在前线与敌人浴血奋战的中国军队武器装备很差,物资供应严重不足。为了支援前线将士抗敌,在重庆救国会和《新华日报》《新蜀报》《国民公报》的大力宣传组织发动下,由抗战动员委员会在全市组织开展了节约献金、劳军献金、义卖献金、义演献金及捐献飞机、捐献寒衣及生活用品的爱国捐献活动。当时中共中央南方局、八路军办事处领导人周恩来及民主进步人士宋庆龄、冯玉祥等都带头参加和倡导、组织捐献活动。重庆电力员工和怒吼剧社成员,除了自身积极献金献物外,还组织开展了多次义演和义卖宣传活动,为前方将士筹集大量捐款，支援前线抗敌。

重庆电力员工在全市每次捐献活动中，都积极参与，尽力而为。重庆电力公司在亏损严重的情形下努力节约开支，尽力捐献。仅据当时《国民公报》等报刊的报道，1939年3月3日，在重庆市"节约献金"活动中，重庆市电力公司献金1000元；1944年1月5日，在重庆市"劳军献金"活动中，重庆市电力公司献金50000元。由于日军飞机的狂轰滥炸，重庆电力公司的直接财产损失就高达13.09亿元，居全市各大企业之首，加上其他间接损失更是巨大，1939年起亏损不断增加，生产经营十分困难，公司1200多名员工，千方百计节约开支，努力挤出资金捐献抗敌，充分体现了电力人的爱国深情。

怒吼剧社及怒吼歌咏团、街村演剧队在全市大力开展义演献金活动和义卖宣传活动，为前线抗敌将士募集资金和物资。剧社社长、电力公司工程师余克稷亲自谱写了《义卖歌》，编写了街头剧《募寒衣》，在城乡宣传演出，募集献金、献物。

1938年3月26日，为募集捐款，支援前方将士，怒吼剧社联合各剧团在国泰大戏院公演四幕组剧《祖国进行曲》。由于余克稷的精心设计、导演，演出到最后达到高潮，形成台上台下同声高呼"打倒日本帝国主义！""收复失地！""抗战到底！"的口号和群情激昂的动人场面。演出获得完全成功，得到著名艺术家赵丹的连声称赞。由于演出效果好，观众十分感动，当场募集了较多抗日献金。

1938年6月4日，怒吼剧社在市区街头开展抗日宣传，为前方将士和受难同胞募集衣被，募集资金全部上交慰问前线。

1938年10月10日开始的全国第一届戏剧节期间，怒吼剧社在市区街头演出《募寒衣》，观众被动人的演出感动，当场捐献银钱者达七八百人，共收到捐款700多元，全部上交。剧社还参加戏剧节的"5分公演"（5分钱一张剧票）活动，在社交礼堂上演《女英锄奸》等独幕剧3个，票房收入全部捐献。

1938年12月4日，怒吼剧社在市区都邮街举行抗日宣传及义卖活动，所备货品不到4小时售完，售款235元全部捐助前方抗战。

1938年12月11日，怒吼歌咏团、青年民众歌咏会等9个歌咏团队，举行劳军募捐歌咏大会，演出《要打得鬼子回东京》《义勇军进行曲》《当兵去》等抗日歌曲，听众1000多人，募集资金全部捐献劳军。

怒吼剧社还积极参加慰问劳军活动和抗日前线宣传活动。1938年,重庆救国会总干事漆鲁鱼筹组川军六十七军随军宣传团赴抗日前线,怒吼剧社就选派18人参加。余克稷还亲自送他们去武汉,途中进行思想教育,要求大家遵守纪律,服务部队,报效国家;指导大家如何在战区宣传组织发动群众,开展战地宣传演出和服务工作。

以电力员工为主体的怒吼剧社及怒吼歌咏团、街村演剧队,在重庆开展的抗日进步文艺活动和抗日救亡活动,一直得到中共中央南方局和中共重庆市工委的正确领导和大力支持帮助。《保卫卢沟桥》演出后,怒吼剧社社长、中共党员陈叔亮与中共重庆市工委接上了关系,接受党的领导。1938年上半年,陈叔亮奉调去延安后,中共重庆市工委书记漆鲁鱼按照中共中央关于"放手发展党员,建立各级党组织"的指示,先后在怒吼剧社发展梁少候、罗从修、罗炽镰、孙家新等入党。同年7月,漆鲁鱼在米花街梁少候家召开党员会议,宣布成立中共重庆怒吼剧社党支部,梁少候任支部书记。此后,又发展剧社成员张治源、李树辉、何笃睦、胡沙等入党。由余克稷邀请参加怒吼剧社的张瑞芳,在中共中央南方局青委入党后,也编入剧社党支部。剧社党员最多时达20多人。其中电力公司员工在剧社入党的党员有罗从修、孙家新、张治源、何笃睦等。中共中央南方局书记周恩来对这个抗日业余剧团热情关怀,大力支持帮助,经常通过他直接领导的张瑞芳等人了解剧社活动情况,及时给予指导帮助,对余克稷热心抗日救亡活动的行为十分赞赏,亲自送一支钢笔给余。剧社党支部团结剧社全体成员,积极支持帮助余克稷开展工作,与混入剧社的国民党特务的干扰破坏进行斗争,巧妙应对国民政府有关部门的有意刁难、限制、阻挠,使剧社一直坚持抗日救亡的正确方向,积极开展抗日戏剧、音乐和抗日宣传活动。1943年下半年,国民政府有关当局借群众团体重新登记之机,不准怒吼剧社重新登记,怒吼剧社被迫停止活动。但余克稷和一部分剧社成员仍继续参加其他剧社的抗日戏剧活动。

(原载《夕阳红》2016年第8—11期)

震撼全国的反特抗暴运动

——"胡世合运动"

1945年2月20日,在国民党中央政府所在地的重庆,发生了国民党特务田凯非法行凶,枪杀执行公务、取缔非法窃电的电力工人胡世合的暴行。这一特务凶杀惨案激起了重庆电力公司员工和全市人民的义愤,强烈要求严惩凶手,保障人权。中共中央南方局顺应民意,果断决策,因势利导,领导发动了声势浩大,震撼全国的争人权、争民主、反独裁、反压迫、反特务统治的群众运动,赢得了斗争的胜利,有力地打击了国民党政府的独裁统治,鼓舞了人民群众反压迫斗争的热情和斗志,培养了工人运动骨干,积累了斗争的经验,推动了国民党统治区民主运动的发展,谱写了中国工人运动史上的光辉篇章。

运动发生的背景

1945年,国际反法西斯战争节节胜利,抗日战争进入胜利之年。国民党政府虽被迫抗日,但仍继续挑起内战,坚持反共、反人民的方针。特别是国民党五中全会后,秘密颁发了《异党问题处理办法》《限制异党活动办法》等方针,极力推行一党独裁统治。国民党的中统、军统等特务组织,密布全国,到处横行,"国民党统治下的中国已成一特务统治的世界"(周恩来)。共产党人和革命群众惨遭特务毒打、绑架、杀害,广大人民群众对特务的暴行恨之入骨。中共中央南方局领导人民群众与国民党政府的独裁统治进行"有理、有利、有节"的斗争。

重庆电力公司是地方势力和银行家控股的民营电力企业,负责重庆市区和近郊的电力供应。当时公司的发电能力仅1.1万千瓦,而实际需要电力1.80~2.00万千瓦,为此,重庆电力公司员工千方百计力求减少停电,满足用电需求。而国民党政府各级军政官员和军警宪特不顾市民和工厂用电的需要,到处私拉乱接电线,猖狂窃电,大肆用电。如重庆市政府机关和宿舍区,单是公开窃电,用电炉烧饭的就达400多家;南岸一高射炮营,公开把所窃之电转卖周边单位和居民,大量牟利;军警特务和保长、把头,也大量窃电,一个保长就窃电转卖46户居民。造成电力公司每月窃电量高达总发电量的25%~30%,不仅给电力公司带来重大经济损失,也使电力更加供不应求,常常烧坏变压器、烧断线路,造成大面积停电。国民党政府虽曾应电力公司请求,明令取缔窃电用户,但只是官样文章,那些大量窃电的军政头目仍是"窃由我窃,剪由你剪,今天剪火,明天又窃"。面对反动势力猖狂窃电和人民饱受停电之苦,重庆电力公司在公司业务科用电股成立了由用电员工组成的"窃电取缔组",专门调查和取缔私自接线偷电行为。抗战时期英勇反轰炸、保障供电、积极投身抗日救亡运动的电力工人,虽然饱受剥削和压迫,但为了维护全市人民的正常用电,给山城争取更多的光明,也为了维护公司和个人的经济利益,不畏强暴,坚持和窃电的反动势力进行了斗争。

中国共产党对重庆电力公司十分重视,早在1937年就在公司开展革命活动。中共中央南方局成立后,先后派出了周力行、余造帮等中共党员到公司工作;发展了刘德惠、邓兴丰等中共党员;怒吼剧社、公司职员学术励进会、公司读书会等进步社团,在公司内培养了余克稷、章畴叙、何敬平、张治源、孙家新、周显涛、刘祖春等进步青年。他们坚决反对独裁统治,积极投身反特抗暴民主运动。

运动的起因

1945年1月24日,安装在重庆市区大梁子的变压器,由于窃电严重、负荷过重被烧坏,原属这台变压器供电的中韩文化协会饮食部,自恃有国民党达官贵人和特务做后台,竟将其电源私自移接在都邮街的变压器上强行用电,使这台变压器超过负荷,有烧坏的危险。电力公司用电股"窃电取缔组"于2月19日派刘振基、胡世合、吴兴方、张光荣等工人前往该部,指出其非法窃电行为,将其私接线路剪除,遭到该部对外经理、市卫戍司令部军统特务江德茂率领饮食部人员毒打,并擅自逮捕押送至大阳沟警察局派出所关押,在工人的强烈抗议和电力公司交涉后,才予放回。当晚该饮食部又将电线自行接上,继续明目张胆地窃电。

中韩文化协会饮食部横蛮的窃电行为,使用电股股长、工程师章畴叙和电力工人十分气愤,一致主张坚决取缔。2月20日上午,章畴叙又派刘振基、胡世合、吴兴方、张光荣等人前往该部剪线,取缔窃电。为避免意外,请都邮街第二警察分局派警察协同交涉。到达该饮食部时,碰见重庆市警察总局保安队长官数人在座,他们当即大骂二分局的警察说:"你瞎了眼睛,给我滚!"该警察迅即离开。此后,当胡世合爬上电杆准备剪线时,餐厅楼上的人就丢下凳子、餐具暴打工人,接着特务江德茂即率领武装保安队警察20多人对4位电力工人包围毒打,非法逮捕押往市警察总局,行至民国路口时,饮食部另一经理、警察总局侦缉队军统特务、号称"九妖十八怪"之一的田凯跑来,掏出手枪向电力工人胡世合开枪,击中胡世合腹部,鲜血涌流。保安队警察却不顾胡世合死活,仍强行将他和另外3名电力工人押往市警察总局保安队部。拘留2小时后才准其余电力工人将胡世合抬往宽仁医院,因未及时医治,流血过多,含恨惨死在医院门口。

胡世合惨遭特务杀害的消息经用电股用电话迅速传遍了全电力公司。电力工人们对这位勤劳朴实、为人友善的好工人,在依法取缔窃电时,竟遭警察无理毒打,特务残暴枪杀,无比悲痛、义愤填膺。地处城区的大溪沟电厂200多名工人立即乘坐3辆卡车到都邮街,汇合公司业务科工人共300多人前往中韩文化协会饮食部,捣毁了该饮食部用具;市郊的弹子石电厂、鹅公岩电厂和电力公司江北、南岸、沙坪坝办事处的电力工人也纷纷停工,抓起火钩、扳手、榔头、钳子,一起赶到该饮食部,悼念工友,要求为工人兄弟报仇、申冤。电力工人将胡世合的遗体安放在饮食部楼上,设立灵堂

1945年2月20日,在取缔非法窃电时被国民党特务杀害的重庆电力公司供电工人胡世合遗像

进行公祭。强烈要求国民党政府严惩杀人凶手,声明如不枪毙特务田凯,决不让死者入棺,决不罢休。同时,用电股立即油印传单,按照电力用户卡片地址邮寄全市机关、工厂、学校,呼吁社会各界同情支持,主持正义,使这一惨案的消息传

遍全市。全市工人和市民对电力工人惨遭杀害无限同情,十分愤怒,他们不畏国民党政府一个大队警察的弹压,纷纷涌到特务杀人现场,高呼口号:"特务杀人,国法何在!"支持电力工人反特抗暴的正义斗争。当天前往声援的各界群众约5万人,直到深夜12点,邹容路上还是人山人海,人声鼎沸。

中国共产党对运动的正确领导

"胡世合惨案"发生后,重庆电力公司中共地下党员周力行当夜即向中共中央南方局和重庆市工委做了汇报,南方局立即做了研究。当时主持中共中央南方局工作的王若飞及时发电报给刚回延安的周恩来请示,周恩来明确指示:"要当机立断,抓住已经激起公愤的胡世合惨案,发动一场胜利的斗争,打击国民党的嚣张气焰,为大后方民主运动的高潮开辟道路。"

中共中央南方局领导人王若飞,"胡世合运动"指挥者

根据周恩来的指示,为了加强反特抗暴民主运动的领导,中共中央南方局成立了专门指挥机构,由王若飞负责,刘光、张黎群和周力行为领导成员,南方局青年组组长刘光负责注视运动发展动态,张黎群负责组织联络,周力行负责电力公司内部工作。研究决定了斗争的目标和策略。斗争的目标是:反特务、反专制,开展民主运动。斗争的口号是:争取民主,保障人权。打击的目标是:严惩凶手,枪毙田凯。斗争的策略是:充分发动各阶层群众,既要显示力量,又不暴露力量;坚持有理、有力、有节。南方局还给重庆各级地下党组织做了布置,对如何发动群众,联系和发动上层人士,支援电力公司职工的正义斗争,打击敌人,壮大自己;如何掌握有理、有利、有节的策略原则等,都有明确指

中共中央南方局青年组组长刘光,"胡世合运动"的组织者

示。王若飞还在"特园(进步民主人士鲜特生的公馆)"召开有沈钧儒、黄炎培、史良、章乃器、马叙伦、鲜特生等民主党派和进步人士参加的会议上,通报了惨案的

经过及南方局对惨案的态度。因此,这场反特抗暴民主运动开展后,在中共中央南方局的领导下,各民主党派、进步团体,结成广泛的统一战线,协同作战,推动了运动的发展。

在南方局的领导下,重庆电力公司中共地下党组织由周力行、刘德惠、邓兴丰等人组成临时指挥小组。为便于掩护开展活动,周力行以用电股职员的身份,代表工人出面给国民党中统控制的电力公司产业工会副理事长杨秀蓁做工作,请他以工会的名义出面为胡世合申冤,主持公道。杨也是用电股线路工人出身,并是管辖胡世合等工人的领班,此惨案也使他很失"面子"。当即满口答应,表示"不达目的绝不罢休"。于是杨以电力公司产业工会的名义,主持召开全体职工紧急会议,组织了重庆电力公司"胡世合事件申冤后援会";推举杨秀蓁、周力行、刘振基等人为代表在电力公司举行记者招待会,报告惨案经过;找律师向报刊发表《重庆电力公司全体职工为中韩文化协会饮食部非法接电,并公然聚众暴行,枪击本公司执行业务人员致死,敬向社会人士吁请主持正义启事》。受害人胡世合的家属也发出了《为家主重庆电力公司工人胡世合遭暴徒枪杀毙命殉职,泣请社会人士主持正义代为申冤启事》;并由受害工人代表向国民党政府提出五条要求:①立即将凶手、特务田凯在肇事地点枪决;②以帮凶罪惩处伙同行凶的警察局保安队员;③保障电力公司职工今后的自由和生产安全;④受害工人胡世合的善后抚恤问题应由中韩文化协会饮食部完全负责;⑤以上要求希两天内答复。

按照公司职工大会的推举,在南方局青年组的指导帮助下,由刘德惠和何敬平连夜起草了《为惨杀重庆电力公司工友胡世合事件向各产业工友们各界同胞们控诉》的控诉书。控诉书

重庆电力公司"胡世合运动"临时指挥小组成员刘德惠

1945年2月22日刊登在《新华日报》上的重庆电力公司全体职工的"吁请主持正义启事"

进一步提出了八项要求：①枪毙杀人凶犯——特务分子田凯；②严办江德茂、吴汉治，封闭中韩文化协会饮食部；③惩办参加行凶的保安队员及其长官；④抚恤遗族，赔偿医药费；⑤要求政府通令各工厂停工5分钟为死者致哀；⑥要求政府维护公共事业，保障战时生产，禁绝偷电行为；⑦要求政府保障工人工作自由，重申保护劳工的法令；⑧要求政府切实保障人身自由，实行民主，取消特务。这份"控诉书"除电力公司职工自行散发外，在南方局青年组的帮助下，先后用7种油印版印成传单共2000多份，散发到全市各工厂、学校、机关团体和市民中去，使惨案的真相和中国共产党的态度方针，迅速传遍山城。

刘德惠是公司会计科簿记股股长，积极在公司上、中层职员中开展工作，动员大家支持工人的斗争。包括公司代总经理浦心雅在内的股长以上职员，除个别特务外都送了义正词严的挽联、花圈，支持工人的正义斗争。公司总工程师吴锡瀛十分悲痛地说："我们吃亏了，我们的工人兄弟死了，要为他讨回公道！"作为受害人主管部门的公司业务科的科长张玠、副科长余克稷、用电股股长章畴叙，都是爱国进步工程师，更是悲痛气愤，坚定地表示："我们要为死者报仇，为生者争安全，得不到合理解决，我们誓不终止！"余克稷是爱国进步剧团——怒吼剧社社长，他和章畴叙、何敬平等剧社成员还通过剧社向文艺、新闻界广泛宣传惨案真相，积极争取社会各界，尤其是报刊的同情与支持。公司中共党员和进步职工邓兴丰、张治源、余造帮、周显涛、刘祖春等在公司内外大力组织发动抗议斗争；业务科职工全部投入抗议斗争；公司所属3个电厂和3个办事处的工人轮流进城守灵，参加抗议斗争。公司上下团结一致，坚持斗争，坚决要求枪毙凶手，严办帮凶，抚恤家属，取消特务，保障电力工人的生命安全和工作自由。

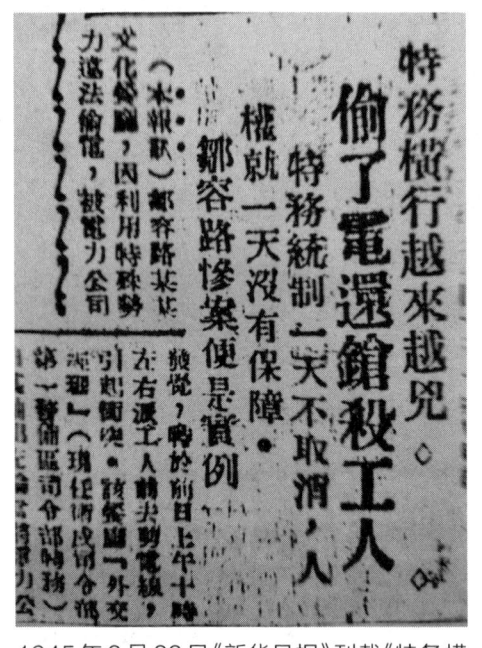

1945年2月22日《新华日报》刊载《特务横行越来越凶，偷了电还枪杀工人》的报道

电力公司职工和受害者家属的血泪控诉和正义要求，赢得了全市人民的同情和支持。惨案发生的第二天（2月21日）起，《国民公报》《大公报》《商务日报》

等多家报纸便报道了惨案的有关消息,表示了对特务的愤慨和对工人的声援。中国共产党在国民党统治区的机关报——《新华日报》在2月22日的头版刊登了重庆电力公司全体职工为胡世合惨案"吁请社会人士主持正义启事";在三版以《特务横行越来越凶,偷了电还枪杀工人》为题,详细报道了惨案经过和电力工人们的迫切要求。2月24日又发表社论《不能忽视的一件惨案》,强调指出:"国民党特务这种无法无天摧残人权的暴行,是一件与全市人民生命安全有关的大事件,谁也不能默尔而息。"号召全市人民都"睁大眼睛,注视这次凶杀工人罪行的最后清算"。

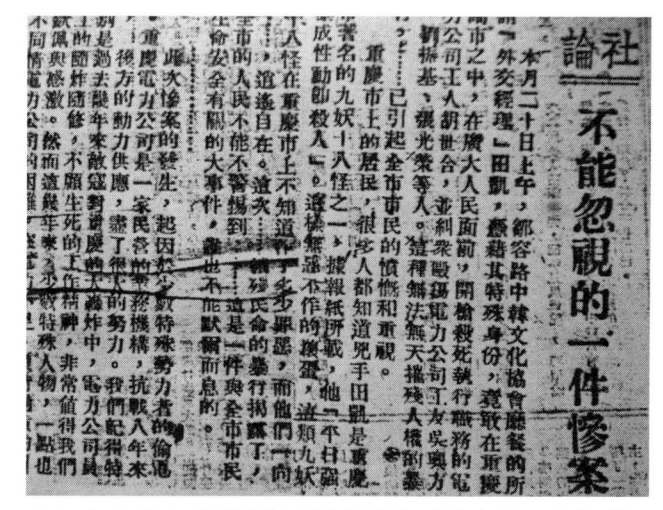

1945年2月24日《新华日报》社论《不能忽视的一件惨案》

陪都机械工人联合会成立"援胡会",呼吁全市工人团结起来,用各种办法援助电力公司职工的斗争;坚决支持电力公司工人的八项正义要求,坚决要求枪毙杀人凶手田凯。重庆8家工厂的工人和中国工人民主联合会印发了《我们的抗议》的油印小册,动员全市工人举行抗议特务暴行的游行;为死者家属募集资金;停工5分钟为死者默哀;坚决支持电力工人的正义要求。沙坪坝的大学生油印了《学生们的抗议》的传单,要求政府"严惩凶手,取消特务,保障人权,使冤死的人瞑目"。"希望全市人民和青年一起来抗议",支持电力工人的斗争。一场要求严惩凶手、保障人权、反特抗暴的群众性民主运动,便在国民党政府统治中心的重庆声势浩大地开展起来。

运动的发展和胜利

国民党政府包庇凶手,歪曲事实,威胁利诱,软硬兼施,耍尽各种阴谋和卑鄙手段,但终难以压制全市人民的抗议浪潮。迫于电力工人和全市人民不断高涨的反特抗暴群众运动的强大压力,国民党政府当局于2月23日下午,在重庆电力

公司食堂二楼同电力公司工人代表杨秀蓁、周力行、刘振基等和全市各产业工人的代表数十人进行谈判。工人代表们同国民党重庆市党、政、军、警负责人进行了针锋相对的斗争,始终坚持"杀人偿命,枪毙凶手田凯"的基本要求,强调"杀人如不偿命,人权得不到保障,工人怎样做工?"一再表示:"如不杀人偿命,工人无法上班工作,全市将停电停水。"最后,国民党政府被迫接受工人代表们的基本要求,达成四项协议:①依法严惩凶手,枪毙田凯;②封闭中韩文化协会饮食部;③死者由电力公司优予抚恤;④追悼会迁长安寺隆重举行。

被国民党军警特务包庇、隐藏在南岸的特务田凯被依法擒拿归案,于2月26日押赴菜园坝刑场枪决。当天"市民争先恐后,川流不息前去观看杀人凶犯的下场",连称"恶贯满盈了""龟儿子该死"。(《新华日报》2月28日),无不拍手称快,庆祝斗争的胜利。

2月27日,开始为胡世合举行追悼会和公祭。国民党重庆市政府市长贺耀祖带领一帮市政府官员在胡世合追悼大会上脱帽致哀,给死者家属发了抚恤金10万元。

1945年2月25日《新华日报》刊载《各工厂工人都去追悼胡世合》的报道

在公祭灵堂,胡世合遗像两侧悬挂着刘德惠写的巨幅挽联:"特务横行何处去,民主自由几时来。"前往灵堂祭奠的人络绎不绝,除电力职工外,自来水公司、重庆钢厂、裕华纱厂、中央印刷厂、申新纱厂、民生公司、电信局等企业都前来祭奠。重庆自来水公司的工人高举挽联,乘着卡车,冲破警察的阻拦,前往祭奠;在市郊的重庆钢厂工人,高喊口号,长途步行赶往灵堂;裕华纺织厂的女工不顾大江之隔,不畏特务的威吓,一齐奔向长安寺祭奠工友。远在北碚、沙坪坝的大学生也步行进城吊唁。中共中央南方局领导人王若飞亲往灵堂悼念,慰问胡世合家属,给电力工人很大支持和鼓舞。郭沫若、李公朴、闻一多等进步民主人士也前往祭奠。成都等地的工人代表也远道赶来祭奠,出现了长安寺人如潮涌,长安道上行人塞途的盛况。全市各产业工人、各阶层市民送来的挽联、祭幛、花圈安放灵堂及附近街道，绵延数里，仅挽联就有400多对。挽联上写着："仗势力暴徒行凶，我看你横行几时？""求社会光明而遭枪杀，为市民殉职虽死犹荣""不畏强权不畏死，可怜国难可怜家""陪都地方这条人命，且看当局如何报销？"……一幅幅义正词严，揭露声讨特务的暴行。重庆市各工厂、各界群众，纷纷捐款抚慰胡世合遗下的病妻、稚子和82岁的老母，仅重庆印刷厂工人就捐款5000元。民生机器厂工人自行油印了800份传单，在厂区周围散发；南岸纺织厂工人自行油印了《追悼胡世合工友的纪念册》广为散发。公祭成了全市人民反对特务暴行，反对国民党政府独裁统治的大示威。同时，全国各地也纷纷表示声援。陕甘宁边区总工会、晋察冀边区总工会、华中职工联合会筹备会、太岳职工联合会、山东总工会等相继来电强烈抗议国民党特务的血腥暴行，捐款慰问工友家属，其中仅陕甘宁边区总工会就捐款5万元。

公祭第一天就有各界群众8万多人前往祭奠的浩大声势，使国民党政府大为惊慌，一面派出大批军警特务监视和弹压工人的行动；一面下令两江封渡、市郊停车，妄图阻止市郊各工厂企业前来祭奠。但广大工人不畏强暴，冲破层层阻拦封堵，继续前往祭奠死难的工人兄弟，第二天前往祭奠的仍有6万多人。国民党政府便以"时间长了有所不便"为借口，强行将公祭时间由原定的3天，缩短为2天，将殡仪提前到3月1日举行。

3月1日上午，大批工人、学生、市民冲破国民党政府军警特务的阻挠封堵，继续前往祭奠和送葬。下午1时，送葬在鞭炮声中起灵。四川水泥厂的工人高举"义之所在"的巨幅横幛，走在队伍前列。重庆电力公司和全市各工厂工人、学生、市民及从成都、贵阳、昆明远道赶来的工人代表高举着一幅幅祭幛、横幅前来为工友送葬。上面写着：

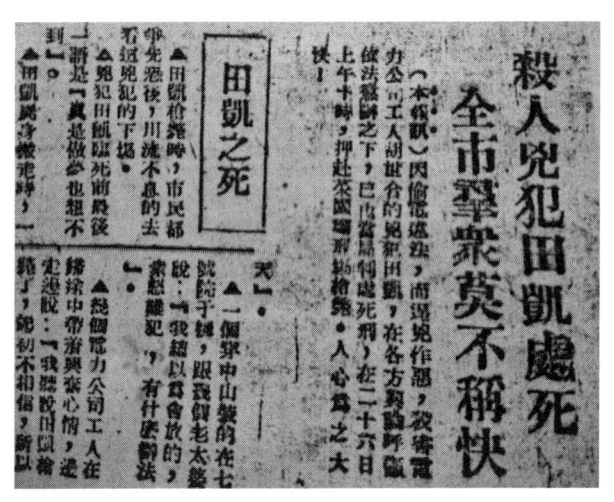

1945年2月28日《新华日报》刊载《杀人凶犯田凯处死，全市群众莫不称快》的报道

"这是什么世界，人当狗屠；且看如此社会，狗把人吃。""你是工人，他是学生，被

浓雾窒息；这些特务，都有强权，想一手遮天。""反压迫的榜样，能团结就胜利，岂容特务来横行；争民主的先锋，敢抗争必成功，谁说工人是弱者。"深刻反映了全市工人和各界群众反对专制独裁，争取人权、民主、自由的决心和斗志。浩浩荡荡的送葬队伍，由长安寺出发，经民族路、民权路、民生路、中一路、中二路到大溪沟。途中不断有人加入送葬行列中来，造成一些地方交通堵塞。在机房街和民权路电力公司门口等处，有不少商店、公司摆设香烛和祭品，举行路祭。国际友人在途中拍摄送葬队伍。灵柩抵达大溪沟时，工厂汽笛长鸣，向受害者表示沉痛哀悼，工厂和市民们也纷纷脱帽致哀。这次声势浩大的群众大送葬，实际上是一次抗议声讨国民党政府专制统治和特务暴行，争取人权保障、自由民主的大示威，伸张了人民的革命正气，灭了国民党政府反动势力的威风，宣告了反特抗暴斗争的胜利。

延安的《解放日报》和四川、云南、陕西、湖北的10多家报纸都刊载了"胡世合运动"的消息和评论，支持重庆工人的正义斗争。以后一个多月时间，全国各地仍纷纷来电并捐钱慰问胡世合遗族，当时《新华日报》和《解放日报》都做了报道。

这场民主运动影响遍及各地，震撼全国，有力地推动了国民党政府统治区民主运动的发展。中共中央南方局青年组，还以"工联"的名义，编印出刊了《胡世合工友纪念册》的油印小册子，内容包括惨案的发生和斗争取得胜利的过程、胡世合小传、悼念挽联、祭幛及传单的内容摘要，作为教育工人的教材，提高工人的自信心和政治觉悟，培训工人运动骨干，扩大和加深这场民主运动的影响。这场斗争的直接组织者——中共中央南方局青年组组长刘光还给中共中央南方局写了《关于重庆电力公司反特务斗争的总结》的报告，认真总结这场斗争在依靠党员和工人积极分子，充分发动全市工人和各界群众，动员上层人士，形成广泛的统一战线以及讲究斗争策略等方面的经验，用以指导国民党统治区民主运动。

这场斗争虽仅短短十天，全市就有20多万名工人和各界群众参加，在全市、全国产生了重大而深远的影响，有力地推动了国民党统治区工人运动、民主运动的发展，为中国工人运动史谱写了光辉篇章。

（初载《红岩春秋》，2020年第10期；后又选入《重庆红色文化图谱》，《今日重庆》2021年第3、4期合刊）

改革大潮

改革大潮中奋进的重庆电力

——直辖20年的重庆电力工业之一

1997年3月14日,第八届全国人大五次会议批准设立重庆直辖市。为适应直辖后重庆电力发展的需要,理顺电力工业管理体制,同年6月6日,经电力工业部、国家电力公司批准,由原四川省在渝的9家企事业单位为基础组建的重庆市电力工业局、重庆市电力公司正式成立。重庆市电力工业局(公司)隶属电力工业部,又是重庆市

1997年6月6日,重庆市电力工业局(重庆市电力公司)挂牌成立

政府管电的职能部门,实行双重领导,以电力工业部为主的领导体制。重庆市电力工业进入发展的新里程碑。

重庆直辖市的设立、西部大开发、三峡水电工程建设和改革开放的大好形势,给重庆电力工业带来前所未有的发展机遇。重庆电力企业紧紧抓住机遇,乘势而上。历经20年的艰苦创业,顽强拼搏,变革创新,使重庆市电力工业发生了巨大变化,取得了辉煌的业绩,谱写了百年电力的新华章。

20年来,重庆电源建设持续、健康、快速发展。全市发电装机容量从1997年

的314.84万千瓦,增至2016年的2245.80万千瓦,增长高达613%;发电量从1997年151.14亿千瓦·时,增至2016年的717.76亿千瓦·时,增长达373%。水电、风电、光电和生物质能等清洁能源快速发展,电源结构得到明显改善;污染严重的小火电全部关停,大型火电机组脱硫、脱硝改造全面完成,实现超低环保排放;新建火电厂均为大型、高效、节能、环保机组。重庆电源建设进入绿色环保、可持续发展的新时代。

20年来,重庆电网快速扩展延伸、升级换代、迈上新台阶。全市220千伏及以上变电容量从1997年的243万千伏安,增至2016年的6073万千伏安;增长高达2399%;用电量从1997年的126.49亿千瓦·时,增至2016年918.83亿千瓦·时,增长达627%。220千伏电网已建成双环网,从主城延伸,覆盖全市各区县;500千伏电网从无到有,已建成日字形双环骨干网架;农村电网历经多轮建设、改造、完善、升级工程,实现户户通电、同网同价,农村、农业、农民的用电水平、安全、质量不断提高;智能电网建设进入快车道,各电压等级的智能变电站、用电信息采集系统、线路智能巡检、输变电状态监测系统及智能小区、电力光纤入户等陆续建成。多条特高压线路经过重庆,重庆已成为西电东送、北电南送的重要通道。重庆电网正向主网坚强、配网可靠、农网完善、设备精良、运维精益、资产优良、服务优质、业绩优秀的一流电网、一强三优现代公司大步迈进!

20年来,重庆市电力工业按照中共中央、国务院的决策,紧跟全国电力改革的步伐,先后开展了政企分开、厂网分开、县级电力体制改革、主辅分离、主多分离、内部机构改革及正在开展的售电侧改革、输配电价改革试点等一系列改革,改革已进入电力体制改革的深水区、攻坚区。改革就是解放生产力、发展生产力。随着电力体制改革不断深化,体制改革的红利和市场竞争的红利不断释放,有力地推动重庆市电力工业持续、协调、健康的发展。

政企分开　完成公司化改制

1998年,国务院转发了《关于深化电力体制改革有关问题的意见》(国办发[1998]146号),要求"坚持政企分开省为实体的方针,深化省级电力公司改革"。2001年4月28日,国家经贸委[2001]415号文批复:"撤销重庆市电力工业局",

"原重庆市电力工业局的行政管理职能移交重庆市经贸委"。重庆市电力公司认真清理和界定重庆市电力工业中政府、行业、企业三方面的管理职能,积极配合市经贸委做好政府行政管理职能移交工作,做到衔接有序,平稳过渡。并将行业管理职能移交重庆市电力行业协会。全面完成政府行政管理职能和企业管理职能分开的改革。

"政企分开"后,重庆市电力公司完成了省级电力公司的改制,去除了政府行政管理职能,减轻了负担,明确了企业定位,全力抓好电力企业的生产、建设、经营管理,更好地适应改革开放和市场经营的要求,促进电力生产建设的发展。

厂网分开　引入竞争机制

2002年2月,国务院下发《关于印发〈电力体制改革方案〉的通知》(国发[2002]5号),决定对电力工业实施以"厂网分开,竞价上网,打破垄断,引入竞争"为主要内容的改革。同年12月,对国家电力公司实行资产重组,重组发电企业、电网企业和辅业,新组建两家电网公司、5家发电集团公司和4家辅业集团公司,原国家电力公司撤销。

2003年1月27日,重庆市电力公司将3家发电企业移交中国电力投资集团公司,完成"厂网分开"改革

重庆市电力公司划归新组建的国家电网公司管理。按照《国家电力公司发电企业划转移交方案》的要求,重庆市电力公司直属的白鹤发电厂、狮子滩水电总厂和控股的九龙电力股份有限公司等3个电厂于2003年1月27日,移交中国电力投资集团公司管理,完成厂网分开的体制改革。2007年12月31日,尚留重庆市电力公司管理的重庆发电厂也划转国网新源公司集中管理。全面完成电厂和电网分开改革。

厂网分开改革,打破了发电、供电企业集中统一管理的垄断体制,引入竞争机制,有序放开电源建设,激发了发电企业的积极性,全国五大发电集团和重庆

能源集团相继加大重庆电源建设的投资力度,重庆电源建设进入快速发展的新时期。

县级电改 构建全市一网

2003年9月23日,在重庆市县级电力体制改革中组建的五家县市供电公司,由重庆市政府授牌成立

重庆直辖市是由原四川省重庆市和万县市、涪陵市及黔江地区共40个区县组成的,由于体制和经济发展不平衡等历史原因,形成重庆市的电网是由国家电网重庆市电力公司和多个县级电力公司地方独立电网并存的供电体制。这种体制使全市的电力生产建设难以统一规划,阻碍电力资源的优化配置,造成电力建设重复交叉;使全市供电不能统一调度、平衡、调节,造成有的地区缺电,有的地区又窝电;相当一部分区县供电网未与国家主网联接,电网结构薄弱,供电质量和可靠性差,电价普遍偏高且差异大,人民群众很不满意。针对重庆电力体制不适应社会主义市场经济发展的情况,2003年7月7日,重庆市人民政府下发了《关于重庆市电力体制改革的意见》(渝府发[2003]40号)。提出"实行'厂网分开'""实行电价新机制""实行电源建设有序开放""实施电网体制改革""开展大用户直接供电试点"等改革举措。其中重点是推进供电体制改革。要求以县(区)为单位组建一县(区)一供电公司,国家电网进入各区县电网,建设以重庆市电力公司为依托的全市统一电网,实现全市统一调度,全市居民用电同网同质同价。重庆市电力公司按照重庆市政府的要求,积极与各区县政府协议配合,稳步推进全市县级电力体制改革。2003年9月23日,由重庆市电力公司首批组建控股的潼南、大足、永川、巫山、忠县等五县(市)供电有限责任公司正式成立。到2009年10月14日,重庆市电力公司已组建26家控股供电公司,实现全市电网的统一规划、建设、调度和管理,全市城乡居民用电同网同价,并在三年内改变了各地方供电公司基础

薄弱、管理滞后、亏损严重的状况,实现扭亏为盈,提高了服务质量,促进了全市经济社会的发展。

主辅分离　减负增效促发展

2005年底,重庆市电力公司按照国务院办公厅《关于第二批中央企业分离办社会职能工作有关问题的通知》和《国家电网公司、重庆市政府第二批中央企业分离办社会机构(中小学)移交协议》的要求,经与重庆市教委、重庆市九龙坡区人民政府、重庆市南岸区人民政府商定,于2006年2月,将所属重庆电厂子弟中、小学和重庆电建总公司子弟中学分别移交重庆市九龙坡区教委和南岸区教委管理,完成"企业办社会职能"分离改革。2011年,按照国家电网公司的要求,重庆市电力公司在北京与中国电建集团签署分离企业划转协议,重庆市电力公司所属重庆电建总公司成建制划转中国电建集团管理,完成主辅分离改革。上述改革,使重庆市电力公司减轻了管理职能和人、财、物力负担,集中精力抓好电网的建设和经营管理,满足经济社会发展和人民用电的需求。

2006年,在全国供给侧结构性改革中,为了减轻企业的负担,降低企业的生产成本,国务院下发了《关于印发加快剥离国有企业办社会职能和解决历史遗留问题工作方案的通知》(国发[2016]19号)文,在全国国有企业中进一步开展"剥离国有企业办社会职能"的改革。按照中共重庆市委和重庆人民政府的安排部署,将从2016年12月10日起,采取关闭破产国有企业先行试点、逐步开展办社会职能分离移交改革。重庆市各电力企业也将开展新一轮的"分离企业办社会职能"的改革。

主多分离　规范企业经营管理

重庆电力多种产业,已有多年历史。1997年后按照国家电力公司"以电为主导,发展多种产业,提高科技含量,全面进入市场,兼顾两个效益"的发展方针,重庆市电力公司把多种产业提升为"三大支柱产业"之一。多种产业快速发展,到2005年,公司整合组建的多种产业集团——重庆渝能集团有限责任公司已有

多经企业159家,职工16177人,资产总值108.09亿元,经营收入78.5亿元,利润收入3.15亿元,成为重庆市电力公司一大支柱产业。

2016年起,重庆市电力公司按照国家有关主多分离改革的要求,根据公司实际,启动主业与多经企业分离工作,先后规范电网企业与多经企业资产财务、劳动人事、生产业务等关系;完成公司领导干部退股和职工投资发电企业股权清退工作。2009年1月29日,国家电网公司下发了《关于重庆市电力公司有关多经资产处置整合事项的批复》,重庆市电力公司按照批复要求,制定《公司层面主多分离实施方案》,以安全稳定为前提,依法合规,统筹兼顾,精心组织,合理安排,使涉及众多企业和职工的主多分离工作平稳、有序推进。同年4月起,原渝能集团14家与主业关联度高的企业,合并组成8家企业,相继与重庆市电力公司签订股权转让协议,回归主业,成为公司的子公司;8月30日,按照国家电网公司的要求,将回归主业的电线电缆企业、铁塔生产企业和变压器公司等3家企业的股权,无偿划转中国电科院。5月8日,由44家多经企业重组的新渝能集团与大唐国际电力集团签订协议,将新渝能集团的全部股权转让给大唐国际电力集团。6月30日,江口水电站、习水火电厂、渝能矿业集团等13家多经企业与中国电力投资集团签订协议,由中电投集团收购13家企业的全部股权,完成了重庆市电力公司涉及上百企业、上万职工的大规模的主多分离的改革。

2012年6月,按照国家电网公司《关于深入开展主多分开的意见》的要求,重庆市电力公司又对所属38家基层企业单位举办的151家多经企业,进行主多分开的改革。

主多分离、分开改革,使重庆市电力公司减少了多种产业的经营收入,但减轻了公司的管理负担,有利于全力发展电网主业,抓好供电安全生产和优质服务。

内部改革　推进体制机制创新

直辖之初,重庆市电力公司的管理体制、机构设置和队伍素质,都不能适应省级电力公司的管理要求。公司以公司机关为突破口,推进公司机构设置、干部、劳动人事、分配制度和教育培训体制的改革。按照"精干、高效"和现代企业制度的要求,调整公司机关机构,精简工作人员。合并重庆电力高级技工学校和重庆电力职工大学,组建电力职工教育培训中心,实现办学重点由职前学历教育向职后教育培训转变,适应培训提高职工队伍素质的要求。2003年底,调整组建超高压工程局,规范和加强重庆电网500千伏输变电设备的运维管理。2004年11月,成立重庆电力电能计量中心,加强电能计量的集约化、精细化、规范化、标准化管理,保证计量的准确性。2006年9月,改制重庆电力设计院,组建重庆电力经济技术研究院,加强电网规划研究、系统设计、固定资产投资分析及其他软科学研究,提高电网建设发展的技术经济水平。2007年实施营销组织架构调整,建成"一部三中心"大营销管理体系,提高营销管理效率和服务水平。2008年7月1日组建电网检修分公司,提高电网检修的专业化、集约化水平,保证检修质量,降低检修成本。

2011年1月,按照国家电网公司的安排,重庆市电力公司承担国家电网公司"三集(人、财、物集约化)五大(大规划、大建设、大运行、大检修、大营销)"体系综合试点工作任务。公司在深入调查研究的基础上,编写"建设方案",组织实施。通过变革,对公司组织结构进行调整和优化,构建了新型、高效科学的治理结构、管理模式和运行机制。在公司层面,组建电科院、检修分公司、建设分公司、信通分公司。在供电局层面,整合城区、沙坪坝、杨家坪供电局(公司)组建市区供电局(公司);整合生产技术

2011年9月19日为适应"大检修"体系建设的重庆市电力公司专业化检修基地竣工

整合城区、沙坪坝、杨家坪供电公司组建的重庆市电力公司市区供电公司

部和生产车间设立检修公司;整合营销部和客户服务中心;合并规划和建设管理职能,组建发展建设部。同年12月国家电网公司对重庆市电力公司"三集五大"试点进行检查考核,认为公司"五大"体系具有"资源集约、配置高效、流程优化、组织精干、人员精简、管控有力、创新管理"的特点,使公司的发展能力、管控能力和服务水平都得到有效提高。宣布重庆市电力公司试点工作通过验收。2012年后,重庆市电力公司继续完善提升"三集五大"建设,促进新体系和谐运转和效能、效率、效益提升。加强电网调控中心、运营监测(控)中心、供电服务中心的建设;核心城网主要业务实现统筹管控,渝东南、渝东北片区实现地县调节约管理;运营监测(控)中心,实现核心业务流程在线监测;信息化系统优化整合,清理下线自建信息系统163套。按照"集约管理、统筹资源、高效配置"的要求,对永川、綦江、巴南三个供电区供电的永川供电分公司、永川区供电公司,綦南供电分公司、綦江县供电公司,南岸供电分公司、巴南区供电公司进行供区吸收、合并、整合,三家区县子公司的

2011年9月19日,公司营销稽查监控中心、营销展示中心顺利落成

供区、设备资产、人员并入相应供区的供电分公司,科学配置资源,精简机构设置,优化人员配置,规范供电管理。2014年,"三集五大"体系建成。2015年后,重庆市电力公司继续巩固、调整、完善、优化、提升"三集五大"体系建设。全面实施人、财、物集约化管理,完成"三集五大"体系提升57项重点工作,编制大中城市业务再集约方案,进一步提升建设成效。

2016年,重庆市电力公司完善公司集体企业改革改制工作,完成公司层面集体企业平台搭建及资本纽带关系建立,压减集体企业79户。将全部区县供电公司由子公司改制为分公司,压缩管理层级,提高管理效能。

新一轮电改　推进电力市场化

2015年3月16日,中共中央、国务院下发《关于进一步深化电力体制改革的若干意见》(中发[2015]9号)文件,标志着新一轮电力体制改革启动。为贯彻中央文件精神,国家发改委、国家能源局于2015年11月26日印发《关于印发电力体制配套文件的通知》(发改经体[2015]2752号)文,印发《关于输配电价的实施意见》《关于推进电力市场建设的实施意见》《关于电力交易机构组建和规范运行的实施意见》《关于有序开放用电计划的实施意见》《关于推进售电侧改革的实施意见》《关于加强和规范自备电厂监督管理的指导意见》等6个配套文件。按照国家发改委、国家能源局《关于同意重庆市、广东省开展售电侧改试点的复函》,重庆市新一轮电力体制改革试点全面开展。

售电侧改革

售电侧改革是向社会资本放开售电业务,培育市场竞争主体;使用户拥有更多购电的选择权,提升售电服务质量和用户用能水平。按照2016年2月5日重庆市人民政府办公厅《关于印发重庆市售电侧改革试点工作实施方案的通知》,重庆市改革试点区域主要是支柱产业和战略性新兴产业集聚区,包括两江新区、长寿经开区、万州经开区、万盛平山工业园区、永川港桥工业园区及中石化页岩气开发、管输利用领域等,重庆市电力公司积极支持和参与售电侧改革,围绕改革方案及售电主体、用电权放开、市场

2016年3月2日下午,重庆能源集团万州经开区售电公司正式取得授牌并与四家企业签订购售电协议

2016年3月17日,重庆市能源集团长寿经开区售电有限公司组建成立

交易、电费结算、电价执行等方面的管理问题,向上级主管部门提建议,推动出台相关文件,使改革有序进行。重庆能源集团、大唐电力集团、国电投集团等企业和开发区积极投资兴办售电公司。2015年12月18日,重庆两江长兴电力有限公司、重庆能投售电有限公司、渝西港桥电力有限公司等3家试点售电公司挂牌成立。2016年2月3日,首批12家企业与重庆两江长兴电力有限公司签订售电协议,首批签约售电量1.3亿千瓦·时,用电企业平均电价0.60元/千瓦·时,降低企业成本2600万元。同年3月2日,重庆能源集团万州经开区售电公司授牌,并与4家企业签订购售电协议。同年3月17日,重庆能源集团长寿经开区售电公司正式成立。2016年6月21日,重庆能源集团万州经开区售电公司在高峰园区举行售电仪式。目前已有15家售电公司成立,标志着售电侧改革试点正式实施。重庆市电力公司作为重庆市最大的供用电企业,除进一步改进售电、用电服务质量,更好为用户服务外,认真平稳承接市场化售电业务,为各类售电主体提供优质服务,大力支持售电侧改革。

电力市场交易改革

2016年9月1日上午,重庆市人民政府举行重庆电力交易中心揭牌仪式,宣布重庆电力交易中心有限公司正式成立

2015年6月10日,全国统一电力市场交易平台在重庆市电力公司上线运行。该平台集市场分析评估、监测管控、辅助决策等智能应用功能于一体,能为发电企业、电力用户等提供公开透明、便捷高效的服务。2015年7月2日,重庆市政府出台《重庆市电力用户与发电企业直接交易试点方案》。重庆市电力直接交易试点正式启动。符合条件的大电力用户与发电企业自主协商,直接进行购售电交易,电网企业按照规定提供输配电服务。直接交易购电价格包括直接交易价格、电网输配电价格、政府基金和附加。2015年通过交易平台组织三次直接交易,39家电力用户、8家发电企业共达成直接交易43笔,成交电量13.16亿千瓦·时。2016年1月至7

月,又达成电力市场化交易合同电量96.7亿千瓦·时,是2015年同期的4.8倍,其中大用户直接交易55.8亿千瓦·时,减少客户用电成本5.2亿元。按照中共中央、国务院(中发[2015]9号文件的要求,为了构建有效竞争的市场结构和市场体系,推进电力市场化,重庆市电力公司积极投身独立的电力交易机构的构建。经与各发电集团、重要电力客户商议,共同组建股份制的重庆市电力交易中心有限公司。2016年9月1日,交易中心经重庆市人民政府批准,正式成立。交易中心是重庆电力市场的重要组成部分,具有公共属性,是不以营利为目的、独立运作的法人实体,在政府监管下,开展公开、公平、公正的电力交易。在交易中心成立之际,就新达成市场交易合同电量34亿千瓦·时,减少电力客户用电成本3.3亿元。交易中心成立后,重庆市电力公司积极配合重庆市发改委和经信委,会同发电、售电企业和重要电力用户,组建电力市场管理委员会,研究制定交易中心章程和交易运营规则,报经市政府批准后,开展市场交易,先后共组织659家大用户参与电力直接交易,完成直接交易83亿千瓦·时,降低了企业用电成本。

输配电电价改革

2016年,国家发改委、国家能源局批准,重庆市纳入输配电价改革试点。输配电电价改革是为了理顺电价形成机制,按照"准许成本加合理收益"的原则,核定电网企业准许总收入和各电压等级输配电价,促进电网企业改进管理,降低成本,提高效率。同时通过对电网企业的成本监审,降低电网企业的输配电成本,进而降低终端电价。重庆市电网是由原省属统调电网和多个县级地方电网组合而成,农村电网比重大,全市电网薄弱,欠账多。因而多年投资资产庞大,关系复杂,历史遗留问题多,电价交叉补贴多。重庆市电力公司针对上述情况,并针对今后3年电量增长和投资安排开展专题分析,深化电价形成、传导机制研究,主动向输配电价成本监审组和主管部门沟通汇报,积极配合做好输配电价成本监审,争取合理确定有效资产和核价参数,积极推进电价改革。同时严格执行电价政策,规范销售电价分类、两部制电价制度和国家核定输配电价,确保公平承担交叉补贴,保障合理收入来源和收益水平,促进电网健康发展。

新一轮电力体制改革,是以习近平同志为核心的党中央的重要决策,是电力体制改革的深水区和攻坚战。随着电力市场化的推进和竞争机制的形成,将给

电力企业带来新的发展机遇,同时,也会带来挑战和压力。有110年光荣历史传统、又经历直辖20年改革大潮洗礼的重庆电力职工,决心迎难而上,勇于改革创新。增强政治意识、大局意识、核心意识、看齐意识,坚决拥护改革、支持改革、积极投身改革。进一步解放思想,转变观念,加快企业内部体制、机制的改革,确保电力安全稳定生产,提高诚信、优质、高效服务水平。主动适应、对接改革,努力推动各项改革尽快落地,有效释放改革红利,全面推动重庆电力工业持续、健康发展。

(原载《重庆电业》,2017年第3期)

电网建设跨越发展　构建坚强智能电网

——直辖20年的重庆电力工业之二

直辖之初的重庆市电网是由国家电网所属重庆电网和多个区县地方电网组成,实行分散供电、交叉供电,电网结构薄弱、设备老化、技术落后、矛盾突出,不能统一规划和调度,供电质量和可靠性差,经常限电和停电,严重制约和阻碍重庆改革开放和经济社会的发展。

直辖20年来,重庆市电力公司按照原国家电力公司、国家电网公司和重庆市政府的规划和部署;紧紧抓住国家西部大开发、三峡工程建设和移民开发、西电东送、长江经济带建设和两江新区与重庆自贸区建设所带来的良好发展环境与机遇,乘势而上;坚持安全、优质、高效、清洁、协调的电网发展方式;不断加大电网建设投资规模,从1997年的2.46亿元,逐年增长到2016年的102.6亿元,投资增长高达4170.73%,20年累计投资达1087.66亿元。改革开放的良好发展环境和巨大的投资,有力推动各级电网协调配合,快速扩展延伸,升级换代,迈上新台阶。

重庆电网电压等级由低到高,从220千伏骨干网,升级为500千伏"日"字形双环骨干网架;3条±800千伏特高压线飞跨重庆,进入特高压时代。电网规模不断扩展延伸,建成覆盖全市38个区县,服务3000多万城乡人口的全市统一电网,实现与全国联网,成为"西电东送""北电南送"的重要通道。电网技术水平不断升级,自动化程度日益提高;智能电网建设率先启动,快速发展,电网智能化水平大为提升。电网装备配置能力日益坚强,各级电网协调发展,结构不断改善;电

网长期存在的单线单变、供电能力不足、"卡脖子"、重载、低电压台区和农村无电缺电、动力电不足等问题均逐步解决。重庆电网正大步迈向坚强智能电网，为落实习主席要求重庆"建设内陆开放高地，成为山清水秀美丽之地"的战略定位和奋斗目标，提供安全可靠的电力保障和诚信、优质、高效的用电服务，为重庆深化改革开放，城乡统筹全面发展，努力做出贡献。

220千伏电网高速扩展　建成覆盖全市的双环网

220千伏电网是直辖时重庆电网的骨干网络，但规模不大，仅有220千伏变电站11座，变电容量243万千伏安；220千伏线路35回，总长1194.9千米，且主要布点在主城周边，属内环网络，很不适应重庆直辖后地域扩大、城乡统筹全面发展的供电需要。对此早在1998年，重庆市电力公司启动的"三三三"电网工程建设中，就把"220千伏开放式电网建设"作为重点之一，在加强主城内环网的同时，向边远区县扩展延伸。

220千伏双环网建成

1999年9月29日，重庆市首座全密封GIS组合电气变电站——220千伏大溪沟变电站投运

"九五"期间220千伏电网建设仍主要布点在主城周边，至2001年4月，共新建、扩建东新村，大溪沟等10个220千伏变电站，变电容量288万千伏安；新建朱新线、珞马线等220千伏线路24回，总长533.19千米。其中大溪沟变电站是重庆市第一座建在市中心的采用全密封先进组合电气和全微机控制的220千伏无人值班变电站，占地少、运行可靠、安全性高、维护工作量少，标志着电网技术装备的升级，提高了负荷密集的渝中半岛的安全可靠性和供电能力；珞马线等4条珞璜电厂220千伏送出工程线路相继建成。220千伏电网形成双环网，市区的电力供应更为安全可靠。

220千伏电网向边远区县延伸,实现全市区县均与国家电网连接

2001年6月至2005年,先后建成秀山等边远区县的220千伏变电站共14座、变电容量333万千伏安,新建奉(节)巫(山)线等线路共36回,总长1510.26千米。220千伏电网向渝东南、渝东北区县延伸,石柱、奉节等13个区县与220千伏主网并网,实现全市各区县均与国家电网连接;江口等3个电厂的多条电源送出工程,提高了电网的电源保障能力,电网安全可靠性进一步提高。

220千伏变电站覆盖全市区县,实行分层分区运行

为满足边远区县和新开发区的供电需求,2006年后220千伏电网建设布点重点为没有变电站的区县。2006年至2011年间新建开县等7个区县的220千伏变电站7座,突破了各区县用电瓶颈,提前一年实现了重庆市电力公司原定的全市一县(区)一座220千伏变电站的计划目标。

220千伏主干电网日益完善坚强

重庆220千伏电网中,中西部网络相对紧密,负荷约占全网负荷的70%,集中了网内大部分重载设备。为此,2012年至2016年间,220千伏电网建设主要布点在重庆中西部地区。先后新建、扩建了京东方等多个220千伏变电站;新建了重庆最长的4888米220千伏梨巴电缆线路,形成连接高新区、两江新区等重点地区的供电环网,提高

2014年10月28日,两江新区220千伏京东方变电站投运

了输送能力和可靠性。到2016年220千伏变电站达到95座、变电容量3648万千伏安,较1997年分别增长763.6%、1401%;220千伏线路314回、回长6975.37米,较1997年分别增长797%、484%。220千伏电网分七大片区分层分区运行,原存在的电磁环网、链式供电结构和重载问题得到消除和改善,电网结构更加完善坚强。

500千伏电网从无到有 建成"日"字形双环骨干网

1995年重庆就建成长148.74千米的自(四川自贡)渝(重庆陈家桥)500千伏超高压线路,因当时重庆未建成500千伏变电站,该线路接入220千伏陈家桥开关站运行,没有形成500千伏电网。直辖后,重庆市电力公司为建成坚强电网,加大500千伏电网的建设力度,500千伏电网从无到有,快速发展,网络结构不断完善,日益坚强、可靠。

500千伏骨干网初步形成

1997—2002年,重庆境内第一条500千伏长(长寿)万(万州)线、第一座500千伏陈家桥变电站和500千伏长寿、万县变电站,500千伏自渝Ⅱ回线、陈(陈家桥)长(长寿)线、万(万县)龙(湖北龙泉)线相继投运,实现与华中电网联网,重庆500千伏电网成为西电东送的中枢通道,500千伏电网初步形成。

2000年3月,重庆市第一座500千伏变电站——陈家桥变电站投运

500千伏"日"字形环网提前3年建成

为改变500千伏"单线链型"结构的薄弱状况,重庆市电力公司在2003年至2007年间,相继建成石坪、隆盛等5个500千伏变电站,建成与三峡电站联网的三(三峡)万(万县)线、与华中联网第二通道的张(张家坝)恩(湖北恩施)线及巴(巴南)石(石坪)线等多条500千伏线路,按计划提前3年建成"日"字形环网,实现重庆电网骨干网架从220千伏向500千伏的升级转型。

2007年12月6日,重庆电网500千伏"日"字形环网竣工投运

"日"字形环网升级为双环网

2008年后,500千伏电网建设进一步扩展升级。新建扩建盛泉、板桥等6座500千伏变电站及隆泉二线等多条500千伏线路,到2009年底,500千伏变电站达到10座、线路31条,建成围线重庆负荷中心的东西方向两个环网的500千伏"日"字形架构。与外区500千伏联络线增至8回,覆盖范围扩大,形成多端送电的格局。重庆500千伏电网结构更加完善、坚强、负荷中心供电可靠率进一步提高。

"日"字形双环网更加坚强可靠

2010年后,新建、扩建的九盘、玉屏等9座500千伏变电站投运,输变电能力大为增强,进一步优化了电网结构。其中玉屏变电站为首座500千伏智能变电站,500千伏电网迈进智能化。神华万州等4个电厂500千伏电源送出线路投运,有力缓解了重庆电源不足的矛盾,改善了电源布局、优化了能源结构。500千伏洪(四川洪沟)

2011年10月26日,500千伏九盘变电站投运

板(重庆板桥)线增容改造工程投运,使四川清洁电源入渝能力增长100万千瓦以上,对保证重庆电源供给、提高清洁能源比重有着重要作用。

到2016年底,重庆电网共有500千伏变电站12座、串补站1座,变电容量2425万千伏安;500千伏线路48条,线路总长3159.16千米。电网形成7个供电片区分区供电,电网结构更为完善,更加坚强、安全可靠,更好适应和满足重庆改革开放和经济发展的用电需求。

智能电网建设率先启动　成效显著

智能电网是具有高度信息化、自动化、互动化的电网,能更好实现电网安全、可靠、经济、高效运行,是发展能源互联网的重要基础。重庆市电力公司对重庆智能电网建设高度重视,早在2009年9月,就编制了《重庆电网智能化规

划》(2009—2020年),决定共投资576亿元,建设重庆智能电网。同年在全国率先启动了智能变电站、智能用电小区和智能电动汽车充电站的建设。2010年后,又按照国有电网公司的要求和重庆市政府的委托,先后编制《重庆市"十二五"电网智能化规范》和《重庆市"十三五"电网智能化规划》。公司组建专门领导机构和工作部门,完善标准制度,组织宣传培训,开展专题研究,推动智能电网有序、快速发展,取得显著成效。

智能变电站建设快速推进

2010年12月22日,重庆市首座智能变电站——江津110千伏杉树变电站投运。该站是国家电网公司2010年首批投运的智能变电站之一,采用户外GIS布置。2013年12月15日,国家电网公司首座220千伏新一代智能变电站——大石变电站建成。采用户外AIS布置。以"集成化智能设备十一体化业务系统"为特征,具有"占地少、造价省、可显性高,建设效率高"的示范效应。配置有重庆电网首台智能机器人,实现变电站全天候、全方位、全自主的智能巡检;做到无人值守。2015年4月15日,重庆市首座500千伏智能变电站——玉屏变电站投运。该站有结构紧凑、可靠性高、安装方便、维护量小、低碳环保等优点,具备信息数字化、功能集成化、状态可视化和智能化

2010年12月22日,重庆市首座智能变电站——110千伏杉树变电站投运

2013年12月15日,220千伏新一代智能变电站——大石变电站的智能机器人在巡检中

保护、综合自动化等特点和应用功能。到2016年智能变电站累计达到85座,其

中500千伏1座、220千伏20座、110千伏64座;配备有变电站智能巡检机器人12套、在线检测装置474套、变电检测装置520套。电网变电环节的智能化水平大为提升。

国内首个最大的智能用电小区建成

2010年7月12日,重庆市首个超千户的智能用电小区——加新沁园、富抱泉小区建成。该小区通过先进的通信网,建立重庆市电力公司和电力用户的双向互动渠道,实现对用户家用电器用电信息的采集和控制,使小区具有配电智能化、智能家居服务等10项服务功能。小区住户1334家,是国内首次突破千家户的智能用电小区。国内媒体对此创举十分重视。2011年8月14日,《人民日报》报道:"重庆建成国内最大智能用电小区。"同年8月,重庆市电力公司"智能小区关键技术研究及应用"科技项目,获国家电网公司2010年科技进步奖一等奖,标志着智能小区开发建设获社会和上级的肯定。

智能电动车充电设施快速发展

为实现"以电代油",减少燃油车排污,助推电动汽车发展,重庆市电力公司从2010年起,编制《重庆市主城区充电站布点规划》,开放充换电设施市场,大力推进电动汽车充电设施建设。2010年,重庆市首批50个充电桩和重庆市首个电动汽车充电站——江北茶园充电站相继投运。充电站采用智能化、系统化、集成化的智能充电运

2012年4月27日,国内首个快速电动汽车充电站——渝北空港电动客车充电站投运

行管理系统,可对充电过程有效监控,实现智能充电,保证供配电系统的运行安全。2012年4月27日,国内首个实用化的快速电动汽车充电站——渝北电动客车专用充电站投运。该站是国家"十二五"智能电网试点项目,是国内规模最大、首个钛酸锂电动车快速充电站,处国内领先水平,也是国家电网公司内首家正式收取充电服务费、实现商业化运营的充换电站,在全国具有重要的示范和推动作

用。2016年，重庆市电力公司在全市高速公路建设24座高速公路汽车快速充电站；在4个区县建设4座市内公用汽车快速充电站。全市电动汽车充换电站累计达到41座、公用充电桩200台，年充电量700万千瓦·时，重庆市电力公司还牵头与7个单位共同开展国家科技项目"山地城市电动汽车分时租赁模式及支撑技术研究与示范应用"，为山地城市推广电动汽车租赁运营提供样板。2016年已与3家运营商平台对接，建成241个分租点、529个充电桩、1座大型换电站和8座充电站，投放2264辆电动汽车，累计接入电力公司和特来电等企业充电桩928个，开通400名客户电话，建成分时租赁中心和货运营业中心，有力推动了电动汽车的应用。

高速公路武隆服务区的电动汽车快速充电桩（2016）

首个智能港口岸电示范工程建成

针对重庆市长江段岸线长近700千米，港口（码头）、船舶众多的情况，2015年，重庆市电力公司联合重庆市交通委员会下发《关于开展智能港口岸电应用示范的通知》，共同推进朝天门港口智能岸电建设。同年底，重庆市首个智能港口岸电系统在朝天门码头建成。进港船舶以"港口岸电"替代船舶辅机的燃电供电，实现"以电代油"。该项目是国家电网公司创新示范工程，首次在国内河内港口使用智能监控、安保、计费和操作系统，提高了港口岸电智能化水平，不仅安全可靠、降低劳动强度、提高效率，又可降低船舶燃油气和噪声污染，改善港口空气质量。该系统每年替代油的电量可达183.6万千瓦·时，减少碳排

2015年12月，朝天门港口岸电示范工程调试中

放1480吨,节约运行费用292.8万元。2016年后,重庆市电力公司继续在长江各港口(码头)推广应用港口岸电系统,预计长江段各港口全面建成智能岸电系统后,可替换燃油的用电量将达6700万千瓦·时,有力推进港口绿色环保发展。

中西部首个智能电网综合建设工程投运

为助推两江新区开发开放的发展,重庆市电力公司启动两江新区智能电网综合建设工程。工程于2014年通过国家电网公司验收。工程包括应急指挥中心、配网自动化、智能变电站、智能小区等17个子项目,是中西部首个建成并通过验收的智能电网综合建设工程,处于国内先进水平,为重庆建设绿色、幸福的智能电网积累了经验。2015年7月17日,该智能电网综合工程通过重庆市科委科技成果鉴定。

智能用电信息自动采集系统覆盖全市

2014年10月30日,重庆电网40万只智能电表建成投运,智能用电信息自动采集系统初步建成。此后,逐年加大智能电表建设。2016年新装智能电表增至319万只,累计安装智能电表1417万只,智能用电信息自动采集系统基本覆盖全市城乡用户。

输电线路智能监测和巡检系统率先启动建设

2010年12月,重庆市电力公司建成国家电网公司首批输电线路监测系统,对220千伏及以上线路进行监测,2015年,在线监测累计242套,监测110千伏及以上线路,实现智能巡检共4089千米。2016年,共配置小型旋翼无人机20架、固定翼无人机2架,共巡检塔基4165基,巡视长15200千米,输电智能化取得重要成就。

2014年9月10日,重庆电力检修分公司XH-GI型无人机首次升空巡线

配电智能化水平不断提升

2012年,重庆市电力公司在西部地区率先启动配电智能化建设,于2014年建成包括渝中、九龙坡、江北、南岸、北碚区等核心区域配网高可靠示范区,使供电可靠性大幅提高,用户平均故障停电时间由33分钟缩短至5分钟,电压合格率由99.609%提高到99.875%。到2016年,配电自动化已覆盖到主城各区,共建成4套配电自动化系统主站、配电终端覆盖线路2335条,配电自动化终端1236台、故障指示器12571套,配电自动化覆盖率达到39.13%,配电自动化、智能化水平显著提高。

智能电网调度控制系统技术水平进入全国前列

2013年6月,重庆市电力公司电力调度控制中心的智能电网调度控制系统(一期)上线运行。次年10月16日,通过国家电网公司验收。该系统是国内先进的省级智能电网调度技术支持系统。2015年,全面建成电网基础平台及监控、调度、安全、智能操作系统;全面完成市调、地调自动化系统的智能化;应监控的747座站点全部实现集中监控。重庆电网全面实现调度自动化,基本实现调度决策智能化。2016年,建成标准化市调智能电网调度控制系统,技术水平进入全国前列。实现电网全态、全景的监控、控制,调度业务从自动化向智能化转变。

信息通信网络更加健全,有力支持智能电网发展

2014年,建成以光纤通信为主,微波、载波、卫星为辅,多种传输技术并存的通信网;建成32家供电分、子公司GIS平台。2015年12月,大容量光传网(OTN)建成,形成覆盖公司本部、各供电公司有关技术业务单位及500千伏变电站等29个站点大容量骨干通信网。信息覆盖率达100%,系统非计划停运时长降到平均每套0.07小时,较上年缩短45%。2016年,推进光传网管市级集中建设,建成以电力通信中心加各供电公司的"1+N"模式。通信网光缆长度达到24505千米,光传输设备2087套。通信网络结构优化,保障能力强,稳定、可靠、有力促进重庆坚强智能电网和电力信息化的发展。

农村电网持续改造升级　助推乡村振兴,造福农民

重庆是集大城市、大农村为一体的直辖市,农村地广人多。由于地域和历史等多种原因,农村电网薄弱落后,供电质量差、线损大、电价高,还有较多农户未用上电,不利于农村、农业的振兴发展。1998年以来,重庆市电力公司按照中央建设社会主义新农村的部署和重庆市城乡统筹建设的要求,贯彻国家电网公司"新农村、新农电、新服务"战略,每年投入巨资,到2016年累计农网工程资金达239.1亿元,持续开展农网的改造、完善、升级工程,大力推进农村电气化建设,实现了全市农村"户户通电",保证了农村动力用电,做到城乡同网同价,农网结构改善,供电安全、质量大为提高,以农村电气化的发展推进农村、农业现代化的发展,助力乡村振兴和农民脱贫致富奔小康。

农村电网改造,实现城乡同网同价

1998—2006年,按照国务院的部署,共投资56.1亿元,对重庆市农村电网进行一、二期建设改造和完善西部农网改造工程。

1998年的农村电网第一、第二期建设改造工程

建成变电站77座,新建和改造线路16939千米,改造村6356个,改造一户一表239.9万户。通过改造,全市农村供电能力大幅提高,供电量由1998年的9.51亿千瓦·时,增至2003年的23.76亿千瓦·时,增长264%;10千伏和低压线损分别降低9.02%、4.13%;农村居民用电价从0.632元/千瓦·时,降至0.432元/千瓦·时,每年减轻农民负担1.6亿元以上,实现了国务院"城乡同网同价"的要求。农村电网结构更为完善,供电能力、综合电压合格和供电可靠率均大为提高,未通电农户降至15.37万户,仅占农户总数的2%。

农村"户户通电"工程,让全市农户都用上电

2006年6月,按照国家电网公司和重庆市的要求,重庆市电力公司组织530

支、11320人的施工队伍,开展农村"户户通电"攻坚战。无电农户分散在边远山区,自然环境差,交通不便,又逢百年不遇的酷暑高温,施工十分困难。施工人员不畏艰苦,忘我工作,仅用7个月时间,就完成11.14亿元的通电工程,消除了无电村112个,解决了115869无电户、318932人的通电问题。重庆电网37个区县、3350个村的农户实现了"户户通电"。时任中共重庆市委书记汪洋高度评价说:"市电力公司在罕见的高温面前,知难而上,如期实现了'户户通电'工程,为我市落实科学发展观,构建和谐重庆,做出了突出贡献,成绩可歌可泣!"

新农村电气化建设,推进农村、农业现代化发展

2006年起,重庆市电力公司拟定《新农村电气化建设计划》,建设"新农村示范村",构建结构优化、技术适用、供电质量好、损耗低的农村电网。截至2012年,共建成璧山、铜梁、丰都等农村电气化县7个、电气化乡镇117个、电气化村1167个。通过农村电气化建设,推动全市农村、农业现代化建设发展。

农村电网"扶贫"工程,助推农民脱贫致富

2016年巫溪县供电公司为农村光伏电建设并网服务

2009—2016年,重庆市电力公司共投资33.8亿元,对重庆市农村电网实施多项专项扶贫改造工程。贯彻国家"家电下乡""扩大内需"政策,供区农网改造面达97%,进一步解决农村供电能力不足和安全质量问题,提高了农民生活质量;适应重庆市17个区县农村烤烟、黄连等特色产业用电的需求,实施专项农网建设,惠及全市9.9万农户,增收1.2亿元;支持重庆市高山生态扶贫搬迁工程,为894个高山扶贫搬迁集中安置点共25万多人的生产生活用电,配套建设线路和配变电设备,使他们用上电;实施"暖冬计划",为全市21个区县海拔800米以上的970所农村中小学的冬季取暖,配套建设供电实施,惠及近21万名高山贫困学生;按照中央"打赢扶贫攻坚战"部署,完善740个贫困村供电设施;为184个光伏发电扶贫项目进行设施改造和并网服务。努力为全市乡村振兴、扶贫,农民脱贫致富奔小康,做出贡献。彰显了重庆市电力公司的诚信、优质服务和高度的社会责任感。

农村电网升级、扩容,让农民真正"用好电",实现城乡电网用电均等化

2013—2016年,按照中央1号文件和国务院实施第二轮农网升级改造的要求,共投资72.02亿元,实施农网升级改造和扩容工程。着重解决农网低电压、供电半径过长、户均配变电容量低和动力电不通、不足等问题。共治理低电压台区16611个,升级改造596个中心村电网和322个贫困村电网,解决100个自然村动力用电问题。农网综合电压合格率达到99.313%,同比提高4.662个百分点,农网用户供电可靠率达到99.93%,同比提高0.03个百分点。41万户农村居民用电质量得到改善,农村生产用电大为增加,满足农村经济作物、农副产品加工、畜禽水产养殖等生产用电要求,有力推进农民脱贫致富和农业、农村现代化快速发展。

2015年,永川供电公司对农网进行"低电压"治理

"电力高速路"飞越重庆 跨入特高压时代

特高压交、直流电网具有输送容量大、送电距离长、线路损耗低、工程投资省和运行方式灵活等显著优势,是世界最先进的输电技术,被称为"电力高速路",建设以特高压为骨干网架的坚强智能电网是电网发展的方向。

重庆市一直能源匮乏,贫煤、少水力、无油、风能太阳能等新能源也较少;页岩气虽多,但用于发电成本高。因而,长期以来重庆是西部唯一的能源净输入地区,外购电力占全市用电量近三分之一。随着重庆改革开放和经济社会快速发展,电力供需矛盾日益突出。同时,重庆火电装机容量占比达60%,污染严重。

加快特高压电网建设,让西部清洁能源通过特高压电网入渝,是打破重庆经济社会发展的电力瓶颈,优化能源配置,减少污染的根本途径。国家电网公司和重庆市政府对重庆特高压电网都极为重视。重庆市电力公司全力以赴,促进"电力高速路"快速发展。从2008年底启动建设,到2017年3月,已建成投运三条±800千伏特高压直流线路的重庆段共678.552千米。重庆已跨入全球最先进的输电技术特高压电网新时代。

2009年12月26日建成投运的向家坝—上海±800千伏特高压直流输流工程重庆段

向家坝—上海±800千伏特高压直流线路,西起四川向家坝复龙变流站;经重庆等8省市至上海奉贤变流站,共长1891千米,换流容量640万千瓦,年输送电量305亿千瓦·时,可节煤1500万吨,减排二氧化碳等污染物2500万吨。其中重庆段经过江津、巴南等7区县,全长288.665千米,于2008年12月15日动工,2009年10月25日提前竣工,同年12月经国家电网公司验收,质量优良,次年7月8日,全线投运。这是当时由国家电网公司自主研发、设计、建设的世界电压等级最高,输送电量最大,送电距离最远,技术最先进的直流输电工程,是世界电力发展史上新的里程碑;也是第一条经过重庆,并由重庆市电力公司参与施工建设和维护的特高压输电线路,对于重庆电力行业也有划时代的意义。

2012年3月25日建成的锦屏—苏南±800千伏特高压直流输电工程重庆段

锦屏—苏南±800千伏特高压直流输电线路,西起四川锦屏裕隆换流站,经云南、重庆等9省市到苏州同里换流站,线路长度在全国首次突破2000千米,达到2059千米。其中重庆段经过江津、綦江等7个区县,长288.887千米。于2008年11月动工;2012年3月25日提前一个月完成了建设任务。2014年,全线通过国家环保部验收。这是经过重庆的第二条特高压直流输电线路。

酒泉—湖南±800千伏特高压直流线路起自甘肃酒泉换流站,途经陕西、重庆等5省市,到达湖南衡阳换流站,全长2383千米,年输电量400亿千瓦·时,为世界最长的特高压直流线路。其中重庆段长101千米,途经巫溪、巫山县。2015年8月13日动工,2016年重庆段在全线率先组塔、放线施工,同年10月全线贯通。2017年1月6日,通过国家电网公司专家组验收,对工程质量给予高度评价。

重庆市电力公司对三条特高压线路重点工程高度重视。早在2007年就成立建设领导小组和指挥部,各线路沿线区县供电公司也成立相应的机构,协调解决建设中的难题。抓紧做好工程各项前期准备工作,确保工程按计划顺利开工建设。主动配合设计单位做好线路踏勘,建立"一塔一档",在保证安全质量的前提下,仅酒—湖线

酒泉—湖南±800千伏特高压直流输电工程巫溪段施工中(2016年)

就比初设减少了14千米。加强施工计划、调度管理,保证施工进度有序、协调,按计划进行,3条线路重庆段都提前完工。全面加强安全、质量、技术管理,强化风险分析排查与控制,加强现场安全质量检查,及时排除隐患,做到"安全无事故""质量无缺陷",使三条线路工程质量都获专家好评和国家电网公司奖励。主动承担重担,公司所属电网建设、送变电公司都主动承担各线路最困难地段的施工任务。如送变电公司承担的锦—苏线渝2A标段,海拔高度1490千米,陡坡、悬崖、溶洞多,交通不便,加之结冰、大雾,是全线施工条件最艰苦、施工难度最大的标段,公司勇挑重担,敢啃硬骨头,千方百计克服困难,仅为运物资就建索道数十段,长20千米,终于提前一个月完成工程建设,质量优良。

重庆虽有三条±800千伏特高压直流输电线路过境,但均未落地向渝送电,不能解决重庆电力短缺和调整能源结构,减少污染的问题。按照《国家电网特高

压骨干纲架规划设计》，2020年，将建设雅安—重庆—武汉1000千伏特高压交流线路和哈密北—重庆±800千伏特高压直流线路，两线入渝电力分别达500万千瓦和800万千瓦，将极大地改善和保障重庆的电力供应，为使两线尽快建成并落地入渝。2009年起，就抓紧完成线路的全部前期准备工作，保证开工顺利进行。重庆市政府、重庆市全国人大代表团、全国政协委员代表团和重庆市电力公司均多次向国家主管部门报告、提出议案和提案，大力呼吁："加快特高压入渝。"推进重庆电网融入全国电力优化配置平台，使重庆电网建成以特高压为支撑，500千伏网格结构为骨干的坚强智能电网。为重庆深化改革开放、建设内陆开放高地、城乡统筹全面发展，提供更加安全、可靠的电力保障和诚信、优质、高效的用电服务，做出更大的贡献。

（原载《重庆电力》，2018年第4期）

重庆电力:40年助推乡村振兴

我国是农业大国,农村地域广大,人口众多,农村经济落后,贫困人口多,党和政府对"农业、农村、农民"工作十分重视,改革大潮就是从农业生产经营责任制改革开启的,每年中央1号文件都聚焦"三农"工作,尤其是党的十八大以来,以习近平同志为核心的党中央全力组织农村脱贫攻坚战,实施乡村振兴战略,全国农村、农业发生了翻天覆地的变化。重庆市集"大城市、大农村、大山区、大库区"为一体,其中渝东南、渝东北更是国家级连片贫困县地区,大片农村地区长期处于无电、缺电的状态,制约了农村经济的发展和农民生活的改善。改革开放40年来,重庆电力遵照中央的部署,按照上级电力主管部门和重庆市政府的安排,坚持"人民电业为人民"的宗旨、电力"为农业、为农民、为农村经济服务"的方针和"新农村、新农电、新服务"的战略,每年投入巨资,仅1998—2017年就累计投入农网工程资金248.1亿元,持续开展农村电气化县建设、农村电力体制改革、农村电网改造建设升级及农网扶贫专项工程,使重庆贫困、落后的农村,实现从"无电、缺电到户户通电",用上"城乡同价"电,用上安全、稳定、舒心电和脱贫致富电的飞跃,有力助推重庆农业生产和农村经济的发展,为乡村振兴,农民脱贫致富奔小康,做出了贡献。

"初级电气化县"建设 促进乡镇企业发展

改革开放初期,中央在农业生产经营承包责任制改革的基础上,为促进农村经济的发展,制订了"充分利用我国丰富的水电资源,搞中国式的农村电气化"的

方针。在这个方针的指引下重庆农村小水电迅速发展,到1985年底建成小水电站281座,装机容量共7.05万千瓦,较1980年增长49.5%;发电量2.86亿千瓦·时,较1980年增长105.5%。1986年,国务院部署首批"农村初级电气化县"建设试点,没有重庆市属区县,重庆市决定铜梁县(今铜梁区)作为重庆市首个试点县,到1996年全市共有三批共21个区县进行"初级电气化县"试点建设。原川东电业局、重庆电业局和重庆市电力公司,按照原水电部制定的大电网对小水电建设和电气化县建设要实行"扶持、让利"的政策,主动对接重庆市试点规划,对试点县区在电站电网建设技术指导和上网服务等方面给予支持帮助和优惠,使电气化县建设按期保质完成。到2000年完成21个区县"初级电气化县"达标建设。试点区县、农村小水电站建设和农村电网建设均有较大发展,农村用电量大幅增长,乡村通电率均超过99%,农村经济快速发展,乡镇企业增长都在1~2倍以上,人均收入有较大提高。

1992年,在"农村初级电气化县"建设中建成的铜梁安居水电厂

1994年建成的重庆市第一个农村"初级电气化县"——铜梁县,小水电站快速发展,装机容量达3.61万千瓦,为1985年的3倍;新建110千伏变电站一座,110千伏线路60千米;完善了4座35千伏变电站和配套线路的地方电网;全县乡、村通电率100%,户通电率98%,只有2%的高山农民未用上电;农村碾米、抽水、磨面、饲料加工均用上了电力,减轻了农民负担,提高了劳动生产率;乡镇企业成倍增长,使全县工农生产总值达到15.17亿元,较1985年增长80%;农民人均收入818元,比1985年增长29%;全县拥有电视机的户数达到全县总户数的67.6%,人民物质和文化生活水平得到提高。1995年建成"初级电气化县"的潼南县(今潼南区),5年内共建成4个小水电站和4个变电站,改造完善了4个地区的供电网络;全县户均用电量提高到260千瓦·时,乡村通电率100%,户通电率99%,有力促进了农村经济的发展,全县乡镇企业产值快速增至14.3亿元,占全县工农业生产总值17.6亿元的81.25%;农民

人均纯收入达到960元,比1991年有较大的增长;全县家用电器拥有量达到51.5万台,电视覆盖率达95%,农民经济收入和文化生活均有较大的改善提高。

农村电力体制改革　减轻农民用电负担

1998年,国务院办公厅转发国家计委《关于改造农村电网,改革农电管理体制,实现城乡同网同价请示的通知》,重庆市电力公司于1999年起,对重庆电网所属乡(镇)电管站体制和农村电价进行改革。

乡(镇)电管站分散建立在乡(镇),人员素质不高,规章制度不完善,管理薄弱,不仅影响农村供电的质量,也加重了农民用电的负担。在1999年试点的基础上,重庆市电力公司于2000年对电管站体制进行全面改革,到2000年11月,将158个乡(镇)电管站,改制组建为102个乡(镇)供电营业所,农村

1999年,重庆电网启动农村电力体制改革

管电机构精简了32.64%;农村管电人员由6068人精简为4004人,精简了27.42%;农电的财务、劳动人事、生产营销管理制度逐步科学规范,建立了有效的竞争机制和激励机制,充分调动了农电人员的积极性和创造性,减轻了农民的负担,推动农电工作迅速发展。

1998年前,由于农电体制管理不顺、电网线损大、乱加价等原因,造成重庆市农村电价高于城市电价1倍以上,最高达2元/千瓦·时,加重了农民的用电负担。1999年起对农村电价进行全面整顿和改革,实行农村用电的电价、发票、抄表、核算、考核"五统一",电量、电价、电费"三公开",层层签订"降低农村电价保证书",逐年降低农村电价,从1998年的平均电价0.75元/千瓦·时,降至1999年的0.66元/千瓦·时,2000年又降至0.64元/千瓦·时,两年间减轻农民负担6000万元。2002年12月,农村电价又降至0.43元/千瓦·时,实现城乡居民同网用电同价,每年减轻农民负担1.6亿元,使全市农民用得起电,改善了农民生活。

农网持续改造升级　让农民用上幸福电

重庆地处我国西部山区，农村经济欠发达，农村电网十分薄弱落后，直辖之初尚有较多农户未用上电，有电地区也有用电合格率和供电可靠率不高、线路损耗大等问题。1999年起，重庆市电力公司相继开展了一系列农村电网的改造、建设、升级、扩容工程，电网日益完善、提高，使农民不仅用上安全、可靠电，而且用上脱贫致富电。

1999年，重庆农村电网一期建设、改造工程

1999年起，按照国务院的部署，重庆市电力公司共投资56.1亿元，相继对重庆农村电网进行一期、二期建设、改造工程和完善西部农网改造工程，到2006年共改造6356个村的配电网，一户一表239.9万户，建成变电站77个，新建和改造线路16939千米。通过7年的建设改造，全市农村电网结构更为完善，供电能力大幅提高，供电量由9.81亿千瓦·时，提高到23.76亿千瓦·时，增长246%，未通电农户降至15.37万户，只占农户总数的2%。

2006年，重庆农村电网"户户通电工程"建设

鉴于重庆市农村尚有2%的农户未用上电，2006年6月，国家电网公司和重庆市人民政府签订了《关于共同推进重庆市农村"户户通电"工程建设会谈纪要》，按此要求，重庆市电力公司组织530个施工队伍、共11320人，开展农村"户户通电"工程攻坚战。无电农户均分散在边远山区，自然环境差，交通不便，加之又逢百年不遇的酷暑高温，施工十分困难，广大电力员工不畏艰苦，忘我工作，仅用7个月时间，于12月6日，完成11.14亿元的"户户通

电"工程,解决了112个无电村、115869无电户、318932人的通电问题,重庆电网37个区县、3350个村的农户实现了"户户通电",电力文明之光洒遍巴渝大地,广大农民从此告别了油灯照明时代,进入电气化时代。此举荣获重庆市委、重庆市政府的高度评价,时任重庆市委书记汪洋批示:"市电力公司在历史上罕见的高温面前,知难而上,如期实现了'户户通电工程',为我市落实科学发展观,构建和谐重庆,做出了突出贡献,成绩可歌可泣!"

重庆农村电网十分薄弱,虽经几次改造、建设,仍存在农网电压低、变电容量不足和动力电不足、不通的问题,不适应农村经济发展和农民生活改善的要求。为推进重庆农村、农业现代化发展,重庆市电力公司拟订《新农村电气化建设计划》,从2007年起持续开展以农网升级、扩容、提质、降损为中心的第二轮农网升级扩容改造工程,到2017年,共投资72.02亿元,建成璧山、丰都等农村电气化县7个,电气化村1167个,升级改造922个村电网,治理低电压台区16611个,农网综合电压合格率达到99.313%,农网用户供电

2016年,国网重庆奉节县供电公司农网升级改造工程

可靠率达到99.93%,均超过国家农村电网规划要求,使180多万名农民的用电质量得到改善;解决了317个农村动力用电问题,农村生产用电大幅增加,满足了农村经济作物、农副产品加工、畜禽水产养殖等生产用电和电商、物流仓库用电的需要,助推农民脱贫致富,使广大农民从"用上电"到"用好电"、"用上安全、稳定、舒心和致富电"的飞跃。

农网扶贫专项工程　精准助推农民致富

重庆市农村贫困区县、贫困人口众多,脱贫任务繁重。重庆市电力公司主动对接重庆市和各区县的脱贫攻坚规划,从2009—2017年,共投入40多亿元资金,实施多项扶贫开发专项电网工程,精准扶贫,给农民及其子女带来实惠,为农村

经济发展、农民脱贫致富做出了贡献。

为改善农民生活，扩大内需，2009年国家实施"家电下乡"政策，组织企业送农民实用的家用电器和农用电器下乡，以优惠的价格售给农民。为适应农村家电使用后，用电增长需求，重庆市电力公司于2009—2010年投资21.5亿元，实施"家电下乡"农网专项工程，建成10千伏及以下线路18728千米，配电变压器3832台，农网改造建设面达97%，提高了供电能力、电压质量和供电可靠性；同时编印《"家电下乡"服务手册》，组织"家电下乡便民服务队"，帮助农民购买和使用家电，不仅贯彻了国家政策，也促进了农业生产发展，提高了农民生活质量。

发展农村特色经济产业，是重庆市脱贫致富的重要举措，重庆市电力公司主动对接各区县的脱贫规划，在2010—2016年，投资4.98亿元，为17个区县的烤烟、黄连、茶叶和蚕桑养殖、林下经济等农业特色产业的建设、生产加工用电，配套建设专项用电工程，助推17个区县共增收1.2亿多元，惠及9.9万名农户脱贫致富。

2016年，国网重庆巫溪县供电公司为"光电扶贫电站"进行技术指导和并网服务

"光电扶贫"是重庆市扶贫重点工程之一，重庆市电力公司大力支持对接，在2015—2017年间，对巫山、巫溪、奉节、南川、黔江等区县的"光电扶贫"工程，进行设施改造、技术指导和并网服务，助推贫困农户增收脱贫。巫溪县供电公司2015—2017年累计投资1100万余元，改造电网，打通光伏电接入通道，先后将30个乡镇的588个光伏扶贫电站接入电网，并坚持"即时接入，即时发电，即时收益"的原则，每年全额接收光伏发电量1080万千瓦·时，及时足额支付电费1058万元，惠及全县贫困户2300余户，户均年收入3000元，为全市脱贫攻坚做出了贡献。

重庆市有较多贫困农民长期居住在偏远山区，农业生产和居住环境均十分恶劣，难以脱贫致富。重庆市政府决定实施农村高山生态扶贫搬迁工程。重庆市电力公司积极对接配合，于2014—2016年共投资3亿多元，为894个高山扶贫

搬迁集中安置点共25万多人的生产生活用电,配套建设线路和配变电设备,使搬迁农户在新居用上电,用好电,在新的良好的生产、生活环境开启幸福生活。

重庆市众多高山农村学校,冬季十分寒冷,不利于山区学生的健康学习成长。2015年,重庆市电力公司和有关区县配合,投资2200万元,实施高山农村中小学"暖冬"供电专项工程,为全市21个区县海拔800米以上的970所贫困农村中小学冬季用电取暖配套建设供电设施,使21万名贫困学生,在温馨的"暖冬"中学习成材。

2015年,国网重庆云阳县供电公司,为高山地区学校实施"暖冬"供电专项工程

为贯彻落实中央"打赢扶贫攻坚战"的部署,2016年重庆市电力公司投资4.1亿元,实施贫困村专项电力改造工程,集中解决全市740个贫困村用电质量和用电可靠性不高,动力电不通、不足的问题,使贫困农户有充足和可靠的电力供应,确保贫困农户用好电,推动农村经济发展。

坚持扶贫公益服务　关爱农村贫困家庭

重庆市电力公司大力组织发动全公司职工开展多种公益扶贫活动。为农村留守儿童送去爱心,送去温暖,送去亲情教育;资助贫困学生上学,学习成才,摆脱贫困;帮助贫困家庭,发展特色农业,脱贫致富。

2014年,国网重庆巫山县供电公司青年志愿者关爱"国网春苗之家"留守儿童

重庆农村每年有数百万名农民工外出打工,其中有部分家庭夫妻均外出,留下幼小的子女由祖父母(外祖父母)或亲友照管,这些留守儿童,由

于长期离开父母的亲情关爱和教育抚养,没有健康成长的环境,成为一个社会问题。2009年2月起,重庆市电力公司组织建设"渝电留守儿童之家"(后改称"国家电网春苗之家"),由电力公司所属42个基层单位就近分工建设。"春苗之家"选在留守儿童较多的学校,按公司统一标准建设,具有图书阅读、文体娱乐、心理咨询、亲情沟通等功能。到2011年在全市区县共建成100所"春苗之家"。全公司对应组织100支"红岩青年志愿者服务分队",队员共1750名。每年组织"新年书香满校园""我们一起过'六一'""共庆中秋""留守儿童夏令营""学雷锋,做好学生""爱祖国、爱家乡、爱家庭"及文体、绘画比赛等多种多样的活动,与留守儿童一起包饺子、煮汤圆、吃月饼,共度佳节;开学送书包、文具、图书、小雨伞,冬季送手套、围巾、棉鞋、衣服;节日送粽子、月饼、汤圆、食品;给学习优秀的留守儿童和比赛获奖者发放奖金、奖品。仅2011年就发放爱心奖学金10.6万元,2015年,就送去关爱物品3.7万余份。志愿者与留守儿童倾情沟通,关心他们的生活,帮助他们疏解心理障碍;帮助他们解决学习难题,圆好学成才之梦;帮助他们与父母书信、电话沟通,享受父母亲情关爱;帮助他们提升自我保护能力,健康成长。据2015年统计,100家"春苗之家"已惠及留守儿童3.6万名。上千名志愿者坚持不懈的"阳光关爱"活动,照亮了留守儿童成长、成才之路。"春苗之家"受到留守儿童的欢迎和社会的称赞。先后荣获共青团中央"2010年中国青年志愿者优秀项目奖"、2011年"全国未成年人思想道德建设工作先进单位"、共青团中央与民政部举办的2014年"中国青年志愿者服务项目大赛金奖"。

农村贫困学生上学困难,为圆他们的"学习成才之梦",脱未来之贫,重庆市电力公司从2010年起组织开展"点亮求学梦""金秋助学"等爱心活动。在城口、秀山等18个脱贫重点区县选定100名家庭特别困难的留守儿童,作为精准帮扶对象,招募100名志愿者,实行一对一帮扶,帮助其健康学习成长,直到18岁或家

2015年,国网重庆市区供电公司青年志愿者与"国网春苗之家"留守儿童共庆中秋

庭经济条件好转为止。在公司所属15个单位,建立"阳光爱心助学小组",由单位出资和职工捐助,每年资助100名以上贫困农村学生上大学。2014年就资助107名贫困学生,资助金额34.9万元。

重庆市电力公司还组织各基层企业对口帮扶本地贫困农户。采取资金与物资资助,帮助发展特色产业和免费更换维修线路设备等措施,助其脱贫。国网重庆奉节县供电公司在2010年组织40多名员工与海拔2123米的云雾土家族乡的45户贫困户"结农亲"帮扶,给这些烟农们赠送运输车一台,微耕机5台,解决了他们烤烟运输和耕种困难,帮助他们发展烤烟生产,增加收入;2011年又发动职工捐款1.8万元及大量物资。国网重庆忠县供电公司2011年对三河村结对帮扶的5户农户,除每户捐助1000元外,还每户赠送12只优良种兔,帮助他们发展畜牧生产增加收入。

2016年,国网重庆彭水县供电公司志愿者为贫困户免费检查、更换老旧线路

按照中共中央、国务院印发的《乡村振兴规划(2018—2022年)》中有关农村电网建设的要求和国家电网公司、重庆市的部署,重庆市电力公司正深化新一轮农村电网的升级改造,抓紧尚余17个深度贫困乡镇配电网的升级改造,建设3个"小康用电示范县",继续抓好"光电扶贫"等专项扶贫用电工程,为实现"产业兴旺、生态宜居、乡风文明、治理有效、生活富裕"的乡村振兴战略,努力做出贡献。

(原载《重庆电力》,2018年第3期)

优化结构，建设清洁低碳、高效智慧电源
——改革开放以来的重庆电源建设

1978年12月，党的十一届三中全会吹响了改革开放的进军号，像和煦的春风吹拂神州大地，万物复苏，生机勃勃，欣欣向荣。

伴随着波澜壮阔的改革大潮，重庆电力工业的改革不断深化，推动电力工业蓬勃快速健康发展，取得了辉煌的成就。

电源规模不断发展壮大。装机容量从1978年的62.99万千瓦，增至2020年9月的2589.65万千瓦，增长40.11倍。电力增长速度跟不上经济发展的要求、经常缺电三分之一以上的状况，已得到改善。

电源结构不断优化。水电、风电、光伏电等清洁、可再生电源快速发展，2020年9月，水电、风电、光电机组容量合计已达到905.65万千瓦，占全部电源装机容量的35%；电热冷三联供燃机电厂、煤电一体化电厂等综合能源积极推进；垃圾焚烧发电厂和煤矸石电厂等资源利用电厂快速推进。以火电为主的电源结构，转型升级，向清洁低碳、高效智慧电源发展。

电厂装备技术水平不断提升。火电单机容量从5万千瓦及以下的中参数、小容量机组，发展到单机容量最大达105万千瓦，超超临界参数、高效、节能、超低排放的大型现代化机组，百万千瓦以上的大型火电厂已达到5个；水电机组从1.5万千瓦及以下的小机组发展到单机容量最大达35万千瓦，电厂总容量达175万千瓦的百万千瓦级大型水电厂。

火电厂治污减排取得显著成就。烟尘治理、脱硫、脱硝、超低排放改造、关

停小火电机组,步步深化治理;粉煤灰、脱硫石膏综合利用和环保产业全面发展。为重庆生态文明建设,实现"蓝天白云",成为"山水之城,美丽之地",做出重要贡献。

改革推动电源建设腾飞

1978年以来,重庆电力工业经历了企业全面整顿与企业内部经营体制改革、政企分开、厂网分开、县级电力企业改革及市场化改革等一系列改革。"改革就是解放生产力,改革就是发展生产力。"持续深化的改革有力推动了重庆电源建设快速发展。

内部经营体制改革,调动了职工积极性

按照中共中央、国务院的要求和电力主管部门的统一部署,1979年起,重庆电力企业先后开展企业恢复整顿、全面整顿和经营体制改革。按照责、权、利相结合原则,建立了各级经济责任制;实行了党委集体领导、厂长(经理)行政指挥、职工民主管理的企业领导体制;开展劳动工资的改革,建立企业三级经济核算,试行利润留成、计时工资和节约、安全奖励制度等改革,使国家、企业、个人三者的利益得到兼顾,调动了电力职工的生产积极性,促进了电力企业的生产建设和经营管理。全市发电装机容量由1978年的62.99万千瓦增至1985年的75.03万千瓦,增长19.11%。

投资体制改革,破解了投资瓶颈

由于国家投资有限,重庆电力又无自身投资功能,致使重庆电力长期投资不足,造成电力建设滞后于经济发展的要求,长期缺电,最多时达50%。1985年后,按照中共中央《关于经济体制改革的决定》的要求,电力工业改革投融资体制,实施"多家办电""集资办电""引进外资",大大扩大了投融资渠道,破解了投资瓶颈,加快了电力发展步伐。1986年—1996年间,电力企业就通过集资、合资和征收建设资金共18.08亿元,先后建成投产共80.8万千瓦发电机组和20万千瓦机组的技改工程,以及多个输变电新建、扩建工程;先后引进和利用英国、日本等多国的贷、赠款等共18.61亿元国外资金,建成投产157.86万千瓦机组和6台机组

的烟气脱硫装置及配套输变电工程,大大增强了重庆的发电、供电能力。

电力体制改革,推动电力快速发展

1997年前,重庆电网属省属电网体制,电力建设规划、立项、投资、建设受到各种因素制约,减缓了电力投资、建设和发展步伐。1997年重庆市直辖后,电力工业部对重庆市电力体制进行改革,组建了重庆市电力工业局(电力公司),重庆电网成为独立调度的省级电网,编制了第一个《重庆市电力2000年发展规划和2020年远景规划》,加大了建设投资力度,重庆市电力工业迎来前所未有的发展机遇和良好环境,电力建设进入高速发展的新阶段。2003年后,按照国家新一轮电力体制改革的要求,重庆市电力公司完成厂网分开的改革,公司原属的白鹤电厂、狮子滩水电总厂和九龙电力公司划归新组建的中国电力投资集团公司管理。华能集团公司、中国电力投资集团公司、大唐电力集团公司、国电集团公司、华电集团公司和神华集团公司等全国电力集团公司在重庆设立分支机构,加大重庆电源建设投资,一批大型水电、火电和新能源、节能环保电厂,相继建设投产。尤其是2011年12月,重庆市政府启动重庆电力史上前所未有的"千万千瓦"发电建设工程规划,规划要求在"十二五"期间,总投资605亿元,建设1088万千瓦发电机组,重庆电源建设步伐进一步提速,到2015年全市发电装机容量增至2109.31万千瓦,较1996年的299.31万千瓦增长6.05倍。

1997年重庆市直辖后,重庆市电力工业局(电力公司)于6月6日挂牌成立

重庆市电力公司向中国电力投资集团公司移交发电企业签字仪式

市场化改革,为电源建设增添新动力

2015年,中共中央、国务院下发《中共中央、国务院关于进一步深化电力改革的若干意见》。同年11月,国家发改委、国家能源局下发《国家发改委、国家能源局关于印发电力体制改革配套文件的通知》和《关于同意重庆市、广东省开展售电侧改革试点的复函》。重庆市人民政府于2015年7月2日和2016年2月5日相继下发《重庆市电力用户与发电企业直接交易试点》《售电侧改革试点工作实施方案的通知》,重庆市以电力市场化为中心的新一轮改革正式启动。2015年,通过全国电力市场交易平台,组织重庆市39家电力用户、8家发电企业直接交易电量13.16亿千瓦·时,2016年1—7月,达成电力市场化交易电量96.70亿千瓦·时,减少客户用电成本5.2亿元,2016年9月1日,由重庆市电力公司控股,各发电集团和重要电力客户共同组建的重庆市电力交易中心有限公司,经重庆市人民政府批准成立。当年9—12月,就组织659家大客户参与电力直接交易,共完成直接交易117亿千瓦·时。2017年1—7月,完成直接交易69.6亿千瓦·时,各售电公司售电共70.1亿千瓦·时。电力市场化改革,降低客户用电成本,促进了电力市场交易;同时,开放电厂参与电力直接交易,鼓励电厂环保高效发电机组通过电力直接交易和科学调度多发电,给电力企业带来新的发展机遇。全市发电装机容量又增至2018年的2518.18万千瓦。

2016年9月1日,重庆市电力交易中心揭牌成立

火电建设向节能环保电厂发展

重庆电源结构长期以火电为主,但发展速度跟不上重庆经济社会发展的要求。同时,火电机组都是5万千瓦及以下的中低温、中低压小型机组、能耗大,污染严重。改革开放后,随着投资体制的多元化改革,投资力度不断加大,火电建设快速发展。

燃煤电厂向大型低碳机组转型升级

1982年,为缓解重庆用电紧张状况,决定对重庆电厂扩建2台20万千瓦超高压中间再热机组,于1987年12月,建成投产;1993年,又将该厂原8台1.2万千瓦中温、中压小型机组,技改为1台20万千瓦大型机组,于1995年9月投产,使该厂装机容量达到80万千瓦,成为西南地区首次装设20万千瓦级机组的最大火电厂。

1995年,重庆电厂装机容量80万千瓦,成为当时西南最大的火电厂,图为该厂夜景

2007年1月,华能集团珞璜电厂装机容量264万千瓦,成为西南最大火电厂

华能集团公司和重庆市政府共同集资并利用法国政府贷款建设的珞璜电厂一期工程,2台36万千瓦法国机组于1992年建成投产。这是重庆首个建设的30万千瓦级的大型火电机组电厂。1998年12月,二期扩建工程2台36万千瓦机组投产,全厂装机容量达到144万千瓦,成为重庆市首个百万千瓦级的大型电厂和西南地区最大的火电厂。2007年1月,三期扩建工程投产,建成2台国产60万千瓦亚临界机组和两台单元配置的国产烟气脱硫装置,使该厂装机容量达到264万千瓦,再次成为重庆市最大的主力电厂,进入国家最大火电厂行列,为缓解重庆电力紧张局面、保证电网安全稳定运行、建设长江上游经济中心提供充足的电力,做出贡献。

中国电力投资集团公司合川发电公司(双槐电厂)一期工程2台30万千瓦工程,于2007年5月建成投产,二期工程2台66万超临界燃煤机组,于2014年全面建成发电,全厂发电装机容量达到192万千瓦,是重庆市第二个百万千瓦级的大型燃煤电厂,二期工程机组采用超临界先进技术,能效高,平均降低煤耗1克/千瓦·时;同步建设脱硫、脱硝装置,实现达标排放,2015年6月,该公司又启动三期扩建工程的前期工作,计划建设2台100万千瓦超超临界燃煤机组,同步建设脱硫、脱硝装置,全面投产后全公司发电装机容量接近400万千瓦,将成为重庆最大的主力电厂之一。

2014年装机容量192万千瓦的合川发电公司

西南地区首个装设100万千瓦级机组的大型火电厂——神华集团万州电厂,是港电一体化项目,是三峡库区最大的火电厂,也是重庆市规划建设的最大火电厂。规划建设6台100万千瓦超超临界发电机组和千万吨级储煤基地,工程一期工程2台105万千瓦发电机组和千万吨储煤基地、煤炭中转码头,于2015年9月建成发电。超超临界机组运用国内外先进技术和工艺,自动化程度和能效高,煤耗、电耗低;利用水运码头和储煤基地,将神华煤炭运送电厂,实现煤电一体化,有利于煤电共同发展,实现双赢。电厂同

建设中的西南首个装设百万千瓦级机组的大型火电厂——神华集团万州电厂

2016年12月建成的奉节电厂是三峡库区最大的火电厂

步建设脱硫、脱硝、高效电除尘等先进环保设施,烟尘、二氧化硫、氮氧化物、汞及化合物等排放指标均达到国家超低排放标准,成为低碳、绿色电厂。

华电集团奉节电厂一期工程2台60万千瓦机组，于2016年12月建成发电，容量共120万千瓦。这是建在三峡库区的又一个百万千瓦级的大型火电厂。机组采用超临界技术，建有"W形火焰"燃烧、变压直流锅炉、三缸四排汽、双背压、8级回热汽轮机和水氢冷发电机等先进设备；同步建成全烟气脱尘、脱硫、脱硝装置，具有"技术先进、绿色环保、节水降耗、循环经济"的特点。电厂二氧化碳排放量10毫克/标准立方米，氮氧化物排放量70毫克/标准立方米，均低于国家超低排放标准。

重庆能源集团松藻电力有限公司安稳电厂2台66万千瓦机组扩建工程，于2017年1月25日全面建成发电。该项目为中新（重庆）战略性互联互通示范项目的首个电源合作项目，引进新加坡资金9.25亿元。工程按照坑口电厂和"煤电一体化"方式建设，建设11000米长的输煤系统，将松藻矿区三对矿井的原煤运输到电厂，变运煤为输电，节约外运煤成本每年约2亿元。扩建电厂工程容量达132万千瓦，年发电量50多亿千瓦·时，加上已建成的30万千瓦机组，全厂总容量达到162万千瓦，是重庆首个百万千瓦级的大型坑口、煤电一体化电厂。电厂采用超临界先进技术，能效高、省煤节电；同步建设脱硫、脱硝装置，投运后即一次全面达标排放。

建设中的重庆能源集团安稳电厂2台66万千瓦机组扩建工程，是中国、新加坡合作项目

此外，中国电力投资集团白鹤电厂二期扩建2台30万千瓦机组、国电集团恒泰万盛电厂2台30万千瓦机组、大唐集团石柱电厂2台35万千瓦机组、贵州与重庆合作建设的国家电力投资集团习水二郎电厂一期2台66万千瓦机组，相继建成发电。神华集团万盛电厂（重庆电厂环保迁建）2台66万千瓦机组，也即将投产。到2018年，重庆燃煤电厂装机总容量1669.49万千瓦，占全市装机容量66.30%，其中30万千瓦以上的大型机组占火电机组总量近90%。

燃机电厂有序推进，提供冷热电综合能源

华能集团江北燃机电厂，是为了缓解重庆严重缺电紧张局面，经国家计委于1987年9月批准抢建的重点电力建设工程。工程由重庆市人民政府与华能国际电力公司合资建设，并利用英国赠款和欧洲、日本贷款。引进英国等国的燃气——蒸汽联合循环发电设备，装设燃气轮机组2台和蒸汽轮机组1台，共10.86万千瓦。1990年6月1日全部投产发电。这是西南地区首座燃气轮机组。燃机电厂有能效高、污染少和投资省、见效快的特点，年发电2亿千瓦·时，对保证电力供应，改善投资环境，促进重庆改革开放，都起到积极作用。后因当时供气量不足，燃气成本较高而迁建。

华能两江燃机电厂首期工程于2014年8月建成投产，工程建设两台46.73万千瓦燃气轮机组，采用燃气——蒸汽联合循环，具有供电、供热、供冷功能。该厂规划建设5台F级燃气轮机组，首期装机2台容量共93.46万千瓦，年发电量42亿千瓦·时，还能供应200万吨高品质蒸汽，可满足两江新区多个企业用热的需要和云计算企业的用冷的需要。电厂联合循环热效率高达

1990年6月建成的华能集团江北燃机电厂

2014年8月建成的华能集团两江燃机电厂提供冷、热、电能

75.87%，每年可节能相当于38万吨煤。燃用天然气，二氧化碳年减排约2723吨，相当于100万吨煤炭燃烧的排放量；氮氧化合物年减排931吨，相当于2014年重庆市汽车排量的三分之一；二氧化碳排放量只有同等容量燃煤电厂的一半，实现

烟尘和污染物的超低排放,属绿色环保的电热冷三联供综合能源电厂。将为重庆市最大的开发开放新区——两江新区提供稳定可靠的冷、热、电能保障,缓解重庆电力供需矛盾,增强电网应急调峰能力。同时,为提高重庆市清洁、低碳的能源比重,改善能源结构,推进节能减排,做出重要贡献。2018年该厂荣获"重庆市五一劳动奖状",2016年荣获"中国电力优质工程奖"。

资源综合利用电厂,率先建设快速推进

煤矸石、生活垃圾及稻壳、秸秆、稻草、林木废弃物等废弃物含有热能,用来燃烧发电,不仅可减少废弃物造成的污染,还可变废为宝,产生电能。改革开放以来,重庆市政府制定综合利用各种废弃物发电的优惠政策,重庆市煤矸石发电厂、垃圾焚烧发电厂、生物质能电厂等率先、快速发展。

松藻煤电公司安稳煤矸石电厂是西南最大的煤矸石电厂

2005年3月28日建成的西南首座垃圾焚烧发电厂——同兴垃圾焚烧发电厂

重庆市煤矿较多,但煤的品质不高,含有大量煤矸石及泥煤等低热值煤,造成大量堆积、污染。为利用煤矸石,早在1975年永荣矿务局(矿务公司),就率先研制了国内首台燃烧煤矸石和劣质煤的20吨/时全沸腾发电锅炉,建成投产装机容量1.15万千瓦的首个煤矸石发电厂;1999年,扩建为2.30万千瓦。1987年后,又陆续建成了装机各2.4万千瓦的南桐、荣昌等一批煤矸石电厂。2004年,重庆市制定规划安排建设煤矸石电厂10个,总投资35亿元,年发电量35亿千瓦·时。2005年起,相继建成方盛(5万千瓦)、三汇

(5.5万千瓦)、安稳(30万千瓦)、永川(27万千瓦)等煤矸石电厂。其中松藻煤电公司安稳煤矸石电厂是当时西南地区最大的煤矸石电厂；年消耗煤矸石150万吨，具有良好的节能环保效益。2014年11月，重庆能源集团南桐矿业公司启动煤矸石、低热值煤电厂建设，将建设2台30万千瓦亚临界参数机组，年上网电量30亿千瓦·时。发电后将成为资源综合利用和节能、环保电厂。

2012年6月建成的丰盛垃圾焚烧发电厂

重庆市人口众多，每年都会产生大量生活垃圾，造成严重污染，将生活垃圾经分类处理后焚烧发电，节能环保。重庆垃圾发电起步较早，2005年3月28日，三峡环境产业公司北碚同兴垃圾焚烧发电厂建成发电。该厂装设2台1.2万千瓦的汽轮机组，每年燃烧垃圾40多万吨，相当于当时主城区生活垃圾总量的三分之一。这是西南地区首座垃圾焚烧发电厂，也是国内首座装备国产化的垃圾焚烧发电厂。不仅有效减少垃圾污染，而且变害为宝，每年提供发电量1.27亿千瓦·时。垃圾焚烧产生的烟尘有害物质经过处理达标排放。2012年6月后，又相继建成巴南丰盛、万州、江津等垃圾焚烧发电厂。其中三峰环境产业公司江津垃圾焚烧发电厂于2015年11月动工，建设日处理生活垃圾7500吨的焚烧炉6台，3.5万千瓦的汽轮发电机组3台，容量共10.50万千瓦。年处理垃圾160多万吨。年发电量4.93亿千瓦·时。是目前亚洲最大的垃圾焚烧发电厂，2018年10月投运发电，重庆主城的生活垃圾全部采用焚烧发电的方式处理。"十三五"规划期间重庆市规划建设垃圾焚烧发电厂17座，分布在各区县，使多数区县城市生活垃圾的焚烧发电得到无害处理，并提供电能，减少碳排放，仅2017年1—8月主城区"碳减排量"就达15.45万吨。

生物质能电厂燃用农业和林木废弃物发电，是可再生清洁电源。重庆生物质能电厂建设起步较晚，2012年起相继建成丰都(5万千瓦)、彭水(3万千瓦)、秀山(3万千瓦)、开县(2.4万千瓦)和垫峰(2.5万千瓦)等生物质能电厂。丰都凯迪

生物质能电厂于2009年启动建设,工程装设发电机组5万千瓦,分两期建设,利用可循环再生的木材及枯枝败叶燃烧发电。配套建设30万亩可循环再生能源林基地和利用电厂灰渣生产有机肥的肥料厂。一期工程2.5万千瓦,于2012年建成,二期工程于2014年建成并网发电。年发电量3亿千瓦·时,并提供制冷、制热蒸汽,实现二氧化碳减排18万吨。既是节能环保工程,又是生态林业工程。

水电持续开发,优化电源结构

重庆市境内长江、嘉陵江、乌江、芙蓉江、涪江等多条大小河流纵横交错,水利资源丰富,年平均水资源总量5000亿立方米,水能资源理论蕴藏量2298万千瓦。重庆市水利资源开发较早,但发展较慢。改革开放后,尤其是直辖后,水电作为可再生的清洁能源快速发展。水电装机容量从1978年的21.72万千瓦,增至2018年的756.05万千瓦,增长33.81倍;设备单机容量从1978年前的1.5万千瓦及以下的小型机组,增至单机容量35万千瓦的大型机组,已出现了首个百万千瓦级的大型水电厂;水电站的自动化技术水平大为提高。

因地制宜,小水电遍地开花

1992年建成的铜梁安居水电站

改革开放以来,重庆市认真贯彻"自建、自管、自用"的小水电办电方针,实行多渠道、多层次、多模式集资办电,小水电逐步发展。1986年后,中央制定"中国式农村电气化"的方针,要求国家电网对小水电实行"扶持、让利"政策,建设农村电气化县,地方小水电不断发展。重庆直辖后,各大电力集团也加大了对小水电的投资力度,小水电建设更是快速发展,到2018年小水电装机增长到272.63万千瓦。较1977年的6.41万千瓦,增长41.53倍。

重庆市在水电开发中,坚持因地制宜,充分利用水利资源,建成多种多样类型的小水电站,创造和积累了丰富的水电开发建设经验。

航电枢纽水电站。如涪江干流航电电站群,建于重庆市潼南、铜梁、合川等县区的涪江干流上,1986年起,先后建成装机1.44万千瓦的潼南三块石水电站;装机3万千瓦的铜梁安居水电站;装机3万千瓦的合川渭沱水电站;装机6万千瓦的合川富金坝水电站;装机4.2万千瓦

1993年建成的合川渭沱水电站

的潼南航电枢纽水电站等,这些航电枢纽电站,具有发电、航运、灌溉、生态修复等综合功能,效益良好。

高山河流梯级水电站。如龙河梯级水电站群,从1998年起,先后建成装机容量11.5万千瓦的石板水水电站;装机容量6万千瓦的鱼剑口水电站;装机容量7万千瓦的藤子沟水电站;装机容量6.6万千瓦的马岩洞水电站等,全流域水力资源得到充分开发利用。

此外,还有装机容量7.5万千瓦的酉阳大河口水电站;装机容量14万千瓦的巴山水电站;装机容量12万千瓦的秀山石堤水电站;装机17.3万千瓦的任河水电站;以及利用山区暗河溶洞建设的水电站、建设低坝引水的水电站等大量山区河流小水电站,以清洁电源助推各区县经济的发展。

大中型水电向主要干流深度开发,成效显著

直辖以前重庆市最大水电站为容量共10.45万千瓦的狮子

2003年11月建成的江口水电站

滩水电总厂。重庆市直辖后,重庆市和各大电力集团纷纷加大对乌江、嘉陵江等主要干流水电建设的投资力度,大中型水电站建设迅速发展。

中国电力投资集团江口水电站,是乌江支流芙蓉江梯级开发的最后一级,共安装3台10万千瓦水轮发电机组,总容量30万千瓦,年设计发电量10.71亿千瓦·时。1999年3月动工,2003年11月全部投产发电,是重庆首个装设10万千瓦级机组的水电厂,成为当时重庆市统调电网主力调度电源之一,对保证电网安全稳定运行,提高供电质量,改善电源结构,都有重要作用。

2008年12月建成的彭水水电站是重庆市最大的水电站

大唐集团彭水水电站是国务院规划的乌江流域11级梯级水电开发之第10级水电站,装机5台35万千瓦水轮发电机组,总容量175万千瓦。建设工程于2005年动工,2008年12月,5台机组全部建成发电,创造了国内大型水电机组建设的最快速度。年设计发电能力63.51亿千瓦·时,成为重庆市最大的水电站,为重庆市提供了大量清洁电源,改善了重庆的电源结构,减少了火电污染排放。电站承担重庆电网的调峰、调频和事故备用任务,是重庆电网的骨干电源。同时兼顾航运、防洪及其他综合利用,对配合三峡电站调节长江中下游防洪度汛也有巨大作用。

重庆航运建设发展公司建设的嘉陵江梯级航电枢纽——草街水电站,于2004年7月20日启动建设。电站安装4台12.5万千瓦水轮发电机组,总容量50万千瓦,年均发电量28.18亿千瓦·时,总投资50亿元。于2010

建设中的嘉陵江梯级航电枢纽——草街水电站

年建成发电。是嘉陵江重庆段建设的最大的航电电站,具有航运、发电、防洪、灌溉等多种功能,为重庆提供清洁的电源,助推经济的发展。

大唐集团武隆银盘水电站为国务院规划的乌江流域11级梯级水电开发的最后一级水电站。装机4台15万千瓦水轮发电机组,总容量60万千瓦,于2011年建成投产。完成乌江流域梯级开发规划的全部建设工作,又为重庆增加了清洁、安全的调峰电源。

大唐集团浩口和鱼木塘水电站,是芙蓉江干流梯级水电开发第11级、第10级电站。工程于2014年开工建设,提前6个月于2017年12月31日全部建成。两级电站共装机容量20.5万千瓦,是芙蓉江干流梯级水电开发取得的新成果。

此外,装机52.5万千瓦的乌江白马航电枢纽工程、装机120万千瓦的蟠龙抽水蓄能电站工程,正加紧建设。抽水蓄能电站是技术成熟、运行可靠的调峰电源和储备电源,具有启动灵活、调节速度快等优点,可通过削峰填谷平抑电网运行的波动,提高清洁能源的消纳能力,促进生态、文明建设,优化电源结构,实现社会资源的优化配置。重庆市政府和重庆市电力公司对蟠龙抽水蓄能水电站的建设十分重视,组建了重庆蟠龙抽水蓄能有限公司,积极开展前期准备工作。2015年9月23日,国家电网公司在北京宣布重庆蟠龙等3座抽水蓄能电站同时开工建设。重庆蟠龙抽水蓄能电站位于重庆市綦江区,装机4台30万千瓦可逆式水轮发电机组,总容量120万千瓦,总投资74.2亿元,计划2020年建成投产。建成后,该电站可以在5分钟内由满负荷抽水转为满负荷发电,提供120万千瓦的事故支援能力,有效提高电网调峰能力,每年节约火电燃煤上百万吨,减排二氧化碳15万吨以上。将对重庆经济、社会、环境产生巨大效益。

新能源电厂从无到有,稳步推进

风电、光伏电是可再生新能源、绿色环保电源。重庆渝东南、渝东北地区,有风能、太阳能可开发利用。直辖以来,重庆的风电、光伏电从无到有,逐步发展,到2018年,已建成风电装机容量49.95万千瓦,光伏电装机容量42.69万千瓦。

风电开发,绿色环保,助推乡村旅游

2010年10月9日建成的西南首座风电场——兴顺风电场

重庆市渝东南、渝东北山区有较丰富的风能资源,主要集中在武隆、南川、巫溪、奉节、石柱、丰都等县区,全年最大风速7.8米/秒,可用于风力发电。直辖前风电还是空白。直辖后,重庆市对风能资源进行调查、勘测,2005年规划建设15座风电场(站),预计发电装机容量50万千瓦。在国家对新能源发展的优惠政策和重庆市各级政府、重庆市电力公司的积极支持帮助下,全国各电力集团和重庆市能源集团,大力投资建设风电项目,风电建设逐步发展。

2008年6月,大唐集团武隆兴顺风电场动工建设。风电场位于武隆和顺镇兴顺村四眼坪高山上,占地面积6.6平方千米,装设850千瓦的风力发电机55台,容量共4.675万千瓦,2010年10月9日,全部建成投运。通过110千伏线路送入电网。电站年利用小时1871小时,年上网电量8747万千瓦·时。作为绿色、清洁、可再生电源,与煤电机组相比,每年可节省标准煤3.1万吨,减少二氧化碳排放7.5万吨,对改善重庆电网结构,促进地方经济发展具有重要作用。这座风电场是重庆和西南地区首座风电场,标志着重庆在发展新能源方面迈出坚实的一步,同时该风电场全部风电机组设备均来自本地制造商——中航重工(重庆)海装风电设备公司研制,这也标志着"重庆制造"的技术创新。高78米、叶片长28米,高耸入云的55台风力发电机,安装在1668米的高山的座座山头上,形成巨大、雄浑壮观的"风车阵",成为一个新的旅游景观,有力推动了和顺镇几个村避暑消夏和乡村旅游,促进了贫困村脱贫致富。

首座风电场投运后,重庆市进一步推进风电建设工作。对云阳、石柱、城口、黔江、綦江等区县进行测风,收集风能数据,调查风能资源,为新的风电场选址;规划建设18个风电场,装机容量逾86万千瓦。国家电网重庆市电力公司及所属各区县供电公司全力支持帮助各风电项目的建设、电站运维和电量输送、消纳工作。提供"保姆式"服务,推进风电场工程顺利完成;全额、全时段消纳风电上网电量,提高清洁能源的利用率,有力推动了风电建设快速发展。

2013年起,又相继建成石柱狮子坪(4.95万千瓦)、彭水辽竹顶(4.98万千瓦)、石柱大堡梁(10万千瓦)、万盛南天门(4.95万千瓦)、万州蒲叶林(5万千瓦)、奉节全凤山(11万千瓦)、丰都回山坪(8万千瓦)等风电场。其中国电集团石柱大堡梁风电场,装设2000千瓦风电机组50台,容量10万千瓦,年发电量2.2亿千瓦·时,是2015年建成投产的重庆最大风电场,全部设备均为国产;华能集团奉节金凤山风电场,装设2000千瓦风电机组55台,容量共11万千瓦,年发电量3.27亿千瓦·时,是2017年建成发电的重庆最大风电场。到2018年,已建成风电装机容量达49.95万千瓦。据2016年重庆市的规划,全市可开发的风电场有31个,总装机容量近200万千瓦,重庆市风电建设正快速发展。

万盛南天门风电场

光伏电从扶贫起步,向集中电站发展

重庆两江环抱,多雾,但重庆渝东北、渝东南部分地区光照充足,有发展太阳能的潜力。重庆市采用小型(家庭)分布式光伏电站与集中式大中型光伏电站相结合的方式,并给予电费和财政补贴,积极发展可再生的清洁电源——光伏电。

2013年起,重庆市在渝东南巫溪、巫山、奉节三个贫困县高山地区建设"光伏电扶贫"项目,在贫困户的屋顶建容量3千瓦、3.5千瓦的户用光伏电,在乡村学校和集体空地建相对集中的容量30千瓦、35千瓦光伏电站。到2015年底,巫溪、巫山、奉节等3个试点县,已并网光伏电659户,装机容量3354千瓦。光伏电由3县供电公司接入电网,并按国家规定及时支付电费及补贴,使贫困户享受光伏电扶贫的成果,2015年,全市43个贫困村、1180个贫困户,户均年收入3千元,尝到

了"阳光扶贫的甜头"。此后,光伏电扶贫进一步发展,并扩大到南川、黔江等区县。2017年,重庆市电力公司在巫溪等3个试点县,接入光伏电站总容量13290千瓦,使272个村、7000余户村民年人均受益约3000元。

2015年10月5日,重庆市首个光伏扶贫示范村的35千瓦光伏发电站

在建设光伏扶贫电站的同时,规模较大的集中式光伏电站也逐步发展。2017年6月30日,重庆市首个大型光伏地面电站——通威黔江麒麟盖光伏电站建成并网发电。该电站建于1830亩的山地林间,装有30万片270瓦的单晶硅太阳能电池板,发电装机容量共10万千瓦,配套建设升压变电站和110千伏输电线路,年均发电量约1亿度,基本实现零污染、零排放。同年7月,中鹿巫溪红坎镇光伏地面电站建成,电站装机容量20万千瓦,年均发电量1.7亿千瓦·时,是重庆市最大的光伏电站。2019年,装机容量18.2万千瓦的巫山县神光新能源公司两坪光伏电站建设投产。

此外,2016年12月,重庆曙晨新能源公司投资10亿元,3年内在渝北空港工业园区利用厂房屋顶面建设分布式光伏电站。计划覆盖厂房屋顶面积200万平方米,建设光伏电装机容量15万千瓦,预计年均发电量约1.3亿千瓦·时。建成后不仅可提供无污染的绿色电能,还可节约工厂用电,提高厂房能效,降低用电成本。到2018年,全市光伏电装机容量已达到42.69万千瓦,已初具规模,为光电扶贫和提供清洁电源,做出了贡献。

持续推进污染治理,建设清洁煤电

燃煤火电厂在生产中产生大量烟尘、灰渣、二氧化碳、氮氧化合物、重金属等废弃物,严重污染环境,影响人民生活质量,破坏生态平衡,殃及子孙后代,也制约电力工业的健康、可持续发展。重庆市曾是重工业为主、污染严重的城市,火电又是最大污染源之一。加强火电厂的治污减排,更为紧迫。

重庆地区火电企业的污染治理起步较早,早在20世纪50年代就开启烟尘污染治理,烟气脱硫治理走在全国前列。1979年《中华人民共和国环境保护法》颁发后,重庆电力企业的环保认识不断提高,环保意识和环保责任不断增强,各级电力企业逐步突破了"先污染,后治理"的老路,由被动治理到依法主动治理,坚持把环保效益放在首位,建一流企业,创低碳绿色电厂,治污减排成就显著。到2018年,大中型燃煤电厂已实现超低、超洁净排放,为重庆建设"蓝天白云工程",成为"山清水秀,美丽之地",做出了贡献。

关停小火电,消除污染源

小火电机组,污染严重。为减少污染,重庆电力企业以环保大局为重,不惜经济损失,积极主动关停小火电机组,消除一个个污染源。

1982年,重庆电业局决定将大溪沟电厂2台4500千瓦老旧小火电机组,报废停用;1989年,又将该厂其余小火电机组全部关停。从而完全去除了位于重庆市中心区的最大污染源。

1992年9月,重庆电厂撤除8台1.2万千瓦的小火电机组,消除了当时重庆市最严重的污染源;2000年、2001年,重庆市电力公司又决定关停重庆电厂4台5万千瓦小火电机组,损失20万千瓦机组的发电量,但每年减少了二氧化碳排放量3.5万吨、烟尘排放量1万多吨,改善了重庆空气环境质量,受到重庆市主要领导的高度评价。

按照国家经贸委《关于确保完成1999年关停小火电机组计划的通知》的要求,重庆市在2000年内先后关停26台6千千瓦及下小火电机组共4.95万千瓦,消除了分散在重庆12个区县的污染源。

2003年后,按照重庆市政府《"十一五"关停小火电机组目标

2001年重庆电厂拆除4台5万千瓦小火电机组

责任书》的要求，中电投集团九龙电力公司所属5万千瓦及以下小火电机组共12.55万千瓦进行关停，又消除两个区县的污染源。

2014年10月31日、12月20日，中电投集团九龙电力公司1台20万千瓦机组和神华国能集团重庆发电厂2台20万千瓦机组相继关停，每年共减排二氧化硫1.5万吨、氮氧化合物1.8万吨、烟尘排放1600吨，为改善重庆主城区环境质量，实现"蓝天行动"做出奉献。

2014年到2016年，重庆能源集团按照国家能源局和重庆市政府的要求，相继关停3个矿区电厂共8.6万千瓦的小火电机组，减少了矿区污染。2016年3月，重庆市政府决定关停单机容量10万千瓦及以下燃煤机组和设计寿命已满的20万千瓦燃煤机组，彻底消除小火电机组污染源。

更新除尘设备，减少烟尘污染

除尘设备能有效去除烟气中多数烟尘，减少烟尘对大气环境的污染。为了提高除尘效果，重庆各火电企业持续更新除尘设备，尽可能减少烟尘对环境的污染。1982年，大溪沟电厂将原多管旋风子除尘器改为水膜除尘器，使除尘效率由70%提高到91%，烟尘排放量减少21%。1991年，重庆电厂投资2472万元，将2台20万千瓦机组的文丘里水膜除尘器更新改造为高效静电除尘器，除尘效率提高到99.26%，两台机组的烟尘年排放量由13220吨下降到1220吨，达到国家排放标准。1993年，白鹤电厂对两台锅炉的4台水膜除尘器进行改造，使脱尘效率提高到95.4%，实现达标排放。1995年，永荣电厂投资1200万元，将5台锅炉的水膜除尘器更新为静电除尘器，除尘效率提高到95%以上，大大减少了烟尘排放量。

高烟囱能改善烟气扩散条件，降低烟尘对地表的污染浓度，减少污染。重庆电厂初建时，烟囱就设在厂房顶部，烟尘随风飘散周边，市民纷纷投诉；后扩建5万千瓦机组，烟囱提高到80米，几乎增加一倍，烟尘落地浓度减少，受到周围单位、市民的欢迎。1982年扩建20万千瓦机组，又将烟囱提高到240米，这是当时全国最高的烟囱之一，这样高的烟囱将烟气在高空扩散，地表落地烟尘浓度很低，对周围环境污染很小，居民大为称道。

装设脱硫设备,减少酸雨危害

火电厂在燃烧过程中,产生的大量二氧化硫是一种有害物质,排放到大气中与湿空气相遇还会形成酸雨,对生态环境、工农业生产和人民生活造成严重危害。重庆二氧化硫污染严重,酸雨频率高,燃煤火电厂又是二氧化硫最大的污染源。据重庆市统计,1999年仅重庆电厂二氧化硫排放量就达12万吨,占全市排放量的12%。因此,重庆市政府和各电力企业都把火电厂烟气脱硫,作为环保重点治理工程,起步早,治理力度大,脱硫治污成绩显著。

早在1988年,华能珞璜电厂一期工程建设时,就投资2.3亿元巨资,引进日本具有世界先进水平的湿式石灰石/石膏烟气脱硫工艺装置2套,与2台36万千瓦机组配套同时建设,于1991年同时投运,成为全国第一家引进国外大型烟气脱硫装置的发电企业,实现国内大型燃煤电厂脱硫设施"零"的突破。1996年,该厂二期工程建设,仍采用石灰石/石膏烟气脱硫工艺,为减少利用外资,推动环保设备国产化,脱硫装置采用中外联合制造。1999年2套脱硫装置与2台36万千瓦机组同时投运。4套烟气脱硫装置脱硫效率均在95%以上,每年减少二氧化硫排放量超过12.65万吨,对重庆市环境保护做出了重要贡献。成为国内第一个"大型火电厂环保示范区",为我国火电厂烟气脱硫建设起到工程示范和技术导向作用,也为中国烟气脱硫的开发、研究和设备的国产化做出了贡献。

珞璜电厂首次引进日本的烟气脱硫设备

重庆电厂引进德国烟气脱硫设备的施工现场

1996年3月经国家经贸委批准立项,重庆电厂2台20万千瓦机组,利用德国低息贷款,引进德国湿法石灰石/石膏脱硫装置1套,是中国政府利用外国政府贷款实施烟气脱硫的3个示范电厂之一。工程于2000年12月15日投运。每小时可处理两台机组的全部烟气176万标准立方米,烟气脱硫率95%以上,使烟气中的二氧化硫浓度由7600毫克/标米^3,降至400毫克/标米^3,年脱除二氧化硫5.7万吨,做到达标排放,还可减少烟尘含量80%,为重庆市大气环境的改善做出了贡献。

珞璜电厂、重庆电厂共6台20万千瓦及以上机组烟气脱硫装置的建成投运,对重庆市的环境质量的改善做出了重要贡献。据国家环保局1988年环境质量公报:重庆市大气中二氧化硫含量位于全国23个公报城市之首,全市二氧化硫含量年排放量79万吨,酸雨频率高达100%。而据2002年重庆市环境状况公报:主城区烟尘和二氧化硫含量大为减少,全市空气质量达到和好于1级的总天数达221天,酸雨频率降为43.6%,空气质量大为改善。

1999年4月,国家计委批准重庆电厂西厂(九龙电力公司)20万机组烟气脱硫工程列入中日环保示范城市备选项目之一。远达环保公司中标总承包该工程,对引进日本湿式石灰石/石膏法脱硫技术进行消化创新,2005年4月投运,脱硫率在95%以上,年脱硫量3.13万吨,使该厂二氧化硫年排放量从3.3万吨降至0.17万吨,达标排放。主城区7台20万千瓦及以上机组全部装设烟气脱硫装置,实现达标排放,重庆电力企业在烟气脱硫方面走在全国前列。

2005年7月,地处三峡库区的中电投集团白鹤电厂2台30万千瓦机组和地处矿区的国电集团恒泰发电公司2台30万千瓦机组的脱硫工程启动建设,2008年都通过了重庆市环保局验收,脱硫效率达到95%,二氧化硫排放浓度和排放量均达到国家排放标准。

打好脱硝攻坚战,减少污染危害

2012年1月1日,国家能源局颁发的《火电大气污染物排放标准》正式实施,新标准提出了在烟气中氮氧化合物排放标准等新的更加严格的要求。氮氧化合物也是一种有害物质,将形成酸雨和光化学烟雾污染。脱除烟气中的氮氧化合物(脱硝),使电厂烟气中氮氧化合物含量降低到环保标准无害排放,是燃煤电厂面临的环保治理新任务和新要求。重庆各燃煤电厂迎难而上,打响了脱硝攻坚战。

华能珞璜电厂践行"供洁净电力,还蔚蓝天空"的发展理念,又在重庆率先开启烟气脱硝治理升级改造。从2011年10月起,对全厂6台发电机组相继进行烟气脱硝和烟尘综合治理改造。到2014年12月1日,治理和改造工程全面完成投入运行,氮氧化合物脱除率达到83%,减少氮氧化合物排放量4.3万吨,排放浓度由改造前的每标准立方米1100毫克下降到200毫克以下;烟尘脱除率达到99.93%,烟尘排放浓度由改造前的每标准立方米200毫克,降低到30毫克以下。所有大气污染物排放均低于排放标准,使该厂成为当时西南地区首个容量最大,全除尘、全脱硫、全脱硝的环保型绿色电厂。

中电投集团合川发电公司按照新标准和重庆市环保局氮氧化合物总量减排工作的要求,启动2台30万千瓦机组脱硝技改工程。工程于2015年4月22日通过重庆市环保局组织的专家验收,氮氧化合物排放达到国家排放标准的要求。

污染物协同治理,实现超低排放

2014年,国家发改委、环保部、能源局印发《煤电节能减排升级与改造行动计划(2014—2020)》,要求煤电企业应用污染物协同治理技术,使燃煤电厂主要大气污染物(烟尘、二氧化硫、氮氧化合物)排放浓度达到或优于燃气轮机组的排放极限,实现超低排放。重庆各发电企业,又开启了新一轮的治理减排升级改造工程。

大唐集团石柱发电公司两台30万千瓦机组的升级改造工程,于2017年1月、3月,分别通过重庆市环保局的验收,各项大气污染物的排放浓度低于国家超低排放标准每标准立方米5毫克,成为重庆市首个超低、洁净排放的电厂,为大唐集团实现"绿色大唐"的战略目标,奠定坚实基础。

2016年,华能集团珞璜电厂投资7亿元,进行全厂6台机组的超低排放升级改造工程,全面实施低碳、除尘、风机、脱硫、脱硝的再次升级改造。全部改造工程于2018年1月31日竣工并通过重庆市环保局验收。6台机组均达到超低排放标准:氮氧化合物每标准立方米50毫克、二氧化硫每标准立方米35毫克、烟尘10毫克以下。在此前达标的基础上,每年进一步减排二氧化硫10643吨,减排氮氧

化合物4374吨,减排烟尘810吨。此次超低减排还创下了燃用硫分大于3%的燃煤大型火电机组实现超低排放的多项创新成果。重庆市环保局决定在珞璜电厂建设"环保示范基地"。

2017年8月21日,国电集团重庆恒泰发电公司启动超低排放改造工程,进行脱硫、脱硝和低氮燃烧技术及除尘、除噪、超低排放技术改造。2018年4月18日和2019年12月两台机组超低排放改造工程相继建成投运,二氧化硫排放量、氮氧化合物排放量、烟尘排放量都低于设计标准,符合国家超低排放标准要求。

废弃物资源综合利用,变废为宝

火电厂在生产过程中会产生大量粉煤灰和脱硫石膏,这些废弃物处理不当,不仅会造成二次污染,还会占用场地,制约电厂的发展。重庆各发电企业对这些废弃物资源的综合利用十分重视,起步较早,利用率较高,变废为宝,取得了良好的环保效果和经济效益。

重庆电厂对粉煤灰的综合利用起步较早,1977年10月,就修建了年产量1万吨的磁选站,利用粉煤灰磁选铁粉,仅1977年—1985年就磁选铁粉4.12万吨,销往重庆及四川的钢铁厂。1987年4月,成立煤渣砖厂,到1990年就利用煤渣生产高层建筑用砖83.37万匹。1989年成立粉煤灰综合利用公司,生产不同等级的干、湿粉煤灰,除供给本厂的水泥厂、墙材厂外,还广泛供应于水泥生产、水电站筑坝、商品混凝土、道路和机场垫底、建材等多种企业生产和建设工程。1986年到2005年粉煤灰的综合利用量共计457.6万吨;从1998年起,该厂粉煤灰综合利用率就达到100%,荣获"全国资源综合利用先进企业"称号。华能集团珞璜电厂煤灰质量好,但因原除灰系统是干除湿排,粉煤灰不便利用,后投资3200万元,将除灰系统改造为干除干排系统,收集干灰开发利用。仅1997年—2000年就向三峡水电站工程供灰20多万吨,作为

重庆电厂粉煤灰综合利用公司的生产设备

大坝浇铸混凝土的掺合剂;向重庆市混凝土搅拌站每年供灰8万吨;向市内多座大桥建设工程供灰等,取得显著成绩。

珞璜电厂在20世纪90年初后,就积极探索烟气脱硫产生的大量脱硫石膏的综合利用问题,很快打开了局面。上海拉法基建材公司利用该厂的脱硫石膏生产的优质石膏板,市场看好,已出口到国外;该公司为就近利用珞璜电厂脱硫石膏,在珞璜电厂附近建设石膏板厂,每年需用石膏5万吨,脱硫石膏有了稳定综合利用。重庆市电力公司和重庆电厂在筹建两套烟气脱硫工程时,就于1999年8月成立重庆洁宇脱硫石膏综合利用有限公司,新建一条脱硫石膏造粒生产线,每年生产水泥缓凝剂10万吨、半水石膏8万吨,销给重庆各水泥厂生产水泥;将二水石膏再加工为石膏球和建筑用石膏,销给有关企业;2001年8月起,每年向该上海粒法基公司供货6万吨脱硫石膏,使重庆电厂的脱硫石膏全部得到综合利用。2001年到2005年,总计利用脱硫石膏50.14万吨。不仅有效解决废弃物的二次污染,而且变废为宝,综合利用资源,产生了良好经济效益。

创建环保产业,为环保做出新贡献

重庆电力企业在治理火电厂污染的过程中,充分应用积累的环保技术装置的设计建设和生产运行经验,消化吸收国外环保技术,开拓创新,创建环保产业,努力为环保事业做出新贡献。

珞璜电厂利用引进国外先进烟气脱硫装置所积累的设计、建设和生产运行经验,大力开展技术研究和环保咨询服务。1993年,成立了国内第一个脱硫工程公司,参与江苏望亭电厂烟气脱硫项目的可行性研究;承担了该厂二期脱硫工程的可行性研究和初步设计,以及其他电厂脱硫工程的咨询、设计工程;积

远达公司承包的浙江玉环电厂2台100万千瓦机组烟气脱硫工程

极开展脱硫设备和部件国产化的研究,努力为环保事业服务。

重庆电厂在烟气脱硫工程建成投运后,将脱硫工程处改建为重庆渝电烟气脱硫技术咨询有限公司,面向社会从事烟气脱硫工程的技术管理、造价咨询、建设监理、调试、培训、营运等技术咨询服务工作。

1999年2月,重庆市电力公司组建控股了集电力环保设计、制造为一体的重庆远达环保(集团)有限公司。同年8月,国家计委批准将重庆远达环保公司的"烟气脱硫技术及装置高技术化示范工程",列入1999年国家环保高技术产业化重大专项计划,要求建设形成具有湿式石灰石/石膏法脱硫技术工程工艺设计、技术开发能力和年产5套30万千瓦烟气脱硫装置设备的生产能力。"示范工程"于2000年12月29日开工建设,承担国家环保局下达的"20万/30万千瓦机组烟气脱硫工程标准化设计"任务。公司以实施"示范工程"为契机,引进、吸收、消化日本和奥地利技术,改进脱硫工程工艺技术。国家实施"厂网分开"电力体制改革后,远达公司移交中国电力投资集团,于2004年4月12日更名为中国电力投资集团远达环保工程有限公司。2001年起,先后中标承包九龙电力公司、贵州鸭溪电厂、安徽平圩电厂、浙江玉环电厂、合川双槐电厂、石柱电厂的多台机组的烟气脱硫工程,工程高质量建成,实现达标排放。完成1420万千瓦机组的脱硫项目设计与工程建设,每年减排二氧化硫180万吨,成为最有竞争力的环保工程公司。公司不断加强环保技术的开发创新,环保工程项目和范围不断增长和扩展,工艺技术水平不断提高,科技研发成果日益增多。到2017年,已拥有"沸腾式泡沫脱硫除尘一体化技术""多污染物联合控制技术""两级式烟气脱硝技术"等20余项自主研发的污染物控制治理技术,专利技术250余项,编制标准20项,承担科研项目80余项,获奖50余项。是科技部批准的"国家创新型企业",国家发改委批准的"燃煤烟气净化国家地方联合工程研究中心"和"国家级企业技术中心"。取得众多科技研发成果,每年可减排二氧化硫2.25万吨、氮氧化合物2.25万吨、烟尘7.5万吨。公司业务扩大到脱硝、超低排放

远达公司建成的亚洲最大的年产1万立方米的脱硝催化剂生产厂

治理、脱硝催化剂制造、水务产业及核环保等多项环保工程技术的环保技术产业集团,业务遍及全国大部分地区和土耳其等国家,为我国环保事业做出了重要贡献。

重庆三峰环境产业集团有限公司,成立于1998年,是中国垃圾焚烧发电产业的开拓者。2000年,公司引进德国马丁公司炉排炉垃圾焚烧和烟气净化全套技术,消化、吸收,率先实现国产化,环保排放达到欧盟标准,核心设备与技术全国领先。

三峰环境产业有限公司正在组装600吨垃圾焚烧炉

2007年,公司引入全球发电营运专业集团——美国万塔能源集团的运营管理体系,管理效率和效益大幅提升。公司与重庆科技学院、重庆理工大学等联合成立重庆垃圾焚烧发电技术研究院,大力研究开发新的焚烧技术、能源回收利用技术和废弃物处理技术。公司建立成立了国家环境保护垃圾焚烧处理与资源中心,主编和参编了焚烧行业核心国家标准共11项,2005年3月28日到2018年10月,公司先后投资建设,装设本公司研发的核心设备,并营运管理的重庆市北碚同兴、巴南丰盛、江津等多座垃圾焚烧发电厂,是重庆和国内最大的垃圾焚烧发电集团。2019年,公司营业收入约43.64亿元。2020年,公司投资垃圾焚烧发电项目49个,其中已投运项目22个;在全球上百个城市拥有212个垃圾焚烧发电项目,共有361条垃圾焚烧线的核心设备应用业绩;垃圾焚烧技术和设备在国内市场占有率达35%以上,遍及全国20多个城市,位居全国第一。公司已形成:提供垃圾焚烧发电技术和核心设备、提供垃圾焚烧发电项目EPC总承包服务、提供垃圾焚烧发电厂运营管理服务,覆盖全产业链的大型垃圾焚烧发电产业集团公司。2016年,荣获"中国环保优秀企业""中国垃圾焚烧发电PPP项目首选投资商"和"技术领先奖"等荣誉称号。